CONTROLE DE CONSTITUCIONALIDADE

Série IDP/SaraivaJur
Conselho Científico

Presidente: Gilmar Mendes
Secretário-Geral: Jairo Gilberto Schäfer
Coordenador-Geral: João Paulo Bachur
Coordenador Executivo: Atalá Correia

Alberto Oehling de Los Reyes
António Francisco de Sousa
Arnoldo Wald
Carlos Blanco de Morais
Elival da Silva Ramos
Everardo Maciel
Fábio Lima Quintas
Felix Fischer
Fernando Rezende
Francisco Balaguer Callejón
Francisco Fernández Segado
Ingo Wolfgang Sarlet
Jorge Miranda
José Levi Mello do Amaral Júnior
José Roberto Afonso
Katrin Möltgen
Laura Schertel Mendes
Lenio Luiz Streck
Ludger Schrapper
Maria Alicia Lima Peralta
Michael Bertrams
Miguel Carbonell Sánchez
Paulo Gustavo Gonet Branco
Pier Domenico Logroscino
Rainer Frey
Rodrigo de Bittencourt Mudrovitsch
Rui Stoco
Ruy Rosado de Aguiar (*in memoriam*)
Sérgio Antônio Ferreira Victor
Sergio Bermudes
Sérgio Prado
Walter Costa Porto

Gilmar Mendes

CONTROLE DE CONSTITUCIONALIDADE
Aspectos jurídicos e políticos

2ª edição
2024

- O autor deste livro e a editora empenharam seus melhores esforços para assegurar que as informações e os procedimentos apresentados no texto estejam em acordo com os padrões aceitos à época da publicação, *e todos os dados foram atualizados até a data de fechamento do livro*. Entretanto, tendo em conta a evolução das ciências, as atualizações legislativas, as mudanças regulamentares governamentais e o constante fluxo de novas informações sobre os temas que constam do livro, recomendamos enfaticamente que os leitores consultem sempre outras fontes fidedignas, de modo a se certificarem de que as informações contidas no texto estão corretas e de que não houve alterações nas recomendações ou na legislação regulamentadora.

- Data do fechamento do livro: 17/06/2024

- O autor e a editora se empenharam para citar adequadamente e dar o devido crédito a todos os detentores de direitos autorais de qualquer material utilizado neste livro, dispondo-se a possíveis acertos posteriores caso, inadvertida e involuntariamente, a identificação de algum deles tenha sido omitida.

- Direitos exclusivos para a língua portuguesa
  Copyright ©2024 by
  Saraiva Jur, um selo da SRV Editora Ltda.
  Uma editora integrante do GEN | Grupo Editorial Nacional
  Travessa do Ouvidor, 11
  Rio de Janeiro – RJ – 20040-040

- **Atendimento ao cliente: https://www.editoradodireito.com.br/contato**

- Reservados todos os direitos. É proibida a duplicação ou reprodução deste volume, no todo ou em parte, em quaisquer formas ou por quaisquer meios (eletrônico, mecânico, gravação, fotocópia, distribuição pela Internet ou outros), sem permissão, por escrito, da **SRV Editora Ltda.**

- Capa: Lais Soriano
  Diagramação: Fernanda Matajs

- **DADOS INTERNACIONAIS DE CATALOGAÇÃO NA PUBLICAÇÃO (CIP)
  ODILIO HILARIO MOREIRA JUNIOR – CRB-8/9949**

  M538s   Mendes, Gilmar Ferreira
  Série IDP – Controle de constitucionalidade: aspectos jurídicos e políticos / Gilmar Ferreira Mendes. – 2. ed. [2. Reimp.] – São Paulo: SaraivaJur, 2025.

  296 p. – (Série IDP – Linha Pesquisa Acadêmica)
  ISBN: 978-85-5362-847-6 (impresso)

  1. Direito. 2. Direito Constitucional. 3. Constituição Federal de 1988. I. Título. II. Série.

	CDD 342
2024-1288	CDU 342

  Índices para catálogo sistemático:
  1. Direito Constitucional   342
  2. Direito Constitucional   342

Para Rosa, Laura e Francisco,
companheiros fiéis nessas jornadas.

À memória de Mário Lucio,
na esperança de que o sonho sobreviva.[*]

---
[*] Dedicatória da Primeira Edição (1990).

Índice analítico

Agradecimentos	XIII
Prefácio	XV
Nota do autor à 2ª edição	XVII
Explicação necessária	XXVII
Abreviaturas e siglas	XXXI

TÍTULO I
CONSTITUIÇÃO, CONSTITUCIONALIDADE E INCONSTITUCIONALIDADE

Capítulo I
CONSTITUCIONALIDADE E INCONSTITUCIONALIDADE

Seção I – Considerações preliminares	3
Seção II – Constitucionalidade e inconstitucionalidade	4
Seção III – Lei inconstitucional: fundamentos teóricos da nulidade	7
Seção IV – A lei inconstitucional em Kelsen	13
Seção V – O processo de inconstitucionalização e a lei "ainda constitucional"	15

Capítulo II
OS DIFERENTES TIPOS DE INCONSTITUCIONALIDADE

Seção I – Considerações preliminares	18
Seção II – A inconstitucionalidade material e a inconstitucionalidade formal	19
§ 1º A inconstitucionalidade e as normas admonitórias	19
§ 2º A inconstitucionalidade formal e os vícios de procedimento	22
§ 3º A inconstitucionalidade formal e a questão *interna corporis*	23
§ 4º A inconstitucionalidade material	25
§ 5º O excesso de poder legislativo	26
Seção III – Inconstitucionalidade por ação e inconstitucionalidade por omissão	37
§ 1º Introdução	37
§ 2º Omissão inconstitucional: pressupostos	39
§ 3º A omissão parcial	41
§ 4º Conclusão	43
Seção IV – Inconstitucionalidade originária e inconstitucionalidade superveniente	50
§ 1º O direito ordinário e a superveniência de norma constitucional	50
§ 2º A configuração da inconstitucionalidade e a mudança nas relações fáticas	60

§ 3º A evolução hermenêutica e suas consequências no âmbito da inconstitucionalidade das leis 63
Seção V – A inconstitucionalidade de normas constitucionais 65
§ 1º O controle de constitucionalidade da reforma constitucional e as "cláusulas pétreas" 65
§ 2º Limites imanentes ao poder constituinte 71

TÍTULO II
O PROCESSO NO CONTROLE DE CONSTITUCIONALIDADE

Introdução 81

Capítulo I
AS TÉCNICAS DE CONTROLE DE CONSTITUCIONALIDADE: OS SISTEMAS NORTE-AMERICANO E AUSTRÍACO

Seção I – Aspectos formais do controle de constitucionalidade no direito norte-americano 85
Seção II – Aspectos formais do controle de constitucionalidade no direito austríaco 89
§ 1º Introdução 89
§ 2º Objeto, parâmetro e conteúdo das decisões 91
1. Objeto do controle 91
1.1. Omissão inconstitucional 91
2. Parâmetro do controle de constitucionalidade 92
3. Conteúdo das decisões 92

Capítulo II
O PROCESSO DE CONTROLE DE CONSTITUCIONALIDADE NA REPÚBLICA FEDERAL DA ALEMANHA

Seção I – Considerações preliminares 94
§ 1º Quadro estatístico dos processos no *Bundesverfassungsgericht* 97
§ 2º Princípios processuais básicos 98
1. O princípio do pedido ("Antragsprinzip") e a representação processual . 98
2. O indeferimento liminar dos pedidos 99
3. Os sujeitos do processo e o direito de manifestação ("Äusserungsrecht") .. 99
3.1. Partes 99
3.2. Intervenção no processo 99
3.3. Direito de manifestação ("Äusserungsrecht") 100
3.4. O princípio da livre investigação 100
3.5. O procedimento oral ("mündliche Verhandlung") 101
Seção II – Os processos de controle no "Bundesverfassungsgericht" 101

§ 1º O processo no conflito entre órgãos constitucionais 102
   1. Aspectos relevantes da relação processual 103
      1.1. Partes 103
      1.2. Objeto do processo 104
      1.3. Prazo 104
      1.4. Decisão 104
§ 2º As controvérsias entre a União e os Estados 105
   1. Aspectos relevantes da relação processual 106
      1.1. Partes 106
      1.2. Objeto e fundamento da controvérsia 106
      1.3. Prazo 106
      1.4. Decisão 106
§ 3º O controle abstrato de normas 106
   1. Aspectos relevantes do processo 108
      1.1. Objeto do controle abstrato de constitucionalidade 109
         1.1.1. Direito anterior e direito superveniente à Constituição.. 110
         1.1.2. Controle preventivo 110
         1.1.3. Publicação e vigência 110
         1.1.4. Tratados internacionais 110
         1.1.5. Norma revogada 111
         1.1.6. Direito alienígena 111
      1.2. Parâmetro do controle abstrato 111
      1.3. Amplitude do controle abstrato 112
      1.4. Decisão 113

TÍTULO III
O CONTROLE DE CONSTITUCIONALIDADE NO DIREITO BRASILEIRO

Capítulo I
EVOLUÇÃO DO CONTROLE DE CONSTITUCIONALIDADE NO DIREITO BRASILEIRO: UMA NOVA LEITURA

Seção I – Considerações preliminares: a Constituição imperial 117
Seção II – O controle de constitucionalidade na Constituição de 1891 118
Seção III – A Constituição de 1934 e o controle de constitucionalidade 121
Seção IV – O controle de constitucionalidade na Constituição de 1937 123
Seção V – A Constituição de 1946 e o sistema de controle de constitucionalidade.. 125
   § 1º A representação interventiva 125
   § 2º A Emenda n. 16/65 e o controle de constitucionalidade abstrato 130
Seção VI – O controle de constitucionalidade na Constituição de 1967/1969 132

Capítulo II
O CONTROLE INCIDENTAL DE NORMAS NO DIREITO BRASILEIRO

Seção I – Considerações preliminares...	134
Seção II – Pressupostos do controle concreto	139
§ 1º Requisitos subjetivos..	139
§ 2º Requisitos objetivos...	139
Seção III – O controle incidental de normas no Supremo Tribunal Federal	141
§ 1º O papel do Senado Federal	142

Capítulo III
A REPRESENTAÇÃO INTERVENTIVA

Seção I – Considerações preliminares...	150
Seção II – Aspectos formais da representação interventiva............................	156
§ 1º Partes...	160
§ 2º Objeto e fundamento da controvérsia	161
§ 3º Decisão..	162

Capítulo IV
O CONTROLE ABSTRATO DE NORMAS

Seção I – Considerações preliminares...	165
Seção II – Aspectos formais do controle abstrato de normas........................	166
§ 1º Do Procurador-Geral da República	166
§ 2º O controle abstrato de normas como processo objetivo	172
§ 3º Objeto do controle abstrato de normas	181
1. Direito anterior e direito superveniente à Constituição..................	182
2. Promulgação, publicação e vigência...	182
3. Norma revogada...	183
4. Direito estrangeiro, tratados e convenções internacionais	183
§ 4º Parâmetro do controle abstrato..	184
§ 5º Amplitude do controle abstrato...	185

Capítulo V
A DECISÃO NO CONTROLE DE CONSTITUCIONALIDADE E SEUS EFEITOS

Seção I – Considerações preliminares...	189
Seção II – A decisão no processo de controle abstrato de normas.....................	190
§ 1º A declaração de inconstitucionalidade	192
1. A Inconstitucionalidade Parcial	194
2. A declaração parcial de inconstitucionalidade sem redução de texto e a interpretação conforme à Constituição................................	196
3. A sentença de rejeição de inconstitucionalidade	205

Capítulo VI
O CONTROLE DE CONSTITUCIONALIDADE DAS LEIS MUNICIPAIS, EM TESE: DOUTRINA E JURISPRUDÊNCIA

Seção I – Considerações preliminares 207
Seção II – O controle de constitucionalidade da lei municipal e o art. 119, I, *l*, da Constituição de 1967/1969 213
Seção III – O controle de constitucionalidade da lei municipal e a jurisdição constitucional: considerações à luz do modelo germânico 220
§ 1º Necessidade de autorização constitucional 220
§ 2º Coexistência de jurisdições constitucionais estaduais e federal: diferenciação de parâmetros de controle 221

Conclusão 227
Referências 247

Agradecimentos

Não se me afigura possível mencionar aqui todas as pessoas que, de alguma forma, contribuíram na concretização deste trabalho. Tendo sido elaborado em espaço de tempo relativamente curto e em período marcadamente tumultuado de minha vida profissional, devo reconhecer que ele somente veio à luz graças a um esforço coletivo.

Muitas das ideias aqui desenvolvidas foram estimuladas pelas *Vorlesungen* de *Staatsrecht* e *Verfassungsgerichtsbarkeit*, ministradas pelo Professor Klaus Schlaich, na Universidade de Bonn – RFA (1982). Outras concepções consolidaram-se durante o Curso de Mestrado na Universidade de Brasília ou no exercício do cargo de Procurador da República, com atuação em processos da competência do Supremo Tribunal Federal.

Faz-se mister, porém, externar uma palavra de agradecimento a todos aqueles que contribuíram diretamente no seu desenvolvimento. Não posso deixar de registrar meu preito de gratidão ao eminente Ministro Moreira Alves, que acompanhou todos os passos do estudo, emprestando efetiva orientação ao trabalho. Muitas das reflexões aqui desenvolvidas nasceram nas longas discussões que mantivemos. Externo, igualmente, os meus agradecimentos ao Professor Inocêncio Mártires Coelho, antigo mestre e interlocutor permanente, que apreciou os esboços do estudo, fazendo valiosas sugestões. Pela inestimável colaboração e solidariedade, não seria justo omitir uma palavra de reconhecimento às Senhoras Edine Rodrigues de Moura, Zenaide de Oliveira, Marlene Veras Mourão, Lúcia Monteiro da Silva, bem como ao Professor Igor Tenório, a Carlos dos Santos Almeida, a Roberto Regueira, ao Dr. Odim Ferreira e aos servidores da Biblioteca da Procuradoria-Geral da República.

Last but not least, devo registrar meus especiais agradecimentos a Maria Lúcia de Oliveira Godoy, que se desincumbiu com dedicação e eficiência dos trabalhos de revisão.

A todos o meu agradecimento comovido, na esperança de que o esforço tenha valido a pena.

O Autor

Prefácio

Este livro é a dissertação com que seu autor obteve, na Universidade de Brasília, o título de mestre.

Trata-se, em verdade, de monografia de alto valor científico, fruto de sólida formação germânica.

Seu tema tem sido versado, especialmente nos últimos tempos, com certa frequência. As mais das vezes, porém, sem o aprofundamento que sua complexidade está a exigir.

O modelo brasileiro de controle de constitucionalidade apresenta características que o singularizam. Nele se conjugam sistemas em que não se ajusta perfeitamente o difuso do direito americano, a permitir o controle *in concreto* da constitucionalidade de normas e de atos jurídicos; e o concentrado dos países europeus continentais, no que diz respeito ao controle *in abstracto* da constitucionalidade de normas jurídicas. As peculiaridades decorrentes dessa conjugação de sistemas que diferem quanto ao processo e quanto aos efeitos — e conjugação que se fez empiricamente pela Emenda Constitucional n. 16, de 1965 — não têm sido, em geral, examinadas nas obras que, em nosso país, se têm escrito sobre o controle de constitucionalidade, as mais delas ainda demasiadamente inspiradas na doutrina norte-americana, cujos postulados são insuficientes ou impróprios para enfrentar algumas questões que o controle *in abstracto* apresenta. Este, aliás, via de regra, vem sendo objeto de estudos que se centralizam no instrumento por que ele se exercita a ação direta de inconstitucionalidade, com a aplicação a ele de princípios processuais incompatíveis com a sua natureza política. E nessas obras tem sido pequena a atenção dada às decisões do Supremo Tribunal Federal, que, ao longo do tempo, a princípio com a representação interventiva e mais tarde com a representação de inconstitucionalidade, vem construindo as linhas fundamentais desse controle *in abstracto*, num trabalho incessante de depuração e de aperfeiçoamento.

Dessas carências não padece a presente monografia. Nela, o leitor encontrará não só percuciente exposição analítica do desenvolvimento de controle de constitucionalidade no direito brasileiro à luz da legislação, da doutrina, e, principalmente, da jurisprudência do Supremo Tribunal Federal, mas também o exame meticuloso das características do sistema misto que adotamos, feito com os sólidos subsídios do direito comparado, especialmente do direito alemão quanto ao controle em abstrato das normas jurídicas. Aqui, acentue-se, reside sua contribuição mais importante. Distingue-se, com precisão, a ação direta de inconstitucionalidade da representação de inconstitucionalidade que se destina à intervenção federal, institutos de natureza profundamente diversa, mas que, geralmente, são tratados como se divergissem apenas quanto aos seus efeitos. Ressalta-se o caráter objetivo do processo da ação direta de inconstitucionalidade, o que é indispensável para explicar-lhe as singularidades que são inexplicáveis pelos moldes processuais de que, em geral, se valem os nossos autores, processualistas ou não. E enfrentam-se questões pouco ou nada estudadas em nosso meio, como as relativas à inconstitucionalidade superveniente material e formal, inclusive por mutação das relações fácticas e por evolução hermenêutica; à interpretação conforme à Constituição (*Verfassungskonforme Auslegung*) como técnica de declaração de inconstitucionalidade sem redução do texto normativo impugnado; às modalidades de lacunas constitucionais; aos limites funcionais da jurisdição constitucional; às consequências da declaração de inconstitucionalidade, ainda quando em face de coisa julgada anterior a ela; e aos efeitos da decisão de rejeição da inconstitucionalidade arguida.

Como se vê, é obra de palpitante atualidade, certo que é que vem à luz no momento em que a nova Constituição do Brasil, ampliando largamente os casos de legitimação ativa para a propositura da ação de inconstitucionalidade de atos normativos, enseja a utilização mais frequente do controle *in abstracto*, admitido agora, também, para a declaração de inconstitucionalidade por omissão de norma regulamentadora de texto constitucional.

Por suas qualidades raras — dela não se pode dizer o que se diz que dizia Afonso Pena Jr. de boa parte de nossa literatura jurídica: livros do óbvio, pois que neles, além dele, nada se encontrava —, é de leitura obrigatória a todos os que pretendem aprofundar-se no estudo do controle da constitucionalidade em nosso país.

José Carlos Moreira Alves

Nota do autor à 2ª edição

Mais de três décadas entremeiam os dias atuais e a primeira edição deste *Controle de constitucionalidade: aspectos jurídicos e políticos*. Cronologicamente, um passado distante. Da perspectiva do autor, entretanto, um passado que se faz presente. É assim em razão de uma especial sobreposição de arcos de tempo.

Ingressei no Mestrado da Faculdade de Direito da Universidade de Brasília em 1985; ali, tive a distinção de contar com a orientação do Professor Moreira Alves até novembro de 1987, quando defendi dissertação que, lapidada ao longo de todo o ano de 1988, deu origem a esta obra. Os marcos desse processo de formação pessoal alinham-se com aqueles do processo de redemocratização do Brasil, formalmente deflagrado com a eleição de Tancredo Neves, em 1985. O resto da história é conhecido. "A nação nos mandou executar um serviço"[1], com a instalação da Assembleia Nacional Constituinte, em fevereiro de 1987, e o Congresso desincumbiu-se do encargo muito bem, a despeito de todas as intercorrências durante o trajeto[2]. O 5 de outubro de 1988 liberta o Brasil do autoritarismo e exonera a Turma "Aliomar Baleeiro", de julho de 1978, da Faculdade de Direito da Universidade de Brasília, da responsabilidade de "restaurar em nossa atribulada Pátria o reinado soberano do Direito"[3], posta por nosso Paraninfo, o Dr. Sobral Pinto.

Não poderia surpreender se o autor confessasse – como de fato confessa – que o reencontro com esta publicação coloca diante dele um tempo de debates constitucionais singularmente ricos, um tempo de confiança inabalável nas possibilidades do regime democrático de governo.

---

[1] *Diário da Assembleia Nacional Constituinte*, Quarta-feira, 5 de outubro de 1988, p. 14.380: "A Nação nos mandou executar um serviço. Nós o fizemos com amor, aplicação e sem medo. A Constituição certamente não é perfeita. Ela própria o confessa, ao admitir a reforma. Quanto a ela, discordar, sim. Divergir, sim. Descumprir, jamais. Afrontá-la, nunca. Traidor da Constituição é traidor da Pátria. Conhecemos o caminho maldito: rasgar a Constituição, trancar as portas do Parlamento, garrotear a liberdade, mandar os patriotas para a cadeia, o exílio, o cemitério".

[2] Cf. Nelson Jobim, A constituinte vista por dentro: vicissitudes, superação e efetividade de uma história real, in José Adércio Leite Sampaio (org.), *15 Anos de Constituição*: história e vicissitudes, Belo Horizonte, Del Rey, 2004, p. 9-17; José Afonso da Silva, Influência do Anteprojeto da Comissão de Estudos Constitucionais sobre a Constituição de 1988, in José Afonso da Silva, *Um pouco de Direito Constitucional Comparado*, São Paulo, Malheiros, 2009, p. 228-54.

[3] Discurso do Paraninfo, Dr. Heráclito Fontoura Sobral Pinto (1893-1991), produzido em 29 de julho de 1978 para os bacharelandos da Turma "Aliomar Baleeiro", da Faculdade de Direito da Universidade de Brasília (julho/1978), da qual honrosamente sou oriundo e fui Orador. Por razões de força maior, ao Dr. Sobral Pinto não fora possível deslocar-se para Brasília; a leitura do discurso foi confiada ao não menos eminente José Paulo Sepúlveda Pertence, à época Vice-Presidente do Conselho Federal da Ordem dos Advogados do Brasil.

É compreensível que um tom discretamente eufórico tenha informado os dias que se seguiram à promulgação da Constituição Federal de 1988. Não tardou, entretanto, para que esse sentimento fosse modulado. Teve lugar a conhecida predição de Hartmut Maurer acerca da *relação de correspondência recíproca* entre *realidade constitucional* e *direito constitucional*[4]: este notabiliza-se por depender de uma conversão prática, requer realização no âmbito social por ele regido; de sua parte, essa conformação precisa que se leve em conta o cânone constitucional em vigor[5].

Esse enfoque relacional, quando menos, convida a que se adote postura equilibrada a respeito das possibilidades de uma Constituição; tanto a previne contra expectativas irrealizáveis quanto credita o que a esta é devido. Ilustrativamente: a simples enunciação textual da saúde como direito de todos e dever do poder público (arts. 6º e 196 da CF/88) jamais teria a capacidade de, sem a intervenção conformadora da política, melhorar a oferta de medicamentos a cidadãos vulneráveis. Em contrapartida, esse mesmo direito fundamental à saúde serviu de referente normativo para a ação transformadora conduzida pelos poderes públicos nessa seara, por meio da criação de complexas políticas públicas que, executadas em cooperação federal, foram eficazes para reverter índices sociais que nos envergonhavam[6].

O exemplo não é isolado. Com todos os percalços, as normas de direitos fundamentais da Constituição Federal de 1988 estabeleceram relação produtiva com seus respectivos âmbitos de regulação[7]. Nessa medida, há algo de efetivamente novo quando comparado à nossa tradição, e esse traço inovador certamente não diz com aspectos redacionais[8], afinal, catálogos de direitos fundamentais são velhos conhecidos do constitucionalismo brasileiro, mesmo nos momentos autoritários[9].

---

[4] Harmut Maurer, *Direito do Estado*: fundamentos, órgãos constitucionais, funções estatais, 6. ed., Trad. Luís Afonso Heck, Porto Alegre, Sergio Antonio Fabris, 2018, p. 71.

[5] Cf., Raúl Gustavo Ferreyra, *Esboço sobre a Constituição*, Trad. Carolina Cyrillo, Rio de Janeiro, NIDH, 2023, p. 34, que explica em termos gráficos: "a primazia da política é indiscutível [na criação do Direito vigente]. Entretanto, uma vez estabelecida a lei, ocorreu a perdurável mudança: o poder passa a estar sujeito à regulamentação legal".

[6] A despeito de todos os problemas e do muito que ainda há por fazer, a gestão da saúde pública tem resultados expressivos. Em 1988, a expectativa de vida ao nascer era de 65 anos; em 2020, 76 anos. Em 1990, o Brasil ostentava a taxa de mortalidade infantil de 49,4 óbitos a cada 1000 nascidos com vida; os números de 2021 apontam para taxa de 12,4.

[7] Bernhard Schlink; Bodo Pieroth, *Direitos Fundamentais*, Trad. António Francisco de Sousa e António Franco, 2. ed., São Paulo, Saraiva, 2019, p. 121.

[8] Peter Häberle, *Direitos Fundamentais no Estado Prestacional*, Trad. Fabiana Kelbert e Michael Donath, Porto Alegre, Livraria do Advogado, 2021, p. 38, que bem pontua que "transformações" de direitos fundamentais apenas se mostram passíveis de implementação por meio de uma "dogmática aberta", porquanto comprometida com o objetivo de "assegurar os direitos fundamentais por meio da ampliação de sua vigência"; a insuficiência do âmbito textual para tarefa desse jaez é revelada na constatação, a nosso aviso, irrespondível, de que, para o caso da Alemanha, e com exceção dos direitos sociais (novidade trazida pela Lei Fundamental de 1949), as formulações textuais dos direitos fundamentais "continuam iguais em sua maioria".

[9] Francisco Cavalcanti Pontes de Miranda, *Comentários à Constituição Federal de 10 de novembro de 1937*, Tomo III (Artigos 90-123), Rio de Janeiro, Irmãos Pongetti Editores, 1938, p. 371.

A impostação teórica de Konrad Hesse, que alerta para o equívoco de "isolar o Estado e a Constituição de seu substrato sociológico"[10], é de grande valia, aqui. A partir dela, pode-se cogitar que essa inédita *densidade normativa material* decorre das novas tarefas confiadas à Constituição Federal de 1988[11], e, em alguma medida, também do engenho da Assembleia Nacional Constituinte para pautar-se, em várias oportunidades, pela conhecida regra de bom aviso: uma Constituição apenas constrói um futuro quando "assente na natureza singular do presente (*individuelle Beschaffenheit der Gegenwart*)"[12].

De fato, uma atenção à *natureza singular do presente* parece fornecer hipótese plausível para explicar o porquê de as instâncias políticas brasileiras terem compreendido, de modo razoavelmente rápido, que obrigações constitucionais não poderiam mais ser enfrentadas à moda do regime passado, ou seja: desconsiderando-as solenemente[13]. Sob a Constituição de 1988, não há casuísmo ou colégio eleitoral que consiga subtrair postulantes a cargo eletivo do escrutínio dos cidadãos com direito a voto – contingente, aliás, ampliado pelo Congresso a partir do fim do regime militar[14]. Assim, a lógica da competição democrática serve de incentivo para que a política não se divorcie de pautas que vocalizem direitos fundamentais, especialmente quando elas dizem com questões existenciais – sobreposição comum no Brasil de hoje, e mais ainda no de 1988, em que cerca de 23% da população encontrava-se em condição de extrema pobreza[15]. A esse incentivo soma-se outro: o incremento dos mecanismos de controle da ação/omissão do Estado.

---

[10] Thomas Vesting, *Teoria do Estado*: a transformação do Estado na modernidade, Trad. Gercélia Mendes, São Paulo, Saraiva, 2022, p. 270.

[11] Ao menos se for possível percorrer, também aqui, a inspirada trilha sugerida por Konrad Hesse acerca da estrutura conceitual da Constituição, em: Konrad Hesse, *Grundzüge des Verfassungsrechts der Bundesrepublik Deutschland*, 13. ed., Heidelberg, C. F. Muller, 1982, p. 3: "A resposta sobre o significado da Constituição depende, assim, da tarefa que se pretende resolver com o conceito eventualmente desenvolvido".

[12] Konrad Hesse, *A força normativa da Constituição*, Trad. Gilmar Ferreira Mendes, Porto Alegre, Sergio Fabris, 1991, p. 18.

[13] Renato Lessa, A Constituição de 1988 como experimento de filosofia pública: um ensaio, in Ruben Oliven et al. (org.), *A Constituição de 1988 na vida brasileira*, São Paulo, Hucitec, 2008, p. 368-71, principalmente.

[14] Foi o caso dos analfabetos, que, em 1988, perfaziam cerca de 20% da população brasileira adulta. Impedidos de votar desde 1881, com a Lei Saraiva, a exclusão dos analfabetos só cessou em 1985, quando o Congresso Nacional promulgou, já sob os ventos da redemocratização, a Emenda Constitucional n. 25 à Constituição de 1967; a Constituição de 1988 manteve essa reinserção ao permitir expressamente o alistamento eleitoral dos analfabetos (art. 14, § 1º, II, *a*).

[15] Marta Arretche, Trinta Anos da Constituição de 1988: razões para comemorar?, *Novos Estudos*, São Paulo, Cebrap, v. 37, n. 3, set./dez. 2018, p. 396-7: "O Brasil – ao menos até aqui – confirma a proposição de que a transição à democracia é possível em sociedades altamente desiguais. No final do regime militar, em 1985, o coeficiente de Gini da renda estava próximo de 0,600. Além disso, em 1980, mais de 80% da força de trabalho não completara oito anos de escolaridade. (...) No entanto, tais níveis de exclusão não se traduziram em ameaças revolucionárias. Em vez disso, o caminho brasileiro para a democratização foi resultado da capacidade das elites políticas, com base na aprendizagem de conflitos dramáticos no passado, de optar por um amplo pacto. (...) O fato é que altos níveis de desigualdade não impediram a transição para a democracia nem a promessa de redistribuição futura. Na primeira, acabou-se por formular uma Constituição caracterizada por mudanças paradigmáticas nos direitos sociais e na participação política. (...) Evidências mostram que esse resultado foi impulsionado por uma

O Poder Judiciário recém-saído da Constituinte de 1987-1988 investiu-se de garantias cuja robustez só ombreia com a extensão e intensidade conferidas ao postulado da inafastabilidade do controle jurisdicional (art. 5º, XXXV)[16]. Essa decisão jurídico-fundamental do Constituinte encontra aprofundamento na ampliação do plexo de competências originárias do Supremo Tribunal Federal, do que é exemplo mais eloquente a ênfase conferida ao controle de constitucionalidade *in abstracto*[17]: sistema que tem se provado de utilidade incomparável para resolver controvérsias jurídicas com eficácia ampla, irrestrita e imediata[18].

Em consonância com o modelo do *Verfassungsstaat*, que informa o constitucionalismo do pós-Guerra, a Constituição de 1988 confia à jurisdição constitucional o papel de zelar pela defesa do regime democrático[19], e tem os procedimentos judiciais na conta de *locus* privilegiado para o exercício da cidadania[20]. Esse modelo foi prontamente assimilado pela sociedade civil organizada; demandas pela implementação e aperfeiçoamento de políticas públicas passam a ser rotineiramente tratadas nos tribunais, especialmente no Supremo Tribunal Federal[21] – nos limites prescritos pela forma judicial (*Gerichtsförmlichkeit*) que lhe é constitutiva e irrenunciável[22].

Esse pano de fundo político e institucional encontra eco na doutrina jurídica brasileira. "A preocupação com o cumprimento da Constituição" – recorda Luís Roberto Barroso –, "com a realização prática dos comandos nela contidos, enfim, com a sua efetividade, incorporou-se, de modo natural, à vivência jurídica brasileira pós-

---

combinação de prevenção da agitação social e alavancagem institucional. A pobreza e a participação política limitada foram altamente politizadas pelos setores progressistas ao longo da transição para a democracia, com base no argumento de que ambas estavam causalmente conectadas. A coalizão pró-democratização culpou as políticas econômicas dos militares pelo alto nível de exclusão prevalecente no Brasil De fato, mesmo entre setores de direita prevaleceu a noção de que a democracia não sobreviveria se políticas contra a pobreza não fossem adotadas".

[16] Gilmar Ferreira Mendes; Paulo Gustavo Gonet Branco, *Curso de Direito Constitucional*, 18. ed., São Paulo, Saraiva, 2023, p. 1115.

[17] A discussão que se estabeleceu na Constituinte acerca da instituição de uma Corte Constitucional, a qual deveria ocupar-se, basicamente, com o controle de constitucionalidade, acabou por permitir que o Supremo Tribunal Federal não só mantivesse a sua competência tradicional, com algumas restrições, como adquirisse novas e significativas atribuições. Cf. Oscar Dias Corrêa, O 160º aniversário do STF e o novo texto constitucional, *Arquivos do Ministério da Justiça*, Brasília, Ministério da Justiça, n. 173, 1988, p. 70.

[18] Para além da *função de defesa*, palpável na eliminação de leis inconstitucionais, o controle abstrato de normas presta-se para espancar dúvidas sobre a higidez da situação jurídica – função de *segurança jurídica* (*BVerfGE* 1, 396 [413]).

[19] Gustavo Zagrebelsky; Valeria Marcenò, *Giustizia Costituzionale*, Bolonha, Il Mulino, 2012, p. 63.

[20] Luiz Werneck Vianna; Marcelo Burgos, Revolução processual do direito e democracia progressiva, in Luiz Werneck Viana (org.), *A democracia e os três poderes no Brasil*, Belo Horizonte, UFMG, 2002, p. 337 e s.

[21] Gilmar Ferreira Mendes, As cortes constitucionais e sua condição de *policy-maker*: análise jurisprudencial da atuação do Supremo Tribunal Federal, in *Estudos em homenagem ao Conselheiro Presidente Joaquim de Sousa Ribeiro*, v. I, Coimbra, Almedina, 2019, p. 681-706.

[22] Christian Pestalozza, *Verfassungsprozeßrecht*: Die Verfassungsgerichtsbarkeit des Bundes und der Länder, 2. ed., Munique, C. H. Beck, 1982, p. 6.

-1988"[23]. O objetivo teórico francamente dominante das produções acadêmicas era o de transportar a Constituição de 1988 para os domínios da realidade constitucional[24].

Publicado pela primeira vez em 1990, este *Controle de constitucionalidade: aspectos jurídicos e políticos* contém, a seu jeito e modo, várias dessas premissas contextuais.

A obra interessa-se pelo fenômeno da inconstitucionalidade das leis e dos atos normativos; examina-o sob o prisma *processual-constitucional*, disciplina que se ocupa em "assegurar a observância e a realização" da Constituição[25]. Já pontificara Hans Kelsen, em página clássica de 1928, que o controle jurisdicional de constitucionalidade e, por conseguinte, a eficácia normativa da própria Constituição dependiam, em última instância, das formas processuais disciplinadoras desse controle[26]. No pós--Guerra, essa relação de dependência é conscientemente assumida e trabalhada: uma normatividade constitucional que se pretende "aberta" requer o estabelecimento de vias procedimentais adequadas para a participação plural. Na inexcedível definição de Peter Häberle, processo constitucional é direito constitucional materializado (*konkretisiertes Verfassungsprozeßrecht*)[27].

Num cenário em que o controle de constitucionalidade *in abstracto* recebia pouquíssimo regramento legislativo, a única classe de fato institucional apta a servir de matéria-prima para uma dissertação de mestrado sobre o assunto era a jurisprudência produzida pelo Supremo Tribunal Federal a propósito de espécies processuais como a representação de inconstitucionalidade[28]. Ancilarmente, elementos da experiência ju-

---

[23] Cf. Luís Roberto Barroso, *Curso de Direito Constitucional Contemporâneo*: os conceitos fundamentais e a construção do novo modelo, 11. ed., São Paulo, Saraiva, 2023, p. 196; o autor também localiza de forma precisa a genealogia dessa impostação teórica: "a doutrina da efetividade se desenvolveu e foi sistematizada no período que antecedeu a convocação da Assembleia Constituinte".

[24] O interesse pela força jurídica dos preceitos jusfundamentais é tópico que conhece registro em outras ordens jurídicas; Portugal é um exemplo, mas certamente não o único: José Carlos Vieira de Andrade, *Os Direitos Fundamentais na Constituição Portuguesa de 1976*, Coimbra, Almedina, 2022, p. 357. Essa postura teórica encontra complemento em perspectivas que reservam uma abordagem constitucional para outros domínios do conhecimento jurídico, como ilustra o direito administrativo alemão: Fritz Werner, Verwaltungsrecht als konkretisiertes Verfassungsrechts, *Deutsches Verwaltungsblatt*, Colônia, Heymann, n. 64, 1959, p. 527.

[25] Eckart Klein, Verfassungsprozeßrecht: Versuch einer Systematik an Hand der Rechtsprechung des Bundesverfassungsgerichts, *Archiv des öffentlichen Rechts*, v. 108, n. 4, Tübingen, Mohr Siebeck, 1983, p. 561.

[26] Hans Kelsen, La garanzia giurisdizionale della Costituzione, in *La giustizia costituzionale*, Milão, Giuffrè, 1981, p. 194. Aponta, corretamente, Kelsen como fundador da disciplina "direito processual constitucional" (*Verfassungsprozeßrecht*): Hector Fix-Zamudio, Das Problem der Verfassungskontrolle, *Jahrbuch des Öffentlichen Rechts der Gegenwart*, neue Folge, Band 25, p. 655.

[27] Peter Häberle, Verfassungsprozeßrecht als konkretisiertes Verfassungsrecht – Im Spiegel der Judikatur des BVerfG, *JuristenZeitung*, v. 31, n. 13, Tübingen, Mohr Siebeck, 1976, p. 377-84.

[28] A Emenda Constitucional n. 16, de 1965, atribuiu ao Supremo Tribunal Federal a competência para julgar "a representação contra inconstitucionalidade de lei ou ato de natureza normativa federal ou estadual, encaminhada pelo Procurador-Geral da República" (CF 1946, art. 101, *k*). A Constituição de 1967 consagrou, igualmente, o instituto, reconhecendo a competência do Supremo Tribunal Federal para julgar "representação do Procurador--Geral da República, por inconstitucionalidade de lei ou ato normativo federal ou estadual" (CF 1967, art. I, *l*). A Emenda Constitucional n. 1, de 1969, preservou a fórmula anteriormente adotada (art. 119, I, *l*).

rídica brasileira e de direito processual constitucional comparado (Alemanha, Áustria e Estados Unidos da América) compuseram o objeto de estudo.

A análise foi guiada por uma *perspectiva jurídico-dogmática*, reconhecidamente útil para "estrutura[r] o material jurídico em termos de funcionalidade sistêmica"[29]. Um enfoque adequado para perseguir os objetivos assumidos pela investigação: expor o estado da arte do controle de constitucionalidade brasileiro nos albores da ordem constitucional de 1988 e minudenciar seus princípios estruturantes, sem descuidar de apresentar insuficiências e impasses. Não se trata – como atestam as passagens reservadas à *representação interventiva*[30] – de exposição meramente descritiva do modo brasileiro de controlar a constitucionalidade das leis, e sim de reconstrução sistemática finalisticamente orientada para a *solução de problemas jurídicos*; em síntese, um contributo imbuído do propósito de colocar à disposição "um testado e comprovado acervo de soluções e de entendimentos sobre normas e complexos de normas", como é próprio ao enfoque dogmático, na lição de Dieter Grimm[31].

Para tanto, a obra realiza cotejo constante entre os dois modelos de controle jurisdicional de constitucionalidade gestados durante a experiência republicana brasileira; identifica, logo de partida, a respeito do *modelo incidental-difuso*, que a *teoria da nulidade*, legada do direito constitucional norte-americano pela habilidosa pena de Rui Barbosa, não constitui postulado lógico-jurídico de índole obrigatória. A *teoria da anulabilidade* (*Vernichtbarkeitslehre*), formulada pela tradição continental, franqueia à jurisdição constitucional o aparato técnico-decisório mais adequado para lidar com situações intermediárias, aquelas em que a pronúncia de nulidade rende o efeito de agravar

---

[29] Gertrude Lübbe-Wolff, *Beratungskulturen*: Wie Verfassungsgerichte arbeiten, und wovon es abhängt, ob sie integrieren oder polarisieren, Berlin, Konrad Adenauer Stiftung, 2022, p. 83.

[30] A obra tem seção especialmente dedicada a traçar o perfil processual da *representação para fins de intervenção federal*. Nela, avia-se, a um só tempo, *descrição* do estado da jurisprudência do Supremo Tribunal Federal sobre o assunto e *interpretação* acerca da gênese da *via direta* de controle de constitucionalidade no direito brasileiro. Ao examinar os julgados produzidos a partir de 1947, a respeito de violações aos princípios constitucionais sensíveis, o texto *identificou premissa* sobre a qual se assenta o posicionamento do Supremo Tribunal Federal acerca da matéria: a representação interventiva possui *natureza adversarial*, veicula autêntico litígio entre entes da federação. A identificação dessa premissa, por sua vez, gerou resultados no plano da *crítica*, ao embasar a conclusão de que incorre em contradição, esse mesmo Supremo Tribunal Federal, quando estende à representação interventiva soluções típicas da representação de inconstitucionalidade, processo objetivo e, como tal, sem partes. Seguramente, esse resultado levava na devida conta elementos contextuais: (a) de nossa história (*v.g.*, o advento dos princípios constitucionais sensíveis, na Reforma de 1926, foi informado pelo objetivo de pôr algum limite aos excessos intervencionistas perpetrados pela União durante a República Velha); (b) do ordenamento então vigente (sendo nomeado em comissão pelo Presidente da República, e por este demissível *ad nutum*, o Procurador-Geral da República, único legitimado para ingressar com a representação interventiva, art. 11, § 1º, da EC n. 1/69, funcionava como *longa manus* de uma das partes – inclusive aquela mais poderosa –, a União); (c) de direito comparado (o processo de juridicização da *Reichsexekution* nas ordens federais austríaca e alemã).

[31] Dieter Grimm, Direito ou Política? A controvérsia Kelsen-Schmitt sobre a jurisdição constitucional e a situação atual, in *Jurisdição Constitucional e Democracia*: ensaios escolhidos, Trad. Gilmar Ferreira Mendes e Paulo Sávio Peixoto Maia, São Paulo, Contracorrente, 2023, p. 99-100: "para a solução de problemas jurídicos, a dogmática coloca à disposição um testado e comprovado acervo de soluções e de entendimentos sobre normas e complexos de normas".

um estado de inconstitucionalidade. O próprio tratamento jurisdicional da *omissão inconstitucional* ilustra a insuficiência da doutrina da nulidade. Ao tutelar posições jurídico-fundamentais violadas por proteção insuficiente, um tribunal não declara a nulidade de uma omissão legislativa; constata uma inconstitucionalidade (independentemente de disso se seguir um apelo ao legislador ou uma integração direta).

Os problemas de convivência entre esses dois sistemas, aliás, foram registrados em diversas passagens da obra, que atestam, por exemplo, que já na década de 1970, a atenuação dos rigores da doutrina da nulidade *ex tunc* era uma necessidade prática incontornável, inclusive na apreciação de Recursos Extraordinários[32]. Isso num contexto em que a anatomia "mista" de nosso sistema de controle jurisdicional de constitucionalidade era um eufemismo para o amplo e dominante acento na modalidade *difusa* ou *incidente*. A situação é diametralmente alterada com o advento da Constituição de 1988; nela, a ênfase incide no *controle abstrato de normas*. Decisões estruturantes como a ampliação do rol de legitimados para a propositura de ação direta permitem que questões de relevo sejam rapidamente levadas ao conhecimento do Supremo Tribunal Federal – e, a um só tempo, atestam que o controle abstrato foi elevado à condição de instrumento de correção do sistema incidente[33].

Esse estado de coisas contribuiu na conservação da utilidade do texto defendido em 1987, que houve por bem conferir proeminência, na análise, ao controle de constitucionalidade *in abstracto*.

Quando da 1ª edição da obra, acadêmicos ou profissionais do direito poderiam por ela se interessar em razão das várias passagens dedicadas a expor os traços fundamentais da noção de *processo objetivo* (*objektives Verfahren*). Ao travar contato com os mesmos trechos, um estudante dos dias de hoje enveredará por caminho que também leva à explanação de elementos constitutivos desse que é o critério-reitor da jurisdição constitucional abstrata. Um percurso no qual poderá acessar: a origem de seus institutos, como o efeito dúplice[34]; a explicação para alguns traços de seu regime jurídico, *v.g.* inadmissibilidade da propositura de ação rescisória[35]; o contexto de surgimento de ferramentas metódicas muito caras à jurisdição constitucional abstrata

---

[32] RE 78.594/SP, Rel. Min. Bilac Pinto, 2ªT., j. 7-6-1974, *DJ* 4-11-1974, de seguinte ementa: "Funcionário Público. Exercício da função de oficial. Validade do ato praticado por funcionário de fato. Apesar de proclamada a ilegalidade da investidura do funcionário público na função de oficial de justiça, em razão da declaração de inconstitucionalidade da lei estadual que autorizou tal designação, o ato por ele praticado é válido. Recurso não conhecido."

[33] Gilmar Ferreira Mendes, A evolução do direito constitucional brasileiro e o controle de constitucionalidade da lei, *Revista de Informação Legislativa*, v. 32, n. 126, Brasília, Senado Federal, abr./jun. 1995, p. 15 e s.

[34] Expressão mencionada no Parecer ministerial juntado à Representação 1.035, assinado por este autor, à época Procurador da República.

[35] O entendimento pela inadmissibilidade da propositura de ação rescisória contra decisão que declarou inconstitucionalidade de lei em tese foi firmado na AR 878/SP (Rel. Min. Soares Muñoz, Pleno, j. 19-3-1980, *DJ* 6-6-1980), e consagrado legislativamente no art. 26 da Lei n. 9.868/99. A mesma direção é trilhada pelo art. 31 do Projeto de Lei n. 3.640/2023, que "dispõe sobre o processo e julgamento das ações de controle concentrado de constitucionalidade perante o Supremo Tribunal Federal".

(princípio da proporcionalidade)[36]. Ficará, também, em condições de aquilatar que vários dos impasses processuais, que vez por outra habitam a pauta do Supremo Tribunal Federal, não são exatamente inéditos (*v.g.* as aporias decorrentes da coexistência da jurisdição constitucional de dois níveis, federal e estadual).

Não por último, talvez os mais familiarizados com a vida forense interessem-se pelos vaticínios lançados pelo autor em algumas das notas confeccionadas à guisa de atualização com a Constituição de 1988. Para ficar em apenas uma das predições, tome-se o exemplo do comentário ao art. 103, § 3º, do texto constitucional, que passou a exigir a *citação* do Advogado-Geral da União nas ações que apreciarem inconstitucionalidade de lei em tese, e que, ademais, o obriga a *defender* o ato ou texto impugnado. A obra assentou a impraticabilidade da inovação constitucional: primeiro, por introjetar lógica própria a processos de índole contraditória; segundo, pela posição desempenhada pelo Advogado-Geral na atividade de assessoramento jurídico do Presidente da República; terceiro, porque propugnar cumprimento à lei ou ato sabidamente inconstitucional é algo que só se faz às custas do dever de fidelidade à Constituição. Posto o diagnóstico, aviou a seguinte redução teleológica: "a despeito da concepção e formulação gravemente defeituosas, o constituinte somente pode ter assegurado ao Advogado-Geral da União um *direito de manifestação*, dentro dos limites impostos pelo próprio ordenamento constitucional".[37] Em 2001, o Supremo Tribunal Federal vem a consagrar esse entendimento, declarando que o "Advogado-Geral da União não está obrigado a defender tese jurídica se sobre ela esta Corte já fixou entendimento pela sua inconstitucionalidade"[38].

O predicado fundamental do profeta, diz Lord Halifax, é uma boa memória. Nesse e noutros vaticínios – tanto os que constam nesta nova edição quanto os que vez por outra este autor vem a vocalizar –, não há postulação alguma de intimidade com o sobrenatural. O que há é respeito à força dos processos históricos; deferência ao princípio da necessidade; exercício de pensamento possibilista. Navegar em águas turbulentas – como aquelas dos mares da consolidação de uma ordem constitucional ou da ameaça à sua subsistência[39] – requer observância daquela sabedoria estoica:

---

[36] Ao mencionar o esgotamento da doutrina do excesso de poder legislativo para sindicar inconstitucionalidades materiais, o texto acaba por certificar o início do primado do princípio da proporcionalidade, mas não sem antes aduzir que, mesmo sem assumi-lo expressamente, o Supremo Tribunal Federal há muito efetuava controle de proporcionalidade, *v.g.*, Representação n. 930/SP, Redator para o acórdão Min. Rodrigues Alckmin, Pleno, j. 5-5-1976, *DJ* 2-9-1977; e Representação n. 1.054/DF, Rel. Min. Néri da Silveira, Pleno, j. 4-4-1984, *DJ* 29-6-1984.

[37] Cf. Título III, Capítulo IV, § 2º (p. 261 da edição de 1990).

[38] ADI 1.616/PE, Rel. Min. Maurício Corrêa, Pleno, j. 24-5-2001, *DJ* 24-8-2001.

[39] Reeditar minha dissertação de mestrado era pensamento que há muito me perseguia. O intento passa à execução em 2022. Calhou de meu então Chefe de Gabinete no Supremo Tribunal Federal, Paulo Sávio Peixoto Maia, ser profundo conhecedor da obra (foi meu aluno no Curso de Mestrado da Universidade de Brasília). Entusiasta de uma 2ª edição, nem sequer a notícia de que o arquivo original do texto se perdera foi o suficiente para demovê-lo do considerável esforço de supervisionar a digitação de toda a obra, revisar o texto, padronizar as referências e verificar sua correção. Tudo isso numa quadra não exatamente tranquila de nossa história. A ele o meu sincero agradecimento.

Omnia quae nunc vetustissima creduntur, nova fuere.
"Todas as coisas que hoje se creem antiquíssimas já foram novas."
(Tácito, Anais, XI, 24)

Brasília, 5 de março de 2024.

Gilmar Mendes
Doutor em Direito pela Universidade de Münster, Alemanha.
Professor do Instituto Brasileiro de Ensino, Desenvolvimento e Pesquisa (IDP), onde é Diretor do Centro Hans Kelsen de Estudos sobre a Jurisdição Constitucional.
Ministro do Supremo Tribunal Federal.

Explicação necessária

Este trabalho, escrito entre janeiro e novembro de 1987, foi apresentado à Universidade de Brasília como dissertação de mestrado. Posteriormente logrei fazer alguns acréscimos, que passam a integrar a presente publicação.

Não me foi possível contemplar as inovações introduzidas pela Carta Magna de 1988 senão mediante breves comentários constantes das inúmeras notas. Todavia, muitas das modificações introduzidas pelo constituinte foram discutidas no âmbito do trabalho, o que lhe assegura – quero acreditar – a necessária atualidade.

O mandado de injunção, possivelmente a mais ousada modificação introduzida no sistema de controle dos poderes, não mereceu, inicialmente, qualquer referência. Seria precipitado, todavia, pretender traçar as linhas fundamentais de instituto tão complexo e de tão amplo alcance político em ligeiros comentários. Penso, porém, que as considerações desenvolvidas sobre a problemática da omissão constitucional poderão ser de alguma valia para o estudo do novo instituto, que se inclui, certamente, entre os maiores desafios à argúcia e à criatividade do jurista brasileiro. Logrei ainda acrescentar breve comentário sobre a utilização da *Verfassungsbeschwerde* (recurso constitucional) contra a omissão do legislador, na práxis da Corte Constitucional alemã.

No que concerne à *inconstitucionalidade por excesso de poder*, ampliei o estudo sobre o *princípio da proporcionalidade* (ou da *razoabilidade*), com base na própria jurisprudência do STF.

Não introduzi qualquer modificação no capítulo pertinente ao controle incidental de normas. Deve-se observar também que, nos seus aspectos formais, essa modalidade de controle de normas foi mantida sem qualquer alteração fundamental pelo constituinte de 1988. É bem verdade que a instituição do recurso especial para o Superior Tribunal de Justiça está a requerer novas e profundas reflexões doutrinárias visando à sua compatibilização com o recurso extraordinário.

O estudo sobre a representação interventiva foi mantido intocado, acrescentando-se apenas algumas considerações sobre a outorga de competência ao Superior Tribunal de Justiça para julgar a representação interventiva, no caso de recusa à execução da lei federal (CF/88, art. 34, VI, c/c o art. 56. IV). Como desenvolvido amplamente no trabalho, a representação interventiva configura uma especial modalidade de composição de conflito entre União e Estado-Membro. A outorga de legitimidade ao Procurador-Geral da República para propor a ação, no novo ordenamento (CF/88, art. 36, III e IV), deve-se, fundamentalmente, a razões históricas. Há de se reconhecer, todavia, que o Chefe do Ministério Público atua aqui, embora excepcionalmente, como representante processual da União. Por isso, a outorga de competência ao Superior Tribunal de Justiça para julgar a representação do Procurador-Geral da República, em caso de recusa à execução de lei federal (CF/88, art. 36, IV), parece decorrer de um grave equívoco.

O controle abstrato de normas foi analisado ainda nos termos da sistemática consagrada pela Carta de 1967/1969. Deve-se reconhecer que a Constituição de 1988 emprestou realce especial a essa modalidade de controle. A outorga de legitimidade ativa a diversos órgãos e entidades assegura ao sistema uma amplitude quase equivalente à de uma ação popular de inconstitucionalidade, não encontrando, nesse aspecto, paradigma nos modernos ordenamentos constitucionais.

De qualquer forma, parece que o constituinte de 1988 logrou positivar, ainda que de forma restritiva, aspiração já identificada na Assembleia Constituinte de 1934, quando foi apresentada proposta de criação de Corte Constitucional, inspirada no modelo kelseniano, que deveria apreciar as arguições de inconstitucionalidade formuladas por "qualquer pessoa de direito público ou privado, individual ou coletivamente, ainda mesmo quando não" tivesse "interesse direto".

Fiz breves considerações sobre o novo modelo adotado, analisando, especialmente, a disposição contida no art. 105, § 3º, da Constituição, que prevê a *citação* do Advogado-Geral da União para defender o ato impugnado. A expressão literal parece ensejar o entendimento de que o Advogado-Geral da União está obrigado a defender todo e qualquer ato normativo, mesmo aqueles manifestamente inconstitucionais. Se pudesse ser aceita essa orientação, teríamos de admitir que o constituinte acabou por criar aqui um instituto de todo novo: *o Advogado da Inconstitucionalidade*.

Parece-me, todavia, possível e, por que não dizer, necessário encontrar uma interpretação que assegure eficácia ao preceito, sem violar princípios basilares da ordem constitucional.

Há de se ressaltar, outrossim, que a nova conformação emprestada ao controle abstrato de normas – que deixa de ser modalidade excepcional e ancilar – alarga significativamente os limites da jurisdição constitucional e outorga particular realce à posição institucional do Supremo Tribunal Federal.

A par desse amplíssimo modelo de controle abstrato, criou o constituinte, no art. 102, parágrafo único, *a arguição de descumprimento de preceito fundamental decorrente da Constituição, a ser apreciada pelo Supremo Tribunal na forma da lei*. Trata-se de inovação sem qualquer paradigma nos diferentes sistemas de controle de constitucionalidade. Embora seja possível e necessário identificar os princípios fundamentais de determinado ordenamento constitucional, não se costuma, normalmente, outorgar-lhes proteção processual específica ou diferenciada.

Na esfera estadual, assegurou o constituinte a instituição de representação de inconstitucionalidade de leis ou atos normativos estaduais ou municipais em face da Constituição estadual, vedando-se a atribuição do *direito de propositura* a um único órgão (CF/88, art. 125, § 2º). Cria-se, assim, um duplo mecanismo de defesa direta contra os atos normativos estaduais, tornando possível submeter a mesma lei, direta e concomitantemente, ao controle do Tribunal de Justiça estadual e do Supremo Tribunal Federal.

Não obstante as modificações introduzidas no tocante ao controle de constitucionalidade da lei municipal (CF/88, art. 125, § 2º), achei por bem manter o capítulo final do trabalho, desenvolvido com base na Constituição de 1967/1969, considerando, sobretudo, o estudo desenvolvido sobre a necessidade de compatibilização desse duplo mecanismo de controle abstrato das normas estaduais.

Münster, Natal de 1988.

O Autor

Abreviaturas e siglas

arq. – Arquivos do Ministério da Justiça
AJ – Arquivo Judiciário
BVerfGE – Bundesverfassungsgerichtsentscheidungen (Decisões do Tribunal Constitucional alemão)
DJU – Diário da Justiça da União
MS – Mandado de Segurança
RDA – Revista de Direito Administrativo
RDP – Revista de Direito Público
RE – Recurso Extraordinário
RF – Revista Forense
RISTF – Regimento Interno do Supremo Tribunal Federal
RMS – Recurso em Mandado de Segurança
Rp. – Representação
RT – Revista dos Tribunais
RTJ – Revista Trimestral de Jurisprudência do Supremo Tribunal Federal (Brasília)
STF – Supremo Tribunal Federal

TÍTULO I
CONSTITUIÇÃO, CONSTITUCIONALIDADE E INCONSTITUCIONALIDADE

Capítulo I
CONSTITUCIONALIDADE E INCONSTITUCIONALIDADE

SEÇÃO I – CONSIDERAÇÕES PRELIMINARES

As Constituições escritas são apanágio do Estado Moderno. A concepção de um documento escrito destinado a institucionalizar um sistema preconcebido é uma inovação que se consolida na segunda metade do século XVIII, com a Revolução Francesa e a Independência americana[1].

A complexidade do seu desenvolvimento histórico e as múltiplas perspectivas de análise atribuem ao conceito de Constituição uma plurissignificatividade inigualável. "A resposta sobre o significado da Constituição – diz Hesse – depende, assim, da tarefa que se pretende resolver com o conceito eventualmente desenvolvido"[2].

Não obstante a riqueza semântica que o envolve e as múltiplas transformações ocorridas, o conceito de Constituição parece preservar um núcleo permanente: "a ideia de um princípio supremo que determina integralmente o ordenamento estatal e a essência da comunidade constituída por esse ordenamento"[3]. Vê-se, assim, que a regra que disciplina a criação de normas essenciais do Estado, organiza os entes estatais e consagra o procedimento legislativo forma a Constituição, no sentido estrito do termo[4].

Ao lado dessa ideia de Constituição material, cogita-se, igualmente, de uma Constituição formal, entendida aqui como conjunto de regras promulgadas com a observância de um procedimento especial e que está submetido a uma forma especial de revisão[5].

Na tentativa de consagrar um conceito que contemple, a um só tempo, o conteúdo material e a realidade normativa da Constituição, define-a Hesse como ordem jurídica fundamental da coletividade (*Die Verfassung ist die rechtliche Grundordnung des*

---

[1] Manoel Gonçalves Ferreira Filho, *Curso de direito constitucional*, 7. ed., São Paulo, Saraiva, 1978, p. 11-5; José Joaquim Gomes Canotilho, *Direito constitucional*, 4. ed., Coimbra, Almedina, 1986, p. 57 e s.; Theodor Maunz, *Deutsches Staatsrecht*, 17. Aufl., München, C. H. Beck, 1975, p. 37.

[2] Konrad Hesse, *Grundzüge des Verfassungsrechts der Bundesrepublik Deutschland*, 13. erg. Aufl., Heidelberg, C. F. Muller, 1982, p. 3.

[3] Hans Kelsen, La garanzia giurisdizionale della Constituzione, in *La giustizia costituzionale*, Milano, Giuffré, p. 152.

[4] Kelsen, La garanzia..., in *La giustizia costituzionale*, cit., p. 152.

[5] Kelsen, La garanzia..., in *La giustizia costituzionale*, cit., p.153; Jorge Miranda, *Manual de direito constitucional*, 2. ed., Coimbra, Coimbra Ed., 1981, v. 2, p. 26-7; José Afonso da Silva, *Aplicabilidade das normas constitucionais*, 2. ed., São Paulo, Revista dos Tribunais, 1982, p. 26-9; Afonso Arinos de Melo Franco, *Direito constitucional*, Rio de Janeiro, Forense, 1976, p. 114 e s.; Paulo Bonavides, *Direito constitucional*, 2. ed., Rio de Janeiro, Forense, 1986, p. 58-9.

Gemeinwesens)[6]. Considera que, enquanto ordem jurídica fundamental, a Constituição contém as linhas básicas do Estado e estabelece diretrizes e limites ao conteúdo da legislação vindoura[7]. Todavia, não se há de confundir a Constituição com uma regulamentação precisa e completa. A Constituição, ensina Hesse, não codifica, mas regula apenas – frequentemente as linhas essenciais – aquilo que se afigura relevante e carecedor de uma definição[8].

Inexiste, pois, uma pretensão de completude (*Anspruch der Lückenlosigkeit*) do sistema constitucional. E é, exatamente, essa característica que empresta à Constituição a flexibilidade necessária (*Beweglichkeit*) ao contínuo desenvolvimento e permite que o seu conteúdo subsista aberto dentro do tempo (*in die Zeit hinein offen*)[9].

Têm-se, assim, a um só tempo, rigidez e flexibilidade. E, segundo Hesse, o ponto decisivo situa-se, precisamente, na polaridade desses elementos. Não se trata de eleger alternativa, mas de coordenar esses *momentos*[10]. Conciliam-se, assim, estabilidade e desenvolvimento, evitando-se, de um lado, a dissolução da ordem constitucional, e, de outro, congelamento da ordem jurídica[11].

A Constituição escrita não se limita a estabelecer os baldrames da organização estatal e os fundamentos da ordem jurídica da comunidade, mas desempenha relevante papel como instrumento de estabilidade, de racionalização do poder e de garantia da liberdade. Não se trata, à evidência, de um sistema isento de lacunas. E, de certo modo, é essa ausência de regulamentação minudente que assegura a abertura constitucional (*Offenheit*) necessária ao amplo desenvolvimento do processo político[12].

Consagra Hesse, assim, uma concepção material de Constituição que se esforça por conciliar legitimidade material e abertura constitucional[13]. Limitar-nos-emos aqui a enunciar essa ideia de Constituição como ordem jurídica fundamental, uma vez que ela contém uma perspectiva de legitimidade material e de abertura constitucional, possibilitando compatibilizar o controle de constitucionalidade – que pressupõe uma Constituição rígida – com a dinâmica do processo político-social[14].

SEÇÃO II – CONSTITUCIONALIDADE E INCONSTITUCIONALIDADE

Como anota Jorge Miranda, constitucionalidade e inconstitucionalidade designam conceitos de relação, isto é, "a relação que se estabelece entre uma coisa – a Constituição – e outra coisa – um comportamento – que lhe está ou não conforme,

---

[6] Hesse, *Grundzüge des Verfassungsrechts*, cit., p. 10.
[7] Hesse, *Grundzüge des Verfassungsrechts*, cit., p. 10.
[8] Hesse, *Grundzüge des Verfassungsrechts*, cit., p. 11.
[9] Hesse, *Grundzüge des Verfassungsrechts*, cit., p. 11-2 e 15.
[10] Hesse, *Grundzüge des Verfassungsrechts*, cit., p. 15.
[11] Hesse, *Grundzüge des Verfassungsrechts*, cit., p. 15.
[12] Hesse, *Grundzüge des Verfassungsrechts*, cit., p. 14, 11-2 e 62-4; cf. Canotilho, *Direito constitucional*, cit., p. 84-6.
[13] Canotilho, *Direito constitucional*, cit., p. 84-5.
[14] Canotilho, *Direito constitucional*, cit., p. 84-5.

Capítulo I • Constitucionalidade e Inconstitucionalidade

que com ela é ou não compatível, que cabe ou não no seu sentido"[15]. Não se cuida, porém, de uma relação lógica ou intelectiva, adverte o eminente mestre português, mas de uma relação de caráter normativo e valorativo[16].

Em verdade, é essa relação de índole normativa que qualifica a inconstitucionalidade, pois somente assim logra-se afirmar a obrigatoriedade do texto constitucional e a ineficácia de todo e qualquer ato normativo contraveniente. "Não estão em causa – diz Jorge Miranda – simplesmente a adequação de uma realidade a outra realidade, de um *quid* a outro *quid*, ou a descorrespondência entre este e aquele ato, mas o cumprimento ou não de certa norma jurídica"[17].

Foi Rui Barbosa, talvez, quem primeiro percebeu, entre nós, que a sanção à violação do Texto Magno integra o próprio conceito de inconstitucionalidade. Dizia o emérito jurista, com fulcro no magistério de Dicey, que a expressão *inconstitucional* poderia ter, pelo menos, três acepções diferentes, conforme a natureza da Constituição adotada. Vale registrar, a propósito, a sua lição:

> "Definindo a qualificação de inconstitucionalidade perante os vários sistemas de constituições, escreve Dicey, o insigne constitucionalista inglês:
>
> A expressão *inconstitucional*, aplicada a uma lei, tem, pelo menos, três acepções diferentes, variando segundo a natureza da Constituição, a que aludir:
>
> I – Empregada em relação a um ato do parlamento inglês, significa simplesmente que esse ato é, na opinião do indivíduo que o aprecia, oposto ao espírito da Constituição inglesa; mas não pode significar que esse ato seja infração da legalidade e, como tal, nulo.
>
> II – Aplicada a uma lei das câmaras francesas, exprimiria que essa lei, ampliando, suponhamos, a extensão do período presidencial, é contrária ao disposto na Constituição. Mas não se segue necessariamente daí que a lei se tenha por vã; pois não é certo que os tribunais franceses se reputem obrigados a desobedecer às leis inconstitucionais. Empregada por franceses, a expressão de ordinário se deve tomar como simples termo de censura.
>
> III – Dirigido a um ato do Congresso, o vocábulo *inconstitucional* quer dizer que esse ato excede os poderes do Congresso e é, por consequência, nulo. Neste caso a palavra não importa necessariamente reprovação. O americano poderia, sem incongruência alguma, dizer que um ato do Congresso é uma boa lei, beneficia o país, mas, infelizmente, peca por inconstitucional, isto é, *ultra vires*, isto é, nulo"[18].

E, em seguida, concluía, brilhantemente, o eminente juspublicista pátrio:

> "Este o princípio estabelecido pelo regime americano e invariavelmente observado pelos seus executores. 'Todo ato do Congresso (diz Kent, o grande comentador), todos

---

[15] Jorge Miranda, *Manual*, cit., p. 273-4.
[16] Miranda, *Manual*, cit., p. 274.
[17] Miranda, *Manual*, cit., p. 274.
[18] Dicey, *Lectures introductory to the study of the law of the Constitution*, London, 1885, p. 165-6, apud Rui Barbosa, Os atos inconstitucionais do Congresso e do Executivo, in *Trabalhos jurídicos*, Rio de Janeiro, Casa de Rui Barbosa, 1962, p. 46.

atos das assembleias dos Estados, toda cláusula das constituições destes, que contrariarem a Constituição dos Estados Unidos, são necessariamente nulos. É uma verdade óbvia e definitiva em nossa jurisprudência constitucional'.

Esta consequência resulta evidentemente da própria essência do sistema. Onde se estabelece uma Constituição, com delimitação da autoridade para cada um dos grandes poderes do Estado, claro é que estes não podem ultrapassar essa autoridade, sem incorrer em incompetência, o que em direito equivale a cair em nulidade. *Nullus est major defectus quam defectus potestatis*"[19].

Não se afirma, hodiernamente, o dogma da nulidade com a mesma convicção de antanho. A disciplina emprestada aos efeitos da declaração de inconstitucionalidade pelo constituinte austríaco (1920-1929) e os desenvolvimentos posteriores do tema no Direito Constitucional de diversos países parecem recomendar a relativização dessa concepção unitária de inconstitucionalidade[20]. Todavia, é inegável que a ausência de sanção retira o conteúdo obrigatório da Constituição, convertendo o conceito de inconstitucionalidade em simples manifestação de censura ou crítica.

Nessa linha de entendimento, assenta Kelsen que uma Constituição que não dispõe de uma garantia para anulação dos atos inconstitucionais não é, propriamente, obrigatória. E não se afigura suficiente uma sanção direta ao órgão ou agente que promulgou o ato inconstitucional, porquanto tal providência não o retira do ordenamento jurídico. Faz-se mister a existência de órgão incumbido de zelar pela anulação dos atos incompatíveis com a Constituição[21]. Convém registrar o seu preciso magistério:

> "Embora não se tenha plena consciência disso – porque uma teoria jurídica dominada pela política não lhe dá ensejo – é certo que uma Constituição que, por não dispor de mecanismos de anulação, tolera a subsistência de atos e, sobretudo, de leis com ela incompatíveis, não passa de uma vontade despida de qualquer força vinculante. Qualquer lei, simples regulamento ou todo negócio jurídico geral praticado por entes privados têm uma força jurídica superior a Constituição, a que estão subordinados e que lhes outorga validade. E que a ordem jurídica zela para que todo ato que contraria uma norma superior diversa da Constituição possa ser anulado. Assim, essa carência de força obrigatória contrasta radicalmente com a aparência de rigidez outorgada à Constituição através da fixação de requisitos especiais de revisão. Por que tanta precaução se as normas da Constituição, ainda que quase imutáveis, são, em verdade, desprovidas de força obrigatória? Certo é, também, que uma Constituição, que não institui uma Corte Constitucional ou órgão análogo para anulação de atos inconstitucionais, não se afigura de todo desprovida de sentido jurídico. A sua violação pode dar ensejo a sanções onde exista pelo menos o instituto da responsabilidade ministerial contra os órgãos que participaram da formação do ato, desde que admitida a sua culpa. Mas, além do fato de que, como ressaltado, essa garantia não se mostra muito eficaz, uma vez que deixa íntegra a lei inconstitucional, não

---

[19] Rui Barbosa, Os atos inconstitucionais..., in *Trabalhos jurídicos*, cit., p. 46-7.
[20] Canotilho, *Direito constitucional*, cit., p. 729.
[21] Kelsen, La garanzia..., in *La giustizia costituzionale*, cit., p. 199-200.

se há de admitir que a Constituição estabeleça uma única via possível para a edição de leis. O texto constitucional explicita, consoante o seu sentido literal e subjetivo, que as leis devem ser elaboradas de um certo modo e que hão de ter, ou não, determinado conteúdo. Mas, no seu sentido objetivo, admite a Constituição que a lei é válida, mesmo em caso de inobservância de regras de índole procedimental ou material"[22].

Como se vê, não se limita Kelsen a reconhecer a sanção como elemento integrativo do conceito de inconstitucionalidade. Considera indispensável, igualmente, a existência de sanção qualificada, isto é, do procedimento de anulação do ato inconstitucional por órgão competente. Daí afirmar Grimm que, para Kelsen, a jurisdição constitucional é uma decorrência lógica da Constituição em sentido estrito[23].

Dessarte, os conceitos de constitucionalidade e inconstitucionalidade não traduzem, tão somente, a ideia de conformidade ou inconformidade com a Constituição. Assim, tomando de empréstimo a expressão de Bitar, dir-se-á que constitucional será o ato que não incorrer em sanção, por ter sido criado por autoridade constitucionalmente competente e sob a forma que a Constituição prescreve para a sua perfeita integração; inconstitucional será o ato que incorrer em sanção — de nulidade ou de anulabilidade — por desconformidade com o ordenamento constitucional[24].

Finalmente, cumpre advertir que os conceitos de inconstitucionalidade e constitucionalidade não abrangem, tradicionalmente, toda conformidade ou desconformidade com a Constituição, referindo-se, propriamente, a atos ou omissões dos Poderes Públicos. A violação da ordem constitucional por entes privados, embora relevantes do prisma do Direito Constitucional, não se equipararia, segundo esse entendimento, à ofensa perpetrada pelos órgãos públicos, destinatários primeiros de seus comandos normativos[25].

SEÇÃO III – LEI INCONSTITUCIONAL: FUNDAMENTOS TEÓRICOS DA NULIDADE

A doutrina constitucional americana assentou, desde os primórdios, o dogma da nulidade da lei inconstitucional como princípio basilar de seu modelo de controle de constitucionalidade. "A invalidade da ação dos poderes políticos fora do círculo dos

---

[22] Kelsen, La garanzia..., in *La giustizia costituzionale*, cit., p. 199-200; cf. também Kelsen, *Wesen und Entwicklung der Staatsgerichtsbarkeit*, 1929, p. 78-9.
[23] Dieter Grimm, Zum Verhältnis von Interpretationslehre, Verfassungsgerichtsbarkeit und Demokratieprinzip bei Kelsen, in *Rechtstheorie*, 1982, p. 152 (Beiheft; 4).
[24] Orlando Bitar, A lei e a Constituição, in *Obras completas de Orlando Bitar*, Brasília, Conselho Federal de Cultura, 1978, v. 2, p. 39.
[25] Jorge Miranda, *Manual*, cit., p. 274. A moderna doutrina constitucional alemã desenvolveu, porém, a teoria da eficácia externa (*Drittwirkung*) dos direitos fundamentais, que amplia, de forma significativa, o raio de abrangência dessas garantias, passando a reconhecer a vinculação de entidades públicas e privadas. E, nas hipóteses em que se admite essa eficácia externa imediata dos direitos fundamentais, haveria de se cogitar, propriamente, da inconstitucionalidade em relação a atos da atividade privada. Cf. Hesse, *Grundzüge des Verfassungsrechts*, cit., p. 139-43; Canotilho, *Direito constitucional*, cit., p. 465-72.

textos constitucionais – dizia Rui – é o dogma cardeal do constitucionalismo americano"[26]. E, em seguida, o emérito jurista transcrevia a conhecida lição de Marshall:

> "Toda a construção do direito americano tem por base a noção de que o povo possui originariamente o direito de estabelecer, para o seu futuro governo, os princípios, que mais conducentes se lhe afigurem à sua utilidade. O exercício desse direito original é um insigne esforço: não pode, nem deve repetir-se frequentemente. Os princípios, que destarte uma vez se estabeleceram, consideram-se, portanto, fundamentais. E, como a autoridade, de que eles dimanam, é suprema, e raro se exerce, esses princípios têm destino permanente. A vontade primitiva e soberana organiza o governo, assinando-lhe os diferentes ramos, as respectivas funções. A isto pode cingir-se; ou pode estabelecer raias, que eles não devam transpor. Nesta última espécie se classifica o governo dos Estados Unidos. Definiram-se e demarcaram-se os poderes da legislatura; e, para que sobre tais limites não ocorresse erro, ou deslembrança, fez-se escrita a Constituição. Com que fim se estipulariam esses poderes, e com que fim se reduziria essa estipulação a escrito, se os limites prescritos pudessem ser ultrapassados exatamente por aqueles, que ela se propunha a coibir? Acabou-se a distinção entre os governos de poderes limitados e os de poderes indefinidos, se os confins, que se estabelecem, não circunscrevem as pessoas, a que se impõem, e ficarem igualmente obrigatórios os atos permitidos e os atos defesos. Ou havemos de admitir que a Constituição anula qualquer medida legislativa, que a contrarie, ou anuir em que a legislatura possa alterar por medidas ordinárias a Constituição. Não há contestar o dilema. Entre as duas alternativas não se descobre meio-termo. Ou a Constituição é uma lei superior, soberana, irreformável por meios comuns; ou se nivela com os atos de legislação usual, e, como estes, é reformável ao sabor da legislatura. Se a primeira proposição é verdadeira, então o ato legislativo, contrário à Constituição, não será lei; se é verdadeira a segunda, então as constituições escritas são absurdos esforços do povo, por limitar um poder de sua natureza ilimitável. Ora, com certeza, todos os que têm formulado constituições escritas, sempre o fizeram com o intuito de assentar a lei fundamental e suprema da nação; e, conseguintemente, a teoria de tais governos deve ser que qualquer ato da legislatura, ofensivo da Constituição, é nulo. Esta doutrina está essencialmente ligada às constituições escritas, e, portanto, deve-se observar como um dos princípios fundamentais de nossa sociedade"[27].

Embora afirmasse a nulidade da lei inconstitucional, a práxis da Corte Suprema, firmada em Marbury *vs.* Madison, consistia na não aplicação ou, como se diz hodiernamente, na desaplicação da lei questionada ao caso *sub judice*. Efetivamente, são os princípios da *common law* e, sobretudo, a regra do *stare decisis* que tornam a lei inaplicável pelos tribunais e pela própria Corte Suprema, emprestando caráter geral à declaração de inconstitucionalidade proferida pela Suprema Corte[28].

---

[26] Rui Barbosa, Os atos inconstitucionais..., in *Trabalhos jurídicos*, cit., p. 47.
[27] John Marshall, *The writings of John Marshall, late Chief-justice of the United States, upon the federal Constitution*, Boston, J. Monroe, 1839, p. 24-5, apud Rui Barbosa, Os atos inconstitucionais..., in *Trabalhos jurídicos*, cit., p. 47-8.
[28] Gerald Gunther, *Cases and materials on constitutional law*, 10. ed., New York, The Foundation Press, 1980, p. 34-5; cf. Rui Barbosa, *O direito do Amazonas ao Acre septentrional*, Rio de Janeiro, Jornal do Commercio, 1910, v. 1, p. 51-2.

Capítulo I • Constitucionalidade e Inconstitucionalidade

A evidência que parecia revestir o dogma da nulidade da lei inconstitucional não permitiu que se desenvolvesse uma fundamentação doutrinária mais acurada. Assim, Willoughby anotava, com segurança, que:

> "The doctrine that an unconstitutional law is void is often stated as a deduction from the premise that constitutional law is a superior kind of law to which statute law of inferior rank is obliged to yield. Accurately speaking, however, this is not the case, for the unconstitutional statute is not law at all, whatever its form or however solemnly enacted and promulgated.
>
> There are not and cannot be degrees of legal validity. Any given rule of conduct or definition of a right either is or is not law. When therefore we describe any particular measure as an unconstitutional law, and therefore, of course, void, we are in fact, strictly speaking, guilty of a contradiction of terms, for if it is unconstitutional it is not a law at all; or, if it is a law, it cannot be unconstitutional. Thus when any particular so-called law is declared unconstitutional by a competent court of last resort, the measure in question is not vetoed or annulled, but simply declared never to have been law at all, never to have been, in fact, anything more than a futile attempt at legislation on the part of the legislature enacting it. This is a very important point, for did the decision of the court operate as a veto the effect would be simply to hold that the law should cease to be valid from and after the time such decision was rendered, whereas, in fact, the effect is to declare that the law never having had any legal force no legal rights or liabilities can be founded upon it"[29].

Não é diferente o magistério de Cooley, como se vê na seguinte passagem do seu clássico estudo:

> "When a statute is adjudged to be unconstitutional, it is as if it had never been. Rights cannot be built up under it; contracts which depend upon it for their consideration are void; it constitutes a protection to no one who has under it, and no one can be punished for having refused obedience to it before the decision was made. And what is true of an act void *in toto* is true also as to any part of an act which is found to be unconstitutional, and which, consequently, is to be regarded as having never, at any time, been possessed of any legal force"[30].

Entre nós, a matéria não logrou melhor desenvolvimento. "Os nossos tratadistas — assevera Lúcio Bittencourt — não indicam a razão jurídica determinante desse efeito amplo. Repetem a doutrina dos escritores americanos e as afirmações dos tribunais — acrescenta o eminente mestre — sem buscar-lhes o motivo, a causa, ou o fundamento"[31].

No magnífico trabalho sobre "Os atos inconstitucionais do Congresso e do Executivo", perfilha Rui conceito de inconstitucionalidade como categoria unitária, indis-

---

[29] Westel Woodbury Willoughby, *The constitutional law of the United States*, New York, Baker, Voorhis, 1910, v. 1, p. 9-10.
[30] Thomas M. Cooley, *A treatise on the constitutional limitations*: wich rest upon the legislative power of the States of the American Union, 4. ed., Boston, Little, Brown, 1878, p. 227; cf. Carlos Alberto Lúcio Bittencourt, *O controle jurisdicional da constitucionalidade das leis*, 2. ed., Rio de Janeiro, Forense, 1968, p. 141.
[31] Bittencourt, *O controle jurisdicional*, cit., p. 141.

sociável da nulidade. Após destacar que inconstitucionalidade importa nulidade, o emérito juspublicista pátrio invocava as lições de Dicey no sentido de que, "dirigido a um ato do Congresso, o vocábulo inconstitucional quer dizer que esse ato excede os poderes do Congresso e é, por consequência, nulo"[32]. E, adiante, concluía, enfaticamente, aduzindo que

> "onde quer que se levante o princípio federativo, a superioridade da Constituição às leis ordinárias concretiza-se logo na função judicial de custodiar a primeira contra as segundas. Aos olhos dos estadistas europeus esse poder dos nossos tribunais parece uma maravilha em permanência; mas, para o americano, não é mais que o resultado natural e óbvio de toda Constituição escrita. Ele é, de feito, o corolário imperioso das formas limitadas de governo. Se a legislatura se acha investida apenas em faculdades restritas, todo ato, que exorbite desses limites, é desautorizado, *ultra vires* (em linguagem forense), isto é, exorbitantes das forças do poder legislativo, e baldo, portanto, de vigor. Qualquer pessoa poder-lhe-á negar obediência, porque esse ato é nulo de todo o ponto, e os tribunais, evidentemente, não lhe podem atribuir efeito"[33].

Para o insigne publicista, afigurava-se impróprio afirmar que o tribunal procedia à anulação da lei. "Uma coisa é declarar a nulidade – dizia Rui – (…) outra é anular. Declarar a nulidade, isso fazem os tribunais, legitimamente, a respeito de leis ordinárias, quando inconciliáveis com a lei fundamental. Em tais casos declarar nula uma lei é simplesmente consignar a sua incompossibilidade com a Constituição, lei primária e suprema"[34].

Castro Nunes observava, a propósito, que, em "boa técnica (…) o que se dá é o abandono da lei contraventora e a sujeição do caso *sub judice* à Constituição ou ao direito legal ou subsidiário compatível com os princípios dela"[35]. Todavia, a decisão, ainda que proferida topicamente, teria o condão de suprimir, virtualmente, a autoridade da lei, tornando-a inteiramente nula[36].

Em linhas gerais, inconstitucionalidade e nulidade configurariam, nesse esquema teórico, categoria unitária e indissociável, o que levou Canotilho a vislumbrar a existência do seguinte *silogismo tautológico*:

> "(1) uma lei inconstitucional é nula;
> (2) uma lei é nula porque é inconstitucional;
> (3) a inconstitucionalidade reconduz-se à nulidade e a nulidade à inconstitucionalidade"[37].

---

[32] Rui Barbosa, Os atos inconstitucionais…, in *Trabalhos jurídicos*, cit., p. 46.
[33] Rui Barbosa, Os atos inconstitucionais…, in *Trabalhos jurídicos*, cit., p. 70-1.
[34] Rui Barbosa, *O direito do Amazonas*, cit., p. 103.
[35] José de Castro Nunes, *Teoria e prática do Poder Judiciário*, Rio de Janeiro, Forense, 1943, p. 589.
[36] José de Castro Nunes, *Teoria e prática*, cit., p. 588-9.
[37] Canotilho, *Direito constitucional*, cit., p. 729.

Capítulo I • Constitucionalidade e Inconstitucionalidade

Embora não se possa negar que o conceito de inconstitucionalidade se afigura indissociável da ideia de sanção[38], é evidente que a redução da inconstitucionalidade à nulidade prepara obstáculos aparentemente intransponíveis no plano dogmático.

Nem se há de pretender que tal relação seja apreciada, exclusivamente, à luz de pressupostos teóricos e deduções lógicas. Os próprios sistemas de controle de constitucionalidade fornecem elementos para uma aferição diferenciada da invalidade de lei inconstitucional. O simples cotejo das diferentes fórmulas dogmáticas adotadas pelos ordenamentos constitucionais de diversos países está a indicar que a nulidade não é uma consequência lógica da inconstitucionalidade. Assim, nos Estados Unidos, a não aplicação da lei declarada inconstitucional depende, fundamentalmente, do instituto do *stare decisis*, que assegura, dentro de certos limites, a observância do precedente[39]. No Direito brasileiro, a eficácia genérica da declaração de inconstitucionalidade proferida pelo Supremo Tribunal Federal, em caso concreto, depende da suspensão do ato pelo Senado Federal (CF 1967/1969, art. 42, VII). O modelo kelseniano implantado na Áustria reconhece efeitos gerais meramente prospectivos à declaração de inconstitucionalidade (Constituição da Áustria, art. 140, § 5º). Por seu turno, a Constituição portuguesa, de 1976, consagra que, quando a segurança jurídica, razões de equidade ou interesse público de excepcional relevo, que deverá ser fundamentado, o exigirem, poderá o Tribunal Constitucional fixar os efeitos da inconstitucionalidade ou da ilegalidade com alcance mais restritivo do que o previsto nos n. 1 e 2 (art. 282, n. 4).

A simples enunciação de tais peculiaridades está a demonstrar quão fecunda é a problemática que envolve o tema. "A doutrina e a práxis austríacas comprovam – diz Schlaich – que esse dogma (nulidade) não constitui postulado lógico-jurídico de índole obrigatória"[40]. E, no Direito Constitucional alemão, a prática desenvolvida pelo *Bundesverfassungsgericht* de declarar a inconstitucionalidade sem atribuir as consequências da nulidade (*Unvereinbarkeit*) atenua, consideravelmente, a rigidez da teoria da nulidade[41].

---

[38] Cf. Orlando Bitar, A lei e a Constituição, in *Obras completas*, cit., p. 40; Rui Barbosa, Os atos inconstitucionais..., in *Trabalhos jurídicos*, cit., p. 46-7.

[39] Bernard Schwartz, *Direito constitucional americano*, Rio de Janeiro, Forense, 1966, p. 198-201.

[40] Klaus Schlaich, *Das Bundesverfassungsgericht*: Stellung, Verfahren, Entscheidungen, 1. Aufl., München, C. H. Beck, 1985, p. 162.

[41] Schlaich, *Das Bundesverfassungsgericht*, cit., p. 163, 167 e s.; cf. Jörn Ipsen, *Rechtsfolgen der Verfassungswidrigkeit von Norm und Einzelakt*, Baden-Baden, Nomos, 1980, p. 107 e s.; Christian Pestalozza, "Noch verfassungsmässige" und "bloss verfassungswidrige" Rechtslagen, in Christian Starck (org.), *Bundesverfassungsgericht und Grundgesetz*, 1. Aufl., Tübingen, Mohr, 1976, v. 1, p. 523. Ressalte-se que, na Alemanha, a Lei do *Bundesverfassungsgericht* (§ 79) limita os efeitos da nulidade, consagrando a subsistência de todos os atos anteriores, praticados com fundamento na lei inconstitucional, e que não sejam mais suscetíveis de impugnação. Exclui-se, igualmente, pretensão baseada em enriquecimento sem causa. Veda-se, porém, a execução dessas decisões. Contempla-se uma exceção a esse postulado de segurança jurídica, admitindo-se a revisão das sentenças condenatórias penais proferidas com base na lei inconstitucional.

Por outro lado, o processo de inconstitucionalização da lei (*der Prozess des Verfassungswidrigwerdens*)[42] introduz questão que parece carecer de resposta adequada no âmbito da teoria unitária da inconstitucionalidade.

Assenta Ipsen que uma das fraquezas da teoria da nulidade das leis inconstitucionais decorre, sem dúvida, de seu frágil embasamento teórico. Os sectários dessa concepção limitar-se-iam, em regra, a invocar a evidência lógica (*logische Evidenz*) dos seus pressupostos[43]. Todavia, os esforços e tentativas desenvolvidos no sentido de demonstrar os fundamentos teóricos da nulidade da lei inconstitucional levaram à formulação de dois modelos ou padrões de argumentação, que Ipsen houve por bem denominar modelo de colisão (*Kollisionsmodell*) e modelo de validade jurídica (*Rechtsgeltungsmodell*)[44].

O chamado modelo de colisão pressupõe o ordenamento jurídico como uma unidade que se mostra incompatível com qualquer contradição interna. Todavia, o postulado da unidade do ordenamento jurídico não exclui a possibilidade teórica de que eventual conflito seja dirimido segundo a regra *lex posterior derogat priori*. Daí afigurar-se imprescindível a introdução do conceito de hierarquia ou de supremacia da Constituição (*Vorrang der Verfassung*), que consagra a nulidade da norma inconstitucional[45]. É que, como apenas a Constituição ou a lei inconstitucional é válida, o reconhecimento da validade da lei inconstitucional corresponderia à perda da validade temporária da Constituição ("Nicht selten findet sich die Alternativvorstellung, dass – mag der Grundsatz der Einheit der Rechtsordnung nun ausdrücklich genannt werden oder nicht – entweder die Verfassung oder das verfassungswidrige Gesetz gelten könne, die Geltung des verfassungswidrigen Gesetzes zumindest den zeitweiligen Geltungsverlust der Verfassung bedeute, was wiederum mit ihrem Geltungsvorrang unvereinbar sei")[46].

Como o modelo de colisão, o *Rechtsgeltungsmodell* pressupõe a unidade do ordenamento jurídico e a supremacia da Constituição. Não obstante, as duas teorias apresentam diversidade de fundamentação. O modelo de validade jurídica considera as normas constitucionais como condições jurídicas de validade (*Rechtsgeltungsbedingungen*) que devem ser preenchidas para edição do ato normativo[47]. Como decorrência lógica dessa premissa, pode-se afirmar que a lei não chegou sequer a ser editada, se as condições de validade – formais e materiais – não foram satisfeitas. É o que afirma Ipsen, asseverando que, como consequência do *Rechtsgeltungsmodell* pode surgir apenas norma aparente (*Scheinnorm*), que, eventualmente, emprestará uma duradoura aparência jurídica, não, porém, uma validade originária (*originäre Rechtsgeltung*)[48].

---

[42] Ipsen, *Rechtsfolgen*, cit., p. 132.
[43] Ipsen, *Rechtsfolgen*, cit., p. 73 e 80.
[44] Ipsen, *Rechtsfolgen*, cit., p. 73.
[45] Ipsen, *Rechtsfolgen*, cit., p. 73-4.
[46] Ipsen, *Rechtsfolgen*, cit., p. 74.
[47] Ipsen, *Rechtsfolgen*, cit., p. 75.
[48] Ipsen, *Rechtsfolgen*, cit., p. 75.

As duas teorias partem de premissas idênticas e chegam a consequências jurídicas semelhantes. Todavia, identifica-se notória diferença de fundamentação: enquanto o modelo de validade jurídica nega, de plano, validade a toda e qualquer norma que não satisfaça às condições preestabelecidas (*Rechtsgeltungsbedingungen*), o modelo de colisão parece supor o surgimento de uma norma apta a colidir com a regra superior[49].

Dessarte, o modelo de colisão contemplaria a possibilidade de se introduzir a discussão sobre uma teoria da anulabilidade da lei inconstitucional (*Vernichtbarkeitslehre*)[50].

Limitamo-nos aqui a enunciar a questão, que será abordada, posteriormente, no capítulo relativo aos efeitos da declaração de inconstitucionalidade. Todavia, como assentado, impõe-se reconhecer que *o dogma da nulidade não constitui postulado lógico-jurídico de índole obrigatória*, comportando soluções intermediárias, nos termos consagrados pelo ordenamento jurídico. Em outros termos, a nulidade resulta da inconstitucionalidade, não se configurando, porém, uma consequência lógica desta.

SEÇÃO IV – A LEI INCONSTITUCIONAL EM KELSEN

Na monografia Über Staatsunrecht (1914), assentou Kelsen os pressupostos metodológicos que viriam a embasar a sua Teoria Pura do Direito. Todavia, a controvérsia sobre a inconstitucionalidade de lei sofreu significativo desenvolvimento[51]. Apreciando a questão relativa à lei promulgada sem observância dos pressupostos constitucionais, asseverava Kelsen, então, que não se cuidava, propriamente, de um injusto (*Unrecht*), em sentido jurídico, nem de um ato estatal viciado, mas de um nada jurídico (*rechtlich überhaupt nichts*)[52].

A Teoria Pura do Direito, publicada, inicialmente, em 1934, fornece um quadro diverso. Fundada na doutrina da hierarquia do ordenamento jurídico, desenvolvida por Merkl e que tem como ponto basilar o princípio segundo o qual o direito disciplina sua própria produção (*erzeugende oder bedingende Normen und erzeugte oder bedingte Normen*)[53], seria de presumir que qualquer discrepância da regra inferior em relação à norma hierarquicamente superior acarretasse a nulidade no sentido de defeito jurí-

---

[49] Ipsen, *Rechtsfolgen*, cit., p. 75. A distinção pode assumir relevância na definição dos efeitos da declaração de inconstitucionalidade, com a formação de duas correntes doutrinárias: a doutrina da nulidade (*Nichtigkeitslehre*) e a doutrina da anulabilidade (*Vernichtbarkeitslehre*).

[50] A doutrina da anulabilidade (*Vernichtbarkeitslehre*) admite a validade da lei até a pronúncia da ilegitimidade pelo Tribunal Constitucional, que, por isso, tem eficácia constitutiva (Ipsen, *Rechtsfolgen*, cit., p. 79). Essa concepção arrima-se, fundamentalmente, no *monopólio de censura* das Cortes Constitucionais, uma vez que, antes da decisão, não é dado a ninguém o poder de invocar a nulidade (Hartmut Söhn, *Anwendungspflicht oder Aussetzungspflicht bei festgestellter Verfassungswidrigkeit von Gesetzen?*, p. 29-30).

[51] Ipsen, *Rechtsfolgen*, cit., p. 52.

[52] Kelsen, Über Staatsunrecht, in *Grünhuts Zeitschrift*, 1914, p. 95, apud Ipsen, *Rechtsfolgen*, cit., p. 53.

[53] Adolf Merkl, Prolegomena einer Theorie des rechtlichen Stufenbaus, in *Festschrift für Hans Kelsen*, Wien, 1931, p. 293, apud Ipsen, *Rechtsfolgen*, cit., p. 53; Kelsen, *Teoria pura do direito*, 3. ed., Coimbra, A. Amado Ed., 1974, p. 324.

dico de existência do ato questionado (*Nichtigkeit im Sinne von mangelnder rechtlicher Existenz des fraglichen Aktes*)[54].

Todavia, o art. 140, § 3º (atual art. 140, § 5º), da Constituição austríaca veio estabelecer que as normas inconstitucionais não eram nulas *ipso jure*, mas apenas com efeito *ex nunc* ou *pro futuro*[55]. A aparente contradição contida no referido preceito foi resolvida por Kelsen com a afirmação de que a inconstitucionalidade de uma lei não significava uma contradição lógica, mas uma condição do processo especial de anulação, previsto na Constituição. As chamadas leis inconstitucionais são *leis conformes à Constituição, mas anuláveis por um processo especial*[56].

Segundo Ipsen, esse argumento foi apresentado, inicialmente, por Kelsen como justificativa do princípio estabelecido no art. 140, § 3º (atual art. 140, § 5º), da Carta austríaca[57]. Já na segunda edição da *Reine Rechtslehre*, reconhece que ao legislador se oferece a alternativa para escolher entre duas vias: a determinada diretamente pela Constituição e a que há de ser determinada pelo próprio órgão legislativo[58].

Tendo em vista tais elementos, indaga Ipsen sobre a natureza teórica ou dogmática dos postulados formulados por Kelsen. Para Ipsen, as premissas relativas à impossibilidade do injusto estatal (*staatliches Unrecht*) e a produção jurídica de normas e atos individuais constituem expressão do Direito Constitucional positivo, não se configurando uma revelação propriamente teórica[59]. A natureza dogmática resultaria do fato de que um *staatliches Unrecht* não é impensável nem pode ser excluído pela natureza da lei. E a produção de atos estatais é, igualmente, admitida por outras correntes jurídicas[60].

Assim, infirma-se o caráter teórico da proposição kelseniana, considerando que se trata, propriamente, de um projeto de solução (*Lösungsvorschlag*) para um problema concreto e, por conseguinte, de uma assertiva dogmática[61].

---

[54] Merkl, Prolegomena..., in *Festschrift für Hans Kelsen*, cit., p. 293, apud Ipsen, *Rechtsfolgen*, cit., p. 53.

[55] Art. 140, § 5º: "O reconhecimento do Tribunal Constitucional de que uma lei é incompatível com a Constituição obriga o Chanceler Federal ou o Chefe do Executivo estadual à imediata publicação de sua anulação. Esta disposição aplica-se, no que couber, à hipótese prevista no § 4º. A anulação entra em vigor na data de sua publicação, salvo se o Tribunal fixar prazo. O prazo não pode exceder de um ano" (*Das Erkenntnis des Verfassungsgerichtshofes, mit dem ein Gesetz als verfassungswidrig aufgehoben wird, verpflichtet den Bundeskanzler oder den zuständigen Landshauptmann zur unverzüglichen Kundmachung der Aufhebung. Dies gilt sinngemäss für den Fall eines Ausspruches gemäss Absatz 4. Die Authebung tritt am Tage der Kundmachung in Kraft, wenn nicht der Verfassungsgerichtshof für das Ausserkrafttreten eine Frist bestimmt. Diese Frist darf ein Jahr nicht überschreiten*).

[56] Kelsen, *Teoria pura do direito*, cit., p. 371; Ipsen, *Rechtsfolgen*, cit., p. 54-5.

[57] Ipsen, *Rechtsfolgen*, cit., p. 54.

[58] Kelsen, *Teoria pura do direito*, cit., p. 371; Ipsen, *Rechtsfolgen*, cit., p. 54-5.

[59] Ipsen, *Rechtsfolgen*, cit., p. 55.

[60] Ipsen, *Rechtsfolgen*, cit., p. 55.

[61] Ipsen, *Rechtsfolgen*, cit., p 55.

SEÇÃO V – O PROCESSO DE INCONSTITUCIONALIZAÇÃO E A LEI "AINDA CONSTITUCIONAL"

A doutrina constitucional inspirada no Direito americano não admite, aparentemente, a existência de uma situação intermediária entre os estados de plena constitucionalidade ou de absoluta inconstitucionalidade. Os critérios jurisdicionais que balizam o controle de constitucionalidade não parecem contemplar qualquer alternativa à verificação da constitucionalidade ou da inconstitucionalidade.

Como observa Ipsen, o pensamento dogmático esforça-se para fixar situações (*Zustände zu fixieren*), não se ocupando de um possível estágio de transição (*Verlauf*). A dinâmica do desenvolvimento somente é aferível, do ponto de vista dogmático, mediante a conjugação dos diferentes momentos[62]. Dessarte, parece que o pensamento dogmático não se mostra apto a apreender o processo de inconstitucionalização (*der Prozess des Verfassungswidrigwerdens*)[63].

Não obstante, a doutrina e a jurisprudência constitucional alemã têm empreendido esforços no sentido de desenvolver categorias jurídicas que logrem traduzir, com alguma fidelidade, as diferentes facetas dessa realidade jurídica (*Rechtswirklichkeit*) extremamente rica[64]. E que, como ensina Pestalozza,

> "entre a nulidade e o estado de absoluta constitucionalidade parece desenvolver-se uma zona cinzenta de imperfeição que não permite distinguir, com clareza, o que é proibido, daquilo que apenas não é propriamente facultado. As situações ainda constitucionais são aquelas que se encaminham rumo ao estado de inconstitucionalidade, embora não a tenham atingido completamente"[65].

Talvez a chamada mudança nas relações fáticas (*Änderung tatsächlicher Verhältnisse*) forneça o mais inequívoco exemplo para caracterizar um *estágio de transição* ou a *zona cinzenta de imperfeição*, mencionada por Pestalozza. Substancial alteração do suporte fático (*Tatbestand*) comprova que os fatos, constatações e prognoses concebidos e adotados pelo legislador (*legislative facts*; *Tatsachenfeststellungen*; *Prognoseentscheidungen*) já não mais correspondem à vontade constitucional ou estão em via de com ela colidirem[66].

---

[62] Ipsen, *Rechsfolgen*, cit., p. 132.
[63] Ipsen, *Rechsfolgen*, cit., p. 132.
[64] Ipsen, *Rechtsfolgen*, cit., p. 132; Pestalozza, Noch verfassungsmässige..., in Starck, *Bundesverfassungsgericht*, cit., p. 540.
[65] Pestalozza, Noch verfassungsmässige..., in Starck, *Bundesverfassungsgericht*, p. 540. "*Zwischen Nichtigkeit und makelloser Verfassungsmässigkeit scheint sich eine graue Zone verfassungsimperfekter Zustände zu entwickeln, in der sich nach sachlichen Gesichtspunkten nicht mehr auseinanderhalten lässt, was verboten, was lediglich nicht eigens erlaubt ist. 'Noch verfassungsmässige' Rechtslagen sind solche, die sich auf dem Weg zur Verfassungswidrigkeit befinden, sie aber noch nicht vollends erreicht haben*".
[66] Horst Ehmke, Prinzipien des Verfassungsinterpretation, in Ralf Dreier & Friedrich Schwegmann, *Probleme der Verfassungsinterpretation*: Dokumentation einer Kontroverse, 1. Aufl., Baden-Baden, Nomos, 1976, p. 204; v., também, Josef Esser, *Vorverständnis und Methodenwahl in der Rechtsfindung*, 1972, p. 53-63. Fritz Ossenbühl, Die

Dessarte, eventual evolução na hermenêutica do texto constitucional, a radical mudança do conteúdo da lei, através de nova exegese da norma ou de efetiva alteração da realidade social, podem deflagrar o processo de inconstitucionalização (*der Prozess des Verfassungswidrigwerdens*)[67]. E, não raras vezes, o Tribunal Constitucional é compelido a apreciar a controvérsia na fase intermediária da transição, quando ainda não existem evidências de consolidação do processo.

A dificuldade em precisar o momento da mudança e a ausência de critérios seguros para aferição de seu desenvolvimento parecem sugerir uma solução pragmática para os problemas dimanados pelo processo de inconstitucionalização. E o que se pretende com as chamadas *Appellentscheidungen*, decisões que, embora afirmem ser a lei ainda constitucional (*es ist noch verfassungsgemäss*), convocam o legislador a implementar as correções necessárias[68].

Ao apreciar os critérios legais vigentes na organização de distritos eleitorais, em face do princípio de igualdade eleitoral, o *Bundesverfassungsgericht* reconheceu que a profunda alteração na estrutura populacional provocara significativas mudanças na eficácia dos votos, com reflexos na distribuição dos mandatos excedentes (Überhangsmandate). Não obstante, considerou o Tribunal Constitucional que a disposição na lei ordinária ainda não era incompatível com o princípio da igualdade eleitoral. E, por isso, conclamou o legislador a empreender as correções necessárias[69]. Idêntico entendimento foi adotado em relação a preceito que atribuía tratamento diferenciado ao cônjuge do sexo masculino e ao do feminino, no tocante à pensão previdenciária[70].

Da mesma forma, reconhece o *Bundesverfassungsgericht* a validade provisória de uma determinada regulamentação, tendo em vista a garantia outorgada pelo legislador

---

Kontrolle von Tatsachenfestellungen und Grundgesetz, in Starck, *Bundesverfassungsgericht*, cit., v. 1, p. 468-9. Convém ressaltar que o exame desse tema pressupõe o reconhecimento de que o controle de constitucionalidade não se limita a um pretenso contraste entre a norma superior e a regra hierarquicamente inferior. Em verdade, não é concebível a estrita separação entre *norma* e *realidade* (fatos gerais) no processo de interpretação e aplicação do Direito. Daí asseverar Ehmke, com precisão, que o juiz não aprecia a constitucionalidade da lei *vis-à-vis* da Constituição. "Ao contrário, o Tribunal afere a relação da lei com o problema apresentado à luz dos parâmetros constitucionais" (Prinzipien..., in *Probleme des Verfassungsinterpretation*, cit., p. 204; *v.*, também, Josef Esser, *Vorverständnis*, cit., p. 53-63). A tentativa de fixar a realidade, isto é, de eliminá-la, acaba por inviabilizar a própria censura judicial (cf. Ossenbühl, Die Kontrolle..., in Starck, *Bundesverfassungsgericht*, cit., p. 468-9). "Deve-se aferir a relação dos 'problemas apresentados', isto é, de uma realidade apresentada, de um 'suporte fático' com a lei enquanto regulamentação, ou enquanto reação legislativa a essa realidade" (Ossenbühl, Die Kontrolle..., in Starck, *Bundesverfassungsgericht*, cit., p. 468). "Por isso, o exame de fatos constatados pelo legislador constitui elemento essencial do controle de constitucionalidade."

[67] Pestalozza, Noch verfassungsmässige..., in Starck, *Bundesverfassungsgericht*, cit., p. 540, 548-51; Ipsen, *Rechtsfolgen*, cit., p. 132-7.
[68] Ipsen, Rechtsfolgen, cit., p. 133.
[69] *BVerfGE*, 16:130(138); Ipsen, *Rechtsfolgen*, cit., p. 133-4; Pestalozza, Noch verfassungsmässige... in Starck, *Bundesverfassungsgericht*, cit., p. 549.
[70] *BVerfGE*, 17:1; *BVerfGE*, 39:169; Ipsen, *Rechtsfolgen*, cit., p. 134-5; Pestalozza, Noch verfassungsmässige... in Starck, *Bundesverfassungsgericht*, cit., p. 549.

quanto à transitoriedade da medida e à sua necessidade para a consolidação de uma ordem mais perfeita, ou de uma ampla reforma legislativa[71]. Cuida-se aqui de uma transitoriedade tolerável (*tolerierter Übergang*). Assim, ao apreciar a constitucionalidade do Estatuto do Saar (*Saarstatut*), que envolvia o direito de ocupação (*Besatzungsrecht*), declarou o *Bundesverfassungsgericht* que, embora não fossem supressivas do direito de ocupação (*Besatzungsrecht*), as medidas empreendidas pelo legislador visavam à sua gradual eliminação. O legislador aproximava-se, destarte, da Constituição, ainda que não lograsse afastar, de plano, o estado de inconstitucionalidade (*Der Gesetzgeber annähert sich dem Grundgesetz*)[72].

A legislação que disciplinava a direção da economia (*Zwangswirtschaft*) e a política de contingenciamento (*Kontingentierung*) também foram consideradas "ainda constitucionais"[73].

A transitoriedade tolerável (*tolerierter Übergang*) parece ter-se desgarrado do contexto do pós-guerra, em que se desenvolveu inicialmente. Em decisão, afirmou o *Bundesverfassungsgericht* que a fórmula encontrada pelo legislador para atenuar os problemas inerentes ao regime de acesso à universidade (*Zulassungssystem*) não era censurável sob a ótica da constitucionalidade. Afigurava-se inevitável a adoção de solução intermediária, e a omissão do legislador tornaria a situação insustentável[74].

Ainda que provoque alguma insegurança, o reconhecimento de uma situação de transitoriedade tolerável amplia as perspectivas do controle de constitucionalidade, outorgando ao tribunal uma alternativa à simples afirmação ou negação da validade da lei. Por outro lado, há de se reconhecer que, não raras vezes, amplas reformas exigidas pelo texto constitucional não podem ser implementadas de forma imediata, carecendo de um prazo razoável de maturação. Nesse caso, a declaração de nulidade das normas em vigor, além de impedir uma reforma gradual, pode levar a um vácuo legislativo. Assim, não fosse esse recurso, a questão da inconstitucionalidade deixaria de ser apreciada, sob a invocação do postulado da *judicial self-restraint*, ou de outra cláusula de exclusão.

---

[71] Pestalozza, Noch verfassungsmässige..., in Starck, *Bundesverfassungsgericht*, cit., p. 540.
[72] Pestalozza, Noch verfassungsmässige..., in Starck, *Bundesverfassungsgericht*, cit., p. 545-8; *BVerfGE*, 4:157-69.
[73] Pestalozza, Noch verfassungsmässige..., in Stark, Bundesverfassungsgericht, cit., p. 547; *BVerfGE*, 9:63.
[74] *BVerfGE*, 37:104-20; Pestalozza, Noch verfassungsmässige...,in Starck, *Bundesverfassungsgericht*, cit., p. 548.

Capítulo II
OS DIFERENTES TIPOS
DE INCONSTITUCIONALIDADE

SEÇÃO I - CONSIDERAÇÕES PRELIMINARES

A doutrina constitucional se esforça por estabelecer uma adequada classificação dos diferentes tipos ou manifestações de inconstitucionalidade. E a dogmática tradicional se enriquece, a cada dia, com novas distinções, elaboradas pelos doutrinadores, ou identificadas na cotidiana atividade dos tribunais.

Como já visto, procede-se à distinção entre a inconstitucionalidade formal ou orgânica e a inconstitucionalidade material, tendo em vista considerações relativas ao conteúdo da norma ou às regras de caráter procedimental[1].

Cogita-se, igualmente, da chamada inconstitucionalidade por ação e da inconstitucionalidade por omissão. A inconstitucionalidade por ação pressupõe uma conduta positiva do legislador, que se não compatibiliza com os princípios constitucionalmente consagrados. Ao revés, a inconstitucionalidade por omissão decorre, fundamentalmente, de uma *verfassungswidrige Lücke* (lacuna inconstitucional), ou do descumprimento da obrigação constitucional de legislar (*Nichterfüllung von Gesetzgebungsaufträgen*)[2].

Alguns doutrinadores contemplam, ainda, a distinção entre inconstitucionalidade originária e inconstitucionalidade superveniente, considerando os diversos momentos de edição das normas constitucionais, as eventuais mudanças ocorridas na situação fática imperante quando da edição da lei (*Änderung der tatsächlichen Verhältnisse*)[3].

A doutrina registra, ainda, a existência da chamada inconstitucionalidade de normas constitucionais (*verfassungswidrige Verfassungsnormen*). E, aqui, identificam-se duas

---

[1] Carlos Alberto Lúcio Bittencourt. *O controle jurisdicional da constitucionalidade das leis*, 2. ed.. Rio de Janeiro, Forense, 1968, p. 71; Francisco Luiz da Silva Campos, *Direito constitucional*, Rio de Janeiro, Freitas Bastos, 1956, p. 388 e s.; Bilac Pinto, Parecer: inconstitucionalidade do Decreto-lei n. 8.946, de 1946, *RF*, Rio de Janeiro, *120*:40; Jorge Miranda, *Manual de direito constitucional*, 2. ed. Coimbra, Coimbra Ed., 1981, v. 2, p. 297-302.

[2] Jorge Miranda, *Manual*, cit., p. 294: Klaus Schlaich, *Das Bundesverfassungsgericht: Stellung, Verfahren, Entscheidungen*, 1. Aufl, München, C. H. Beck, 1985, p. 170-1; Jörn Ipsen, *Rechtsfolgen der Verfassungswidrigkeit von Norm und Einzelakt*, 1. Aufl., Baden-Baden, Nomos, 1980, p. 109 e s. e 135-6; Christian Pestalozza, "Noch verfassungsmässige" und "bloss verfassungswidrige" Rechtslagen, in Christian Starck (org.), *Bundesverfassungsgericht und Grundgesetz*, 1. Aufl., Tübingen, Mohr, 1976, v. 1, p. 526-9; Pestalozza, *Verfassungsprozessrecht: Die Verfassungsgerichtsbarkeit des Bundes und der Länder*, 2. Aufl., München, C. H. Beck, 1982, p. 111.

[3] Jorge Miranda, *Manual*, cit., p. 296-7, 248 e s.; Ipsen, *Rechtsfolgen*, cit., p. 133-5; Orlando Bitar, A lei e a Constituição, in *Obras completas de Orlando Bitar*, Brasília, Conselho Federal de Cultura, 1978, v. 2, p. 173; Paolo Biscaretti di Ruffìa, *Derecho constitucional*, 2. ed., Madrid, Technos, 1984, p. 268; Ipsen. *Rechtsfolgen,* cit., p. 133-4.

correntes: *a)* uma que admite a inconstitucionalidade de normas constitucionais originárias; *b)* outra que sugere, apenas, a possibilidade de contradição entre normas constitucionais iniciais e outras, oriundas de processo de revisão ou de emenda[4].

Não se deve omitir a complexa questão atinente ao processo de inconstitucionalização da lei constitucional (*der Prozess des Verfassungswidrigwerdens von Gezetzen*) e suas consequências sob a ótica da dogmática jurídica[5].

SEÇÃO II – A INCONSTITUCIONALIDADE MATERIAL E A INCONSTITUCIONALIDADE FORMAL

Costuma-se proceder à distinção entre inconstitucionalidade material e formal, tendo em vista a origem do defeito que macula o ato questionado. Os vícios formais afetam o ato normativo singularmente considerado, independentemente de seu conteúdo, referindo-se, fundamentalmente, aos pressupostos e procedimentos relativos à sua formação. Os vícios materiais dizem respeito ao próprio conteúdo do ato, originando-se de um conflito com princípios estabelecidos na Constituição[6]. E, evidentemente, a inconstitucionalidade material envolve não só o contraste direto do ato legislativo com o parâmetro constitucional, mas também a aferição do desvio de poder ou do excesso de poder legislativo[7].

§ 1º A inconstitucionalidade e as normas admonitórias

Originariamente, pretendeu-se emprestar fundamento teórico à distinção entre normas constitucionais formais e materiais, reconhecendo força cogente apenas às últimas.

Segundo a orientação então adotada, as normas constitucionais materiais se referiam, fundamentalmente, ao estabelecimento das instituições, aos mecanismos de poderes, à garantia expressa dos direitos dos cidadãos. Outras disposições contidas no Texto Magno comporiam as chamadas normas constitucionais de índole formal, suscetíveis, às vezes, de modificação por via do processo legislativo ordinário[8].

---

[4] Otto Bachof, *Normas constitucionais inconstitucionais?*, trad. José Manuel M. Cardoso da Costa, Coimbra. Atlântida, 1977, p. 11 e s.

[5] Ipsen, *Rechtsfolgen*, cit., p. 132 e s.; Pestalozza, Noch verfassungsmässing..., in Starck, *Bundesverfassungsgericht*, cit., p. 523, 540 e s.

[6] José Joaquim Gomes Canotilho, *Direito constitucional*, 4. ed., Coimbra, Almedina, 1986, p. 738; Francisco Luiz da Silva Campos, *Direito Constitucional*, cit., p. 392 e s.; Bittencourt, *O controle jurisdicional*, cit., p. 56-60; Orlando Bitar, A lei e a Constituição, in *Obras completas*, cit., p. 40-3; Jorge Miranda, *Manual*, cit., p. 297-300.

[7] Canotilho, *Direito constitucional*, cit., p. 739 e s.; Jorge Miranda, *Manual*, cit., p. 300 e s.; Piero Calamandrei, La illegittimità costituzionale delle leggi nel processo civile, in *Opere giuridiche*, Napoli, Morano, 1968, v. 3, p. 362-3. Cf. Gustavo Zagrebelsky, *La giustizia costituzionale*, Bologna, Mulino, 1979, p. 26-30; Hans Schneider, Zur Verhältnismässigkeitskontrolle insbesondere bei Gesetzen, in Starck, *Bundesverfassungsgericht*, cit., p. 392-3.

[8] Orlando Bitar, A lei e a Constituição, in *Obras completas*, cit., p. 40. Cf. Bittencourt, *O controle jurisdicional*, cit., p. 56-60; Francisco Luiz da Silva Campos, *Direito constitucional*, cit., p. 392 e s.

A propósito, vale recordar que o art. 178 da Constituição do Império estabelecia que:

"É só constitucional o que diz respeito aos limites e atribuições respectivas dos poderes políticos, e aos direitos políticos e individuais dos cidadãos; tudo o que não é constitucional pode ser alterado, sem as formalidades referidas, pelas legislaturas ordinárias"[9].

A distinção entre normas constitucionais formais e materiais já havia sido censurada por Cooley, considerando inconcebível que o povo pudesse fixar, nos textos constitucionais, regras que julgasse irrelevantes[10].

Nessa linha de entendimento, assevera Francisco Campos que a tentativa de distinguir entre cláusulas imperativas e meramente diretórias, ou entre normas constitucionais em sentido formal e material, não se compatibiliza com o regime de Constituição escrita ou rígida. E aduz o eminente publicista, *verbis*:

"Alguns autores americanos, discutindo a matéria das disposições de caráter regimental incluídas na Constituição e a questão de saber se são imperativas, como é, em regra, o caso das cláusulas constitucionais, estabelecem entre tais disposições diferenças fundadas no critério de serem ou não essenciais, distinguindo-as em diretórias e mandatórias ou imperativas, conforme a importância que pareçam ter.

É evidente que tal distinção é a mesma, formulada em outros termos, entre leis constitucionais formais e materiais, consideradas as primeiras como meramente diretórias, por não conterem matéria de natureza ou de essência constitucional, e as segundas como mandatórias por natureza, não por figurarem no instrumento da Constituição, mas por serem essencial e substancialmente constitucionais. Ora, como vimos, repugna, absolutamente, ao regime de constituição escrita ou rígida a distinção entre leis constitucionais em sentido material e formal; em tal regime, são indistintamente constitucionais todas as cláusulas constantes da Constituição, seja qual for o seu conteúdo ou natureza.

Sendo, pois, todas elas de ordem constitucional, terão, igualmente, a mesma força, que lhes provém, não de sua matéria, mas do caráter do instrumento a que aderem, não se podendo conceber que se reserve ao legislador o arbítrio de distingui-las, para o efeito de sua observância, em essenciais ou substanciais, a saber, imperativas ou mandatórias, e em acessórias ou de mera conveniência, isto é, diretórias"[11].

Também Kelsen ressalta a diferença existente entre a norma constitucional e a norma ordinária, afirmando que o estabelecimento de um processo especial de revisão acaba por fazer coincidir a Constituição em sentido material com a Constituição em sentido formal[12]. Daí considerar que a distinção entre inconstitucionalidade formal e

---

[9] Cumpre observar que, no período republicano, as Constituições dos Estados do Ceará (art. 146) e do Paraná (art. 26) continham regra de teor idêntico, tendo o Supremo Tribunal Federal declarado a inconstitucionalidade do preceito da Carta paranaense (cf. Orlando Bitar, A lei e a Constituição, in *Obras completas*, cit., p. 41).

[10] Thomas M. Cooley, *A treatise on the constitutional limitations*, 4. ed. Boston, Little, Brown, 1878, p. 93-4; Bittencourt, *O controle jurisdicional*, cit., p. 57: Francisco Luiz da Silva, Campos. *Direito constitucional*, cit., p. 392-3.

[11] Francisco Luiz da Silva Campos, *Direito constitucional*, cit., p. 392.

[12] Hans Kelsen, La garantia giurisdizionale della Costituzione, in *La giustizia costituzionale*, Milano, Giuffrè, 1981, p. 154.

inconstitucionalidade material há de ser vista com cautela. Vale registrar o seu magistério, *verbis*:

> "Se il diritto positivo non differenzia queste due forme, non ha senso giuridico stabilire principi, direttive, limiti al contenuto delle leggi ed è solo un'apparenza determinata da motivi politici, come accade del resto per le libertà garantite in forma costituzionale nel caso frequente in cui la costituzione autorizza il legislatore ordinario a limitarle"[13].

Vê-se, dessarte, que a distinção entre normas constitucionais formais e materiais não há de ter relevância no âmbito do controle de constitucionalidade. Do contrário, ter-se-ia de reconhecer o poder de determinados órgãos para discernir entre cláusulas constitucionais substanciais e acessórias, o que "acabaria por se sobrepor à Constituição, passando a definir o que fosse uma cláusula constitucional em cada caso concreto e segundo razões de mera conveniência"[14].

Nesse sentido, afigura-se incontrastável a conclusão de Francisco Campos, na seguinte passagem:

> "Não se compreende, pois, a compossibilidade da constituição escrita ou rígida com a faculdade conferida ao Congresso de decidir quando um preceito constante do instrumento da Constituição é ou não essencial ou envolve matéria de natureza constitucional. O sistema de constituição escrita se acha, pois, visceral e inseparavelmente conexo ao conceito puramente formal do que seja uma lei ou cláusula constitucional.
>
> Se, portanto, este sistema deve manter-se em suas linhas fundamentais, é impossível evadir-se à conclusão de que, em conformidade com o seu espírito e pela sua própria lógica interna, uma provisão constitucional, exatamente porque se contém no instrumento da constituição, é uma provisão essencial, indispensável e imperativa, por se envolver de fato ou por pressuposto do legislador constituinte – pressuposição irremovível por argumentos em contrário – matéria de interesse público ou relativa a direitos individuais, de ordem substancial, portanto"[15].

O influxo da nova fase histórica, instaurada com a Primeira Grande Guerra, parece roborar a orientação referida. É que a Constituição deixa de ter âmbito material restrito, passando a reger todo o amplo espectro da vida coletiva[16]. E, por isso, assevera Hesse que a Constituição é a ordem jurídica fundamental da coletividade (*Die Verfassung ist die rechtliche Grundordnung des Gemeinwesens*), contendo os princípios da

---

[13] Kelsen, La garanzia..., in *La giustizia costituzionale*, cit., p.154. Cf. Calamandrei, La illegittimità..., in *Opere giuridiche*, cit., p. 359-60 e 364; Jorge Miranda, *Manual*, cit., v. 2, p. 302.

[14] Francisco Luiz da Silva Campos, *Direito constitucional*, cit., v. 1, p. 393.

[15] Francisco Luiz da Silva Campos, *Direito constitucional*, cit., p. 394-5.

[16] Boris Mirkine-Guetzévitch, *As novas tendências do direito constitucional*, trad. Cândido Motta Filho, São Paulo, Ed. Nacional, 1933, p. 40; Orlando Bitar, A lei e a Constituição, in *Obras completas*, cit., p. 40; Konrad Hesse, *Grundzüge des Verfassungsrechts der Bundesrepublik Deutschland*, 13. erg. Aufl., Heidelberg, C. F. Müller, 1982, p. 10; Biscaretti di Ruffia, *Derecho constitucional*, cit., p. 266-7.

ordem fundamental[17]. A outorga de competência ampla à chamada jurisdição constitucional objetiva, exatamente, emprestar eficácia normativa aos preceitos constitucionais, independentemente de seu conteúdo.

§ 2º A inconstitucionalidade formal e os vícios de procedimento

Como observado, os vícios formais traduzem defeito de formação do ato normativo, pela inobservância de princípio de ordem técnica ou procedimental ou pela violação de regras de competência. Nesses casos, *viciado é o ato nos seus pressupostos, no seu procedimento de formação, na sua forma final*[18].

A construção kelseniana, que pretende reduzir toda inconstitucionalidade a um *vício de procedimento*, é criticada por Zagrebelsky. Considera o eminente publicista italiano que, embora tal proposição seja coerente com a concepção gradualística do ordenamento jurídico esposada por Kelsen, as premissas formais que lhe emprestam arrimo não se compatibilizam com o valor político-ideológico atribuído à Constituição[19]. O reconhecimento da Constituição como norma substancial, insuscetível de modificação, na sua totalidade, inclusive por emendas constitucionais, outorga ao vício material características de uma categoria autônoma, que não se confunde com os vícios de índole formal[20]. E, enquanto o vício substancial da lei pressupõe uma Constituição rígida[21], a invalidade por vício formal pode decorrer da violação de norma infraconstitucional que discipline o procedimento legislativo[22]. Daí proceder-se à distinção entre normas procedimentais, cuja ofensa acarreta a invalidade, e aquelas regras cuja inobservância não implica nulidade do ato legislativo[23].

No Direito Constitucional brasileiro lavrou-se intensa controvérsia sobre a eficácia convalidatória da sanção aposta pelo chefe do Executivo a projetos eivados pela usurpação de iniciativa reservada. Respeitável corrente doutrinária, integrada por Themístocles Cavalcanti, Seabra Fagundes, Pontes de Miranda e José Afonso da Silva, emprestou adesão à tese da convalidação. Outros, como Francisco Campos, Caio Tácito e Manoel Gonçalves Ferreira Filho, perfilharam orientação diversa[24].

Segundo José Afonso da Silva, "a regra de reserva tem como fundamento pôr na dependência do titular da iniciativa a regulamentação dos interesses vinculados a certas matérias. Não se trata de adotar aqui a tendência que distingue as cláusulas consti-

---

[17] Hesse, *Grundzüge des Verfassungsrechts*, cit., p. 10, n. 17-18.
[18] Canotilho, *Direito constitucional*, cit., p. 738. Cf. Jorge Miranda, *Manual*, cit., v. 2, p. 302-3; Zagrebelsky, La Giustizia, cit., p. 33-8; Franco Pierandrei, Corte costituzionale, in *Enciclopedia del Diritto*, Milano, Giuffrè, 1962, v. 10, p. 904-5.
[19] Zagrebelsky, *La giustizia*, cit., p. 34-5.
[20] Zagrebelsky. *La giustizia*, cit., p. 35.
[21] Zagrebelsky, *La giustizia*, cit., p. 35-6.
[22] Zagrebelsky, *La giustizia*, cit., p. 36-7: Pierandrei, Corte costituzionale, in *Enciclopedia del Diritto*, cit., p. 904-5.
[23] Zagrebelsky, *La giustizia*, cit., p. 36-7; Pierandrei, Corte costituzionale, in *Enciclopedia del Diritto*, cit., p. 904-5.
[24] Manoel Gonçalves Ferreira Filho, *Curso de direito constitucional*, 7. ed., São Paulo, Saraiva, 1978, p. 18.

tucionais em diretórias e mandatoriais. Pois, a regra da reserva é imperativa no que tange a subordinar a formação da lei à vontade exclusiva do titular da iniciativa. Ora, essa vontade pode atuar em dois momentos: no da iniciativa e no da sanção. Faltando a sua incidência, o ato é nulo; mas se ela incidir com sanção, satisfeita estará a razão da norma de reserva"[25].

Esse entendimento logrou ser referendado pelo Supremo Tribunal Federal, consagrando-se, inicialmente, que a falta de iniciativa do Executivo fica sanada com a sanção do projeto de lei[26]. Já na vigência da Constituição de 1967/1969, estabeleceu-se orientação contrária, afirmando-se que a sanção não mais supre a falta de iniciativa *ex vi* do art. 57, parágrafo único[27].

O Supremo Tribunal Federal teve oportunidade de apreciar controvérsia relativa à aplicação da cláusula do decurso do prazo no decreto-lei (CF 1967/1969, art. 55, § 1º, c/c o art. 51, § 3º). Ao afirmar a inconstitucionalidade da resolução que declarava a rejeição de decreto-lei, por inobservância do prazo estabelecido no Texto Magno, a Excelsa Corte reafirmou a natureza obrigatória e vinculativa das regras procedimentais previstas na Constituição[28].

§ 3º A inconstitucionalidade formal e a questão *interna corporis*

Afirma-se, tradicionalmente, a impossibilidade de se apreciar, no juízo de constitucionalidade, as questões *interna corporis* das Casas Legislativas. A matéria aparece revestida, não raras vezes, de um conteúdo místico, de uma pretensa indenidade dos atos internos do Congresso à investigação judicial. A consolidação do sistema de controle, com amplo poder para julgar as questões constitucionais, coloca em dúvida a exatidão desse entendimento. Se as leis ou as emendas constitucionais são passíveis de apreciação no juízo de constitucionalidade, não se afigura plausível assegurar indenidade aos regimentos internos das Casas Legislativas[29].

A Corte Constitucional italiana, na decisão n. 9, de março de 1959, distinguiu "da un lato le regole costituzionali la cui violazione nell'iter legislativo è suscettibile di portare alla invalidazione della legge, e dall'altro le regole contenute nei regolamenti parlamentari, la cui violazione non rileva nei giudizi di legittimità costituzionale sulle leggi"[30]. Ensina Zagrebelsky que a distinção pode ser explicada sob o fundamento de que a *illegittimità costituzionale* se caracteriza, tão somente, na hipótese de afronta a normas procedimentais contidas no Texto Magno. Ao aprovar o seu regimento, a Câ-

---

[25] José Afonso da Silva, apud Ferreira Filho, *Curso*, cit., p. 189.
[26] Súmula 5.
[27] Rp. 890-GB, Rel. Min. Oswaldo Trigueiro, *DJ*, 7 jun. 1974, p. 3932; Rp. 1.051-GO, Rel. Min. Moreira Alves, *DJ*, 15 maio 1981.
[28] MS 20.555, Rel. Min. Sydney Sanches, *DJ*, 25 mar. 1988.
[29] Pierandrei, Corte costituzionale, in *Enciclopedia Del Diritto*, cit., v. 10, p. 904.
[30] Zagrebelsky, *La giustizia*, cit., p. 36; Pierandrei, Corte costituzionale, in *Enciclopedia del Diritto*, cit., p. 904.

mara estaria disciplinando, apenas, questões internas, e sua eventual violação haveria de ser assim considerada[31].

Evidentemente, tal juízo não parece isento de objeções. A inobservância de princípio estabelecido no regimento pode configurar violação de *norma constitucional interposta*[32]. Por outro lado, não parece compatível com o ordenamento jurídico a derrogação, ou violação, caso a caso, de regimento aprovado por maioria absoluta, nos termos da Lei Fundamental[33].

Todavia, concede o ilustre publicista que a orientação consagrada pela Corte Constitucional não é arbitrária e contempla uma preocupação de ordem substancial. Pretende-se evitar a declaração de invalidade de ato legislativo marcado por vícios menos graves, ou adotado em procedimento irregular, mas com respaldo generalizado das frações parlamentares[34]. "In qualche caso – assevera Zagrebelsky – l'invalidazione di un intero testo legislativo apparirebbe chiaramente sproporzionato rispetto alla gravità trascurabile della regola procedurale violata"[35].

Portanto, a *insindicabilità* dos atos *interna corporis* há de ser considerada *cum grano salis*. É que, como nota Canotilho, "levada a extremo, esta doutrina excluiria a possibilidade do controle dos vícios relativos à formação da própria vontade legiferante e determinantes da própria existência da lei"[36]. Daí admitir que órgão jurisdicional deva examinar a regularidade do processo de formação da lei tendo em vista a constatação de eventual afronta à Constituição[37].

No Direito brasileiro, reconhece-se, igualmente, a não censurabilidade dos atos exclusivamente *interna corporis*. Assim, o Supremo Tribunal Federal tem assentado, *v.g.*, que "matéria relativa à interpretação de normas de regimento legislativo é imune à crítica judiciária, circunscrevendo-se no domínio *interna corporis*"[38].

Como acentuado, não se infirma a aferição da regularidade formal da lei, nos termos estabelecidos pelo Texto Magno. O controle de constitucionalidade não se mostra adequado, porém, a obstar a tramitação do projeto de lei ou de proposta de emenda constitucional, considerando-se que a violação só ocorrerá depois de o projeto se transformar em lei ou de a proposta de emenda vir a ser aprovada[39]. Nesse sentido, observou o Ministro Moreira Alves que, nesses casos, "a inconstitucionalidade (...) não será quanto ao processo da lei ou da emenda, mas, ao contrário, será da pró-

---

[31] Zagrebelsky, *La giustizia*, cit., p. 36.
[32] Zagrebelsky, *La giustizia*, cit., p. 37.
[33] Zagrebelsky, *La giustizia*, cit., p. 37.
[34] Zagrebelsky, *La giustizia*, cit., p. 37.
[35] Zagrebelsky, *La giustizia*, cit., p. 37.
[36] Canotilho, *Direito constitucional*, cit., p. 679-80.
[37] Canotilho (*Direito constitucional*, cit., p. 680, nota 107) observa que "a violação autônoma do estatuto pode conduzir apenas a constitucionalidade indireta ou de ilegalidade, de contornos muito inseguros".
[38] MS 20.471-DF, Rel. Min. Francisco Rezek, *RTJ*, 112(3):1031-41.
[39] MS 20.257-DF, Rel. Min. Moreira Alves, *RTJ*, 99(3):1031.

pria lei ou da própria emenda, razão por que só poderá ser atacada depois da existência de uma ou de outra"[40].

§ 4º A inconstitucionalidade material

A inconstitucionalidade material envolve o próprio conteúdo do ato impugnado, abrangendo não apenas eventual contradição entre a norma constitucional e o ato legislativo ordinário, mas também o chamado desvio ou *excesso de poder legislativo*. A primeira espécie supõe o confronto entre comandos normativos, resultantes da adoção de prescrições contrárias aos princípios constitucionais. A inconstitucionalidade decorrente do desvio de poder está marcada pela incompatibilidade entre os objetivos da lei e os fins constitucionalmente consagrados, ou pela violação ao princípio da proporcionalidade ou da proibição de excesso[41].

Como observado, a doutrina kelseniana reduz a chamada inconstitucionalidade material, em última instância, a um vício de procedimento. O eminente Chefe da Escola de Viena advertia, a propósito, que "tale distinzione è però ammissibile solo con la riserva che la cosiddetta incostituzionalità materiale è in definitiva anch'essa incostituzionalità formale, nel senso che una legge il cui contenuto è contrario alla costituzione non sarebbe più incostituzionale qualora fosse votata come legge costituzionale"[42].

Essa consideração parece ter em conta o texto constitucional apenas como realidade normativa. Todavia, ensina Zagrebelsky que, no atual contexto político-ideológico, prevalece uma concepção axiológica da Constituição, "intesa prima di tutto come norma sostanziale di contenuto, del resto non modificabile nella sua totalità neppure con il procedimento di revisione della costituzione"[43]. Por outro lado, não é menos certo que se há de diferençar a atividade do Parlamento, no exercício do poder de revisão, daquela desempenhada como manifestação do Poder Legislativo ordinário[44]. Assim, embora não se possa infirmar uma perspectiva da *Constituição como norma sobre a produção normativa*[45], há de se reconhecer, igualmente, o seu caráter de ordem jurídica fundamental da coletividade (*rechtliche Grundordnung des Gemeinwesens*)[46].

Nessa linha de entendimento, a Constituição estabelece os princípios diretivos que permitem formar a unidade política, satisfazer as tarefas estatais, disciplinar o

---

[40] MS 20.257-DF, *RTJ*, 99(3):1031.

[41] Alguns autores parecem distinguir a inconstitucionalidade material e o excesso de poder legislativo (cf. Canotilho, *Direito constitucional*, cit., p. 740). Preferimos considerar o excesso de poder como manifestação da inconstitucionalidade material.

[42] Kelsen, La garanzia..., in *La garanzia costituzionale*, cit., p. 154. Cf. Zagrebelsky, *La giustizia*, cit., p. 33-5; Pierandrei, Corte costituzionale, in *Enciclopedia del Diritto*, cit., v. 10, p. 905: Jorge Miranda, Manual, cit., v. 2, 298.

[43] Zagrebelsky, *La giustizia*, cit., p. 35.

[44] Pierandrei, Corte costituzionale, in *Enciclopedia del Diritto*, cit., p. 905.

[45] Kelsen, *Teoria pura do direito*, 3. ed. trad. Dr. João B. Machado, Coimbra, A. Amado Ed., 1974, p. 324; Canotilho, *Direito constitucional*, cit., p. 601-6.

[46] Hesse, *Grundzüge des Verfassungsrechts*, cit., p. 10, n. 17; Canotilho, *Direito Constitucional*, cit., p. 84, 6 e 606-9.

processo de solução de conflitos, ordenar a formação da unidade política e criar os fundamentos de ordem jurídica global[47].

Vê-se, pois, que uma compreensão material da Constituição[48] não se compadece com a redução de todo vício de inconstitucionalidade a um defeito de índole procedimental. As normas constitucionais traduzem valores cuja observância se afigura imperativa para os órgãos dotados de poder legiferante. E a contrariedade a esses princípios ou a essas normas substanciais de conteúdo configura vício autônomo, insuscetível de ser confundido com mácula procedimental[49].

O controle material de constitucionalidade pode ter como parâmetro normas preceptivas (ou obrigatórias) ou normas diretivas (ou programáticas), pois, como observa Pierandrei, "una legge può essere invalida sia che contrasti con una norma preceptiva dell'uno oppure dell'altro gruppo, sia che appaia incompatibile con una norma programmatica-direttiva"[50].

§ 5º O excesso de poder legislativo

É possível que o vício de inconstitucionalidade substancial decorrente do excesso de poder legislativo constitua um dos mais tormentosos temas do controle de constitucionalidade hodierno. Cuida-se de aferir a compatibilidade da lei com os fins constitucionalmente previstos ou de constatar a observância do princípio da proporcionalidade (*Verhältnismässigkeitsprinzip*), isto é, de se proceder à censura sobre a adequação (*Geeignetheit*) e a exigibilidade (*Erforderlichkeit*) do ato legislativo[51].

O excesso de poder como manifestação de inconstitucionalidade configura afirmação da censura judicial no âmbito da discricionariedade legislativa ou, como assente na doutrina alemã, na esfera de liberdade de conformação do legislador (*gesetzgeberische Gestaltungsfreiheit*), permitindo aferir a compatibilidade das opções políticas com os princípios consagrados na Constituição. Nega-se, assim, à providência legislativa o atributo de um ato livre no fim, consagrando-se a vinculação do ato legislativo a uma finalidade[52].

Na primeira hipótese, ensina Canotilho, "a vinculação do fim da lei decorre da Constituição; no segundo caso, o fim imanente à legislação imporia os limites materiais da não contrariedade, razoabilidade e congruência"[53].

---

[47] Hesse, *Grundzüge des Verfassungsrechts*, cit., p. 10, n. 17.
[48] Canotilho, *Direito constitucional*, cit., p. 84.
[49] Zagrebelsky, *La giustizia*, cit., p. 25-35.
[50] Pierandrei, Corte costituzionale, in *Enciclopedia del Diritto*, cit., p. 906; cf., também, Calamandrei, La illegittimità..., in *Opere giuridche*, cit., v. 3, p. 359.
[51] Canotilho, *Direito constitucional*, cit., p. 739-40; Hans Schneider, Zur Verhältnismässigkeitskontrolle..., in Starck, *Bundesverfassungsgericht*, cit., v. 2, p. 392.
[52] Canotilho, *Direito constitucional*, cit., p. 739-40.
[53] Canotilho, *Direito constitucional*, cit., p. 740.

Capítulo II • Os Diferentes Tipos de Inconstitucionalidade

Como se vê, a inconstitucionalidade por excesso de poder legislativo introduz delicada questão relativa aos limites funcionais da jurisdição constitucional. Não se trata, propriamente, de sindicar os *motivi interiori della volizione legislativa*[54]. Também não se cuida de investigar, exclusivamente, a finalidade da lei, invadindo seara reservada ao Poder Legislativo. Isso envolveria o próprio mérito do ato legislativo[55].

Mas, anota Pierandrei,

> "(...) il fine di cui qui si tratta non è quello necessariamente perseguito dalla norma (da ogni norma) ordinaria, e operante in essa in virtù della funzione che le è propria: ma, in ipotesi, è quello, diverso, superiore precetto costituzionale, qualora venga in considerazione un precetto che appunto indichi un fine: e non tanto occorre esaminare i motivi in relazione ai quali l'organo legislativo legiferi e statuisca in un senso anzi che in un altro, quanto piuttosto è necessario confrontare la disposizione da esso emanata con quel precetto"[56].

Há, pois, de se precisar a coincidência entre a norma e o fim consagrado constitucionalmente. Até porque, anota Pierandrei, "o vício relativo ao excesso de poder está intimamente vinculado à atividade discricionária, que, embora livre em determinada direção, está sempre condicionada à prossecução de um interesse público"[57]. E, por isso, a disposição contida no art. 28 da Lei n. 87, de 11 de março de 1953, que disciplina o funcionamento da Corte Constitucional italiana, no sentido de vedar qualquer sindicância sobre o uso do poder discricionário pelo legislador, afigura-se insustentável[58].

Evidentemente, a distinção entre a atividade legislativa vinculada e uma atividade legislativa simplesmente discricionária parece bastante imprecisa. "Ciò soprattutto – ensina Zagrebelsky – in presenza, da un lato, delle disposizioni costituzionale di scopo (norme programmatiche) che potrebbero essere utilizzate per un controllo molto penetrante sulle leggi il cui contenuto, direttamente o anche solo indirettamente, possa a tali finalità essere funzionalizzato; dall'altro, soprattutto, del criterio della ragionevolezza che, in ipotesi, potrebbe essere esteso, come si è detto, fino al punto di consentire alla corte costituzionale di compiere di nuovo, punto per punto, tutte le scelte politiche già operate dal legislatore"[59].

---

[54] Cf., sobre o assunto, Bittencourt (*O controle jurisdicional*, cit., p. 121-3), que afirma a incensurabilidade dos motivos do legislador, invocando os precedentes da Suprema Corte americana e do Supremo Tribunal Federal; Carlos Maximiliano, *Comentários à Constituição brasileira*, 5. ed., Rio de Janeiro, Freitas Bastos, 1954, v. 1, p. 157. V. também Pierandrei, Corte costituzionale, in *Enciclopedia del Diritto*, cit., p. 906-7.

[55] Pierandrei, Corte costituzionale, in *Enciclopedia del Diritto*, cit., p. 906; cf., também, art. 28 da Lei n. 87/53, que organiza a Corte Constitucional italiana, *verbis*: "il controllo di legittimità della Corte Costituzionale su una legge esclude ogni valutazione di natura politica ed ogni sindacato sull'uso del potere discrezionale".

[56] Pierandrei, Corte costituzionale, in *Enciclopedia del Diritto*, cit. p. 907.

[57] Pierandrei, Corte costituzionale, in *Enciclopedia del Diritto*, cit., p. 906.

[58] Zagrebelsky, *La giustizia*, cit., p. 31; Pierandrei, Corte costituzionale, in *Enciclopedia del Diritto*, cit., p. 907.

[59] Zagrebelsky, *La giustizia*, cit., p. 31.

Assim, a norma estabelecida no art. 28 da lei italiana não expressaria, propriamente, um comando, ou uma definição precisa, mas um apelo à prudência, ao senso de limites, ao autocontrole, ao *self-restraint*[60].

Na Alemanha, o *Bundesverfassungsgericht* assentou, em uma de suas primeiras decisões (23-10-1951), que a sua competência cingia-se à apreciação de legitimidade de uma norma, sendo-lhe defeso cogitar de sua conveniência (*Zweckmässigkeit*). Todavia, "a questão sobre a liberdade discricionária outorgada ao legislador, bem como sobre os limites dessa liberdade, é uma questão jurídica suscetível de aferição judicial"[61].

O conceito de discricionariedade no âmbito da legislação traduz, a um só tempo, a ideia de liberdade e de limitação. Reconhece-se ao legislador o *poder de conformação* dentro de limites estabelecidos pela Constituição. E, dentro desses limites, diferentes condutas podem ser consideradas legítimas[62]. Veda-se, porém, o excesso de poder, em qualquer de suas formas (*Verbot der Ermessensmissbrauchs*; *Verbot der Ermessensüberschreitung*). Por outro lado, o poder discricionário de legislar contempla, igualmente, o dever de legislar. A omissão legislativa (*Ermessensunterschreitung*; *der Ermessensmangel*) parece equiparável, nesse passo, ao excesso de poder legislativo[63].

Tais observações estão a revelar o caráter ambivalente das normas constitucionais, mormente em países que adotam o controle judicial de constitucionalidade. "Para os órgãos estatais ativos – diz Schlaich – a norma é 'norma de ação' (*Handlungsnorm*), ou seja, 'ordem de ação' (*Handlungsanweisung*) e 'limite de ação' (*Handlungsgrenze*). Para o Tribunal Constitucional, a mesma norma é 'norma de controle' (*Kontrollnorm*), na qual se afere a ação ou omissão dos órgãos estatais"[64].

Essa colocação parece inconfutável do ponto de vista teórico. Não se há de olvidar, porém, que os parâmetros constitucionais não primam pela precisão de conteúdo. E essa vagueza acaba por outorgar ao órgão de controle um formidável poder na concretização de fórmulas, como bem-estar da coletividade (*Wohl der Allgemeinheit*), utilidade pública, adequação aos fins constitucionais ou razoabilidade da disposição legislativa[65]. O próprio princípio da igualdade enseja uma sindicância que transcende a simples verificação de eventual tratamento discriminatório entre diferentes sujeitos, permitindo aferir se, "nella disciplina obiettivi delle fattispecie, abbiano creato disparità di situazioni non giustificate da diseguaglianze di fatto (...) se le leggi siano sfornite di giustificazione o al contrario abbiano una idonea ragione"[66].

---

[60] Zagrebelsky, *La giustizia*, cit., p. 32.
[61] *BVerfGE*, 1:15.
[62] Hans-Uwe Erichsen & Wolfgang Martens (org.), *Allgemeines Verwaltungsrecht*, 6. Aufl., Berlin-New York, De Gruyter, 1983, p. 196.
[63] Cf., sobre o assunto, em Direito Administrativo, Erichsen & Martens, *Allgemeines Verwaltungsrecht*, cit., p. 192.
[64] Schlaich, *Das Bundesverfassungsgericht*, cit., p. 224.
[65] Zagrebelsky, *La giustizia*, cit., p. 32; Schlaich, *Das Bundesverfassungsgericht*, cit., p. 225-30.
[66] Pierandrei, Corte costituzionale, in *Enciclopedia del Diritto*, cit., v. 10, p. 908.

Importa assinalar, todavia, que o vício de excesso de poder legislativo, externado sob a forma de desvio de poder, há de ser aferido com base em critérios jurídicos. Não se trata de perquirir sobre a conveniência e oportunidade da lei, mas de precisar a congruência entre os fins constitucionalmente estabelecidos e o ato legislativo destinado à prossecução dessa finalidade[67].

A doutrina identifica como típica manifestação do excesso de poder legislativo a violação ao princípio da proporcionalidade ou da proibição de excesso (*Verhältnismässigkeitsprinzip*; *Übermassverbot*), que se revela mediante contraditoriedade, incongruência, e irrazoabilidade ou inadequação entre meios e fins[68].

No Direito Constitucional alemão, outorga-se ao princípio da proporcionalidade (*Verhältnismässigkeit*) ou ao princípio da proibição de excesso (*Übermassverbot*) qualidade de norma constitucional não escrita, derivada do Estado de Direito[69]. Cuida-se, fundamentalmente, de aferir a compatibilidade entre meios e fins, de molde a evitar restrições desnecessárias ou abusivas contra os direitos fundamentais[70].

A utilização do princípio da proporcionalidade ou da proibição de excesso no Direito Constitucional envolve, como observado, a apreciação da exigibilidade (*Erforderlichkeit*) e adequação (*Geeignetheit*) da providência legislativa.

Assim, em decisão proferida em março de 1971, o *Bundesverfassungsgericht* assentou que o princípio do Estado de Direito proíbe leis restritivas inadequadas à consecução de seus fins[71], acrescentando que "uma providência legislativa não deve ser já considerada inconstitucional por basear-se em um erro de prognóstico" – *BVerfGE, 25*:1(12).

E, posteriormente, explicitou o Tribunal Constitucional que:

> "os meios utilizados pelo legislador devem ser adequados e exigíveis à consecução dos fins visados. O meio é adequado se, com a sua utilização, o evento pretendido pode ser alcançado; é exigível se o legislador não dispõe de outro meio eficaz, menos restritivo aos direitos fundamentais"[72].

A aferição de constitucionalidade da lei em face do princípio da proporcionalidade ou da proibição de excesso contempla os próprios limites do poder de conforma-

---

[67] Carlo Lavagna, *Istituzioni di diritto pubblico*, Torino, UTET, 1970, v. 2, p. 1009-10.

[68] Schneider, Zur Verhältnismässigkeitskontrolle..., in Starck, *Bundesverfassungsgericht*, cit., v. 2, p. 390 e s.; Canotilho, *Direito constitucional*, cit., p. 487.

[69] Schneider, Zur Verhältnismässigkeitskontrolle..., in Starck, *Bundesverfassungsgericht*, cit., p. 391; Hesse, *Grundzüge des Verfassungsrecht*, cit., p. 73.

[70] Schneider, Zur Verhältnismässigkeitskontrolle..., in Starck, *Bundesverfassungsgericht*, cit., p. 392-3. A origem do princípio da proporcionalidade remonta ao século XVIII, mais precisamente aos escritos de Blackstone (1723-1769) e de Carl Gottlieb Svarez (1746-1798): Blackstone anotava que liberdade natural não poderia sofrer maiores restrições "as it is necessary and expedient far the general advantage of the public". Também Svarez considerava postulado do direito de polícia que "o dano que deve ser evitado com a restrição da liberdade há de ser mais significativo que o prejuízo imposto à coletividade ou ao indivíduo".

[71] *BVerfGE, 30*:250.

[72] *BVerfGE, 30*:292(316), *39*:210(230-1).

ção outorgado ao legislador. É o que se constata em decisão do *Bundesverfassungsgericht*, na qual, após discutir aspectos relativos à eficácia e adequação de medidas econômicas consagradas em ato legislativo, concluiu-se que o legislador não havia ultrapassado os limites da discricionariedade que lhe fora outorgada[73].

O Tribunal reconhece que o estabelecimento de objetivos e a definição dos meios adequados pressupõem uma decisão de índole política, econômica, social, ou político--jurídica[74]. E esse juízo inerente à atividade política parece ter determinado uma postura cautelosa do Tribunal no exame relativo à adequação das medidas legislativas[75]. A inconstitucionalidade de uma providência legal por objetiva desconformidade ou inadequação aos fins (*Zwecktauglichkeit*) somente pode ser constatada em casos raros e especiais (*gelagert*) (*Bei Anwendung dieser in der Rechtsprechung des Bundesverfassungsgerichts entwickelten Grundsätze wird die Verfassungswidrigkeit einer gesetzlichen Massnahme aus der Gesichtspunkt der objektiver Zweckuntauglichkeit nur selten und in ganz besonders gelagerten Fällen festgestellt werden können*)[76].

Embora reflita a delicadeza da aplicação desse princípio no juízo de constitucionalidade, tal orientação não parece traduzir uma atitude demissionária quanto ao controle da adequação das medidas legislativas aos fins constitucionalmente perseguidos.

Uma lei será inconstitucional, por infringente ao princípio da proporcionalidade ou da proibição de excesso, diz o *Bundesverfassungsgericht*, "se se puder constatar, inequivocamente, a existência de outras medidas menos lesivas"[77].

No Direito português, o princípio da proporcionalidade em sentido amplo, também conhecido como princípio da proibição de excesso (*Übermassverbot*), foi erigido à dignidade de princípio constitucional[78], consagrando-se, no art. 18, 2, do Texto Magno, que "a lei só pode restringir os direitos, liberdades e garantias nos casos expressamente previstos na Constituição, devendo as restrições limitar-se ao necessário para salvaguardar outros direitos ou interesses constitucionalmente protegidos".

O princípio da proibição de excesso, tal como concebido pelo legislador português, afirma Canotilho, "constitui um limite constitucional à liberdade de conformação do legislador"[79]. E, adiante, explicita, o eminente constitucionalista, essa ideia de limitação:

"A Constituição, ao autorizar a lei a restringir direitos, liberdades e garantias, de forma a permitir ao legislador a realização de uma tarefa de concordância prática justifi-

---

[73] *BVerfGE*, 30:250(265); Schneider, Zur Verhältnismässigkeitskontrolle..., in Starck, *Bundesverfassungsgericht*, cit., p. 398.
[74] Schneider, Zur Verhältnismässigkeitskontrolle..., in Starck, *Bundesverfassungsgericht*, cit., p. 398.
[75] Schneider, Zur Verhältnismässigkeitskontrolle..., in Starck, *Bundesverfassungsgericht*, cit., p. 398.
[76] *BVerfGE*, 39:210(230-1).
[77] *BVerfGE*, 39:210(230-1); Schneider, Zur Verhältnismässigkeitskontrolle..., in Starck, *Bundesverfassungsgericht*, cit., p. 399-400.
[78] Canotilho, *Direito constitucional*, cit., p. 489
[79] Canotilho, *Direito constitucional*, cit., p. 488.

cada pela defesa de outros bens ou direitos constitucionalmente protegidos, impõe uma clara vinculação ao exercício dos poderes discricionários do legislador cujos aspectos fundamentais são os seguintes:

(1) entre o fim da autorização constitucional para uma emanação de leis restritivas e o exercício do poder discricionário por parte do legislador ao realizar esse fim deve existir uma inequívoca conexão material de meios e fins;

(2) no exercício do seu poder ou liberdade de conformação dos pressupostos das restrições de direitos, liberdades e garantias, o legislador está vinculado ao princípio material da proibição do excesso"[80].

E, a título de exemplos de leis incompatíveis com o princípio da proibição de excesso, menciona Canotilho, dentre outras:

"(1) Uma lei, destinada a defender a segurança do trânsito e a visibilidade dos sinais de trânsito, pode proibir a afixação de propaganda política nestes (restrição do direito de liberdade de expressão), mas seria inconstitucional por violação do princípio do excesso – se proibisse, pura e simplesmente, propaganda eleitoral nas estradas portuguesas.

(2) Uma lei pode justificar a restrição da propaganda política sonora a fim de proteger os cidadãos contra ruídos excessivos (adequação e necessidade), mas seria claramente inconstitucional (por desproporcionada) se estabelecesse a proibição integral de propaganda sonora durante o dia.

(3) Uma lei incentivadora de turismo em Portugal será inconstitucional (por não adequada e não necessária) se pretender obter a promoção turística através da proibição de afixação de cartazes de propaganda eleitoral nas cidades de interesse turístico"[81].

A doutrina constitucional brasileira não se tem ocupado do vício de inconstitucionalidade decorrente do excesso de poder. Todavia, o tema não é estranho à nossa jurisprudência.

No RE 18.331 da relatoria do insigne Ministro Orozimbo Nonato, de 21 de setembro de 1951, o Supremo Tribunal Federal deixou assente que:

"o poder de taxar não pode chegar à desmedida do poder de destruir, uma vez que aquele somente pode ser exercido dentro dos limites que o tornem compatível com a liberdade de trabalho, de comércio e de indústria e com o direito de propriedade. É um poder, em suma, cujo exercício não deve ir até o abuso, o excesso, o desvio, sendo aplicável, ainda aqui, a doutrina fecunda do *détournement de pouvoir*. Não há que estranhar a invocação dessa doutrina ao propósito da inconstitucionalidade, quando os julgados têm proclamado que o conflito entre a norma comum e o preceito da Lei Maior pode-se acender não somente considerando a letra, o texto, como, também, e principalmente, o espírito e o dispositivo invocado"[82].

---

[80] Canotilho, *Direito constitucional*, cit., p. 488.
[81] Canotilho, *Direito constitucional*, cit., p. 489.
[82] RF, *145*:164.

O preclaro voto proferido pelo saudoso magistrado contém modelo de argumentação coincidente, na sua integralidade, com a moderna doutrina da proporcionalidade e da proibição de excesso (*Verhältnismässigkeitsprinzip*; *Übermassverbot*). Após enfatizar que o poder de taxar somente pode ser exercido dentro dos limites que o tornem compatível com a liberdade de trabalho, de comércio, de indústria e com o direito de propriedade, sintetizava Orozimbo Nonato, de forma admirável: "É um poder, em suma, cujo exercício não deve ir até o abuso, o excesso, o desvio, aplicável, ainda aqui, a doutrina fecunda do *détournement de pouvoir*"[83].

Seabra Fagundes considerou "a extensão da teoria do desvio de poder – originária e essencialmente dirigida aos procedimentos dos órgãos executivos, aos atos do poder legiferante – da maior importância num sistema político de Constituição rígida, em que se comete ao Congresso a complementação do pensamento constitucional nos mais variados setores da vida social, econômica ou financeira (...)"[84].

O tema voltou a merecer a atenção da nossa jurisprudência na Rp. 930, quando se discutiu a extensão da liberdade profissional e o sentido da expressão "condições de capacidade" tal como estabelecido no art. 153, § 23, da Constituição de 1967/1969. O voto então proferido pelo eminente Ministro Rodrigues Alckmin enfatizava a necessidade de preservar o núcleo essencial do direito fundamental, ressaltando-se, igualmente, que, ao fixar as condições de capacidade, haveria o legislador de "atender ao critério da razoabilidade". Convém registrar essa passagem do referido pronunciamento:

> "*a*) a Constituição Federal assegura a liberdade de exercício de profissão. O legislador ordinário não pode nulificar ou desconhecer esse direito ao livre exercício profissional (Cooley, *Constitutional Limitations*, pág. 209) '... Nor, where fundamental rights are declared by the constitutions, is it necessary at the same time to prohibit the legislature, in express terms, from taking them away. The declaration is itself a prohibition, and is inserted in the constitution for the express purpose of operating as a restriction upon legislative power'. Pode somente limitar ou disciplinar esse exercício pela exigência de *condições de capacidade*, pressupostos subjetivos referentes a conhecimentos técnicos ou a requisitos especiais, morais ou físicos.
>
> *b*) ainda no tocante a essas *condições de capacidade*, não as pode estabelecer o legislador ordinário, em seu poder de polícia das profissões, sem atender ao critério da razoabilidade, cabendo ao Poder Judiciário apreciar se as restrições são adequadas e justificadas pelo interesse público, para julgá-las legítimas ou não"[85].

Embora a questão em apreço se restringisse à liberdade de exercício profissional, parece certo que o juízo desenvolvido mostra-se, em princípio, aplicável em relação a qualquer providência legislativa destinada a restringir direitos. O reconhecimento da

---

[83] RE 18.331, Rel. Min. Orozimbo Nonato, *RF*, *145*:168.
[84] Miguel Seabra Fagundes, Prêmio Teixeira de Freitas – discurso de agradecimento, *RF*, *151*:549.
[85] Rp. 930-DF, de 10-3-1976, Rel. Min. Rodrigues Alckmin, *DJ*, 2 set. 1977.

competência do Poder Judiciário para "apreciar se as restrições são adequadas e justificadas pelo interesse público" demonstra a necessidade de, muitas vezes, proceder-se, no controle de normas, ao confronto da "lei consigo mesma"[86], tendo em vista os fins constitucionalmente perseguidos. Por outro lado, deve-se acentuar que a argumentação desenvolvida pelo Supremo Tribunal Federal não deixa dúvida de que, na espécie, a legitimidade dessas medidas restritivas há de ser aferida no contexto de uma relação meio-fim (*Zweck-Mittel Zusammenhang*)[87], devendo ser pronunciada a inconstitucionalidade da lei que contenha *limitações inadequadas, desnecessárias* ou *desproporcionais* (não razoáveis). Trata-se, à evidência, de aplicação do princípio da proporcionalidade ou da proibição de excesso no juízo de constitucionalidade.

Posteriormente, na Rp. 1.054, de 4 de abril de 1984, discutiu-se enfaticamente a constitucionalidade do art. 86 da Lei n. 4.215, de 27 de abril de 1963, com a redação dada pela Lei n. 5.681, de 20 de julho de 1971, que consagrava a incompatibilidade dos magistrados, membros do Ministério Público e de outras categorias de servidores para o exercício da advocacia, pelo prazo de dois anos, a contar da data da aposentação ou da disponibilidade. Cuidava-se de verificar, fundamentalmente, se as exigências contidas na lei estavam compreendidas no conceito de capacidade e se tais restrições diziam respeito ao interesse público. Após enfatizar que as *condições de capacidade* haveriam de ser somente as requeridas pelo interesse público, assentava o Ministro Moreira Alves:

> "E terá sentido dizer-se que o inativo, nos dois primeiros anos da inatividade, não tem, em razão do cargo que desempenhava na atividade, a independência necessária ao desempenho da advocacia? É evidente que não. Com efeito, sua posição a esse respeito é exatamente a mesma no dia seguinte ao da inatividade como dois, vinte, ou trinta anos depois. E qual a sua dependência com relação ao Estado para o efeito de pretender-se que o inativo continue, por dois anos, incompatibilizado com o exercício da advocacia ou impedido de advogar contra as Fazendas Federal, Estadual ou Municipal? O aposentado tem direito a proventos, mas se desliga do cargo, da função ou do emprego, extinguindo-se, de imediato, as relações funcionais com o Estado. Não tem sequer pretensões de ascensão. Como então dizer-se que continua ele sem independência nos dois primeiros anos? E o funcionário de sociedade de economia mista, que se aposenta como qualquer trabalhador de qualquer empresa privada, como contribuinte da Previdência Social? Mesmo os militares transferidos para a reserva ou reformados têm os mesmos deveres, antes de dois anos de afastamento, ou depois deles, e se o artigo 86 os tem como independentes para o exercício da advocacia após os dois anos, não há razão alguma para não tê-los naquele biênio. Mas, qual a dependência do aposentado que foi funcionário federal, com relação aos Estados e Municípios, para ser impedido de advogar contra as Fazendas destes nos primeiros anos da inatividade?"[88]

---

[86] Canotilho, *Direito constitucional*, cit., p. 739.

[87] Bodo Pieroth & Bernhard Schlink (*Grundrechte*, 3. Aufl., Heidelberg, C. F. Müller Juristischer Verlag, 1987, p. 71) ressaltam que a vinculação do legislador, no âmbito dos direitos fundamentais, transforma o princípio da reserva legal (*Vorbehalt des Gesetzes*) em princípio da reserva legal proporcional (*Vorbehalt des verhältnismässigen Gesetzes*).

[88] *RTJ*, 110:967.

O desenvolvimento do voto do eminente Magistrado, que veio a preponderar na decisão da Suprema Corte, está a demonstrar a relevância da *razoabilidade*, em sentido estrito, para a aferição da legitimidade da lei.

E, adiante, reconheceu-se a inconstitucionalidade da disposição, enfatizando-se a sua *inadequação, incongruência e irrazoabilidade*:

> "Nem se alegue que o ter sido servidor público civil ou militar ou servidor autárquico ou de entidade paraestatal ou funcionário de sociedade de economia mista os impeça ou os incompatibilize de exercer a advocacia por dois anos, tendo em vista razões de ordem ética que se integrariam na capacidade moral, como aptidão, para esse exercício. Essa alegação somente poderia ser feita, evidentemente, com referência à pessoa jurídica de direito público a que tais servidores estiveram vinculados, e assim não justificaria o impedimento que é o existente com relação a quaisquer pessoas jurídicas de direito público, nem muito menos como sucede com os militares e policiais militares – a incompatibilidade total para o exercício da advocacia. Mas, mesmo com relação à pessoa jurídica de direito público a que o servidor estivera vinculado, ela não pode ser exigida apenas de alguns e não de todos que estejam em situação análoga. De feito, não são todos os inativos que têm tal impedimento ou incompatibilidade. Os demitidos por pena ou exonerados a pedido não têm essas restrições. E por que não as têm, se o motivo do impedimento ou da incompatibilidade fosse o moral, em razão de ter sido, e o foram tanto os inativos como os demitidos ou exonerados? Porventura as relações de amizade pelo colegismo anterior serão diferentes por que o colega se aposentou ou foi demitido ou pediu exoneração? E tem sentido que o que se demite para advogar possa fazê-lo amplamente, e não o possa o que se aposentou? Aliás, se razões de ordem vinculadas à amizade ou à gratidão ou ao temor reverencial tivessem sido levadas em consideração pelo artigo 86 do Estatuto da Ordem dos Advogados, por que os agentes políticos, como a Presidente da República, os Ministros de Estado, os Parlamentares, no minuto seguinte ao em que deixarem o cargo definitivamente podem advogar sem qualquer incompatibilidade ou impedimento inclusive perante as pessoas jurídicas de direito público e contra elas? Considerações de capacidade moral não podem, portanto, justificar o artigo 86 do Estatuto da Ordem dos Advogados, uma vez que ofenderiam, sem a menor dúvida, o princípio constitucional da igualdade previsto no § 1º do artigo 153 da Constituição"[89].

Tais precedentes parecem demonstrar que, também entre nós, procede-se, não raras vezes, à aferição da legitimidade das leis restritivas tendo em vista a sua *necessidade, adequação e proporcionalidade* ("justa medida"). E, embora a doutrina brasileira não empreste maior relevo *ao excesso de poder legislativo*[90], não parece subsistir dúvida de que o Supremo Tribunal tem identificado esse vício no juízo de constitucionalidade.

Talvez a decisão proferida na Rp. 1.077, de 28 de março de 1984, contenha o mais inequívoco exemplo de utilização do *princípio da proporcionalidade* ou da *proibição*

---

[89] Rp. 1.054, Rel. Min. Moreira Alves, *RTJ, 110*:967-8.
[90] O assunto é mencionado, com brevidade, nos comentários de Caio Tácito ao acórdão relativo ao RMS 7.243 (Rel. Min, Luiz Gallotti, *RDA*, 59:350). Também José Luiz de Anhaia Mello (*Da separação de poderes à guarda da Constituição*, São Paulo, RT, 1968, p. 100-2) tece ligeiras considerações sobre o tema, referindo-se a um estudo de Miguel Reale, apresentado como Embargos na Rp. 700.

de excesso entre nós, uma vez que do texto constitucional não resultava nenhuma limitação expressa para o legislador. Cuidava-se da aferição da constitucionalidade de dispositivos constantes da Lei n. 383, de 4 de dezembro de 1980, do Estado do Rio de Janeiro, que elevava, significativamente, os valores da taxa judiciária naquela unidade federada. Após precisar a natureza e as características da taxa judiciária, enfatizou o eminente Relator, Ministro Moreira Alves:

> "Sendo – como já se acentuou – a taxa judiciária, em face do atual sistema constitucional, taxa que serve de contraprestação à atuação de órgãos da justiça cujas despesas não sejam cobertas por custas e emolumentos, tem ela – como toda taxa com caráter de contraprestação – um limite, que é o custo da atividade do Estado, dirigido àquele contribuinte. Esse limite, evidentemente, é relativo, dada a dificuldade de se saber, exatamente, o custo dos serviços a que corresponde tal contraprestação. O que é certo, porém, é que não pode taxa dessa natureza ultrapassar uma equivalência razoável entre o custo real dos serviços e o montante a que pode ser compelido o contribuinte a pagar, tendo em vista a base de cálculo estabelecida pela lei e o *quantum* da alíquota por esta fixado"[91].

E, fixada essa ideia de *equivalência razoável* entre o custo do serviço e a prestação cobrada, concluiu o eminente Magistrado pela inconstitucionalidade do art. 118 da Lei estadual, que, de forma genérica, fixava em 2% sobre o valor do pedido o *quantum* devido pelo contribuinte:

> "(...) Por isso, taxas cujo montante se apura com base em valor do proveito do contribuinte (como é o caso do valor real do pedido), sobre a qual incide alíquota invariável, tem necessariamente de ter um limite, sob pena de se tornar, com relação às causas acima de determinado valor, indiscutivelmente exorbitante em face do custo real da atuação do Estado em favor do contribuinte. Isso se agrava em se tratando de taxa judiciária, tendo em vista que boa parte das despesas do Estado já são cobertas pelas custas e emolumentos. Não estabelecendo a lei esse limite, e não podendo o Poder Judiciário estabelecê-lo, é de ser declarada a inconstitucionalidade do próprio mecanismo de aferição do valor, no caso concreto, da taxa judiciária, certo como é que conduzirá, sem dúvida alguma, a valores reais muito superiores aos custos a que servem de contraprestação. A falta desse limite torna incompatível o próprio modo de calcular o valor concreto da taxa com a natureza remuneratória desta, transformando-a, na realidade, num verdadeiro imposto"[92].

Digno de relevo parece ser, igualmente, o exame da legitimidade do art. 133 da referida Lei, segundo o qual "a taxa judiciária, em qualquer caso, excetuado o artigo seguinte, terá como valor mínimo o correspondente a 3 UFERIs". Indubitavelmente, o voto do Ministro Moreira Alves constitui, nesse particular, prova insofismável de que, também entre nós, tem plena aplicação *o princípio da proporcionalidade ou da proibição de excesso*:

---

[91] Rp. 1.077, *RTJ*, 112(34): 58-9.
[92] Rp. 1.077, Rel. Min. Moreira Alves, *RTJ*, 112(34):59.

"Estabelece a Constituição em seu art. 155, § 4º, que a lei não poderá excluir da apreciação do Poder Judiciário qualquer lesão a direito individual. Essa garantia individual não pode ser violada direta ou indiretamente pela lei. Ora, a incidência de taxas sobre o processo judicial que acarretem a impossibilidade ou mesmo ônus excessivo ao promovente da ação judicial viola, indiretamente, esse preceito constitucional"[93].

E, a final, demonstrava-se, de forma lapidar, a *desproporção* entre as despesas processuais fixadas e o fim perseguido pelo constituinte. Merece ser transcrita essa passagem, que, sem dúvida, traduz um dos momentos elevados na nossa jurisdição constitucional:

"Em janeiro de 1981 – época em que constitucionalmente entraria em vigor a lei em causa – a UFERJ correspondia a Cr$ 1.730,00, sendo que três UFERJs montavam a Cr$ 5.190,00, quantia pouco inferior ao maior salário mínimo vigente que era de Cr$ 5.788,00. Atualmente, a proporção continua, aproximadamente, a mesma, pois a UFERJ vale Cr$ 17.620,00 (donde três equivalerem a Cr$ 52.860,00), e o maior salário mínimo em vigor alcança Cr$ 57.120,00. Esses valores evidenciam que esse limite mínimo, que é reajustável periodicamente, é excessivo, impossibilitando o acesso ao Judiciário para as classes menos favorecidas, máxime quando se verifica que – segundo as informações (fls. 335) – no Estado do Rio de Janeiro são considerados comprovadamente pobres para efeito de isenção dessa taxa as pessoas que recebam remuneração igual ou inferior a quatro salários mínimos, e as despesas processuais abarcam, ainda, adiantamentos relativos a honorários de advogado, custas e emolumentos. Por outro lado, esse limite mínimo inviabiliza economicamente as causas de pequeno valor, pela desproporção entre as despesas processuais, os riscos e a demora, e o valor do bem objeto do litígio"[94].

Assinale-se que a aferição da *razoabilidade* da lei, em especial das leis restritivas de direitos e dos diplomas disciplinadores da intervenção econômica, tal como resulta dos diversos pronunciamentos jurisdicionais, parece extremamente alvissareira, emprestando maior intensidade e rigor ao controle de constitucionalidade.

Não é preciso ressaltar a singular relevância do vício por excesso de poder legislativo na moderna sistemática do controle de constitucionalidade. Indubitavelmente, somente a perquirição da compatibilidade da lei com os fins constitucionalmente prescritos poderá fornecer, em muitos casos, a resposta adequada ao juízo de constitucionalidade. Por outro lado, não se deve olvidar que o *princípio da proporcionalidade*, enquanto postulado que expressa a ideia de limites ao exercício dos poderes e do próprio Estado de Direito democrático, encontra pleno arrimo no ordenamento constitucional brasileiro (CF 1967/1969, art. 1º, § 1º; art. 6º; art. 153 e seus diversos parágrafos, especialmente os §§ 1º, 2º, 3º, 4º e 36).

---

[93] Rp. 1.077, Rel. Min. Moreira Alves, *RTJ*, 112(34):62.
[94] Rp. 1.077, Rel. Min. Moreira Alves, *RTJ*, 112(34):62.

SEÇÃO III – INCONSTITUCIONALIDADE POR AÇÃO E INCONSTITUCIONALIDADE POR OMISSÃO

§ 1º Introdução

O controle de constitucionalidade cuida, tradicionalmente, de atos positivos do legislador ou de outro órgão estatal, não se ocupando de eventual silêncio ou omissão. A atividade do Tribunal Constitucional deve cingir-se, em princípio, a controle das leis ou atos emanados de órgãos estatais. Não obstante, a moderna dogmática constitucional tem desenvolvido esforços no sentido de construir mecanismos hábeis para coibir ilegitimidades decorrentes da inércia dos órgãos legislativos. E isso se faz tendo em vista a efetiva concretização dos princípios estabelecidos na Lei Maior.

Consagra-se, assim, a inconstitucionalidade da inércia do legislador, nos casos expressa ou implicitamente reclamados pela Constituição. Não se trata, pois, de reduzir a *omissão legislativa inconstitucional* a um simples *não fazer*, mas de identificar uma *exigência constitucional de ação*[95].

No Direito alemão, esse desenvolvimento dogmático consolidou-se com a identificação da chamada arbitrária exclusão de benefício (*willkürlicher gleichheitswidriger Begünstigungsausschluss*), caracterizada pelo estabelecimento de discriminações infundadas entre indivíduos ou grupos. Nesses casos, se a estrutura normativa (ou outro óbice de ordem constitucional, como aumento de despesa, divisão de poderes etc.) não permite a declaração de inconstitucionalidade, com o reconhecimento de direitos dos segmentos eventualmente discriminados, a supressão do tratamento discriminatório haveria de se fazer mediante a integral declaração de inconstitucionalidade[96].

É evidente que a caracterização da lacuna inconstitucional (*verfassungswidrig Lücke*) veio dar ensejo a uma ampla sistematização da chamada omissão inconstitucional do legislador (*verfassungswidriges Unterlassen des Gesetzgebers*)[97].

Os diversos aspectos que envolvem a omissão do legislador impõem o estabelecimento de algumas distinções. As diferenças entre a declaração da inconstitucionalidade de ato legislativo e de omissão legislativa são evidentes. Como observa Pestalozza, "afigura-se impossível declarar a nulidade de uma omissão legislativa: (a decisão) limita-se a constatar a inconstitucionalidade" (*Es soll nun nicht möglich sein, das gesetzgeberische Unterlassen für nichtig zu erklären; es bewendet bei der Feststellung der Verfassungswidrigkeit*)[98].

Daí ter-se desenvolvido, na jurisprudência do *Bundesverfassungsgericht*, a técnica de declaração de inconstitucionalidade (*Unvereinbarkeit*) sem a consequência da nulida-

---

[95] Canotilho, *Direito constitucional*, cit., p. 829.
[96] Schlaich, *Das Bundesverfassungsgericht*, cit., p. 170-1; Ipsen, *Rechtsfolgen*, cit. p. 109 e s.; Pestalozza, Noch verfassungsmässige..., in Starck, *Bundesverfassungsgericht*, cit., v. 1, p. 533.
[97] Pestalozza, Noch verfassungsmässige..., in Starck, *Bundesverfassungsgericht*, cit., p. 526 e s.
[98] Pestalozza, Noch verfassungsmässige..., in Starck, *Bundesverfassungsgericht*, cit., p. 526.

de (*Ein Gesetz für verfassungswidrig zu erklären, ohne dessen Nichtigkeit festzustellen*)[99]. A declaração de inconstitucionalidade (*Unvereinbarkeit*) exige, nessa hipótese, a intervenção do legislador, com o objetivo de suprimir o estado de inconstitucionalidade (*verfassungswidrige Rechtslage*)[100].

Tais peculiaridades têm levado alguns autores a considerar errônea a assimilação entre o controle de constitucionalidade do ato legislativo é aquele destinado a verificar a inconstitucionalidade por omissão[101]. É, *v.g.*, a posição de Jorge Miranda, quando afirma que "a verificação da existência de inconstitucionalidade por omissão não altera a ordem jurídica, circunscreve-se a factos – junto, provavelmente, a outros – susceptível de levar os órgãos legislativos a transformar o seu comportamento de negativo em positivo"[102].

Assiste razão ao eminente constitucionalista quando aponta diferenças entre a inconstitucionalidade por ação e a inconstitucionalidade por omissão. Todavia, não se afigura irretorquível o entendimento segundo o qual *a verificação da inconstitucionalidade por omissão não altera a ordem jurídica*. Não é essa, pelo menos, a concepção prevalente na jurisprudência constitucional alemã que, no tocante às chamadas exigências constitucionais suscetíveis de suprimento (*vertretbarer Auftrag der Verfassung*), tem reconhecido aos tribunais a faculdade de, nos casos de omissão, emprestar eficácia plena aos preceitos constitucionais através do processo de concretização (*Konkretisierung*)[103].

É bem verdade que a própria Carta Magna portuguesa houve por bem restringir o alcance do controle de constitucionalidade por omissão, estabelecendo, expressamente, que:

"Art. 283. (...)

1. A requerimento do Presidente da República, do Provedor de Justiça ou, com fundamento em violação de direitos das regiões autônomas, dos presidentes das assembleias regionais, o Tribunal Constitucional aprecia e verifica o não cumprimento da Constituição por omissão das medidas legislativas necessárias para tornar exequíveis as normas constitucionais.

2. Quando o Tribunal Constitucional verificar a existência de inconstitucionalidade por omissão, dará disso conhecimento ao órgão legislativo competente".

Como se constata, o Tribunal Constitucional luso tem atribuições restritas, no que concerne à inconstitucionalidade por omissão, competindo-lhe, tão somente, *verificar a existência da inconstitucionalidade e dar disso conhecimento ao órgão legislativo com-*

---

[99] Schlaich, *Das Bundesverfassungsgericht*, cit., p. 168; Ipsen, *Rechtsfolgen*, cit., p. 107 e s.
[100] Ipsen, *Rechtsfolgen*, cit., p. 112, 267 e s.
[101] Jorge Miranda, *Manual*, cit., p. 402.
[102] Jorge Miranda, *Manual*, cit., p. 402.
[103] Pestalozza, Noch verfassungsmässige..., in Starck, *Bundesverfassungsgericht*, cit., p. 526-7; *BVerfGE*, 3:225-39 (sobre arts. 117 e 3, § 2º, Lei Fundamental); *BVerfGE*, 10:302-29 (sobre art. 104, § 2º, Lei Fundamental); *BVerfGE*, 25:167-82 (sobre art. 6, § 5º, Lei Fundamental).

petente. Não há lugar, em princípio, para construções jurisprudenciais que permitam emprestar eficácia plena às normas constitucionais de eficácia limitada, em face de eventual recalcitrância dos órgãos legiferantes.

§ 2º Omissão inconstitucional: pressupostos

Como ficou assente, a verificação da inconstitucionalidade da omissão pressupõe um dever constitucional de legislar. Mas não se afigura suficiente a caracterização dessa exigência constitucional (*Verfassungsauftrag*). Há que se distinguir o dever constitucional de legislar, suscetível de complementação ou suprimento (*vertretbarer Auftrag*), daquela exigência insuprível (*unvertretbarer Auftrag*) na via judicial[104].

A distinção parece centrar-se na possibilidade de os tribunais, através do processo de concretização (*Konkretisierung*), emprestarem eficácia a preceito constitucional que, expressa ou implicitamente, reclama regulamentação[105].

Se se pode atribuir razoável eficácia à norma constitucional sem a intervenção do legislador, devem os tribunais aplicá-la, ao fundamento de que o órgão legislativo não honrou o encargo que lhe foi imposto. O "*Bundesverfassungsgericht* equipara os órgãos jurisdicionais, nesses casos, à categoria de representante do legislador"[106].

Todavia, a substituição (*Stellvertretung*) a ser desempenhada pelos tribunais não se opera de imediato. É de se reconhecer ao legislador o direito de, dentro de um espaço de tempo razoável (caso não haja fixação expressa), empreender as medidas legislativas necessárias. A eficácia plena da norma constitucional só há de ser reconhecida, nessa hipótese, após escoado o prazo necessário à promulgação dos atos legislativos reclamados[107].

A primeira controvérsia relevante sobre a omissão legislativa parece ter-se originado da disposição contida no art. 117, § 1º, da Lei Fundamental. Consagrou o constituinte a vigência de todo direito contrário à cláusula de igualdade entre homens e mulheres (art. 3º, § 2º), até a sua adaptação à nova ordem constitucional, que, em qualquer hipótese, havia de ser efetivada até 31 de maio de 1953. O *Bundesverfassungsgericht* declarou que, ante a omissão do legislador, impunha-se reconhecer a eficácia da regra constante do art. 117, § 1º, da Lei Fundamental. Decorrido o prazo estabelecido pelo constituinte sem qualquer providência por parte do legislador, afigurava-se inevitável emprestar eficácia à cláusula de igualdade entre homens e mulheres, com a derrogação do direito ordinário que a ela contrariasse[108].

No caso de autorização constitucional sem a prévia fixação de prazo, firmou o Tribunal Constitucional entendimento no sentido de reconhecer ao legislador o direito

---

[104] Pestalozza, Noch verfassungsmässige..., in Starck, *Bundesverfassungsgericht*, cit., p. 526.
[105] Pestalozza, Noch verfassungsmässige..., in Starck, *Bundesverfassungsgericht*, cit., p. 526.
[106] Pestalozza, Noch verfassungsmässige..., in Starck, *Bundesverfassungsgericht*, cit., p. 526.
[107] Pestalozza, Noch verfassungsmässige..., in Starck, *Bundesverfassungsgericht*, cit., p. 527.
[108] BVerfGE, 3:225; Ipsen, *Rechtsfolgen*, cit., p. 135-6.

de cumprir a vontade constitucional, dentro de um lapso de tempo razoável (*angemessene Frist*). Constitui hoje exemplo clássico a decisão sobre a exegese do art. 6º, § 5º, da Lei Fundamental, segundo o qual a legislação deveria criar as condições idênticas de desenvolvimento físico, espiritual e social para os filhos legítimos e ilegítimos[109].

Assim, ao pronunciar-se sobre a vigência, ou não, da cláusula legal que não reconhecia ao filho ilegítimo o direito à herança (BGB, § 1.712), o *Bundesverfassungsgericht* consagrou que:

> "Caso o legislador não atenda à determinação constitucional contida no art. 6º, § 5º, da Lei Fundamental, empreendendo as medidas necessárias à reforma de direito dos filhos ilegítimos, no âmbito do Direito Civil, caberá aos Tribunais realizar a vontade do Constituinte. A norma constitucional recebe, nesse passo, força derrogatória do direito ordinário com ela incompatível"[110].

Essa orientação permitiu que o Tribunal Constitucional outorgasse ao legislador um prazo razoável (até o final da legislatura) para a promulgação das providências legislativas reclamadas. O decurso do prazo sem a tomada das medidas legislativas reclamadas consolidaria a inconstitucionalidade de uma situação até então considerada ainda compatível com a Constituição (*noch verfassungsmässiger Zustand*)[111].

Nessas hipóteses, o Tribunal Constitucional tem entendido, como já ressaltado, que a omissão do legislador deve ser colmatada através de processo de concretização (*Konkretisierung*), que permita assegurar eficácia plena ao preceito constitucional.

Todavia, a regra constitucional requer, não raras vezes, uma ampla regulamentação que, se não satisfeita pelo legislador, torna inevitável a declaração de inconstitucionalidade. Nesses casos, tem-se o que Pestalozza denomina exigência constitucional insuprível (*unvertretbarer Auftrag*).

Considerações de política jurídica envolvem aqui não só o princípio da divisão de poderes (*Gewaltenteilung*) e, especificamente, a chamada liberdade de conformação do legislador (*Gestaltungsfreiheit des Gesetzgebers*), mas também as eventuais consequências da declaração de inconstitucionalidade[112].

Ao apreciar um recurso constitucional (*Verfassungsbeschwerde*), no qual se discutia a inconstitucionalidade da legislação do serviço público por ausência de disciplina sobre remuneração, o *Bundesverfassungsgericht* reconheceu que, nos termos do art. 33, § 5º, da Lei Fundamental (o estatuto legal do serviço público será estabelecido de acordo com os princípios tradicionais do funcionalismo de carreira), afigurava-se imprescindível a regulação da matéria. E tal exigência constitucional não poderia ser

---

[109] BVerfGE, 25:167 (188).
[110] BVerfGE, 25:167 (188).
[111] Ipsen, *Rechtsfolgen*, cit., p. 136.
[112] Pestalozza, *Verfassungsprozessrecht*, cit., p. 177-8; Schlaich, *Das Bundesverfassungsgericht*, cit., p. 170-1; Pestalozza, Noch verfassungsmässige..., in Starck, *Bundesverfassungsgericht*, cit., p. 527-9; Ipsen, *Rechtsfolgen*, cit., p. 211-13.

suprida pelos tribunais. Daí ter afirmado a inconstitucionalidade sem a consequência da nulidade (*Unvereinbarkeit*), até porque a declaração de nulidade produziria um vácuo normativo ainda mais gravoso e ofensivo ao texto constitucional[113].

Pestalozza indica, ainda, como exemplo de uma exigência constitucional insuprível (*unvertretbarer Verfassungsauftrag*), a regra constante do art. 14, § 3º, da Lei Fundamental, segundo a qual, nas desapropriações, a forma e o montante de indenização devem ser estabelecidos em lei. O Tribunal Constitucional asseverou que a falta de regulamentação ou a deficiente disciplina da indenização tornava a lei inconstitucional[114].

§ 3º A omissão parcial

Eventual incompletude de determinado estatuto jurídico pode caracterizar a inconstitucionalidade por omissão, ensejando a declaração de inconstitucionalidade de todo o diploma ou, apenas, da chamada lacuna inconstitucional (*verfassungswidrige Lücke*)[115]. Até porque não se afigura possível declarar a nulidade da lacuna[116].

A declaração de inconstitucionalidade total parece inevitável nas hipóteses em que o próprio complexo normativo, e não a omissão, afronta o Texto Magno. A ofensa reside não, propriamente, na omissão, ou na incompletude, mas (também) na própria disciplina legal.

Não raras vezes, porém, a impugnação se volta contra a própria lacuna. Cuida-se, fundamentalmente, da extensão de direito a situações não previstas expressamente, ou da chamada exclusão de benefício incompatível com o princípio da igualdade (*gleichheitswidriger Begünstigungsauschluss*)[117].

Se estrutura normativa ou outro óbice de ordem constitucional (como possibilidade de aumento de despesa sem expressa autorização legal ou afronta ao princípio da divisão de poderes etc.) não permite a declaração parcial de inconstitucionalidade, com o reconhecimento do direito de segmentos eventualmente discriminados, é evidente que a supressão do tratamento desigual haveria de se fazer mediante integral declaração de inconstitucionalidade do texto[118].

Tal solução, além de traduzir possível injustiça com os beneficiários, pode levar a uma situação de ausência de norma, a um vácuo de direito (*Rechtsvakuum*) ou até ao

---

[113] Pestalozza, Noch verfassungsmässige..., in Starck, *Bundesverfassungsgericht*, cit., p. 527.

[114] Pestalozza, Noch verfassungsmässige..., in Starck, *Bundesverfassungsgericht*, cit., p. 528; BVerfGE, 4:219-53. A decisão então proferida revelava ainda o incipiente desenvolvimento da doutrina da "incompatibilidade", que permitiria afirmar a incompatibilidade sem declarar a nulidade.

[115] Pestalozza, Noch verfassungsmässige..., in Starck, *Bundesverfassungsgericht*, cit., p. 529; Ipsen, *Rechtsfolgen*, cit., p. 109 e s.; Schlaich, *Das Bundesverfassungsgericht*, cit., p. 170-1.

[116] BVerfGE, 17:123-3. Cf., também, Pestalozza, Noch verfassungsmässige..., in Starck, *Bundesverfassungsgericht*, cit., p. 529.

[117] Pestalozza, Noch verfassungsmässige..., in Starck, *Bundesverfassungsgericht*, cit., p. 530.

[118] Schlaich, *Das Bundesverfassungsgericht*, cit., p. 170 e s.; Ipsen, *Rechtsfolgen*, cit., p. 109 e s.; Pestalozza, Noch verfassungsmässige..., in Starck, *Bundesverfassungsgericht*, cit., p. 531.

chamado, com algum exagero, caos jurídico (*Rechtschaos*). Assim, a declaração de inconstitucionalidade de lei que disciplina o Imposto de Renda impossibilitaria a sua cobrança até a promulgação de novo diploma. Consequências semelhantes poderiam advir da declaração de nulidade de leis que fixam os vencimentos de funcionários ou que concedem determinados benefícios sociais[119].

Na hipótese de uma exclusão de benefícios incompatível com o princípio da igualdade, afigura-se possível declarar a nulidade do diploma ou a inconstitucionalidade da omissão. Todavia, a declaração de nulidade acaba por suprimir o próprio fundamento da pretensão (*Anspruchsgrundlage*)[120].

A declaração de nulidade poderia configurar, nesses casos, uma intervenção na liberdade de conformação do legislador (*Gestaltungsfreiheit des Gesetzgebers*) e uma afronta ao princípio da divisão de poderes. Reconhecem-se, pois, as diversas possibilidades de que dispõe o legislador para ilidir o estado de inconstitucionalidade[121].

Nem sempre a afronta ao princípio de igualdade há de ser resolvida com a extensão do benefício. A identificação de uma *exclusão de benefício* constitui, normalmente, uma questão técnica. A propósito, convém registrar a lição de Pestalozza:

> "Uma disposição contida na norma 'A', que por si só se afigura neutra, pode-se transformar em uma discriminação, se a outro grupo se outorga situação mais favorável, ou menos restritiva, mediante a edição da norma 'B'. Não pode ter relevância para a decisão do Tribunal Constitucional, o fato de a afronta ao princípio da igualdade dimanar de uma norma ou de um complexo de normas, isto é, se resulta de uma interpretação isolada ou sistemática. Há de se dar tratamento idêntico aos dois grupos.
>
> É possível que a lesão decorra não da exclusão de eventual benefício, mas, e sobretudo, da outorga de vantagem a terceiros. A impugnação não visa à extensão do benefício senão a sua própria supressão (...). A inconstitucionalidade reside, nesses casos, na própria vantagem outorgada a outrem"[122].

Inicialmente, declarou o Tribunal Constitucional alemão a nulidade das normas que dessem tratamento desigual[123]. A similitude com a chamada exclusão de benefício incompatível com o princípio de igualdade (*gleichheitswidriger Begünstigungsausschluss*) permitiu que a censura judicial se restringisse à declaração de incompatibilidade (*Unvereinbarkeit*) sem a consequência da nulidade.

A caracterização da omissão parcial (*Teilunterlassung*) amplia, indubitavelmente, as perspectivas do controle de constitucionalidade permitindo que através de censura

---

[119] Schlaich, *Das Bundesverfassungsgericht*, cit., p. 170; Ipsen, *Rechtsfolgen*, cit., p. 109-10.
[120] Pestalozza, Noch verfassungsmässige..., in Starck, *Bundesverfassungsgericht*, cit., p. 531; Ipsen, *Rechtsfolgen*, cit., p. 112.
[121] Ipsen, *Rechtsfolgen*, cit., p. 111-2; Pestalozza, Noch verfassungsmässige..., in Starck, *Bundesverfassungsgericht*, cit., p. 533-4.
[122] Pestalozza, Noch verfassungsmässige..., in Starck, *Bundesverfassungsgericht*, cit., p. 534-5; *BVerfGE*, *18*:1-12.
[123] *BVerfGE*, *8*:28-37; BVerfGE, 9:291-302.

judicial sejam suprimidas colmatadas as lacunas inconstitucionais (*verfassungswidrige Lücke*). Esse aspecto torna-se mais evidente quando, ao invés de proferir uma decisão cassatória (*kassatorische Entscheidung*), o Tribunal determina que a correção da situação de inconstitucionalidade se faça mediante a edição de um ato legislativo (*obligatorische Entscheidung*)[124]. Ao abster-se de declarar a nulidade da norma impugnada, o Tribunal inaugurou um novo recurso dogmático, requerendo a cooperação do legislador com vistas a superar o estado de inconstitucionalidade[125].

Cumpre observar que, ainda que o legislador seja convocado a editar uma lei destinada a reparar eventual inconstitucionalidade, há de se ter em conta que a exclusão do benefício já produziu efeitos. Eventual extensão não parece ter eficácia em relação ao passado[126].

§ 4º Conclusão

A construção desenvolvida pelo *Bundesverfassungsgericht* apresenta virtudes notórias. Supera-se a concepção estreita, que reduz a omissão inconstitucional à integração normativa expressamente requerida pelo constituinte. A apreciação dos casos da exclusão de benefício incompatível com o princípio da igualdade (*gleichheitswidriger Begünstigungsausschluss*) ensejou a conclusão, aparentemente inconfutável, de que, nessas hipóteses, não se cuida, propriamente, de inconstitucionalidade da regulamentação, mas, ao revés, da inconstitucionalidade de uma lacuna (*verfassungswidrige Lücke*)[127]. Também nos casos de integração normativa satisfeita pelo legislador afigura-se possível identificar falha na execução (*Schlechterfüllung*), ensejando a verificação da omissão inconstitucional[128].

Tal como concebida pelo *Bundesverfassungsgericht*, a omissão inconstitucional configura questão jurídica, passível de ser solvida no âmbito do controle de constitucionalidade.

Há de se reconhecer, todavia, que a fórmula encontrada pelo Tribunal alemão para coibir a omissão do legislador não parece isenta de críticas. A declaração de inconstitucionalidade sem a consequência da nulidade se, de um lado, elide os embaraços decorrentes da declaração de nulidade, suscita, de outro, dúvida quanto à exatidão do critério jurídico que autoriza o Tribunal a preferir uma lei inconstitucional a uma situação de vácuo legislativo[129].

---

[124] Pestalozza, Noch verfassungsmässige..., in Starck, *Bundesverfassungsgericht*, cit., p. 535-6.
[125] Ipsen, *Rechtsfolgen*, cit., p. 212-3.
[126] Ipsen, *Rechtsfolgen*, cit., p. 212-3; Pestalozza, Noch verfassungsmässige..., in Starck, *Bundesverfassungsgericht*, cit., p. 535.
[127] Ipsen, *Rechtsfolgen*, cit., p. 112-3; Pestalozza, Noch verfassungsmässige..., in Starck, *Bundesverfassungsgericht*, cit., p. 531.
[128] Schlaich, *Das Bundesverfassungsgericht*, cit., p. 170-1; Pestalozza, Noch verfassungsmässige..., in Starck, *Bundesverfassungsgericht*, cit., p. 529-31.
[129] Ipsen, *Rechtsfolgen*, cit., p. 116-7.

Observe-se que, nos casos de exclusão de benefício incompatível com a cláusula de igualdade, não se vislumbra óbice de ordem técnica à supressão do preceito discriminatório. Legitima-se, porém, a simples declaração de inconstitucionalidade (*blosse Verfassungswidrigkeit*), em homenagem ao interesse dos eventuais beneficiários ou a liberdade de conformação do legislador, que dispõe de várias possibilidades de eliminação da situação inconstitucional[130]. E, sobretudo, a decisão visa a impedir a caracterização de vácuo legislativo que, segundo o *Bundesverfassungsgericht*, pareceria, em muitos casos, mais inconstitucional (*noch verfassungswidriger*) que a vigência temporária da lei[131].

Da mesma forma, na hipótese de atendimento incompleto à exigência constitucional de regulamentação, pode-se suprimir o estado de inconstitucionalidade com a declaração de nulidade de todo o complexo normativo. Também aqui considerações de ordem prática e a invocação do princípio da divisão de poderes têm dado ensejo, tão somente, à declaração de inconstitucionalidade sem a consequência da nulidade.

Nos casos de exigência constitucional patente (*offene Gesetzgebungsaufträge*), o *Bundesverfassungsgericht* pode declarar a inconstitucionalidade da omissão, com consequências diferenciadas. Cuidando-se de normas suscetíveis de aplicação sem a interveniência do legislador (*vertretbarer Auftrag*), admite-se a validade de sua aplicação pelos tribunais.

A inércia do legislador, nos casos de *exigência constitucional insuprível*, dá ensejo, tão somente, à declaração de inconstitucionalidade da omissão. Esta poderá atingir o próprio complexo normativo, em caso de regulamentação incompleta.

Assim, salvo na hipótese de omissão absoluta do legislador, na chamada *unvertretbarer Auftrag*, o Tribunal poderia declarar a inconstitucionalidade das proposições normativas, reconhecendo, por conseguinte, a sua nulidade.

Por outro lado, o respeito ao poder de conformação do legislador, invocado pelo Tribunal como razão para se abster de pronunciar a nulidade, tem merecido, igualmente, sérias censuras. Afirma-se que exatamente a declaração de nulidade viria a outorgar maior liberdade ao legislador[132].

Sem embargo de eventuais objeções quanto ao modelo dogmático concebido, o amplo desenvolvimento emprestado pelo *Bundesverfassungsgericht* à inconstitucionalidade da omissão constitui inestimável contribuição para o estudo e desenvolvimento do tema em diferentes países.

Deve-se advertir, porém, que a técnica utilizada pelo Tribunal Constitucional alemão está balizada, de um lado, pelo monopólio da censura constitucional (*Verwerfungsmonopol*) e, de outro, por uma gama de ações e recursos especiais. Nesse sentido, destaca Friesenhahn que a omissão do legislador não pode ser, do prisma concei-

---

[130] Ipsen, *Rechtsfolgen*, cit., p. 116-7.
[131] Schlaich, *Das Bundesverfassungsgericht*, cit., p. 170-1.
[132] Schlaich, *Das Bundesverfassungsgericht*, cit., p. 177.

tual, objeto do controle de normas, seja *in abstracto*, seja *in concreto*[133]. A omissão do legislador pode ser arrostada, excepcionalmente, por via da *Verfassungsbeschwerde* (*recurso constitucional*)[134]. Não obstante, tal questão aflora, em regra, nos processos entre União e Estado, ou na controvérsia entre órgãos. É o que observa Friesenhahn, com exatidão:

> "As omissões legislativas não podem, de um ponto de vista conceitual, ser objeto de controle *in abstracto* ou *in concreto*. Elas podem ser apreciadas nos processos atinentes aos conflitos entre União e Estados (*Bund-Länder – Streit*), aos conflitos entre órgãos (*Organstreit*), quando o autor afirma que o demandado, ao deixar de promulgar determinada lei, violou um dever constitucional. Nesse caso, não pode, todavia, o requerido ser condenado a editar a lei, devendo a decisão, apenas, declarar que, mediante omissão legislativa, o requerido lesou direito do autor"[135].

Tais colocações parecem recomendar cautela na genérica aplicação do controle da constitucionalidade por omissão em sistemas constitucionais que adotam mecanismos mais restritivos.

Não parece subsistir qualquer dúvida, entre nós, quanto à possibilidade de se declarar a inconstitucionalidade de uma lei que complemente dispositivo constitucional de forma deficiente ou incompleta. E, nesse caso, ainda que atinja toda a regulamentação, a pronúncia da inconstitucionalidade decorre da omissão do legislador. Não se questiona, outrossim, que, nessa hipótese, a declaração poderá ser proferida em ação direta ou em julgamento *incidenter tantum*.

Nesse caso, embora a ilegitimidade decorra da omissão ou da lacuna, procede-se à declaração de inconstitucionalidade do complexo normativo viciado. Todavia, em decisão singular, na Rp. 749, relativa à Constituição do Estado do Rio Grande do Sul, o Supremo Tribunal entendeu que, na espécie, a declaração de inconstitucionalidade da omissão equivalia a supri-la, colmatando a lacuna com a norma constitucional preterida.

---

[133] Ernst Friesenhahn, *La giurisdizione costituzionale nella Republica Federale tedesca*, trad. Angelo A. Cervati, Milano, Giuffrè, 1973, p. 86.

[134] Friesenhahn, *La giurisdizione*, cit., p. 87-8.

[135] Friesenhahn, *La giurisdizione*, cit., p. 86-7. Atualmente a jurisprudência do *Bundesverfassungsgericht* não coloca restrição à admissibilidade do *recurso constitucional* (*Verfassungsbeschwerde*) contra omissão do legislador, se o impetrante puder alegar, plausivelmente, a ofensa a um direito fundamental (arts. 1-19) ou aos direitos previstos nos arts. 20, § 4º, 33, 38, 101, 103 e 104, em virtude do descumprimento de um dever constitucional de legislar (cf. BVerfGE, 6:257 (263 e s.); BVerfGE, 8:1(18 e s.); BVerfGE, 10:302(329); BVerfGE, 12:81(87); BVerfGE, 15:167(195); BVerfGE, 18:288; BVerfGE, 19:52(60); BVerfGE, 19:150(155); BVerfGE, 56:54 (71 e s.); BVerfGE, 55:37(53); BVerfGE, 59:360(375). Rompeu, assim, a Corte Constitucional alemã com a jurisprudência anterior, que não admitia a possibilidade de se provocar a ação do legislador mediante recurso constitucional (BVerfGE, 1:97, de 12-12-1951; BVerfGE, 2:237, de 24-4-1953). O Tribunal reconhece ainda a admissibilidade do recurso constitucional (*Verfassungsbeschwerde*) contra inércia do legislador, que deixou de empreender as reformas e providências corretivas necessárias à atualização ou à compatibilização do ato normativo. Ter-se-ia aqui uma violação pelo legislador do dever de adequação (*Nachbesserungspflicht*) [BVerfGE, 56:54(70)].

Cuidava-se do art. 32, § 1º, da Carta estadual, que estabelecia a seguinte regra:

> "Art. 32. (...)
> § 1º Quando o Governo considerar um projeto de lei, no todo ou em parte, inconstitucional ou contrário aos interesses do Estado, poderá vetá-lo total ou parcialmente dentro de dez dias úteis, contados de seu recebimento, e devolverá à Assembleia, nesse mesmo prazo, com os motivos do veto, o projeto ou a parte vetada"[136].

Na decisão, a Corte Suprema considerou inconstitucional esse proceder omissivo, ressaltando que a lacuna se integrava pelo art. 188 da Constituição Federal de 1967, com o decurso de prazo de sessenta dias nele previsto (art. 62, § 1º). Concluiu-se, pois, pela afirmação da inconstitucionalidade do "§ 1º do art. 32, no ponto em que omite o prazo de 48 horas para a comunicação do veto"[137].

Não se afigura infensa ao nosso sistema a adoção do chamado *processo de concretização* nos casos em que as normas constitucionais contenham os elementos mínimos necessários à sua aplicação, sem a interveniência do legislador[138].

Por outro lado, a judicialização de *conflitos entre órgãos*, inclusive entre órgãos constitucionais, não é desconhecida entre nós. Trata-se, normalmente, de controvérsias sobre atribuições ou competências que não podem ser solvidas, em princípio, mediante a utilização de instrumentos destinados à defesa estrita de *direito subjetivo*[139]. Vale notar que, em precedente digno de referência, o Supremo Tribunal Federal, por maioria de votos, reconheceu a legitimidade de mandado de segurança impetrado pelo Tribunal de Contas do Estado do Ceará contra ato do Governador do Estado, que se recusava a submeter àquela Corte determinado processo de aposentadoria. Afastando-se da posição sustentada pelo Relator, eminente Ministro Aliomar Baleeiro, que não reconhecia ao Tribunal de Contas a titularidade de direitos subjetivos, o Supremo Tribunal, liderado pelo saudoso Ministro Rodrigues Alckmin, assentou que "assiste ao Tribunal de Contas direito público subjetivo no tocante ao exercício de poder funcional"[140]. No v. acórdão fez-se remissão ao Mandado de Segurança n. 1.006, no qual se admitiu segurança contra veto afirmado por Câmara de Vereadores. O julgado considerou legítima a impetração, tendo em vista *direito funcional de natureza política*, ofendido com "veto" inconstitucionalmente recusado. Mais recentemente, reconheceu a Excelsa Corte o cabimento de mandado de segurança impetrado por parlamentar contra ato de Mesa do Congresso, "em hipótese em que a vedação constitucional se

---
[136] Rel. Min. Adalício Nogueira, *RTJ*, 50:746.
[137] Rp. 749, Rel. Min. Adalício Nogueira, *RTJ*, 50:822.
[138] De certa forma, essa orientação já vem sendo adotada, no Direito brasileiro, no que concerne à relação lei-regulamento.
[139] A doutrina alemã ressalta que nesses casos, não se cuida, propriamente, de *direito subjetivo*, mas de competência. Daí falar-se que o conflito entre órgãos configura um processo consigo mesmo (*insichprozess*) (cf., a propósito, Schlaich, *Das Bundesverfassungsgericht*, cit., p. 44).
[140] RE 74.836, Rel. Min. Rodrigues Alckmin, *RTJ*, 69:475-81.

dirige ao próprio processamento da lei ou da emenda, vedando a sua apresentação (...) ou a sua deliberação (...)"[141].

Evidentemente, o reconhecimento desse *poder funcional* ou desses *direitos funcionais de natureza política* abre novas perspectivas na defesa contra a usurpação de competência[142]. E, indubitavelmente, a defesa do *poder funcional* parece legitimar, igualmente, o controle judicial da omissão legislativa, entre nós, nas hipóteses em que a inércia do legislador malfira, de alguma forma, a competência, a organização, a autonomia, isto é, o *poder funcional* ou os *direitos funcionais de natureza política*. Tem-se aqui uma evidente possibilidade de controle judicial da omissão legislativa. Impende assinalar que, em caso de procedência da ação, não se poderá condenar o órgão legislativo a expedir a regulamentação reclamada, devendo-se apenas constatar a ilegitimidade da omissão[143].

A omissão legislativa pode dar ensejo a *conflitos* federativos que, por sua vez, poderão dar lugar à *representação interventiva*, em se tratando de obstáculo à execução da lei federal por parte do Estado-Membro (CF 1967/1969, art. 10, VI, 1ª parte). Evidentemente, a inércia do legislador federal que malfira interesse da unidade federada poderá ser contrarrestada mediante outra providência judicial (CF 1967/1969, art. 119, I, *d*). Nesse sentido, anota Pontes de Miranda que, "em verdade, o art. 119, I, *d*, cria a 'ação' declarativa específica para os casos de *conflitos*, a respeito dos quais não haja surgido ação (no sentido material)"[144].

Outro tema que deve merecer a reflexão do jurista brasileiro é aquele atinente à identificação, no juízo da constitucionalidade, da exclusão de benefício incompatível com o princípio da igualdade (*willkürlicher gleichheitswidriger Begünstigungsausschluss*). O desprezo votado ao princípio da igualdade, na elaboração das leis, o deferimento de vantagens exclusivas a determinados segmentos da sociedade ou do funcionalismo, a concessão de tratamento tributário diferenciado a pessoas e entidades parecem estar a exigir o estudo mais atento dessa *omissão parcial*[145].

Não se advoga aqui a adoção, pura e simples, da técnica alemã da declaração de inconstitucionalidade sem a consequência da nulidade (*Unvereinbarkeit*). Até porque não se afigura possível conciliar tal prática com o sistema difuso vigente entre nós. Nem se concebe que o juiz singular possa convocar o legislador a empreender as medidas necessárias à colmatação de *lacuna inconstitucional*. Todavia, tais vícios podem ser

---

[141] MS 20.257, Rel. Min. Moreira Alves, *RTJ*, 99:1031-40.

[142] Josaphat Marinho, *Constituição e poder de fiscalização e controle* – Conferência proferida no Tribunal de Contas, em 9-4-1985, Salvador, Tribunal de Contas, 1985, p. 10.

[143] Cf., a propósito, Ernst Friesenhahn, *La giurisdizione*, cit., p. 86-7; v. também original em alemão, *Die Verfassungsgerichtsbarkeit in der Bundesrepublik Deutschland*, Carl Heymanns Verlag KG, Köln-Berlin-Bonn-München, 1963, p. 65.

[144] Pontes de Miranda, *Comentários à Constituição de 1967*: com a Emenda n. 1, de 1969, 2. ed., São Paulo, Revista dos Tribunais, 1970, v. 4, p. 26.

[145] Cf., a propósito, nosso Parecer sobre a "Igualdade de chances entre os Partidos Políticos", relativo à distribuição de horário gratuito para propaganda eleitoral no rádio e na televisão (*RDP*, *82*:100-10).

reparados com base na "técnica da divisibilidade das leis", reconhecendo-se o direito dos segmentos eventualmente discriminados.

Ou, se isto não se mostrar possível, há de se proceder à integral declaração de inconstitucionalidade do texto, suprimindo-se o tratamento discriminatório incompatível com a ordem constitucional. Não se há de perder de vista, porém, que o desenvolvimento da declaração de inconstitucionalidade sem a consequência da nulidade tem por objetivo evitar, exatamente, a declaração de inconstitucionalidade total, deixando ao legislador a possibilidade de sanar eventuais defeitos. É que, como observado, tal solução (nulidade), como acentuado, além de traduzir possível injustiça com os beneficiados, pode levar a uma situação de ausência de normas, a um vácuo de direito (*Rechtsvakuum*), ou, até mesmo, ao chamado caos jurídico (*Rechtschaos*).

Tendo em vista a amplitude emprestada pelo constituinte de 1988 ao controle abstrato de normas e as novas indagações propiciadas sobretudo pelo mandado de injunção, seria temerário fazer projeções razoavelmente seguras sobre a evolução da técnica de declaração de inconstitucionalidade entre nós. Não obstante, parece evidente que a conversão do Supremo Tribunal Federal, sob muitos aspectos, em autêntica Corte Constitucional deverá provocar significativas mudanças, inclusive no tocante à declaração de inconstitucionalidade. Assim, o Supremo Tribunal Federal pode vir a adotar, em casos peculiares, recursos como a *Unvereinbarkeit* (declaração de inconstitucionalidade sem a consequência da nulidade), reclamando a cooperação do legislador na reparação da ilegitimidade (*obligatorische Entscheidung*). Tanto mais plausível há de afigurar-se essa hipótese, se se considera que muitos casos de omissão parcial do legislador poderão ser apreciados pelo Tribunal através de controle abstrato de normas, requerido por qualquer dos entes constitucionalmente legitimados (CF/88, art. 103, *caput*), ou mediante mandado de injunção, impetrado por possível lesado diretamente contra *lacuna* ou *omissão parcial* (CF/88, art. 5º, LXXI). Eventual reunião de processos poderá permitir que a Corte profira, tão somente, a *declaração de incompatibilidade*, conclamando o legislador a colmatar a *omissão parcial*. Constatar-se-iam aqui, a um só tempo, típica *declaração de inconstitucionalidade sem a consequência da nulidade*, proferida no processo de controle abstrato de normas, e a pronúncia de inconstitucionalidade da omissão parcial, proferida no mandado de injunção.

Finalmente, faz-se mister mencionar a omissão do legislador nos casos de exigência constitucional patente (*offener Auftrag*). Impõe-se ressaltar, uma vez mais, que se cuida aqui de um *dever constitucional* de legislar, em sentido estrito, ou, como quer Canotilho, do "não cumprimento de normas que, de forma permanente e concreta, vinculam o legislador à adoção de medidas legislativas concretizadoras da Constituição"[146]. Não há que se confundir tal dever com a obrigação genérica de legislar, tendo em vista a consecução de fins ou princípios de índole programática. Essa obrigação genérica de legislar parece indene ao controle judicial de

---

[146] Canotilho, *Direito constitucional*, cit., p. 829.

constitucionalidade, configurando, efetivamente, uma questão política, na acepção mais precisa do termo[147].

Nos casos de falta na execução (*Schlechterfüllung*), isto é, integração normativa deficiente, a fiscalização da *omissão do legislador* não se afigura problemática, uma vez que, mesmo em sistemas de controle de constitucionalidade que, como o nosso, fundam-se em *decisões cassatórias*, poder-se-á imprimir adequado desate à questão, procedendo-se à declaração integral da inconstitucionalidade do preceito ou do diploma lacunoso. Mais embaraçosa, sem dúvida, é a configuração, nos casos de exigências insupríveis, da inércia absoluta do legislador. Evidentemente, não há como declarar a nulidade da lacuna. E a eficácia da decisão, que não pode ser proferida, obviamente, no juízo abstrato de constitucionalidade, dependerá, fundamentalmente, do reconhecimento, pelo órgão legiferante, da legitimidade do julgado[148].

---

[147] Cf. José Afonso da Silva, *Aplicabilidade das normas constitucionais*. 2. ed. revista, São Paulo, Revista dos Tribunais, 1982, p. 118; Anna Cândida da Cunha Ferraz, Inconstitucionalidade por omissão: uma proposta para a Constituição, *Revista de Informação Legislativa*, 89:56.

[148] A Constituição brasileira de 1988 consagra, no art. 5º, LXXI, o mandado de injunção, "sempre que a falta de norma regulamentadora torne inviável o exercício dos direitos e liberdades constitucionais e das prerrogativas inerentes à nacionalidade, à soberania e à cidadania". Reconhece-se a competência do Supremo Tribunal Federal para julgar originariamente o mandado de injunção, quando a elaboração da norma regulamentadora for atribuição do Presidente da República, do Congresso Nacional, da Câmara dos Deputados, do Senado Federal, das Mesas de uma dessas Casas Legislativas, do Tribunal de Contas da União, de um dos Tribunais Superiores ou do próprio Supremo Tribunal Federal (art. 102, I, *g*). A referência aos Tribunais Superiores, ao Supremo Tribunal Federal e ao Tribunal de Contas deve-se certamente, a um excesso de cuidado do constituinte. Até porque parece difícil, em princípio, imaginar que eventual inércia desses órgãos na edição de atos normativos possa obstar ao exercício de direitos e liberdades constitucionais. Por outro lado, é certo que a amplitude outorgada pelo constituinte a esse instituto acaba por gerar insegurança e perplexidade. Qual o alcance da expressão "e das prerrogativas inerentes à nacionalidade, à soberania e à cidadania"? Não estariam eventuais direitos ou faculdades dimanados da nacionalidade ou da cidadania já abrangidos pela referência aos *direitos e liberdades constitucionais*? Quais seriam as prerrogativas inerentes à soberania que poderiam ser exercidas pelo indivíduo? Evidentemente, essas indagações não podem ser respondidas de forma apressada. Há de se empreender, todavia, esforço doutrinário para assegurar ao preceito constitucional a maior eficácia normativa possível, explicitando, desde logo, que, diferentemente do controle abstrato de normas, o mandado de injunção – tal como formulado na Constituição – destina-se à defesa dos direitos constitucionalmente assegurados. Assim, sim, a ação somente é cabível nas hipóteses em que se afigurar possível reconhecer que o impetrante tem interesse jurídico a ser preservado, ou que poderia figurar entre os endereçados do programa normativo impugnado (omissão parcial). Quer-nos parecer que a impetração de mandado de injunção contra a inércia absoluta do legislador não prepara maiores dificuldades. Caracterizado o *dever constitucional de legislar* e identificada a possibilidade de lesão a direito de eventual impetrante, não há como deixar de reconhecer, pelo menos, a presença dos requisitos atinentes à admissibilidade da ação. É possível que a caracterização de *omissão absoluta* ou *inércia total* do legislador, após a promulgação das principais leis requeridas pelo texto Magno, acabe por tornar-se muito difícil ou quase impossível. Passarão, todavia, a assumir relevância, os casos de omissão parcial, seja pelo atendimento defeituoso a *dever constitucional de legislar*, seja pelo estabelecimento de discriminação ofensiva ao princípio da isonomia. Nos casos de atendimento incompleto ou falho a dever constitucional de legislar (*Schlechterfüllung*), poder-se-á cogitar, dentre outras possíveis alternativas processuais, da impetração do mandado de injunção contra a *lacuna parcial*. A pronúncia de inconstitucionalidade da *omissão parcial*, proferida no mandado de injunção, preservaria a regulamentação existente, impondo ao legislador o dever de proceder à supressão do estado de inconstitucionalidade em prazo razoável. Ao contrário, eventual arguição de inconstitucionalidade, no âmbito, *v.g.*, do controle abstrato, levaria, nessa mesma hipótese, inevitavelmente, à declaração de inconstitucionalidade de todo o complexo normativo. Assinale-se que aqui, ao

SEÇÃO IV – INCONSTITUCIONALIDADE ORIGINÁRIA E INCONSTITUCIONALIDADE SUPERVENIENTE

Procede-se à distinção entre inconstitucionalidade originária e inconstitucionalidade superveniente, tendo em vista os diversos momentos da edição das normas constitucionais. Considera-se, igualmente, que lei editada em compatibilidade com a ordem constitucional pode vir a tornar-se com ela incompatível em virtude de mudanças ocorridas nas relações fáticas (*Änderung der tatsächlichen Verhältnisse*) ou na interpretação constitucional (*Wandlung in Verfassungsverständnis*)[149].

§ 1º O direito ordinário e a superveniência de norma constitucional

A distinção entre inconstitucionalidade originária e superveniente depende, fundamentalmente, do próprio sistema adotado, podendo entender-se que a superveniência de norma constitucional importa na derrogação do direito anterior com ela incompatível. E, nesse caso, a questão deixa de ser matéria de controle de constitucionalidade e passa a ser considerada, com todas as suas implicações, no âmbito de direito intertemporal[150].

Alguns doutrinadores consideram que a situação de incompatibilidade entre uma norma legal e um preceito constitucional superveniente traduz uma valoração negativa da ordem jurídica, devendo, por isso, ser caracterizada como inconstitucionalidade, e não simples revogação[151].

Da controvérsia sobre a caracterização do conflito entre o direito anterior e a Constituição ocupou-se o Tribunal Constitucional italiano, de início, tendo firmado o

---

contrário do que ocorre nos casos de *omissão absoluta*, tem-se um ato normativo, o que forma possível, igualmente, o exercício do controle de normas, em via principal ou incidental. Outra questão igualmente complexa diz respeito à possibilidade de impetração direta do mandado de injunção contra omissão parcial do legislador, na hipótese de ato normativo consagrador de discriminação gravosa no princípio da igualdade. Nesses casos, o legislador dispõe de múltiplas possibilidades de suprimir a situação inconstitucional, seja através da extensão dos benefícios aos grupos eventualmente excluídos, seja através da própria supressão da vantagem (indevida, porquanto concedida, ao arrepio do princípio da isonomia, a apenas um determinado segmento da sociedade). Acrescente-se ainda que, ao lado do mandado de injunção, criou o constituinte uma modalidade *abstrata* de controle da omissão, tal como se pode depreender do disposto no art. 103, § 2º, da Constituição. Cuida-se, aparentemente, de uma nova ação direta destinada a *tornar efetiva norma constitucional*. À evidência, essa modalidade de controle da omissão carece ainda de regulamentação, uma vez que sequer os entes legitimados a provocar a medida foram definidos na Constituição. A formulação final do dispositivo ("será dada ciência ao Poder competente para adoção das providências necessárias e em se tratando de órgão administrativo, para fazê-lo em trinta dias") recorda a disposição constante do art. 283 da Constituição de Portugal. Resta saber se o legislador ordinário trilhará o caminho seguido pelo constituinte português no tocante à definição dos órgãos legitimados a instaurar o controle da omissão, ou se optará pelo modelo amplo adotado para o controle abstrato de normas (CF/88, art. 103, *caput*).

[149] Jorge Miranda, *Manual*, cit., v. 2., p. 248 e s. e 296-7; Biscaretti di Ruffia, *Derecho constitucional*, cit., p. 268; Ipsen, *Rechtsfolgen*, cit., p. 133-7; Pestalozza, Noch verfassungsmässige..., in Starck, *Bundesverfassungsgericht*, cit., v. 1, p. 548-9; Canotilho, *Direito constitucional*, cit., p. 837.

[150] Jorge Miranda, *Manual*, cit., p. 249.

[151] Jorge Miranda. *Manual* cit., p. 251. Cf., também, Orlando Bitar, A lei e a Constituição, in *Obras completas*, cit., v. 2, p. 173.

entendimento "no sentido de que todo contraste entre uma lei anterior e Constituição produz, antes de uma ab-rogação, uma *ilegitimidade constitucional*"[152]. Também a Constituição portuguesa, de 1976, consagra o controle de constitucionalidade do direito anterior (art. 282º, n. 4)[153].

A propósito dessa orientação, assinala Zagrebelsky, com acerto, que "la tesi della incostituzionalità delle leggi vecchie ha equiparato, dal punto del loro trattamento, leggi nuove e leggi vecchie, legittimando la sopravvivenza di queste ultime in blocco nel nuovo ordinamento, salva la verifica puntuale dell'esistenza di particolari motivi di incostituzionalità riguardanti singole leggi"[154].

Outros ordenamentos constitucionais, como o alemão, de 1919 e de 1949, e o brasileiro, de 1891, de 1934 e de 1937 (arts. 83, 187 e 183), consagraram, expressamente, as chamadas normas de recepção (*Rezeptionsnorm*), que contêm, fundamentalmente, duas disposições: a) o direito vigente antes da promulgação da Constituição deve continuar a vigorar *en bloc*; b) o direito incompatível com a Constituição terá a sua vigência interrompida com a entrada em vigor de novo texto constitucional[155]. Nesse sentido, estabeleceu-se, no art. 178, § 2º, da Constituição de Weimar, que "as demais leis e regulamentos continuam em vigor, desde que não estejam em contradição com a Constituição".

Tais *cláusulas de recepção* ensejaram o entendimento de que a colisão de normas não haveria de ser considerada em face do princípio da supremacia da Constituição, e sim tendo em vista a força derrogatória da *lex posterior*. O próprio Tribunal Constitucional alemão considera que o dever de suscitar a questão de inconstitucionalidade, no controle concreto de normas (*Richtervorlagepflicht*), adstringe-se às leis posteriores à Constituição[156]. Em verdade, o *Bundesverfassungsgericht* parece ter-se valido aqui de uma solução de compromisso para compatibilizar posições antagônicas. O Tribunal entende que a expressão lei (*Gesetz*), contida no art. 100, *I*, que disciplina o controle concreto de normas, refere-se, tão somente, às leis em sentido formal editadas após a promulgação da Constituição (*nachkonstitutionelles Gesetz*)[157]. Dessarte, os juízes e tribunais ordinários não estão compelidos a submeter ao *Bundesverfassungsgericht* as questões atinentes à compatibilidade entre o direito anterior e a Lei Fundamental, uma vez que não se vislumbra qualquer risco para a autoridade do legislador constitucional. E essa autoridade não seria afetada em caso de simples constatação de incompatibilidade segundo o princípio *lex posterior derogat priori*[158]. Ao revés, o controle abstrato de normas, previsto no art. 93,

---

[152] Biscaretti di Ruffia, *Derecho constitucional*, cit., p. 268; Zagrebelsky, *La giustizia*, cit., p. 42; Pierandrei, Corte costituzionale, in *Enciclopedia del Diritto*, cit., v. 10, p. 908.
[153] Canotilho, *Direito constitucional*, cit., p. 837.
[154] Zagrebelsky, *La giustizia*, cit., p. 45.
[155] Ipsen, *Rechtsfolgen*, cit., p. 162.
[156] B*VerfGE*, 2:124; Ipsen, *Rechtsfolgen*, cit., p. 162.
[157] B*VerfGE*, 2:124-8; Ipsen, *Rechtsfolgen*, cit., p. 162.
[158] B*VerfGE*, 2:124(130-1).

§ 1º, n. 2, da Lei Fundamental, que pressupõe divergência ou dúvida sobre a compatibilidade formal ou material de direito federal ou estadual com a Lei Fundamental, pode ter como objeto direito anterior ou superveniente à Constituição[159].

Como se vê, a questão transcende o âmbito meramente acadêmico, assumindo nítido interesse prático. Se se trata de matéria de direito intertemporal, dispensável se afigura a adoção dos procedimentos aplicáveis à declaração de inconstitucionalidade, podendo qualquer juiz, ao apreciar um caso concreto, deixar de aplicar a lei anterior. A matéria refugiará, pois, ao âmbito de juízo de constitucionalidade, situando-se na esfera da simples aplicação do direito (*Rechtsanwendungsrecht*)[160].

Se, ao revés, a incompatibilidade entre uma disposição legal e uma norma constitucional caracteriza uma inconstitucionalidade, o tema há de ser apreciado pelas Cortes Constitucionais, se for o caso, tomando-se todas as cautelas inerentes ao processo de declaração de inconstitucionalidade. Daí asseverar Victor Nunes Leal que "o problema não é bizantino, porque a Constituição exige maioria qualificada para a declaração de inconstitucionalidade pelos tribunais (art. 200) e permite que o Senado suspenda, no todo ou em parte, a execução da lei ou decreto declarados inconstitucionais por decisão definitiva do Supremo Tribunal Federal (art. 64)"[161].

Impõe-se admitir que a contradição entre normas de mesma hierarquia apresenta contornos significativamente diferenciados do conflito entre lei e Constituição. Como a norma constitucional contém, apenas, princípios gerais que, normalmente, necessitam de concretização, a constatação de que uma lei foi revogada pela Constituição não permite ao juiz aplicar, sem problemas, a norma constitucional derrogatória, tendo em vista a ausência de disciplina ampla da matéria. Daí observar Ipsen que "enquanto a colisão da lei posterior pressupõe duas leis com idêntica normatividade (*Regelungsdicht*), a contradição entre lei e Constituição produz típico déficit normativo: a Lei superior não preenche as lacunas surgidas com a derrogação da lei ordinária"[162].

Dessarte, independentemente de se tratar de norma constitucional anterior ou superveniente, considera Ipsen que os diferentes graus de normatividade e de hierarquia excluem a aplicação dos demais princípios de colisão (*Kollisionsregeln*). A livre utilização dos princípios de colisão poderia inclusive gerar o absurdo de se con-

---

[159] B*VerGE*, 2:124(130); cf. também Otto Bachof, *Zur Auslegung des art. 100, Abs. I GG*, Deutsches Verwaltungsblatt, 1951 p. 14. Deve-se observar que o Tribunal admite apreciar, no processo de controle concreto de normas, as leis pré-constitucionais que foram modificadas ou confirmadas, isto é, *assumidas* pelo legislador pós-constitucional (cf. B*VerfGE*, 63:181(188 e s.); v. ainda Wolfgang Zeidler, Die Verfassungsrechtsprechung im Rahmen der staatlichen Funktionen, *Europäische Grundrechte Zeitschrift*, Heft 8/9, 6 maio 1988, p. 208.
[160] Ipsen, *Rechtsfolgen*, cit., p. 162; Victor Nunes Leal, Leis complementares da Constituição, *RDA*, 7:389-91; Kelsen, La garanzia..., in *La giustizia costituzionale*, cit., p. 183-4.
[161] Victor Nunes Leal, Leis complementares da Constituição, *RDA*, cit., p. 389.
[162] Ipsen, *Rechtsfolgen*, cit., p. 163; cf. também. José Afonso da Silva, *Aplicabilidade das normas constitucionais*, 2 ed., São Paulo, Revista dos Tribunais, 1982, p. 120.

siderar a lei ordinária como *lex specialis* ou *lex posterior* e a Constituição como *lex generalis* ou *lex prior*[163].

As objeções suscitadas por Ipsen quanto à adoção do critério de direito intertemporal para solver conflitos entre normas constitucionais e legais coincidem, substancialmente, com a posição anteriormente perfilhada pelo Ministro Castro Nunes, no clássico *Teoria e prática do Poder Judiciário*:

> "É certo que algumas vezes o texto constitucional repele tão explicitamente o preceito legal que o caso assume as proporções de uma revogação expressa. Exemplos dessa incompatibilidade flagrante têm ocorrido na aplicação das nossas duas últimas Constituições, em cujos textos se inseriram, principalmente na de 34, regras de direito civil, comercial etc. A Constituição invadiu a esfera da preceituação secundária, daí resultando que dispôs sobre matérias não propriamente constitucionais e sobre as quais já havia preceituação legal ordinária.
>
> O que impressiona em tais casos é a fragrância da incompatibilidade. A Constituição dispôs ao inverso do que dispunha a lei, não se fazendo necessário nenhum esforço de indagação para se concluir pela incompatibilidade.
>
> Essa incompatibilidade flagrante, evidente, irrecusável, não existe em se tratando de leis feitas na vigência de uma Constituição, porque o legislador não pode ter o propósito de violá-la e, ainda quando o faça, procurará contornar o obstáculo constitucional, disfarçando a violação. Ora, essa incompatibilidade duvidosa, equívoca, opinativa, pode existir quando trazida à comparação uma lei anterior, situando-se assim a indagação em termos que são tecnicamente idênticos, ainda que desajudada a norma preexistente da presunção de conformidade com a Constituição.
>
> De modo que, pelo menos nesses casos, não vejo por que tratar diferentemente a norma trazida à colação.
>
> Dir-se-á, por aplicação das regras comuns, que a lei anterior incompatível, ainda que implicitamente, com a posterior, é lei tacitamente revogada. Assim é. Mas entre normas de hierarquia diversa essa incompatibilidade implícita é precisamente o objeto da indagação da constitucionalidade da norma inferior. O problema é materialmente o mesmo, quer se trate de lei anterior, quer se trate de lei posterior à Constituição. O exame situa-se, em ambos os casos, em verificar se pode subsistir a norma inferior em face da Constituição.
>
> Não contesto que a incompatibilidade se resolve numa revogação, o que resulta da anterioridade da norma. Mas perde-se de vista o outro elemento, a diversidade hierárquica das normas.
>
> A teoria da ab-rogação das leis supõe normas da mesma autoridade. Quando se diz que a lei posterior revoga, ainda que tacitamente, a anterior, supõe-se no cotejo leis do mesmo nível. Mas se a questão está em saber se uma norma pode continuar a viger em face das regras ou princípios de uma Constituição, a solução negativa só é revogação por efeito daquela anterioridade: mas tem uma designação peculiar a esse desnível das normas, chama-se declaração de inconstitucionalidade"[164].

---

[163] Ipsen, *Rechtsfolgen*, cit., p. 164.
[164] José de Castro Nunes, *Teoria e prática do Poder Judiciário*, Rio de Janeiro, Forense, 1943, p. 602-3.

Não obstante as boas razões que informam esse entendimento e o respeito de que gozam as autoridades que lhe emprestam suporte, há de se reconhecer que essa orientação doutrinária parece excessivamente influenciada pelos diferentes mecanismos de aferição de inconstitucionalidade ou de ab-rogação da lei[165]. E, nesse sentido, são elucidativas as observações de García de Enterría, quando reconhece ter advogado a adesão da Espanha ao modelo italiano, "especialmente por una razón práctica, por entender que atribuir al Tribunal Constitucional el monopolio del problema prometía una valoración más apurada de la constitucionalidad de los textos legales pre-constitucionales que lo que cabría esperar del enjuiciamiento dispreso por todos los órganos de la jurisdicción ordinaria como una cuestión de simple derogación"[166].

A matéria foi objeto das reflexões de Kelsen no famoso escrito sobre as garantias jurisdicionais da Constituição, tendo o eminente jurisconsulto deixado assente que a anulação de uma norma supõe a precedência da lei superior. É o que se lê na seguinte passagem do seu magnífico estudo:

> "A anulação de uma lei por parte de uma Corte Constitucional – aqui se refere principalmente às normas gerais – é a rigor necessária apenas quando a norma inconstitucional for superveniente à Constituição. Em se tratando de lei anterior contrária à Constituição, verifica-se a sua revogação pelo princípio da *lex posterior*: uma anulação afigura-se supérflua, até mesmo logicamente impossível. Isso significa que os tribunais e as autoridades administrativas deverão – salvo restrição do direito positivo – verificar a existência de contradição entre a nova Constituição e a lei anterior e decidir em conformidade com essa aferição. A situação, em particular das autoridades administrativas, que, normalmente, não dispõem de autorização constitucional para proceder a essa aferição, mostra-se bem diversa. E isto afigura-se particularmente relevante em um período de mudanças constitucionais radicais, como as introduzidas em numerosos Estados após a Grande Guerra. A maioria das Constituições desses novos Estados receberam o antigo direito material – civil, penal, administrativo – desde que compatível com a nova ordem constitucional. Considerando que se trata de leis muito antigas promulgadas sob o império de outras Constituições, podem ocorrer, plausivelmente, situações de incompatibilidade com a Constituição. Naturalmente, não com referência à Constituição no sentido mais estrito do termo: o modo de formação da lei não está em questão, mas o seu conteúdo. Se o texto constitucional superveniente veda, *v.g.*, a consagração de privilégio fundado na diferenciação entre sexos, sem que se possa interpretar tal disposição como aplicável, exclusivamente, às leis vindouras, e se se deve admitir que a Constituição derroga imediatamente as leis anteriores com ela incompatíveis, independentemente da edição de diplomas especiais de revisão, pode ser juridicamente muito difícil e politicamente assaz importante resolver a questão da compatibilidade dessas leis com a Constituição"[167].

---

[165] Zagrebelsky, *La giustizia*, cit., p. 45; cf, também Kelsen, La garanzia..., in *La giustizia costituzionale*, cit., p. 184-5, e *Wesen and Entwicklung der Staatsgerichtsbarkeit*, p. 64-5.

[166] Eduardo García de Enterría, *La Constitución como norma y el Tribunal Constitucional*, Madrid, Ed. Civitas, 1981, p. 87. Também na Espanha prepondera o critério do direito intertemporal. A Corte reconheceu, todavia, a sua competência para apreciar a questão em recurso direto (García de Enterría, *La Constitución*, cit., p. 87-8).

[167] Kelsen, La garanzia..., in *La giustizia costituzionale*, cit., p. 183-4.

Também os problemas de ordem prática decorrentes da diferenciação entre os juízos de constitucionalidade e de ab-rogação não passaram despercebidos ao mestre de Viena, assinalando, a propósito, que:

> "Pode parecer temerário confiar essa decisão às várias autoridades encarregadas de aplicar a lei, dotadas, muitas vezes, de concepções extremamente vacilantes sobre as diferentes questões. Daí afigurar-se digna de consideração a possibilidade de confiar esse exame à Corte Constitucional, retirando essa competência das demais autoridades encarregadas da aplicação do direito. Isto significaria negar à Constituição a força de derrogar as leis anteriores não expressamente revogadas, substituindo-a pelo poder de anulação da Corte Constitucional"[168].

O Direito Constitucional alemão, como ressaltado, resolveu a controvérsia sobre o procedimento de aferição da incompatibilidade do direito anterior com norma constitucional superveniente, admitindo que a matéria pode ser objeto de controle abstrato de normas perante o *Bundesverfassungsgericht*[169].

Entre nós, parece predominar a concepção que trata a matéria no âmbito do direito intertemporal. Em escólio ao art. 83 da Constituição de 1891, anotou Barbalho que "semelhante determinação vale por um aviso e instrução aos executores da Constituição – aos legisladores, as autoridades judiciárias e as da administração; pois mesmo sem ela ficaria revogada toda a legislação avessa aos princípios e preceitos da Constituição (...) pelo simples fato da promulgação desta"[170].

E, adiante, explicitava o eminente magistrado as razões históricas que determinaram a formulação do art. 83:

> "(...) no regime transato dera-se o fato de, por falta de expresso texto constitucional, se considerarem vigentes, ainda depois da Constituição, disposições legais virtualmente revogadas por ela (tais como as referentes a servidão da pena, a morte civil, a diferença nos direitos de sucessão hereditária entre os filhos de homem nobre e peão, e outras referidas por Teixeira de Freitas, Consol. das leis civis, Introdução, in princ. e Paula Baptista, Herm. Jur. § 22, not. 2).
>
> Quis evitar coisas dessas a Constituição atual e formalmente declarou destruída a legislação contrária a sua letra e espírito.
>
> Assim que, não mais vigoram, não obrigam e são como se não existissem todas as disposições legais do antigo regime nas condições acima ditas, e isto mesmo independentemente de ato do congresso revogando cada uma delas. As autoridades não as podem mais aplicar, os cidadãos não mais lhes devem obediência e a justiça, quando a isso provocada por via legal, tem rigorosa obrigação de ir em amparo deles contra a aplicação dessas leis mortas, fulminadas pela Constituição"[171].

---

[168] Kelsen, La garanzia..., in *La giustizia costituzionale*, cit., p. 184-5
[169] Hartmut Söhn. Die abstrakte Normenkontrolle, in Starck, *Bundesverfassungsgericht*, cit., v. 1, p. 313; *BVerfGE*, 2:124(131); *BVerfGE*, 24:174 (179); cf., também, García de Enterría, *La Constitución*, cit., p. 85-6.
[170] João Barbalho Uchôa Cavalcanti, *Constituição Federal brasileira*: comentários, Rio de Janeiro, Typ. da Companhia Litho-Typographia, 1902, p. 356.
[171] Cavalcanti, *Constituição*, cit., p. 356.

Também Pontes de Miranda enfatiza que "a noção de constitucionalidade é, juridicamente, a partir do momento em que começa a ter vigor a Constituição; todo o material legislativo, que existe, considera-se revogado, no que contraria os preceitos constitucionais"[172].

No Supremo Tribunal Federal há registros de manifestações no sentido de se apreciar a questão à luz dos pressupostos da constitucionalidade[173].

Todavia, a orientação jurisprudencial hodierna da Excelsa Corte não deixa dúvida de que a compatibilidade do direito anterior com norma constitucional superveniente há de ser aferida no âmbito do direito intertemporal[174]. Assim, na Rp. 946, o Supremo Tribunal reconheceu que o art. 902, § 1º, da Consolidação das Leis do Trabalho havia sido revogado pela Carta Magna de 1946[175]. Também na Rp. 969, constatou a Excelsa Corte a derrogação dos arts. 75, § 1º, da Lei n. 1.341, de 30 de janeiro de 1951, e 27, § 1º, da Lei n. 4.737, de 15 de julho de 1965, pelo art. 125 da Constituição Federal de 1967[176]. E, na Rp. 1.012, não se conheceu da arguição de inconstitucionalidade relativa à Lei n. 5.048, de 22 de dezembro de 1958, do Estado de São Paulo, tendo o Ministro Moreira Alves ressaltado que "a lei ordinária anterior, ainda que em choque com a Constituição vigorante quando de sua promulgação, ou está em conformidade com a Constituição atual, e, portanto, não está em desarmonia com a ordem jurídica vigente, ou se encontra revogada pela Constituição em vigor, se com ela incompatível"[177].

Convém advertir que, não raras vezes, o juízo quanto à derrogação de uma regra ordinária pela superveniência de preceito constitucional prepara dificuldades significativas. A título de exemplo, mencione-se a controvérsia sobre a compatibilidade das leis ordinárias de redução de tempo, para fins de aposentadoria, com o disposto no art. 103 da Constituição de 1967/1969, que exige a promulgação de lei complementar, de iniciativa exclusiva do Presidente. Inicialmente, o Supremo Tribunal Federal admitiu a subsistência das normas anteriores, invocando o princípio da continuidade[178].

Todavia, a Excelsa Corte reviu esse entendimento, no RE n. 100.596 (Rel. Min. Rafael Mayer), assentando que, no tocante à aposentadoria, "são distintos os conceitos de tempo de serviço, de natureza do serviço e de limite de idade"[179]. Não se afirmava,

---

[172] Pontes de Miranda, *Comentários à Constituição de 1934*, Rio de Janeiro, Ed. Guanabara, 1936-1937, v. 2, p. 539; cf. Victor Nunes Leal, Leis complementares da Constituição, *RDA*, cit., p. 391.
[173] RE 17.961, Rel. Min. Orozimbo Nonato, *DJ*, 11 dez. 1952, p. 4029. MS 767, Rel. Min. Hahnemann Guimarães, *RT*, 179:977.
[174] Rp. 946, Rel. Min. Xavier de Albuquerque, *RTJ*, 82(1):44; Rp. 969, Rel. Min. Antonio Neder, *RTJ*, 99(2): 544.
[175] Rel. Min. Xavier de Albuquerque, *RTJ*, 82(1):46.
[176] Rel. Min. Antonio Neder, *RTJ*, 99(2):544.
[177] Rel. Min. Moreira Alves, *RTJ*, 95(3):980-91.
[178] RF 78.984, Rel. Min. Cordeiro Guerra, *RTJ*, 71 (1):289; RE 78.486, Rel. Min. Rodrigues Alckmin, *RTJ*, 76(2):538; RE 91.604, Rel. Min, Néri da Silveira, *RTJ*, 112(2):656.
[179] *RTJ*, 109(3):1227.

assim, a incompatibilidade, por razões de ordem formal (exigência de lei complementar), mas por um fundamento de índole material.

Não parece subsistir dúvida, pois, quanto ao efeito derrogatório, no processo de contrariedade entre norma constitucional superveniente e o direito ordinário em vigor. Todavia, a doutrina pátria não cogitou da questão relativa à competência para pronunciar a incompatibilidade e afirmar a derrogação da norma anterior.

Evidentemente, todo juiz ou tribunal pode reconhecer a ab-rogação da norma anterior, no exame de casos concretos. É lícito indagar, porém, se esse pronunciamento há de se fazer, igualmente, no âmbito do controle abstrato de normas.

Alguns precedentes do Supremo Tribunal Federal pareciam sugerir a resposta afirmativa. Como apontado, na Rp. 946, de 12 de maio de 1977, a Corte Suprema reconheceu a derrogação do art. 902, § 1º, da Consolidação das Leis do Trabalho, e, por conseguinte, a insubsistência do prejulgado trabalhista como ato normativo. Na oportunidade, observou o Ministro Moreira Alves que, "sendo pressuposto da improcedência, a declaração de que não é normativo o prejulgado, os suscitantes, indiretamente, alcançaram o fim a que visavam"[180]. O mesmo raciocínio seria de aplicar-se em relação à lei anterior. O reconhecimento da derrogação constituiria pressuposto da improcedência do pedido[181].

Não obstante, predomina no Supremo Tribunal Federal o entendimento de que "a representação de inconstitucionalidade, por sua própria natureza, se destina tão somente à defesa da Constituição vigente", não constituindo parâmetro idôneo à aferição da constitucionalidade da lei anterior[182]. E, na Rp. 1.016, esse juízo tornou-se, ainda, mais explícito, assentando-se que, em relação a leis anteriores, "não há que se cogitar – como tem entendido esta Corte – de inconstitucionalidade, mas, sim – e se for o caso – de revogação, matéria estranha à representação de inconstitucionalidade"[183].

Dessarte, já não se logra obter a afirmação da incompatibilidade e, por conseguinte, da derrogação da norma anterior no juízo abstrato de inconstitucionalidade. E, há de se reconhecer, a ausência de um instrumento expedito para a definição da compatibilidade ou incompatibilidade da norma ordinária anterior com o Direito Constitucional superveniente suscitaria sérios embaraços de ordem prática, ensejando pronunciamentos contraditórios e tumultuários sobre as mais relevantes questões. Todavia, a representação interpretativa, introduzida pela Emenda n. 7, de 1977, parecia adequada a suprir, satisfatoriamente, essa deficiência, permitindo que o Supremo Tribunal Federal apreciasse, como preliminar, a questão da compatibilidade ou incompatibilidade entre a lei ordinária e a norma constitucional posterior.

---

[180] Rel. Min. Xavier de Albuquerque, *RTJ*, *82*(1):47.
[181] Rp. 969, Rel. Min. Antonio Neder, *RTJ*, 99(2):544.
[182] Rp. 1.012, Rel. Min, Moreira Alves, *RTJ*, 95(3):990.
[183] Rel. Min. Moreira Alves, *RTJ*, 95(3):999.

Se a controvérsia relativa aos aspectos materiais do ato assume o caráter de uma autêntica *vexata quaestio*, parece dominar maior uniformidade, na doutrina, no que tange aos aspectos formais. Assenta-se que, no tocante aos pressupostos de índole formal, há de prevalecer o princípio do *tempus regit actum*. "L'illegittimità formale – observa Pierandrei – può essere che 'originaria', perché un atto, dovendo essere elaborato e formato attraverso il procedimento previsto dalle regole vigenti al momento della sua creazione, non può essere giudicato, quanto alla sua validità, se non, con riferimento alle stesse regole"[184].

No mesmo sentido, asevera García de Enterría que "esa inconstitucionalidad sobrevenida ha de referirse precisamente a la contradicción con los princípios materiales de la Constitución, no a las reglas formales de elaboración de las leyes que ésta establece hoy"[185].

No Direito português, não se coloca em dúvida, igualmente, a intangibilidade dos pressupostos dos atos legislativos adotados em face de lei constitucional superveniente[186], ressaltando Canotilho que "a inconstitucionalidade superveniente refere-se, em princípio, à contradição dos atos normativos com as normas e princípios materiais da Constituição e não à contradição com as regras formais ou processuais do tempo da sua elaboração"[187].

Da mesma forma, a matéria parece isenta de maiores controvérsias entre nós. O Dr. Sepúlveda Pertence, Procurador-Geral da República, enfatizava, em parecer de 10 de março de 1987, que a aferição originária do vício formal "é verdade tão axiomática que poucos autores se preocupam em explicitá-la"[188]. E, concluía, afirmando que:

> "Assim, ninguém discute, o Código Comercial, de 1850, sobrevive incólume à queda do Império, a cuja Constituição se submetera a sua elaboração legislativa.
>
> Assim, também, o advento da Constituição de 1946, que não admitia decretos-leis, não prejudicou a constitucionalidade formal dos que se haviam editado sob o Estado Novo.
>
> De igual modo, é óbvio, a EC 6/63, abolindo a delegação legislativa, não afetou a validade formal da questionada LD 4/62, editada no exercício de delegação, ao seu tempo, permitida"[189].

---

[184] Pierandrei, Corte costituzionale, in *Enciclopedia del Diritto*, cit., v. 10, p. 908; cf. também Kelsen, La garanzia..., in *La giustizia costituzionale*, cit., p. 184.

[185] García de Enterría, *La Constitución*, cit., p. 86.

[186] Jorge Miranda, *Manual*, cit., v. 2, p. 251, Canotilho, *Direito constitucional*, cit., p. 838.

[187] Canotilho, *Direito constitucional*, cit., p. 838.

[188] Parecer nos PGR n. 08100.00/2813/86 e 08100.00/2881/86, *DJ*, 10 mar. 1987, p. 3523 (cf. *RDP*, *82*:100-10).

[189] Parecer nos PGR n. 08100.00/2813/86 e 08100.00/2881/86, *DJ*, 10 mar. 1987, p. 3522. Deve-se registrar, porém, que, não obstante a ampla aceitação desse entendimento, nos diversos sistemas constitucionais, a Professora Ada Pellegrini Grinover vem de sustentar, em Parecer, que a Lei Delegada n. 4/61 teria sido revogada pela emenda constitucional derrogatória do regime de gabinete (*RDA*, *166*:267 e s.). O pronunciamento da ilustre professora há de ser considerado como manifestação episódica e isolada, no Direito brasileiro e alienígena.

Não deixa, todavia, de provocar dúvida a caracterização da *incompetência superveniente* do órgão legiferante, mormente nos regimes de índole federativa[190]. Cuidar-se-ia aqui de defeito formal ou material?

A Corte Constitucional italiana tem reconhecido a vigência das leis estatais anteriores que disciplinam matéria agora reservada à legislação regional, admitindo a sua integração no ordenamento regional até a promulgação de lei nova (princípio da continuidade)[191]. Enfatiza Zagrebelsky que "a riprova del fatto che di invalidità non si tratta si può osservare che la legge statale, non più operativa nella regione che abbia esercitato la propria potestà legislativa, continua validamente a trovare applicazione nelle regione che, viceversa, non l'abbiano (ancora) esercitata"[192].

No Direito alemão, a matéria mereceu especial atenção do constituinte (Lei Fundamental, arts. 124 a 126), que outorgou ao *Bundesverfassungsgericht* a competência para dirimir eventuais dúvidas sobre a vigência de lei como direito federal (art. 126). Portanto, cabe à Corte Constitucional aferir, no âmbito do controle concreto ou abstrato de normas, a vigência de lei pré-constitucional como direito federal. Não se trata, pois, de verificar a validade (*Geltung*), mas a qualidade da norma (*Rang der Norm*). "A validade da norma – diz Pestalozza – pode constituir uma questão preliminar, mas não o objeto principal do processo"[193].

Assim, pode o Tribunal concluir que a lei foi revogada por contrariar dispositivo constitucional (*das Gesetz nicht mehr gilt*), reconhecer a sua insubsistência como direito federal (*das Gesetz nicht als Bundesrecht fortgilt*), ou constatar a vigência enquanto direito federal (*das Gesetz als Bundesrecht fortgilt*)[194].

Entre nós, a referência ao tema parece limitada aos estudos de Pontes de Miranda, que formula as seguintes proposições sobre o assunto:

> "Sempre que a Constituição dá a União a competência sobre certa matéria e havia legislação anterior, federal e local, em contradição, a Constituição ab-rogou ou derrogou a legislação federal ou local, em choque com a regra jurídica de competência. Não se precisa, para se decidir em tal sentido, que se componha a maioria absoluta do art. 116.
>
> Se a legislação, que existia, era só estadual, ou municipal, e a Constituição tornou de competência legislativa federal a matéria, a superveniência da Constituição faz contrário à Constituição qualquer ato de aplicação dessa legislação, no que ela, com a nova regra jurídica de competência, seria sem sentido. A maioria do art. 116 não é necessária. *Aliter*, se só há a ab-rogação ou a derrogação, se inconstitucional a continuação de incidência; *e.g.*, se antes de ser estadual, ou municipal, fora federal (discute-se se há repristinação ou inconstitucionalidade).

---

[190] Canotilho, *Direito constitucional*, cit., p. 838.
[191] Zagrebelsky, *La giustizia*, cit., p.48.
[192] Zagrebelsky, *La giustizia*, cit., p. 48.
[193] Pestalozza, *Verfassungsprozssrecht*, cit., p., 160.
[194] Theodor Maunz et al., *Bundesverfassungsgerichtsgesetz*: kommentar, München. C. H. Beck, 1985, § 86, n. 3 e 4; § 89, n. 3 e 4.

Se havia legislação federal e estadual e a competência passou a ser, tão só, do Estado-membro, ou do Município, a legislação federal persiste, estadualizada, ou municipalizada, respectivamente, até que o Estado-membro ou o Município a ab-rogue, ou derrogue"[195].

Evidentemente, não há cogitar de uma federalização de normas estaduais ou municipais, por força de alteração na regra de competência. Nesse caso, há de se reconhecer eficácia derrogatória à norma constitucional que tornou de competência legislativa federal matéria anteriormente afeta ao âmbito estadual ou municipal. Todavia, se havia legislação federal, e a matéria passou à esfera de competência estadual ou municipal, o complexo normativo promulgado pela União subsiste estadualizado ou municipalizado, até que se proceda à sua derrogação por lei estadual ou municipal. E o que parece autorizar o próprio princípio da continuidade do ordenamento jurídico.

§ 2º A configuração da inconstitucionalidade e a mudança nas relações fáticas

A doutrina constitucional admite a caracterização da inconstitucionalidade da lei tendo em vista significativa alteração das relações fáticas (*tatsächliche Verhältnisse*). Assim, a norma legal que não podia ser acoimada de inconstitucional, ao tempo de sua edição, torna-se suscetível de censura judicial em virtude de uma profunda mudança nas relações fáticas, configurando o processo de inconstitucionalização ou *der Prozess des Verfassungswidrigwerdens*[196].

A controvérsia relativa à compatibilidade entre a lei que disciplinou a formação de distritos eleitorais (*Wahlkreiseinteilung*) com o postulado da igualdade eleitoral (*gleiche Wahl*) deu ensejo a que o Tribunal Constitucional alemão apreciasse essa situação peculiar. Cuidava-se da organização dos distritos eleitorais, estabelecida por lei federal de 1949, e mantida incólume pelas leis eleitorais de 1953 e de 1956, a despeito da inegável alteração na estrutura demográfica dos diferentes distritos. As diversas dimensões dos distritos eleitorais refletiam-se na eficácia do voto e propiciavam o

---

[195] Pontes de Miranda, *Comentários ao Código de Processo Civil*, Rio de Janeiro, Forense, 1975, v. 6, p. 66-7.
[196] Ipsen, *Rechtsfolgen*, cit., p. 133; Thilo Krause-Palfnr, *Das Verfassungswidrigwerden von Gesetzen*, Diss., Frankfurt, 1973, p. 28 e s.; Pestalozza, Noch verfassungsmässige..., in Starck, *Bundesverfassungsgericht*, cit., v. 1, p. 556; Schlaich, *Das Bundesverfassungsgericht*, cit., p. 181-3. A edição de uma norma – anota Grimm (Verfassungsgerichtsbarkeit Funktion und Funktionsgrenzen im demokratischen Staat, in Hoffmann-Riem (org.), *Sozialwissenschaften im Studium des Rechts*, München, C. H. Beck, 1977, p. 89) – tem em vista uma determinada realidade ou uma determinada concepção da realidade. E, não raras vezes, as proposições normativas consagram, diretamente, no seu *Tatbestand* esses fragmentos de realidade (*Wirklichkeitsausschnitte*). Assim, uma mudança dessa realidade pode afetar a legitimidade da proposição normativa. De resto, parece certo que o juiz não afere, simplesmente, a constitucionalidade da lei, mas, como enfatiza Ehmke, "a relação da lei com o problema que lhe é apresentado em face do parâmetro constitucional" (*Denn im Grunde prüft das Gericht nie, wie vereinfachend gesagt wird, das Gesetz, sondern immer nur das Verhältnis des Gesetzes zu dem ihm vorgegebenen Problem am Massstab der Verfassung*) (Horst Ehmke, Prinzipien der Verfassungsinterpretation, in Ralf Dreier & Friedrich Schwegmann, *Probleme der Verfassungsinterpretation*, 1976, p. 204).

surgimento de mandatos excedentes (*zusätzliche Überhangsmandate*), em determinadas circunscrições[197].

O *Bundesverfassungsgericht* reconheceu que os mandatos excedentes afiguravam-se insuscetíveis de impugnação, do ponto de vista constitucional, se considerados como consequência necessária da eleição proporcional. Qualquer diferenciação quanto à efetividade do voto que ultrapassasse tais lindes pareceria incompatível com o princípio de igualdade eleitoral (Lei Fundamental, art. 38)[198].

Não obstante, considerou o Tribunal Constitucional que a ofensa contra o postulado da igualdade eleitoral não era ainda tão evidente (*noch nicht so evident war*)[199]. Recomendou, porém, que o Parlamento imprimisse as alterações necessárias na organização dos distritos, ainda no curso daquela legislatura[200].

A orientação expressa no acórdão proferido pelo *Bundesverfassungsgericht*, em 1963, parece vir explicitada, com precisão, na seguinte passagem de estudo elaborado por Pestalozza:

> "Entre a nulidade e o estado de absoluta constitucionalidade, parece desenvolver-se uma zona cinzenta de imperfeição (*eine graue Zone verfassungsimperfekter Zustande*) que não permite distinguir, com clareza, o que é proibido, daquilo que apenas não é propriamente facultado. As situações ainda constitucionais (*noch verfassungsmässige Rechtslagen*) são aquelas que se encaminham rumo ao estado de inconstitucionalidade, embora ainda não a tenham atingido completamente. Nesses casos, não se limita o Tribunal a constatar a compatibilidade da lei com o texto constitucional. Indica-se, igualmente, a possível conversão para a inconstitucionalidade, prognostica-se o momento da alteração e conclama-se o legislador a evitá-la"[201].

Parece evidente, assim, que a mudança nas circunstâncias fáticas produz, às vezes, uma significativa alteração no conteúdo e eficácia das normas jurídicas. E tais alterações podem acarretar a incompatibilidade entre a lei ordinária e a Constituição. "A lei ordinária – afirma Pestalozza – passa a ter um outro conteúdo mediante a evolução hermenêutica, a mudança do próprio texto ou da ambiência social; e essa nova conformação não mais se compatibiliza com a Constituição"[202].

É possível que a decisão proferida pelo *Bundesverfassungsgericht*, em 1975, sobre a validade dos critérios legais para o pagamento de pensão por morte do trabalhador

---

[197] Ipsen, *Rechtsfolgen*, cit., 133-4; BVerfGE, 16:131; Schlaich, *Das Bundesverfassungsgericht*, cit., p. 181-3; Klaus Jürgen Philippi, *Tatsachenfeststellungen des Bundesverfassungsgerichts*, Köln, C. H. Verlag, 1971, p. 26-7.

[198] BVerfGE, 16:130 e 131.

[199] BVerfGE, 16:143.

[200] BVerfGE, 16:131. Convém notar, a propósito, que a declaração de inconstitucionalidade, na espécie, afetava a legitimidade do próprio Parlamento, eleito com base nessa sistemática. Ver-se-ia o Tribunal confrontado, assim, com a difícil questão de saber qual órgão haveria de editar a legislação requerida (cf. Wolfgang Zeidler, Die Verfassungsrechtsprechung..., *Europäische Grundrechte Zeitschrift*, cit., p. 211; Starck, *Das Bundesverfassungsgericht im politischen Prozess der Bundesrepublik*, Tübingen, Mohr, 1976, p. 8).

[201] Pestalozza, Noch verfassungsmässige..., in Starck, *Bundesverfassungsgericht*, cit., v. 1, p. 540.

[202] Pestalozza, Noch verfassungsmässige..., in Starck, *Bundesverfassungsgericht*, cit., v. 1, p. 548-9.

contenha o mais inequívoco exemplo de influência da *sozialen Ambiance*, no juízo de *constitucionalidade*. Anteriormente, em 1963, o Tribunal Constitucional afirmara a compatibilidade com o princípio da isonomia da regulamentação que contemplava critérios diferenciados para o pagamento de pensão por morte de cônjuge. Lei de 1950 outorgava à esposa o direito à pensão por morte, independentemente de sua participação na renda familiar. Não obstante, a pensão ao viúvo, nas mesmas condições, somente haveria de ser concedida, se se comprovasse que a segurada provia o sustento básico da família.

Ao apreciar a arguição de inconstitucionalidade dessa disposição em face do princípio de igualdade entre homem e mulher (Lei Fundamental, art. 3º, § 2º), o Tribunal considerou compatível com o texto constitucional, asseverando que, em virtude da reduzida participação da mulher no mercado de trabalho (cerca de 7,5% em 1950), não havia o legislador ultrapassado os lindes da tipificação permitida (*zulässige Typisierung*) na regulamentação desse supedâneo fático (*Tatbestand*)[203].

A controvérsia foi suscitada, novamente, em 1975, tendo o *Bundesverfassungsgericht* afirmado que ainda não se configurava a inconstitucionalidade (*es ist noch verfassungsgemäss*). Não obstante, ficava o legislador obrigado a empreender as medidas adequadas a evitar a caracterização de ofensa ao art. 3º, § 2º, da Lei Fundamental[204]. Reconhecia-se, assim, que a substancial mudança do papel da mulher, no seio da família (com a maior participação na atividade econômica), haveria de importar na revisão dos parâmetros legais até então adotados. A mudança (*der Trend*) era evidente; porém não se afigurava, ainda, completa[205].

O precedente referido demonstra que, nesses casos, afigura-se impossível discernir os aspectos puramente fáticos (*tatsächlich*) das questões eminentemente jurídicas (*rechtlich*)[206]. Não se trata aqui de uma simples mudança nas circunstâncias fáticas, com reflexos na órbita constitucional. Não se cuida, também, de uma característica evolução na interpretação da norma constitucional ou do ato normativo. Verifica-se uma certa confusão entre os chamados elementos fáticos e jurídicos (*eine Gemengelage*)[207]. Inegável, porém, que as transformações verificadas produziram sensíveis alterações no juízo de constitucionalidade.

O processo de inconstitucionalização da lei como decorrência de mudanças nas relações fáticas está a demonstrar a inevitabilidade de se apreciar, no juízo de constitucionalidade, o chamado *fato legislativo*. Infirma-se, assim, a concepção que res-

---

[203] *BVerfGE*, 17:1(23); Ipsen, *Rechtsfolgen*, cit., p. 134; Pestaloeza, Noch verfassungsmässige..., in Starck, *Bundesverfassungsgericht*, cit., p. 549.

[204] *BVerfGE*, 39:169; Ipsen, *Rechtsfolgen*, cit., p. 134; Pestalozza, Noch verfassungsmässige..., in Starck, *Bundesverfassungsgericht*, cit., p. 549.

[205] *BVerfGE*, 39:169; Ipsen, *Rechtsfolgen*, cit., p. 134; Pestalozza, Noch verfassungsmässige..., in Starck, *Bundesverfassungsgericht*, cit., p. 549.

[206] Ipsen, *Rechtsfolgen*, cit., p. 134.

[207] Ipsen, *Rechtsfolgen*, cit., p. 134.

tringe o controle de constitucionalidade a um pretenso contraste entre regras de diferentes hierarquias, reconhecendo que *a norma traduz uma determinada concepção da realidade, ou contém fragmentos dessa realidade*[208]. E, evidentemente, uma significativa mudança na situação apreendida pela proposição normativa pode deflagrar o processo de inconstitucionalização.

Ressalte-se que não se trata aqui de uma nova valoração da norma em virtude de uma interpretação evolutiva do parâmetro de controle (*Kontrollmassstab*). Tem-se, efetivamente, uma alteração no conteúdo normativo submetido ao juízo de constitucionalidade.

Por outro lado, não se deve olvidar que a inconstitucionalidade decorrente de mudança nas relações fáticas parece requerer novas reflexões no tocante aos efeitos de eventual declaração de inconstitucionalidade, não se afigurando possível atribuir eficácia retroativa ao pronunciamento jurisdicional.

§ 3º A evolução hermenêutica e suas consequências no âmbito da inconstitucionalidade das leis

A dogmática jurídica limita-se a distinguir os atos constitucionais dos atos inconstitucionais. A declaração de inconstitucionalidade supõe a simples declaração ou o singelo reconhecimento de uma situação preexistente. O processo de inconstitucionalização (*Verfassungswidrigwerden*) não se coloca como alternativa dogmática, salvo quando resultante de uma mudança das relações fáticas. Eventual alteração no entendimento jurisprudencial, com a consequente afirmação da inconstitucionalidade de uma situação, até então considerada constitucional, não autoriza a caracterização da inconstitucionalidade superveniente[209]. Esforça-se por contornar o inevitável embaraço decorrente desse modelo, afirmando que a mudança no entendimento jurisprudencial ensejou apenas o reconhecimento da inconstitucionalidade, anteriormente configurada[210].

Todavia, o *Bundesverfassungsgericht* reconheceu a relatividade do postulado que afirma a permanente constitucionalidade ou inconstitucionalidade dos atos estatais. Ao apreciar a alegação de ofensa ao art. 10, § 1º, da Lei Fundamental, na execução de pena (*Strafvollzug*) – "é inviolável o sigilo da correspondência e das comunicações telegráficas e telefônicas" –, o Tribunal Constitucional afirmou a sua improcedência, asseverando que a concepção segundo a qual, mesmo em uma situação especial (*Sonderstatusverhältnis*), as restrições aos direitos fundamentais reclamavam autorização expressa do legislador consolidara-se gradativamente[211]. Assentou, pois, que as restrições aos direitos fundamentais, mesmo sem autorização legislativa, não eram, inicialmente, consideradas inconstitucionais, mas que a evolução hermenêu-

---

[208] Dieter Grimm, Verfassungsgerichtsbarkeit..., in Hoffmann-Riem, *Sozialwissenschaften im Studium des Rechts*, cit., p. 89.
[209] Ipsen, *Rechtsfolgen*, cit., p. 136-7.
[210] Ipsen, *Rechtsfolgen*, cit., p. 137.
[211] BVerfGE, 33:1(13); Ipsen, *Rechtsfolgen*, cit., p. 137.

tica (*gewandeltes Verfassungsverständnis*) passara a exigir autorização legal, também para essas situações[212].

É fácil de ver que a Constituição, enquanto complexo normativo, pode sofrer mudanças mediante interpretação, configurando o que a Doutrina denomina *mutação normativa*[213]. Não se trata, propriamente, de uma mudança da Constituição, mas de uma alteração no significado, até porque, como ressalta Häberle, "a norma jurídica somente existe como norma jurídica interpretada" (*Es gibt keine Rechtsnormen, es gibt nur interpretierte Rechtsnormen*)[214]. "Interpretar uma norma – diz Häberle, com exatidão – significa colocá-la no tempo, isto é, na realidade pública, a fim de que se lhe outorgue eficácia" (*Einen Rechtssatz "auslegen" bedeutet, ihm in die Zeit, d. h. in die öffentliche Wirklichkeit stellen – um seiner Wirksamkeit willen*)[215]. É, exatamente, essa realidade que permite a Loewenstein afirmar que "una constitución no es jamás idéntica consigo misma, y está sometida constantemente al panta rhei heraclitiano de todo lo vivente"[216].

É possível que a construção jurisprudencial e a *evolução normativa* configurem questão central do próprio controle judicial de constitucionalidade. Como demonstra Ehmke, a jurisdição constitucional significa uma contrapartida (*Gegenpol*) em face da rigidez da Constituição[217]. E do seu desempenho depende, fundamentalmente, o próprio desenvolvimento da Constituição, e, em última instância, a realização da abertura constitucional (*Öffenheit*), uma vez que hermenêutica constitucional (*Verfassungsinterpretation*) e evolução normativa da Constituição (*Verfassungswandlung*) são ideias inseparáveis[218].

A relevância da evolução interpretativa no âmbito do controle de constitucionalidade está a demonstrar que o tema comporta inevitáveis desdobramentos. A eventual mudança no significado de parâmetro normativo (*Kontrollmassstab*) pode acarretar a censurabilidade de preceitos até então considerados compatíveis com a ordem constitucional. Introduz-se, assim, a discussão sobre os efeitos da declaração de inconstitucionalidade, na espécie. Não é de se excluir, igualmente, a possibilidade de que uma norma declarada constitucional pelo Judiciário venha a ter a sua validade infirmada em virtude da evolução hermenêutica. E, nesse caso, lícito será indagar sobre os efeitos e limites da coisa julgada (*Rechtskraft*) no juízo de constitucionalidade.

---

[212] *BVerfGE*, 33:1(13); Ipsen, *Rechtsfolgen*, cit., p. 137.
[213] Hesse, *Grundzüge des Verfassungsrechts*, cit., p. 16, 25 e 29; Canotilho, *Direito constitucional*, cit., p. 165-6; Karl Loewenstein, *Teoria de la Constirución*, trad. y estudio sobre la obra por Alfredo G. Anabitarte, 2. ed., Barcelona, Ed. Ariel, 1976, p. 164-70; Anna Cândida da Cunha Ferraz, *Processos informais de mudança da Constituição*: mutações constitucionais e mutações institucionais, São Paulo, Max Limonad, 1986, p. 55-63 e 125-34.
[214] Peter Häberle, Zeit und Verfassung, in Ralf Dreier & Fredrich Schweumann, *Probleme der Verfassungsterpretation*: Dokumentation einer Kontroverse, 1. Aufl., Baden-Baden, Nomos, 1976, p. 313.
[215] Häberle, Zeit und Verfassung, in Dreier & Schwegmann, *Probleme der Verfassungsinterpretation*, cit., p. 309.
[216] Loewenstein, *Teoría*, cit., p. 164.
[217] Ehmke, Prinzipien..., in Dreier & Schwegmann, *Probleme der Verfassungsinterpretation*, cit., p. 178.
[218] Ehmke, Prinzipien..., in Dreier & Schwegmann, *Probleme der Verfassungsinterpretation*, cit., p. 178.

No que ora importa, cumpre assinalar, tão somente, a inegável importância assumida pela interpretação evolutiva no controle de constitucionalidade, afigurando-se possível a caracterização da inconstitucionalidade superveniente como decorrência da mudança de significado do parâmetro normativo constitucional, ou do próprio ato legislativo submetido à censura judicial.

SEÇÃO V – A INCONSTITUCIONALIDADE DE NORMAS CONSTITUCIONAIS

§ 1º O controle de constitucionalidade da reforma constitucional e as "cláusulas pétreas"

O controle de constitucionalidade contempla o próprio direito de revisão reconhecido ao poder constituinte derivado. Parece axiomático que as Constituições rígidas somente podem ser revistas com a observância dos ritos nelas prescritos. São exigências quanto ao *quorum*, à forma de votação, à imposição de *referendum* popular, ou de ratificação[219]. Alguns textos consagram, igualmente, *vedações circunstanciais* à reforma da ordem constitucional. É o que estabelece, *v.g.*, a Carta brasileira de 1967/1969, ao prever que "a Constituição não poderá ser emendada na vigência de Estado de sítio ou estado de emergência"[220]. A Constituição imperial de 1824 vedava qualquer reforma antes de completados quatro anos de vigência (art. 174)[221].

Não raras vezes, impõe o constituinte limites materiais expressos a eventual reforma da Lei Maior. Cuida-se das chamadas *cláusulas pétreas* ou da garantia de eternidade (*Ewigkeitsgarantie*), que limitam o poder de reforma sobre determinados objetos. Assim, a Constituição de 1891 vedava projetos tendentes a abolir a forma republicana federativa ou a igualdade de representação dos Estados no Senado (art. 90, § 4º). A Constituição de 1934 consagrava a imutabilidade do regime republicano (art. 178, § 5º), e a Carta Magna de 1946 reproduziu a cláusula pétrea adotada pelo Constituinte de 1891 (art. 217, § 6º). O texto de 1967/1969 não inovou na matéria (art. 47, § 1º).

A Constituição americana contém cláusula que impõe a representação paritária dos Estados no Senado Federal (art. 5º). Todavia, segundo Loewenstein, nada impede a eliminação desse preceito[222].

A Lei Fundamental de Bonn, de 1949, veda, expressamente, qualquer reforma constitucional que introduza alteração na ordem federativa, modifique a participação dos Estados no processo legislativo, ou suprima os princípios estabelecidos nos seus arts. 1º (intangibilidade da dignidade humana) e 20 (estado republicano, fede-

---

[219] Orlando Bitar, A lei e a Constituição, in *Obras completas*, cit., v. 2, p. 51.
[220] Michel Temer, *Elementos de direito constitucional*, São Paulo, Revista dos Tribunais, 1982, p. 25.
[221] Cf., sobre o assunto, Loewenstein, *Teoria*, cit., p. 188-9; Canotilho, *Direito constitucional*, cit., p. 757-9.
[222] Loewenstein, *Teoria*, cit., p. 757-9.

ral, democrático e social, divisão de poderes, regime representativo, princípio da legalidade)[223].

Tais *cláusulas de garantia* traduzem, em verdade, um esforço do constituinte para assegurar a integridade da Constituição, obstando a que eventuais reformas provoquem a destruição, o enfraquecimento ou impliquem profunda mudança de identidade[224]. É que, como ensina Hesse, a Constituição contribui para a continuidade da ordem jurídica fundamental, na medida em que impede a efetivação de um suicídio do Estado de Direito democrático sob a forma da legalidade[225]. Nesse sentido, pronunciou-se o Tribunal Constitucional alemão, asseverando que o constituinte não dispõe de poderes para suspender ou suprimir a Constituição[226].

É bem verdade que as cláusulas pétreas ou as garantias de eternidade (*Ewigkeitsgarantien*) não produzem efeitos miríficos. "À evidência, não se logra preservar a ordem constitucional com fulcro, tão somente, em cláusulas de intangibilidade, na medida em que a Constituição deixa de ter eficácia normativa (*normative Kraft*)"[227]. Ademais, não se há de perder de vista que a experiência histórica confirma a eficácia relativa de tais princípios nos delicados momentos de crise.

Tal constatação permitiu que Loewenstein manifestasse o seu ceticismo quanto à efetividade dessas cláusulas, na seguinte passagem de seu clássico estudo sobre a Teoria das Constituições:

> "En general, sería de señalar que las disposiciones de intangibilidad incorporadas a una constitución pueden suponer en tiempos normales una luz roja útil frente a mayorías parlamentarias descosas de enmiendas constitucionales – y según la experiencia tampoco existe para esto una garantía completa –, pero con ello en absoluto se puede decir que dichos preceptos se hallen inmunizados contra toda revisión. En un desarrollo normal de la dinámica política puede ser que hasta cierto punto se mantengan firmes, pero en épocas de crisis son tan sólo pedazos de papel barridos por el viento de la realidad política. Cuando en Iberoamérica un presidente se quiere hacer dictador, anula simplemente, por un golpe de Estado, la constitución que le prohíbe la reelección y se prescribe una nueva que le transmite legalmente el poder ilimitado. En el caso de que los griegos llegasen a estar cansados de su monarquía, tal como ha ocurrido frecuentemente en el último medio siglo, la cláusula de no revisión de la forma monárquica de Estado no supondría ningún obstáculo. Y, por otra parte, el argumento empleado para justificar las disposiciones

---

[223] O direito de resistência (art. 20, § 4º), introduzido por emenda constitucional, não está coberto pela cláusula de intangibilidade (cf. Pieroth & Schlinck, *Grundrechte – Staatsrecht*, Heidelberg, C. F. Müller, 1987, p. 263).

[224] Orlando Bitar, A lei e a Constituição, in *Obras completas*, cit., p. 51-2; Segundo V. Lineres Quintana, *Tratado de la ciencia del derecho constitucional Argentino y comparado*, Buenos Aires, Ed. Alta, 1953, v. 2, p. 108-9; Loewenstein, *Teoría*, cit., p. 89-92; Kelsen, *Teoría general del Estado*, trad. Luiz Legaz Lacambra, Barcelona, Labor, 1934, p. 331-2; Hesse, *Grundzüge des Verfassungsrechts*, p. 261-4; Temer, *Elementos*, cit., p. 25.

[225] Hesse, *Grundzüge des Verfassungsrechts*, cit., p. 261-2.

[226] Hesse, *Grundzüge des Verfassungsrechts*, cit., p. 262; *BVerfGE*, 30:1(20).

[227] Hesse, *Grundzüge des Verfassungsrechts*, cit., p. 261.

protectoras del artículo 79 de la Ley Fundamental de Bonn, según la cual de esta manera se ha hecho imposible la toma del poder legalmente a lo Hitler, es muy desacertado, ya que los nacionalsocialistas no enmendaron la Constitución de Weimar, sino que la quebrantaron y después la suprimieron"[228].

Sem embargo da plausibilidade da advertência, afigura-se oportuno assinalar que as cláusulas pétreas são formulações jurídicas destinadas a evitar a destruição ou a radical alteração da ordem constitucional. Constituem, pois, normas de controle (*Kontrollnorm*; *Kontrollmassstab*), que permitem aferir a compatibilidade da revisão constitucional. E, somente sob esse prisma, cabe apreciar o controle de constitucionalidade da revisão constitucional. Parece evidente, ademais, que o próprio constituinte alemão não nutria ilusões quanto à perenidade da Lei Fundamental. Não se pretendeu obstar a que a ordem constitucional, consagrada na *Grundgesetz*, pudesse ser substituída. Ao revés, a própria Lei Fundamental contém cláusula expressa, estabelecendo que a sua vigência terá por termo a data de entrada em vigor de uma Constituição (*Verfassung*), definida livremente pelo povo alemão (art. 146)[229].

Tais cláusulas devem impedir, todavia, não só a supressão da ordem constitucional[230], mas também qualquer reforma que altere os elementos fundamentais de sua identidade histórica[231].

Nos Estados Unidos, a questão dos limites do poder de revisão deu ensejo à acirrada polêmica entre William L. Marbury e William Frierson. O primeiro reconhecia a existência de limitações ao poder de revisão (*It is not conceivable that the people, when they conferred upon the legislatures of three fourths of the states the power to amend this Constitution, intended to authorize the adoption of any measures, under the guise of amendments, the effect of which would be to destroy, wholly or in part, any of the members of his perpetual Union*)[232]. Frierson objetiva que ao Congresso, e não aos tribunais, competia verificar a necessidade de emendas (*As has been seen above, the Constitution committed to Congress, and not to Courts, the duty of determining what amendments were necessary*)[233].

Anteriormente, a *Supreme Court* havia declarado a constitucionalidade da 11ª Emenda, não se utilizando da escusa formulada pela *doctrine of the political-questions*[234]. Na decisão proferida, em 1871, no caso White *vs.* Hart, a Corte Suprema invocou a doutrina das questões políticas, eximindo-se de apreciar a validade da revisão[235]. Em

---

[228] Loewenstein, *Teoria*, cit., p. 192; cf., também, Segundo V. Linares Quintana. *Tratado*, cit., p. 108-9.
[229] Otto Bachof, *Normas constitucionais inconstitucionais?*, cit., p. 41.
[230] BVerfGE, 30:1(24).
[231] Hesse, *Grundzüge des Verfassungsrechts*, cit., p. 262.
[232] William Marbury, The limitations upon the amending power, *Harvard Law Review*, 33(1/18):225.
[233] William Frierson, Amending the Constitution of the United States: a reply to Mr. Marbury, *Harvard Law Review*, 33(5):662.
[234] Hollingsworth *vs.* Virginia, 3 Dall (3 U.S.) 378. Cf. Segundo V. Linares Quintana, *Tratado*, cit., v. 2, p. 148.
[235] 13 Wall (80 U.S.) 646. Cf. Segundo V. Linares Quintana, *Tratado*, cit., v. 2, p. 149.

outras ocasiões, a Corte Suprema houve por bem declarar a constitucionalidade de emendas constitucionais[236].

Todas as questões apreciadas versavam, fundamentalmente, sobre aspectos formais (*matters of procedure*), e, tal como observado por Linares Quintana, "la jurisprudencia de los tribunales norteamericanos más reciente es en general favorable a la doctrina de que el examen y la decisión de la constitucionalidad de una reforma constitucional constituyen una cuestión judicial comprendida en la competencia de los tribunales"[237].

Somente em 1920, ao apreciar os *National Prohibition Cases*, ocupou-se a Suprema Corte de controvérsia relativa à inconstitucionalidade material da reforma (*matters of substance*), declarando a validade da 18ª Emenda[238]. Também na discussão relativa à constitucionalidade da 19ª Emenda, o tema voltou a ser debatido[239]. Mais tarde, em 1959, a Corte Suprema escusou-se de decidir controvérsia constitucional sobre a validade de reforma constitucional relativa ao trabalho dos menores, sob a invocação da *doctrine of the political-questions*[240].

Tais precedentes estão a indicar que, ante a ausência de expressa restrição ao poder de reforma e tendo em vista a não identificação das limitações implícitas (*implied limitations*), a faculdade de revisão não provocou controvérsia relevante na Suprema Corte quanto à matéria. E, ainda assim, tem-se invocado a *doctrine of the political-questions*. "El problema de normas constitucionales anticonstitucionales no ha surgido jamás en los Estados Unidos – anota Loewenstein – por lo menos en la Unión misma, y no sólo porque las enmiendas constitucionales sean de hecho tampoco frecuentes, sino porque una limitación impuesta al legislador constitucional es un fenómeno completamente extraño al pensamiento jurídico americano. Cuando la *Supreme Court* se vio obligada a enfrentarse con este problema – acrescenta o mestre –, la cuestión de la conformidad constitucional fue tratada siempre como un asunto de tipo político y, por lo tanto, no justiciable"[241].

No Direito alemão, parece não subsistir dúvida quanto à competência do *Bundesverfassungsgericht* para apreciar a constitucionalidade de eventual reforma, já do ponto de vista estritamente procedimental, já no tocante ao próprio conteúdo do preceito normativo[242]. O princípio insculpido no art. 79, § 3º, da Lei Fundamental parece autorizar, plenamente, esse entendimento, como demonstra Bachof, com exatidão:

---

[236] Dillon *vs.* Gloss, 256 U.S. 368.
[237] Segundo V. Linares Quintana, *Tratado*, cit., v. 2, p. 151.
[238] Rhode Island *vs.* Palmer, 253 U.S. 350, 387, 389; National prohibition cases, 255 U.S. 350. *V.* Segundo V. Linares Quintana, *Tratado*, cit., v. 2, p. 151; Orlando Bitar, A lei e a Constituição, in *Obras completas*, cit., v. 2, p. 52-3.
[239] Lesser *vs.* Garnett, 258 U.S. 130. Segundo V. Linares Quintana, *Tratado*, cit., v. 2, p. 151.
[240] Colemann *vs.* Miller, 307 U.S. 433; Chandler *vs.* Wise, 307 U.S. 474. Cf. Segundo V. Linares Quintana, *Tratado*, cit., p. 150-1; Lester Bernhardt Orfield, *The amending of the Federal Constitution*, Chicago, Callaghan, 1942, p. 23.
[241] Loewenstein, *Teoría*, cit., p. 195. Cf. Segundo V. Linares Quintana, *Tratado*, cit., p. 153. Em sentido contrário, Orlando Bitar, A lei e a constituição, in *Obras completas*, cit., p. 53.
[242] Otto Bachof, *Normas constitucionais inconstitucionais?*, cit., p. 13.

Capítulo II • Os Diferentes Tipos de Inconstitucionalidade

"Isto resulta já do fato de a Lei Fundamental, no art. 79, n. 3, declarar inalteráveis alguns dos seus preceitos. Se por ventura, apesar disso, uma semelhante alteração – conscientemente ou mesmo não – intencionalmente, em consequência de uma errada avaliação do alcance da norma modificadora ou da declarada como imodificável – fosse aprovada e publicada na forma de uma lei de revisão da Constituição, a norma modificadora reivindicaria para si própria a qualidade de norma constitucional eficaz, e no entanto, simultaneamente, medida pela norma da Constituição até aí inalterável, seria inconstitucional. Não vejo nenhuma razão pela qual não devesse poder recorrer-se ao Tribunal Constitucional Federal também num tal caso: de contrário, deixaria de exercer-se uma das suas mais essenciais funções como guarda da Constituição (...)"[243].

Decisão do *Bundesverfassungsgericht*, de 1970, não deixa dúvida de que a disposição contida no art. 79, § 3º, da Lei Fundamental visa a impedir que "a ordem constitucional vigente seja destruída, na sua substância ou nos seus fundamentos, mediante a utilização de mecanismos formais, permitindo a posterior legalização de regime totalitário"[244].

É interessante notar que o acórdão em apreço referia-se à controvérsia sobre a constitucionalidade de emenda que introduzia restrição à inviolabilidade do sigilo da correspondência e das comunicações telefônicas e telegráficas, à revelia do eventual atingido, vedando, nesses casos, o recurso ao Poder Judiciário (Lei Fundamental, art. 10, § 2º, c/c o art. 19, § 4º)[245]. A questão foi submetida ao *Bundesverfassungsgericht*, em processo de controle abstrato, pelo Governo do Estado de Hesse, e em *recurso constitucional* (*Verfassungsbeschwerde*), formulado, dentre outros, por advogados e juízes, sob a alegação de que a restrição à garantia judicial (arts. 10, § 2º, e 19, § 4º) não se mostrava compatível com o princípio do Estado de Direito (*Rechtsstaatsprinzip*).

O *Bundesverfassungsgericht*, após enfatizar que a interpretação constitucional há de levar em conta os princípios elementares da Constituição e que os direitos fundamentais comportam restrições em favor do bem-estar da coletividade e da defesa da ordem jurídica, assentou que o princípio da proporcionalidade (*Verhältnismässigkeitsprinzip*), considerado como derivação do postulado do Estado de Direito (*Rechtsstaatsprinzip*), exige que a lei consagre as limitações estritamente necessárias à tutela de bem jurídico constitucionalmente reconhecido[246]. Assim, a norma constitucional impugnada seria

---

[243] Otto Bachof, *Normas constitucionais inconstitucionais?*, cit., p. 13.
[244] BVerfGE, 30:1(24); BVerfGE, 34:9(19); Hesse, *Grundzüge Verfassungsrechts*, cit., p. 262-4.
[245] "Art. 10. (1) O sigilo da correspondência, assim como das comunicações postais, telegráficas e telefônicas, é inviolável. (2) Limitações só podem ser ordenadas com base numa lei. Se a limitação tiver por finalidade a ordem fundamental livre e democrática ou a existência e segurança da Federação ou de um Estado Federado, a lei pode determinar que a limitação não seja levada ao conhecimento do indivíduo atingido e que, em vez de se seguir a via judiciária, o controle seja efetuado por órgãos principais auxiliares designados pela representação popular." "Art. 19, § 4º. Toda pessoa que tiver seus direitos violados pelo Poder Público poderá recorrer à via judicial. Se não se estabelecer outra competência assegura-se o recurso à jurisdição ordinária. Mantém-se inalterado o artigo 10, § 2º, 2ª parte."
[246] BVerfGE, 30:1(20): "Aus einer Grundentscheidung des Grundgesetz – dem Rechtsstaatsprinzip – schliesslich hat das Bundesverfassungsgericht den Grundsatz der Verhältnismässigkeit abgeleitet, der bei Beschränkungen von der Grundrechtspositionen verlangt, dass nur unbedingt Notwendige zum Schutz eines von der Verfassung

compatível com a Lei Fundamental, mormente com a cláusula de intangibilidade prevista no seu art. 79, § 3º, desde que admitida a comunicação do interessado, nos casos em que se excluísse a existência de ameaça à ordem democrática ou a integridade da União dos Estados, permitindo-se o recurso à via judicial[247]. A interpretação do preceito constitucional em consonância com o princípio da proporcionalidade (*Verhältnismässigkeit*) impunha a sua aplicação aos casos em que circunstâncias concretas denotassem uma conduta ofensiva à ordem constitucional[248].

A decisão do *Bundesverfassungsgericht*, proferida contra os votos de três juízes, que declaravam a inconstitucionalidade da emenda, provocou sérias e profundas controvérsias. Suscitaram-se acerbas críticas à utilização da interpretação conforme à Constituição (*verfassungskonforme Auslegung*), na espécie, afirmando-se que essa prática feria o próprio direito de revisão constitucional, subordinado, exclusivamente, à cláusula de imutabilidade consagrada no art. 79, § 3º, da Lei Fundamental[249]. Embora a interpretação conforme à Constituição não se afigure inusitada na práxis do *Bundesverfassungsgericht*, que a equipara, praticamente, a uma declaração de inconstitucionalidade sem redução de texto (*Teilnichtigerklärung ohne Normtextreduzierung*)[250], é certo que a sua utilização no controle de legitimidade de uma emenda mostra-se extremamente delicada. É que, como demonstra Erichsen, enquanto a interpretação da lei ordinária não afeta a ordem constitucional, a revisão do Texto Magno, ainda que limitada ou parcial, traduz uma mudança integral da própria Constituição[251].

No mérito, a via trilhada pela maioria do Tribunal não parecia, igualmente, isenta de dúvidas. Como ressaltado no pronunciamento minoritário, a norma contida no art. 79, § 3º, da Lei Fundamental não se destina, exclusivamente, a evitar a legalização de um regime totalitário. Essa disposição tem um significado mais amplo, traduzindo uma decisão fundamental (*Grundentscheidung*) no sentido da *intangibilidade* desses princípios elementares[252].

Também no Direito brasileiro não parece existir qualquer reserva ao controle de constitucionalidade de norma constitucional. Na ampla reforma constitucional de 1925/1926 suscitou-se dúvida quanto à constitucionalidade do processo de revisão, em torno do art. 90 da Constituição de 1891, questionando-se: "se esta podia se fazer

---

anerkannten Rechtsgutes – hier der Bestand des Staates und Verfassungsordnung im Gesetz vorgesehen und im Einzelfall angeordnet werden darf (vgl. *BVerfGE*, 7:377(397)".

[247] *BVerfGE*, 30:1(21).
[248] *BVerfGE*, 30:1(22).
[249] Karl-Oskar Schmittat, *Einführung in das öffentliche Recht*, Hagen, Fernuniversität, 1981 (Kurseinheit; 4), p. 32-3.
[250] Schlaich, *Das Bundesverfassungsgericht*, cit., p. 164-6.
[251] Hans-Uwe Erichsen, Zu den Grenzen von Verfassungsänderungen nach dem Grundgesetz, *Verwaltungsarchiv*, 62:293, 1971.
[252] *BVerfGE*, 30:2(39-40); cf., também, Peter Häberle, Die Abhörentscheidung des Bundesverfassungsgerichts vom 15-12-1970, *Juristenzeitung*, n. 5 e 6, 12 mar. 1971, p. 145 e s.; Theodor Maunz & Reinhold Zippelius, *Deutsches Staatsrecht*, 26. Aufl., München, C. H. Beck, p. 41-2.

pendente estado de sítio; se as proposições seriam aprovadas por dois terços dos presentes (Carlos Maximiliano) ou da totalidade dos membros de cada Câmara (Barbalho) e, enfim, se o rito exigido pelo artigo 90 se referia só ao Projeto era globo ou às emendas que lhe fossem apresentadas"[253].

O Supremo Tribunal Federal, por maioria de votos, declarou a constitucionalidade da revisão, reconhecendo, assim, a sua competência para aferir a compatibilidade da lei de revisão com o Texto Magno[254]. Na oportunidade, o eminente Viveiros de Castro anotou que nenhuma das emendas "foi aprovada pela maioria exigida pelo art. 90 da Constituição Federal, nenhuma delas poderá incorporar-se à Constituição"[255].

E ainda mais afirmativo quanto à plena legitimidade do controle do poder de revisão parece ser o voto proferido pelo Ministro Guimarães Natal, tal como se depreende da seguinte passagem:

> "(...) não tendo a reforma obedecido, em sua elaboração, as acauteladoras exigências da Constituição, e sido votada em estado de sítio, em regime de arbítrio e prepotência, sem contraste não poderá subsistir contra ela, discutida e aprovada, numa situação da mais ampla liberdade de crítica, sob a fiscalização do povo, pelos seus legítimos órgãos de manifestação – a tribuna e a imprensa livres.
>
> A proposta da reforma da Constituição não poderia ser aceita porque ofende o preceito constitucional do parágrafo 4º do art. 90, que veda serem admitidos projetos tendentes a abolir a forma republicana federativa ou a igualdade da representação dos Estados, no Senado"[256].

Desde então, parece não pairar qualquer dúvida quanto à possibilidade de controle da emenda constitucional, seja do prisma formal, seja do ponto de vista material[257]. E, ainda, o Supremo Tribunal Federal, ao julgar o MS 20.257 (Rel. Min. Moreira Alves), ressaltou que, quando "a vedação constitucional se dirige ao próprio processamento da lei ou da emenda (...), a inconstitucionalidade (...) já existe antes de o projeto ou de a proposta se transformarem em lei ou em emenda constitucional, porque o próprio processamento já desrespeita, frontalmente, a Constituição"[258].

§ 2º Limites imanentes ao poder constituinte

Sem dúvida, muito mais complexa se afigura a questão dos limites imanentes ao poder constituinte. Ninguém ignora que o constitucionalismo moderno caracteriza-se, dentre outros aspectos, pelo esforço desenvolvido no sentido de positivar o Direito Natural. A ideia de princípios superiores ou naturais, a concepção de direitos inatos

---

[253] Bitar, A lei e a Constituição, in *Obras completas*, cit., p. 53.
[254] HC 18.178, de 27-9-1926, *RF*, 47:748.
[255] HC 18.178, de 27-9-1926, *RF*, 47:759.
[256] HC 18.178, de 27-9-1926, *RF*, 47:771.
[257] Orlando Bitar, A lei e a Constituição, in *Obras completas*, cit., v. 2, p. 13.
[258] *RTJ*, 99(3):1040.

é antiga. Todavia, a consolidação desses postulados em um documento escrito (*Urkunde*), de índole duradoura ou permanente, e, por isso mesmo, superior às providências ordinárias, marcadas pela transitoriedade, constitui traço característico do conceito de Constituição, inaugurado com a Carta Magna americana, de 1787[259].

Assim, os chamados direitos fundamentais, consagrados nas diferentes Declarações de Direito, lograram obter a sua constitucionalização. O próprio *direito de resistência* encontrou abrigo no Direito Constitucional positivado (Constituição americana, art. II da Primeira Emenda; Lei Fundamental de Bonn, art. 20, § 4º)[260].

E, se as ideias jusnaturalistas formavam o baldrame da Constituição, consolidando uma elevada ideia de Justiça, competia aos tribunais revelar essa concepção. Daí observar Carl Swisher que "aquilo que for justo será constitucional e aquilo que for injusto será inconstitucional"[261]. A existência de uma justiça natural superior[262] a valoração dos princípios eternos de justiça e o sentimento de que "as limitações definidas oriundas da justiça natural cercavam a autoridade legislativa, independentemente das restrições constitucionais expressas", parecem permear, inicialmente, todo o Direito Constitucional americano[263]. A introdução da *due process clause*, através da 14ª Emenda, realiza, segundo o *justice Field*, a Declaração de Independência dos direitos inalienáveis do homem, direitos que são um dom do Criador, que a lei apenas reconhece, não confere[264]. A referência de Field traduz a concepção jusnaturalista da "lei recebida" (*found law*), segundo a qual constituía atribuição dos legisladores e juízes *descobrir* e não *fazer* as leis[265].

Embora a teoria das limitações implícitas tenha encontrado excepcional desenvolvimento doutrinário e jurisprudencial nos Estados Unidos, conforme comprovam os escritos de Cooley e Story, e, a despeito de se reconhecer a base jusnaturalista dos direitos fundamentais[266], a sua aplicação ao poder constituinte não parece ter merecido grande acolhida da doutrina e jurisprudência americanas[267]. Nesse sentido, asseve-

---

[259] Mauro Cappelletti, *O controle judicial de constitucionalidade das leis no direito comparado*, trad. Aroldo Plínio Gonçalves, Porto Alegre, Sérgio A. Fabris, Editor, 1984, p. 56-7. Cf. Ernst Bloch. *Naturrecht und menschliche Würde*, 2. Aufl., Frankfurt am Main, Suhrkamp, 1980, p. 76-81.

[260] Cf., a propósito, Karl-Heinz Seifert & Dieter Hömig (org.), *Grundgesetz für die Bundesrepublik Deutschland*, 2. Aufl. Baden-Baden, Nomos, 1985, p. 188; *v.* também Orlando Bitar, A lei e a Constituição, in *Obras Completas*, cit., p. 136; Otto Bachof, *Normas constitucionais inconstitucionais?*, cit., p. 43.

[261] Carl Brent Swisher, *The growth of constitutional power in the United States*, The Univ. of Chicago Press, 1945, p. 12-13, apud Orlando Bitar, A lei e a Constituição, in *Obras completas* cit., p. 136.

[262] Orlando Bitar, A lei e a Constituição, in *Obras completas*, cit., p. 137-9.

[263] Cf., a propósito, Thomas Cooley, *A treatise*, cit. *V.*, também, Orlando Bitar, A lei e a Constituição, in *Obras completas*, cit., p. 136.

[264] Orlando Bitar, A lei e a Constituição, in *Obras completas*, cit., p. 140.

[265] Orlando Bitar, A lei e a Constituição, in *Obras completas*, cit., p. 150; *v.*, também Bachof, *Normas constitucionais inconstitucionais?*, cit., p. 41.

[266] Thomas Cooley, *A treatise*, cit.; Edward S. Corwin, The "Higher Law" background of American constitutional law, *Harvard Law Review*, 42(2):1928-29.

[267] Loewenstein, *Teoría*, cit., 194-5; Segundo V. Linares Quintana, *Tratado*, cit., p. 152-8.

ra Loewenstein que a doutrina da posição preferencial (*preferred opinion*) dos quatro direitos fundamentais contidos na 1ª Emenda (liberdade de confissão, de opinião e imprensa, de reunião e de petição) vem-se consolidando na jurisprudência da Suprema Corte[268]. Não obstante, a controvérsia sobre a inconstitucionalidade de normas constitucionais não foi arrostada pela Suprema Corte. E, segundo o eminente jurista, isso se deve não só ao fato de as alterações constitucionais se mostrarem raras, mas também por se considerar estranha ao pensamento jurídico americano a ideia de uma limitação imposta ao legislador constituinte[269].

Ao revés, a jurisprudência constitucional alemã do pós-guerra admite o controle da reforma constitucional e reconhece a existência de princípios suprapositivos, cuja observância se afigura obrigatória para o próprio constituinte.

Em decisão proferida no segundo semestre de 1951, o *Bundesverfassungsgericht* consagrou, expressamente, que os princípios de direito suprapositivo vinculavam o constituinte:

> "Uma assembleia constituinte é hierarquicamente superior a representação parlamentar eleita com base na Constituição. Ela detém o *pouvoir constituant*.
> Ela restaura uma nova ordem constitucional, dotada de especial eficácia, para o Estado em formação.
> Esse *status* peculiar torna a Assembleia Constituinte imune a limitações de ordem externa. Ela está vinculada, tão somente, ao Direito anterior de índole suprapositiva (...)"[270].

O Tribunal Constitucional admitiu, portanto, a existência de postulados de direito suprapositivo, cuja observância se afigurava imperativa, inclusive para o legislador constituinte. O *Bundesverfassungsgericht* reconheceu, outrossim, a sua competência para aferir a compatibilidade do direito positivo com os postulados do direito suprapositivo (*Das Bundesverfassungsgericht erkennt die Existenz überpositiven, auch den Verfassungsgesetzgeber bindenden Rechtes an und ist zuständig, das gesetzte Recht daran zu messen*)[271].

Anteriormente, o Tribunal Constitucional da Baviera havia declarado que

> "a nulidade inclusivamente de uma disposição constitucional não está *a priori* e por definição excluída pelo fato de tal disposição, ela própria, ser parte integrante da Cons-

---

[268] Loewenstein, *Teoría*, cit., 194.
[269] Loewenstein, *Teoría*, cit., 195; v., também, Segundo V. Linares Quintana, *Tratado*, cit., v. 2, p. 152.
[270] BVerfGE, 1:14(61): "Eine verfassungsgebende Versammlung hat einen höheren Rang als die auf Grund der erlassenen Verfassung gewählte Volksvertretung. Sie ist im Besitz des 'pouvoir constituant'. Sie schafft die neue, für werdenden Staat verbindliche, mit besonderer Kraft ausgestattete Verfassungsordnung. Mit dieser besonderen Stellung ist es unverträglich, dass ihr von aussen Beschränkungen auferlegt werden. Sie ist nur gebunden an die jedem geschriebenen Recht vorausliegenden überpositiven Rechtsgrundsätze (...)".
[271] BVerfGE, 1:14(18). A decisão do *Bundesverfassungsgericht* está a demonstrar o conteúdo jusnaturalista do próprio controle judicial de constitucionalidade, como demonstrado por Bitar, nas brilhantes páginas de A lei e a Constituição, in *Obras completas*, cit., p. 136-7.

tituição. Há princípios constitucionais tão elementares, e expressão tão evidente de um direito anterior mesmo à Constituição, que obrigam o próprio legislador constitucional e que, por infração deles, outras disposições da Constituição sem a mesma dignidade podem ser nulas... Se o art. 184 da Constituição tivesse o sentido de colocar o legislador, no tocante às medidas a tomar por este relativamente aos grupos de pessoas aí designados, duradouramente fora da Constituição e do direito, seria nulo, por infração da própria ideia de direito, do princípio do Estado de direito, do princípio da igualdade e dos direitos fundamentais que são expressão imediata da personalidade humana"[272].

A decisão do Tribunal Constitucional bávaro evidencia a possibilidade de se declarar a inconstitucionalidade de normas constitucionais, desde que se configure lesão a princípio supremo do Direito Constitucional. Essa mesma orientação foi reiterada pelo *Bundesverfassungsgericht* – *BVerfGE*, 3:225(232), 23:99(106) – ficando assente que "a concepção segundo a qual o constituinte tudo pode, significaria um retorno à postura intelectual de um positivismo jurídico despido de valores (...)"[273].

Esses precedentes contêm expressa recusa a um conceito de Constituição meramente formal. O Texto Magno não se limita a estatuir as bases formais da ordem jurídica. Ele contempla um sistema de valor ou uma ordem de valor (*Wertsystem*; *Wertordnung*) que impede a transformação do juízo de constitucionalidade em simples episódio de conhecimento (*ein blosser Erkentnisvorgang*)[274]. A Constituição traduz, assim, uma "unidade material" (*materielle Einheit*), cujo conteúdo indica como fundamentais os valores subjacentes à ordem jurídica positiva, que, com a incorporação das tradições da democracia liberal e representativa, do Estado de Direito liberal, do federalismo, bem como com a adoção de novos princípios, nomeadamente do Estado Social, passaram a ser vinculados, nas decisões do *Bundesverfassungsgericht*, "a uma ordem de valor" (*Wertordnung*), consubstanciando, assim, a essência do Estado, que, embora seja neutro do ponto de vista ideológico, não é axiologicamente neutro[275].

Essa concepção parece abrangente do direito supralegal positivado e daqueles postulados não escritos que formam os princípios constitutivos no sentido de Consti-

---

[272] Decisão de 24-4-1950, in Otto Bachof, *Normas constitucionais inconstitucionais?*, cit., p. 23-4; *v.*, também, Theodor Maunz. *Deutsches Staatsrecht*: ein Studienbuch, 17. Aufl., München, C. H. Beck, 1975, p. 288.

[273] *BVerfGE*, 23:106: "Recht und Gerechtigkeit stehen nicht zur Disposition des Gesetzgebers. Die Vorstellung, dass ein Verfassungsgeber alles nach seinem Willen ordnen kann, würde einen Rückfall in die Geisteshaltung eines wartungsfreien Gesetzespositivismus bedeuten, wie sie im der juristischen Wissenschaft und Praxis seit längerem überwunden ist".

[274] Maunz, *Deutsches Staatsrecht*, cit., p. 51.

[275] Hesse, *Grundzüge des Verfassungsrechts*, cit., p. 4: "Mit diesen Einschränkungen erscheint das Verfassungsverständnis des Bundesverfassungsgerichts vor allem dadurch gekennzeichnet, dass es kein formales, sondern ein inhaltliches ist; die Verfassung wird als eine materielle Einheit begriffen. Deren Inhalte werden häufig als grundlegende, der positiven Rechtsordnung vorausliegende Werte bezeichnet, die sich unter Aufnahme der Traditionen der liberal-repräsentativen parlamentarischen Demokratie, des liberalen Rechtsstaates und des Bundesstaates sowie unter Hinzufügung neuer Prinzipien, namentlich des Sozialstaates in Entscheidungen des Verfassungsgebers zu einer Wertordnung verbunden haben und ein Staatswesen konstituieren, das weltanschaulich neutral, aber nicht wertneutral ist".

tuição (*Konstitutionsprinzipien des Verfassungsinnes*), ou, segundo Nawiasky, daquelas ideias pré-jurídicas subjacentes ao direito positivo[276].

A despeito das divergências sobre a amplitude e relevância que se hão de atribuir a essa Constituição não escrita, parece dominante na doutrina e na jurisprudência alemãs a recusa a um conceito estritamente formal, tal como resumido por Bachof:

> "A restrição da legitimidade de uma Constituição à sua positividade redundaria ao fim e ao cabo, como E. v. Hippel convincentemente mostrou, na igualdade poder = direito, e corresponderia assim, transposta para o terreno teológico, a uma argumentação que extraísse do poder do Diabo a obrigatoriedade religiosa das leis infernais.
>
> Ora, não só a lembrança de um passado próximo deveria representar para nós uma viva advertência, antes de admitirmos essa igualdade, mas também tal admissão é vedada pela Lei Fundamental, pois a incorporação de direito supralegal na Constituição tem apenas – doutro modo já esse direito não seria supralegal – significado declaratório e não constitutivo: tal incorporação não cria direito, mas antes o reconhece. Partem manifestamente daqui os arts. 1º, n. 1, e 2º da Lei Fundamental; e também a história do nascimento da Lei Fundamental confirma esta concepção"[277].

Evidentemente, essa concepção parece comportar uma hierarquização de normas constitucionais, como inicialmente afirmado pelo *Bundesverfassungsgericht*[278]. E tal discrímen não se daria apenas entre diferentes tipos de normas constitucionais e disposições de lei ordinária constitucionalizadas; ou entre preceitos de organização, as garantias de direitos fundamentais na estrutura do Estado e as normas de revisão. As normas revisionais seriam hierarquicamente superiores às demais, por serem normas fundamentais do Estado (*Staatsfundamentalnormen*)[279]. Contempla-se, igualmente, a distinção entre normas constitucionais postas pelo Estado e aquelas de índole suprapositiva ou pré-estatal, incorporadas no texto constitucional, ou pressupostas pelo constituinte[280].

---

[276] Otto Bachof, *Normas constitucionais inconstitucionais?*, cit., p. 29 e 64-5; Hesse, *Grundzüge des Verfassungsrechts*, cit., p. 14; Maunz, *Deutsches Staatsrecht*, cit., p. 288 e 38; Hans Nawiasky, Positives und Überpositives Recht, *Juristenzeitung* (23/24):719, dez. 1954.

[277] Otto Bachof, *Normas constitucionais inconstitucionais?*, cit., p. 45; v., também, Hesse, *Grundzüge des Verfassungsrechts*, cit., p. 14-5.

[278] *BVerfGE*, 1:14(32); Loewenstein, *Teoria*, cit., p. 193. Assinale-se que o *Bundesverfassungsgericht* [*BVerfGE*, 3:225(231)] abandonou esse entendimento, preferindo afirmar que a Constituição há de ser concebida como unidade (*Einheit*), não comportando uma hierarquização de normas constitucionais. Todavia, como anota Stern (*Das Staatsrecht der Bundesrepublik Deutschland*, Band I, C. H. Beck, München, 1977, p. 93), o postulado da unidade da Constituição (*Einheit der Verfassung*) não se afigura incompatível com uma diferenciação entre normas constitucionais. Por outro lado, a utilização da interpretação em conformidade com esses *princípios imutáveis* parece traduzir o reconhecimento da superioridade desses postulados.

[279] Maunz, *Deutsches Staatsrecht*, cit., p. 54; Loewenstein, *Teoria*, cit., p. 193.

[280] Maunz, *Deutsches Staatsrecht*, cit., p. 54, 94, 68; Otto Bachof, *Normas constitucionais inconstitucionais?*, cit., p. 33-4, 62-70 e 73. O conflito entre normas constitucionais postas pelo Estado e normas supralegais positivadas ou pressupostas pelo constituinte assume particular realce no âmbito dos chamados direitos fundamentais (*Grundrechte*), procedendo-se à discriminação entre direitos supraestatais (überstaatliche Grundrechte) e direitos consagrados pelo Estado (staatsgesetzliche Grundrechte) (Maunz, *Deutsches Staatsrechts*, cit., p. 94).

Dessarte, poder-se-ia cogitar, dentre outras: a) de inconstitucionalidade de alteração de Constituição; b) de inconstitucionalidade de normas constitucionais em virtude de contradição com normas constitucionais superiores; c) de inconstitucionalidade resultante de mudança da natureza de normas constitucionais; d) de inconstitucionalidade por infração de direito supralegal positivado na Constituição; e) de inconstitucionalidade por infração aos princípios constitutivos no sentido da Constituição; e f) de inconstitucionalidade por infração de direito supralegal não positivado[281].

É de se ressaltar que, embora tenha admitido a existência de princípios constitucionais suprapositivos e afirmado a sua competência para aferir a compatibilidade dos princípios constitucionais positivados com aqueles postulados "inatos", o *Bundesverfassungsgericht* acabou por nulificar o significado desse controle, ao afirmar que a probabilidade de que o constituinte liberal-democrático ultrapassasse esses limites afigurava-se tão reduzida, que se poderia equiparar a possibilidade teórica da promulgação originária de norma constitucional inconstitucional a uma impossibilidade prática (*Die Wahrscheinlichkeit, dass ein freiheitlich demokratischer Verfassungsgeber diese Grenzen irgendwo überschritte ist freilich so gering, dass die theoretische Möglichkeit originäres "verfassungswidriger Verfassungsnormen" einer praktischen Unmöglichkeit nahezu gleichkommt*)[282].

Dessarte, o Tribunal Constitucional afastou, praticamente, a possibilidade de se infirmar a validade de norma constitucional com fulcro em determinada concepção jurídico-filosófica, o que levaria, na opinião de Nawiasky, à perda de toda segurança jurídica[283]. Tal entendimento não desautoriza, segundo Nawiasky, a distinção entre normas constitucionais, em diferentes categorias, tendo em vista a sua natureza substancial (*materielle Rechtssätze*), o seu caráter revisional (*Revisionsnorm*) ou organizatório (*organizatorische Vorschrift*)[284]. As normas de revisão e as cláusulas pétreas constituiriam princípios fundamentais do Estado (*Staatsfundamentalnormen*), e, por isso, superiores às demais disposições constitucionais. Diversamente do modelo kelseniano, anota Nawiasky que aqui "não se trata apenas de norma fundamental pressuposta, mas de norma positivada (...)"[285].

Nawiasky supõe ter logrado compatibilizar, assim, a distinção entre normas constitucionais (*Zweistufigkeit*), sem recorrer à antinomia entre direito positivo e direito suprapositivo: "a diferenciação entre normas constitucionais (*die Doppelstufigkeit*), enquanto tal, não constitui, em hipótese alguma, um argumento, para a suposição de um direito suprapositivo"[286]. E, mesmo quando as normas fundamentais não estejam expressamente contidas no direito positivo, deve-se proceder à derivação, contemplando as

---

[281] Otto Bachof, *Normas constitucionais inconstitucionais?*, cit., p. 49-70.
[282] *BVerfGE*, 3:233; Nawiasky, Positives und überpositives Recht, *Juristenzeitung*, cit., p. 717.
[283] Nawiasky, Positives und überpositives Recht, *Juristenzeitung*, cit., p. 717.
[284] Nawiasky, Positives und überpositives Recht, *Juristenzeitung*, cit., p. 718.
[285] Nawiasky, Positives und überpositives Recht, *Juristenzeitung*, cit., p. 718.
[286] Nawiasky, Positives und überpositives Recht, *Juristenzeitung*, cit., p. 718.

ideias pré-jurídicas subjacentes (*die zugrundeliegende vorrechtlichen Ideen*)[287]. "E o conteúdo integral do Direito torna-se conhecido através da interpretação, sem que se tenha que recorrer aos postulados suprapositivos" (*Der volle Inhalt des Rechts wird bekanntlich durch Auslegung ermittelt (...), ohne dass man auf überpositive Grundsätze rekurrieren müsste*)[288].

Vê-se, assim, que, sem abdicar de um conceito material de Constituição, que supõe a existência de princípios constitucionais imutáveis pelo processo de revisão, o modelo teórico proposto por Nawiasky logra dispensar a invocação de princípios inatos ou naturais. Essa parece, também, a orientação dominante no *Bundesverfassungsgericht*, conforme se depreende da leitura de acórdão proferido em 1970, no qual se afirmou que a cláusula de garantia consagrada no art. 79, § 3º, da Lei Fundamental visa a obstar à modificação radical da ordem vigente, em seus próprios fundamentos[289]. Reconheceu-se, assim, a superioridade dos postulados cobertos pelo manto da intangibilidade (proteção da dignidade humana, estado republicano, federal, democrático e social, divisão de poderes, regime representativo, princípio da legalidade), sem invocar qualquer referencial inato ou suprapositivo. E, sob esse fundamento, procedeu-se à interpretação da norma revisional em conformidade com a Constituição.

---

[287] Nawiasky, Positives und überpositives Recht, *Juristenzeitung*, cit., p. 719.
[288] Nawiasky, Positives und überpositives Recht, *Juristenzeitung*, cit., p. 719.
[289] BVerfGE, 30:1(24).

TÍTULO II
O PROCESSO NO CONTROLE DE CONSTITUCIONALIDADE

Introdução

O controle jurisdicional de constitucionalidade desenvolve-se, por definição, no âmbito de um processo mais ou menos complexo, atendendo às próprias características do ordenamento jurídico. E o modo de provocar o exame da questão constitucional assume importância fundamental, uma vez que dele depende o próprio exercício da função de garante da Constituição[1]. E, por isso, considerava o mestre de Viena que a maior garantia haveria de ser a consagração da ação popular como instrumento de controle de constitucionalidade[2]. Os inconvenientes da inovação pareciam por demais notórios para que se pudesse recomendá-la. "Non è tuttavia possibile raccomandare questa soluzione – advertia Kelsen – perché essa comporterebbe un pericolo troppo elevato di azione temerarie ed il rischio di un intollerabile intasamento dei ruoli"[3].

E, como fórmula alternativa para a *actio popularis*, acenava Kelsen com a possibilidade de se estruturar órgão que, à semelhança do Ministério Público no processo penal, devesse provocar, de ofício, o controle de constitucionalidade dos atos do Poder Público. "Un istituto del tutto nuovo ma che meriterebbe la più seria considerazione sarebbe quello di un difensore della costituzione presso il tribunale costituzionale che, a somiglianza del pubblico ministero nel processo penale – assentava – dovrebbe introdurre d'ufficio il procedimento del controllo di costituzionalità per gli atti che ritenesse irregolari"[4]. Advertia, porém, que "il titolare di una simile funzione dovrebbe avere evidentemente le più ampie possibili garanzie d'indipendenza sia nei confronti del governo che del parlamento"[5].

Também o recurso constitucional configurava, para Kelsen, forma idônea para o exercício do controle de constitucionalidade, desde que se assemelhasse, tanto quanto possível, a uma ação popular. "Si tratterebbe, in questo caso, non di un diritto di recorrere attribuito direttamente ai singoli, ma di un mezzo di fatto, indiretto, per provocare l'intervento del tribunale costituzionale (…)"[6].

Como se vê, o emérito jurista emprestava às fórmulas processuais e ao modo de provocar a Corte importância fundamental para a realização do controle de constitu-

---

[1] Hans Kelsen, La garanzia giurisdizionale della Costituzione, in *La giustizia costituzionale*, Milano, Giuffrè, 1981, p. 194.
[2] Kelsen, La garanzia…, in *La giustizia costituzionale*, cit., p. 194. A Constituição Estadual da Baviera, de 1946, consagrou, no art. 98, 4, a *Popularklage* como instrumento de controle de constitucionalidade.
[3] Kelsen, La garanzia…, in *La giustizia costituzionale*, cit., p. 194.
[4] Kelsen, La garanzia…, in *La giustizia costituzionale*, cit., p. 196.
[5] Kelsen, La garanzia…, in *La giustizia costituzionale*, cit., p. 196.
[6] Kelsen, La garanzia…, in *La giustizia costituzionale*, cit., p. 195.

cionalidade. "La misura in cui il tribunale potrà adempiere il proprio compito di garante della costituzione – ressaltava – dipende principalmente dalla sua soluzione"[7]. Percebera Kelsen que o controle jurisdicional de constitucionalidade e, por conseguinte, a eficácia normativa da própria Constituição dependiam, em última instância, das formas processuais disciplinadoras desse controle[8]. Assentava-se, assim, a ideia inicial de um processo constitucional destinado à realização da Constituição.

Pode-se afirmar, dessarte, que, tal como definido por Eckart Klein, o direito processual constitucional visa assegurar a observância e a realização da Lei Fundamental, mediante o estabelecimento de regras, que devem possibilitar um processo de fiscalização das questões constitucionais (*Das Verfassungsprozessrecht dient der Beachtung und Verwirklichung des Grundgesetzes durch die Bereitstellung von Regeln, die ein geordnetes Verfahren zur Prüfung der jeweiligen Verfassungsfrage ermöglichen sollen*)[9]. Não é diverso o magistério de Canotilho, segundo o qual há de se entender por processo constitucional "o conjunto de regras e atos constitutivos de um procedimento juridicamente ordenado através do qual se fiscaliza jurisdicionalmente a conformidade constitucional dos atos normativos"[10].

Controverte-se, hodiernamente, sobre a existência de um direito processual autônomo em relação às outras ordens processuais. Nesse sentido, afirma Häberle que o processo constitucional configura Direito Constitucional materializado (*konkretisiertes Verfassungsprozessrecht*)[11]. À Constituição, como ordem aberta para Estado e sociedade, incumbiria preservar a abertura do processo constitucional e possibilitar o desenvolvimento do pluralismo e da participação[12]. Outros consideram que se tem, tão somente, uma transferência para o Direito Constitucional de regras gerais de processo[13].

A controvérsia, que fica aqui apenas enunciada, transcende os limites deste estudo. Impende realçar, todavia, a ímpar relevância das regras processuais, em sentido amplo, para a própria realização do controle de constitucionalidade. Delas depende, em última análise, a maior ou menor amplitude do controle. O próprio *Bundesverfassungsgericht* deixou assente que significativos deveres constitucionais não poderão ser apreciados pelo Tribunal, porque ninguém está legitimado a provocar o juízo de constitucionalidade (*Es kann bedeutende verfassungsrechtliche Pflichten geben, deren Einhaltung

---

[7] Kelsen, La garanzia..., in *La giustizia costituzionale*, cit., p. 194.
[8] Fix-Zamudio refere-se a Kelsen como fundador de uma nova disciplina, o direito processual constitucional (*Verfassungsprozessrecht*) (Das Problem der Verfassungskontrolle, *Jahrbuch des Öffentlichen Rechts der Gegenwart*, neue Folge, Band 25, p. 655).
[9] Eckart Klein, Verfassungsprozessrecht: Versuch einer Systematik an Hand der Rechtsprechung des Bundesverfassungsgerichts, *Archiv des Öffentlichen Rechts*, 108(4):561.
[10] José Joaquim Gomes Canotilho, *Direito constitucional*, 4. ed., Coimbra, Almedina, 1986, p. 783.
[11] Klein, Verfassungsprozessrecht..., *Archiv des Öffentlichen Rechts*, cit., p. 413; cf., também Canotilho, *Direito Constitucional*, cit., p. 78.
[12] Klein, Verfassungsprozessrecht..., *Archiv des Öffentlichen Rechts*, cit., p. 413.
[13] Cf. Canotilho, *Direito constitucional*, cit., p. 783.

das BVerfG nicht nachprüfen kann, weil niemand antragsbefügt ist)[14]. Entre nós, o reconhecimento da titularidade do Procurador-Geral da República, no controle abstrato de norma (CF 1967/1969, art. 119, I, *l*), obsta ao pronunciamento do Supremo Tribunal Federal sobre relevantes questões constitucionais, à falta de provocação.

A ligeira comparação dos diversos sistemas de controle de constitucionalidade demonstra a consolidação de dois modelos básicos, representados pelo *controle difuso* de constitucionalidade, de origem norte-americana, amplamente adotado nos países sul-americanos, e pelo *controle concentrado*, consagrado, inicialmente, na Constituição austríaca de 1920-1929, dominante entre os países europeus. Diversamente do sistema difuso de controle de constitucionalidade, confiado, normalmente, a todos os órgãos jurisdicionais, o modelo concentrado outorga a um tribunal especial o monopólio da censura (*Verwerfungsmonopol*). A questão constitucional deixa de ser um incidente ou simples prejudicial, tal como colocada no sistema difuso, assumindo, no modelo concentrado, o caráter de uma questão principal, ainda quando suscitada numa relação processual concreta.

E, nesse caso, verifica-se uma singularidade, conforme observado por Calamandrei. O recurso à Corte Constitucional, no controle concreto de normas, assemelha-se, na estrutura e finalidade, ao *référé legislatif* dos primeiros anos da Revolução Francesa, quando se exigia que o juiz suspendesse o processo e solicitasse do órgão legislativo uma explicação oficial, com valor de interpretação autêntica, em caso de dúvida ou obscuridade da lei[15]. Assim, a estrutura do *référé legislatif*, concebido historicamente como antídoto contra eventuais intromissões dos juízes nas questões políticas, parece ter sido utilizada no controle concreto de normas.

O modelo brasileiro de controle de constitucionalidade apresenta peculiaridades ainda não devidamente consideradas pela doutrina. Embora, no início, estreitamente vinculado ao sistema de controle de constitucionalidade norte-americano, o seu desenvolvimento parece indicar a busca de soluções novas. Já na Comissão Constitucional do Congresso tentou-se introduzir, aparentemente, uma forma direta de controle de constitucionalidade, nos casos de inobservância pelos Estados-Membros das regras de organização e dos princípios cardeais da Constituição[16]. A Constituição de 1934 desenvolveu uma forma de ação direta, confiada ao Procurador-Geral da República (art. 12, § 2º), nos casos de violação pelo ente federado dos princípios consagrados no art. 7º, I, *a* e *h*. A Constituição de 1946 dá nova conformação à ação direta de inconstitucionalidade, nos casos de intervenção federal (art. 8º, parágrafo único). E a Emenda n. 16, de 1965, veio consolidar o sistema de ação direta, desvinculando a represen-

---

[14] Christian Pestalozza, *Verfassungsprozessrecht*, 2. Aufl., München, C. H. Beck, 1982, p. 6-7; *BVerfGE*, 13:54(96).

[15] Piero Calamandrei, La illegittimità costituzionale delle leggi nel processo civile, in *Opere giuridiche*, Napoli, Morano, 1968, v. 3, p. 394.

[16] Cf. propostas de João Pinheiro e de Júlio de Castilhos, in Brasil, Assembleia Constituinte (1891), *Annaes do Congresso Constituinte da República*, v. 1, p. 432.

tação de qualquer evento cotidiano e contemplando como objeto da representação o ato normativo estadual e federal. Por isso, assevera Pontes de Miranda que "a solução só acidental, de origem norte-americana, foi a que quiseram impor ao Brasil, mas acabou sendo repelida"[17].

Considerar-se-ão, neste estudo, as linhas gerais da técnica de controle de constitucionalidade, no Direito Constitucional norte-americano e austríaco, matrizes dos modelos *difuso* e *concentrado*. E tendo em vista a amplitude da jurisdição constitucional na República Federal da Alemanha, pareceu-nos recomendável o exame, ainda que breve, dos aspectos formais do sistema de controle de constitucionalidade naquele país.

---

[17] Pontes de Miranda, *Comentários ao Código de Processo Civil*, Rio de Janeiro, Forense, 1975, v. 6, p. 44.

Capítulo I
AS TÉCNICAS DE CONTROLE DE CONSTITUCIONALIDADE: OS SISTEMAS NORTE-AMERICANO E AUSTRÍACO

SEÇÃO I – ASPECTOS FORMAIS DO CONTROLE DE CONSTITUCIONALIDADE NO DIREITO NORTE-AMERICANO

A Constituição americana incorporou a distinção entre a *common law* e a *equity*, consagrando que o "Poder Judiciário estender-se-á a todos os casos de lei e de equidade, que se suscitem em torno da Constituição, das leis dos Estados Unidos" (art. 3º, seção 2). Competia, assim, ao Poder Judiciário exercer jurisdições paralelas de *common law* e equidade, utilizando-se dos procedimentos de ambos os sistemas (*exception* ou *injunction*). O Código Judiciário, de 1788, considerava, porém, que a equidade somente deveria ser aplicada na ausência ou inadequação dos remédios previstos na *common law*[1].

A ampliação da competência federal, consolidada com a promulgação das 13ª, 14ª e 15ª Emendas, e o reconhecimento de que a proibição contida na 13ª Emenda, quanto à propositura de ação contra o Estado, não se aplicava ao funcionário que se dispusesse a aplicar lei inconstitucional, deram ensejo à utilização ampla da *injunction* como técnica de controle de constitucionalidade[2].

No caso Fitts, Attorney General *vs.* McGhee, de 1899, a Corte invocou a doutrina da separação de poderes para anular *injunction* concedida, asseverando que

> "se, só porque são funcionários legais do Estado, se pudesse propor uma ação com o objetivo de pôr à prova a constitucionalidade da lei, mediante uma *injunction* pedida contra eles, então a constitucionalidade de cada lei poderia ser contestada por uma ação contra o governador e o *Attorney General*, fundando-se em que primeiro, como órgão máximo do Executivo do Estado, está, de um modo geral, incumbido da execução de todas as suas leis, e o último, como *Attorney General*, deve representar o Estado nos litígios resultantes de sua aplicação. Este seria o caminho mais fácil para obter decisão judicial rápida sobre questões de direito constitucional que poderiam ser propostas por particulares..."[3].

---

[1] George H. Jaffin, Evolução do controle jurisdicional da constitucionalidade das leis nos Estados Unidos, *RF*, 86:282.

[2] Jaffin, Evolução do controle jurisdicional..., *RF*, cit., p. 282-4; cf., também, Osborn *vs.* Bank of the United States, 9 Wheaton 738 (1824).

[3] Jaffin, Evolução do controle jurisdicional..., *RF*, cit., p. 285.

Todavia, no caso *Ex parte* Young, Attorney General, de 1908, a Corte Suprema reviu essa orientação, assentando que "o fato de o funcionário do Estado, por força de seu cargo, ter alguma relação com a aplicação de lei, é o realmente importante; não interessa que essa relação resulte de direito comum ou seja criada especialmente pela própria lei em discussão"[4]. E mesmo a iniciativa do Congresso no sentido de retirar da competência de juiz singular para a apreciação da *injunction* não impediu que os requerimentos continuassem a ser deferidos por uma Corte federal[5].

A evolução do sistema de controle de constitucionalidade nos Estados Unidos haveria de levar, inevitavelmente, à adoção da ação declaratória como técnica de controle de constitucionalidade. Como já anotado por Jaffin, o pedido de *injunction* não configurava senão um *test case*, uma vez que o requerente pretendia, efetivamente, uma declaração judicial sobre a validade da lei[6]. Daí considerar que "as sentenças, nos casos constitucionais, são essencialmente declaratórias e que o emprego de outros meios, pertencentes à *common law* ou concedidos em nome da equidade, não é senão rito processual com o qual se procura convencer de que o caso é passível de apreciação judicial, pois que se usam para propô-lo os mesmos procedimentos consagrados em 1789 pela *Court of Kings Bench* e pela *High Court of Chancery*"[7].

Não obstante, suscitaram-se sérias objeções quanto à possibilidade de se utilizar a ação declaratória no controle de constitucionalidade das leis. Alguns argumentavam que tal modalidade processual se mostrava incompatível com o princípio da divisão de poderes[8]. Por outro lado, a divisão da soberania em três funções obstava a qualquer invasão de competência, apodando-a de *ultra vires*[9]. É por isso que Rui, embasado nos sólidos ensinamentos da doutrina americana, insistia que a declaração de inconstitucionalidade da lei consignava, tão somente, a sua incompossibilidade com a Constituição, não devendo constituir-se "conclusão de sentença, objeto de julgado"[10].

É bem verdade que tal entendimento era plenamente compatível com o princípio que impunha ao Judiciário o dever de se pronunciar apenas em controvérsias autênticas. Consagrava-se o contraditório entre as partes como fundamental à judicialização da questão constitucional. Em páginas memoráveis, Rui Barbosa transcrevia as lições de Münstenberg:

"Não vão supor que a Corte Suprema se abalance a proferir vereditos judiciários de natureza abstrata, contrapondo o seu veto, quando o Congresso nacional ou as legis-

---

[4] Jaffin, Evolução do controle jurisdicional..., *RF*, cit., p. 286.
[5] Jaffin, Evolução do controle jurisdicional..., *RF*, cit., p. 286.
[6] Jaffin, Evolução do controle jurisdicional..., *RF*, cit., p. 287; cf. Carlos Alberto Lúcio Bittencourt, *O controle jurisdicional da constitucionalidade das leis*, 2. ed., Rio de Janeiro, Forense, 1968, p. 112-13.
[7] Jaffin, Evolução do controle jurisdicional..., *RF*, cit., p. 287.
[8] Jaffin, Evolução do controle jurisdicional..., *RF*, cit., p. 288.
[9] Jaffin, Evolução do controle jurisdicional..., *RF*, cit., p. 288; Mushrat *vs*. U. S., 219 U. S. 352, 359, 31 Sup. Ct. Rep. 250, 252.
[10] Rui Barbosa, *O direito do Amazonas ao Acre septentrional*, Rio de Janeiro, Jornal do Commercio, 1910, v. 1, p. 10.

laturas estaduais transgridem a Constituição. De tal não se cogita, uma vez que, teoricamente (*theoretically*), a Corte Suprema, paralela em situação ao Congresso, não lhe é superior, e, sobretudo, no seu caráter de tribunal, não legisla. Não lhe cai na alçada a questão jurídica, enquanto se lhe não ofereça um caso concreto por decidir; e a Corte Suprema sempre se tem negado a firmar interpretações teóricas, não se antecipando nunca ao reclamo atual de uma demanda em juízo. Já no século dezoito o próprio Washington lhe não obteve resposta a uma questão de ordem geral. E, ainda em se suscitando efetivamente o pleito, a Corte Suprema não estatui que certa e determinada lei é írrita e nenhuma: cifra-se a deslindar o caso ocorrente, indicando os fundamentos jurídicos, onde estriba a decisão. A se verificar então divergência entre duas leis, o julgado, apoiando-se numa contra a outra, acentua, aplicadamente, os motivos da seleção. Verdade seja que, desta sorte, nunca se sentencia mais que um litígio; mas desde então, graças às normas do *common law*, a decisão proferida estabelece jurisprudência, que leva ulteriormente, assim, as justiças inferiores, como a própria Corte Suprema, a conformar com o aresto os seus julgados. Exautorada assim (*superseded*), a lei da legislatura (*the legislative law*) vem a ficar praticamente anulada (*practically annulled*), tornando-se como não existente (*non existent*)"[11].

A despeito da sólida elaboração doutrinária e jurisprudencial, a Suprema Corte viu-se compelida a rever a posição que repudiava a ação declaratória como instrumento de controle de constitucionalidade. E isto se verificou após a Corte ter declarado, expressamente, a inconstitucionalidade da ação declaratória no contencioso, tal como descrito por Jaffin na seguinte passagem:

"A Corte Suprema foi levada, em 1927, na questão Liberty Ware-house Co. *vs.* Grannis, a reafirmar, mais direta e claramente, a inconstitucionalidade de toda tentativa para usar a sentença declaratória no contencioso constitucional. Aconteceu porém, seja por acaso ou desígnio dos deuses imortais, que essa decisão foi pronunciada em feito no qual se buscava declaração judicial da inconstitucionalidade de uma lei do Estado por suposta violação da Constituição dos Estados Unidos. O poder da Corte Suprema para rever as decisões das cortes estaduais nas questões constitucionais lhe fora concedido pelo Congresso na 25ª seção do primeiro *Judiciary Act* de 1789; e o exercício desse poder tem sido uma das funções vitais da Corte, antes e depois da 14ª emenda. Não é necessário meditar muito para perceber que, como resultado de sua própria decisão, a Corte Suprema se condenara, involuntariamente, ao suicídio por inanição progressiva, porque, em número sempre crescente de Estados, nos quais o procedimento da sentença declaratória era considerado recurso eficiente para provar a constitucionalidade das leis, haveria inevitável disposição para convertê-lo em meio exclusivo de iniciar litígio constitucional, para evitar, assim que a Corte Suprema exercesse sua jurisdição de apelação. Em outras palavras: a decisão de última instância da corte de Estado, relativamente à constitucionalidade de uma lei do Estado, escaparia à apelação e revisão da Corte Suprema Federal"[12].

---

[11] Rui Barbosa, *O direito do Amazonas*, cit., p. 50-2.
[12] Jaffin, Evolução do controle jurisdicional..., *RF*, cit., p. 290-1.

Dessarte, no caso *Nashville C. and St. Louis Railway vs.Wallace*, de 6 de fevereiro de 1933, a Corte Suprema reconhece o *justiciable character* da sentença declaratória, asseverando que:

> "A Constituição não exige que o caso ou controvérsia se apresente dentro das formas tradicionais de procedimento, invocando somente os remédios tradicionais. A cláusula judiciária da Constituição definiu e lindou o poder judiciário, mas não o método particular por que poderia ser chamado a intervir. Não cristalizou em formas imutáveis o procedimento de 1789 como o único meio possível de apresentar um caso, ou controvérsia juridicamente examinável de outro modo pelas Cortes federais... Aos Estados é permitido regular o seu procedimento judiciário próprio. Daí, não serem bastantes modificações meramente na forma ou método de procedimento por que os direitos federais (os derivados da Constituição e das leis dos Estados Unidos) são levados à final adjudicação nas Cortes dos Estados para impedir a revisão por esta Corte, enquanto o caso guarde os característicos de um procedimento contraditório que envolva controvérsia concreta, não hipotética, resolvida, finalmente, pela instância inferior (da mais alta Corte do Estado)"[13].

Evidentemente, a adoção da ação declaratória como técnica de controle de constitucionalidade outorga maior flexibilidade ao sistema, superando a exigência de um contraditório rígido e nem sempre autêntico. Outrossim, a importância atribuída ao contraditório como instrumento eficaz de garantia legislativa havia de ser relativizada. A mútua vigilância ou o controle recíproco entre os litigantes, pressuposto indispensável do contraditório, dava ensejo, não raras vezes, a conluios e simulações. Assim no caso *Carter vs. Carter Coal Company*, o principal acionista da empresa propôs ação contra a companhia, sob a alegação de que esta se dispunha a aplicar uma lei inconstitucional. Como nota Eduardo Jimenez de Arechaga, "a defesa da constitucionalidade da lei estava entregue, neste contraditório – formalmente perfeito, mas suspeito de simulação processual – a quem possuía interesse evidente na invalidação da lei"[14].

Nem pareceria razoável objetar contra a possível generalização de controvérsias constitucionais. É evidente que a ação declaratória não se confunde com a *actio popularis*, que, segundo Kelsen, configuraria o instrumento mais adequado ao exercício do controle de constitucionalidade[15]. Dessarte, embora possa imprimir maior flexibilidade ao sistema, a adoção da ação declaratória como técnica de controle de constitucionalidade não se confunde com as formas de controle direto ou em via principal. Indispensável se afigura a caracterização de um *case or controversy* hábil a ser deslindado judicialmente[16].

---

[13] Jaffin, Evolução do controle jurisdicional..., *RF*, cit., p. 290-1; Bittencourt, *O controle jurisdicional*, cit., p. 100-1.
[14] Eduardo Jimenez de Arechaga, A ação declaratória de inconstitucionalidade na Constituição uruguaia de 1934, *RF*, 86:295.
[15] Kelsen, La garanzia..., in *La giustizia costituzionale*, cit., p. 194.
[16] Bernard Schwartz, *Direito constitucional americano*, trad. Carlos Nayfeld, Rio de Janeiro, Forense, 1966, p. 187-92; Edward S. Corwin, *A Constituição norte-americana e seu significado atual*, Rio de Janeiro, Zahar, 1986, p. 169-71.

Vê-se, pois, que inexiste no sistema americano uma modalidade de controle alheia ao conflito de interesse entre as partes. E, ainda que se admita a intervenção de determinada autoridade no processo, ou que se reconheça a sua legitimidade para encaminhar ao Tribunal o chamado *amicus curiae brief*, através do qual expõem aos juízes a sua opinião sobre a questão constitucional, essa faculdade parece traduzir, tão somente, uma posição de terceiro interessado[17].

Kelsen observa que a deficiência desse sistema é reconhecida pela doutrina americana, afigurando-se evidente que o interesse quanto à constitucionalidade das leis configura interesse público, que não coincide, necessariamente, com os interesses privados[18].

E o *Judiciary Act*, de 1937, parece expressar essa preocupação, na medida em que assegura ao Governo Federal a faculdade de intervir na lide entre particulares, sempre que estiver em discussão a constitucionalidade de lei federal atinente ao interesse público. Confere-se, igualmente, o poder de apelar para Corte Suprema contra decisão que declara a inconstitucionalidade de lei federal, e se consagra vedação aos juízes singulares para conceder *injunctions* que afastem a aplicação de lei do Congresso, sob o fundamento de inconstitucionalidade[19].

Mas, anota Kelsen, "tutto ciò è però stabilito solo a difesa della validità delle leggi emanate dal Congresso, solo per rendere più difficile la declaratoria d'incostituzionalità di leggi federali, e non già per promuovere l'annuleamento delle leggi incostituzionali"[20].

SEÇÃO II – ASPECTOS FORMAIS DO CONTROLE DE CONSTITUCIONALIDADE NO DIREITO AUSTRÍACO

§ 1º Introdução

O modelo austríaco traduz uma nova concepção de controle de constitucionalidade. Outorgou-se ao Tribunal Constitucional (*Verfassungsgerichtshof*) a competência para dirimir as questões constitucionais, mediante requerimento especial (*Antrag*), formulado pelo Governo Federal (*Bundesregierung*), com referência a leis estaduais, ou pelos Governos estaduais (*Landesregierungen*), no tocante às leis federais (art. 140, § 1º)[21]. Não se exige, porém, a demonstração de ofensa a qualquer interesse particular ou situação subjetiva:

---

[17] Mauro Cappelletti, *O controle judicial de constitucionalidade das leis no direito comparado*, trad. Aroldo Plínio Gonçalves, Porto Alegre, Sérgio A. Fabris, Editor, 1984, p. 103; cf., também, Kelsen, Il controllo di costituzionalità delle leggi, in *La giustizia costituzionale*, cit., p. 304.

[18] Kelsen, Il controllo di costituzionalità..., in *La giustizia costituzionale*, cit., p. 306.

[19] Kelsen, Il controllo di costituzionalità..., in *La giustizia costituzionale*, cit., p. 306; Jaffin, Evolução do controle jurisdicional..., *RF*, cit., p. 286.

[20] Kelsen, Il controllo di costituzionalità..., in *La giustizia costituzionale*, cit., p. 306.

[21] Kelsen, La giurisdizione costituzionale e amministrativa al servizio dello stato federale secondo la nuova costituzione austríaca del 10 ottobre 1920, in *La giustizia costituzionale*, cit., p. 22-3.

"Ao requerer o exame e anulação de uma lei, por inconstitucionalidade, o Governo federal ou os Governos estaduais não estão obrigados a demonstrar que a lei violou uma situação subjetiva. A União e os Estados – mediante um controle recíproco – fazem valer o interesse da constitucionalidade da lei. Qualquer Estado poderá arguir a inconstitucionalidade de qualquer lei federal, ainda que aplicável a um único Estado"[22].

A proteção à chamada *minoria qualificada*, recomendada por Kelsen na famosa conferência de 1928, somente veio a ser positivada recentemente. A revisão constitucional, de 1975, reconheceu a legitimidade da arguição de inconstitucionalidade de lei federal formulada por um terço dos membros do Parlamento[23].

Competia ao Tribunal apreciar, outrossim, a questão constitucional como pressuposto de uma controvérsia pendente[24]. Inexistia, porém, previsão quanto ao *controle concreto de normas* relativo aos processos pendentes perante outros juízos ou tribunais. Esse *controle concreto* somente foi introduzido em 1929. Conciliou-se, assim, o sistema de *controle direto* com modalidade de controle concreto, provocado no curso de uma pendência judicial.

E, por isso, reconheceu-se, excepcionalmente, efeito retroativo à decisão proferida no *caso concreto* submetido à Corte pelo Tribunal Superior (*Oberster Gerichtshof*) ou pela Corte Administrativa (*Verwaltungsgerichtshof*). O efeito retroativo atribuído à sentença de cassação decorria, segundo Kelsen, de uma necessidade técnica. É que os órgãos legitimados a provocar o Tribunal, no caso concreto, tinham necessidade de saber se aquela provocação, caso procedente, teria efeito imediato sobre a questão em exame[25].

A despeito das alterações introduzidas, a engenhosa fórmula concebida por Kelsen continuou a merecer severas críticas. A legitimação exclusiva dos órgãos de segunda instância para suscitar o exame da questão constitucional, contida no caso concreto, não se mostra suficiente, pois, como anota Cappelletti, "todos os outros juízes devem, irremediavelmente, aplicar as leis aos casos concretos submetidos a seu julgamento, sem possibilidade de abster-se da aplicação, tampouco daquelas leis que sejam consideradas manifestamente ou macroscopicamente inconstitucionais"[26].

A Constituição austríaca contempla, ainda, um recurso (*Beschwerde*) contra a violação de direitos constitucionalmente garantidos, por ato da Administração, e contra a aplicação de um regulamento ilegal, ou de uma lei ou tratado inconstitucional (art. 144, 1ª parte). Nesse caso, exige-se o exaurimento das instâncias ordinárias[27].

---

[22] Kelsen, La giurisdizione..., in *La giustizia costituzionale*, cit., p. 22-3.

[23] Cf., a propósito, Peter Oberndorfer, Die Verfassungsrechtsprechung im Rahmen der staatlichen Funktionen, *Europäische Grundrechte Zeitschrift*, Heft 8/9, 1988, p. 194. Considere-se que essa ideia já havia sido exposta por Kelsen em 1928 (cf. *Wesen und Entwicklung der Staatsgerichtsbarkeit*, *Veröffentlichung der Deutschen Staatsrechtslehrer*, Heft 5, 1929, p. 75; *v.* também a tradução italiana, La garanzia..., in *La giustizia costituzionale*, cit., p. 196).

[24] Kelsen, La giurisdizione..., in *La giustizia costituzionale*, cit., p. 22.

[25] Kelsen, Il controllo di costituzionalità..., in *La giustizia costituzionale*, cit., p. 309.

[26] Cappelletti, *O controle judicial*, cit., p. 108.

[27] Charles Eisenmann, *La justice constitutionnelle et la haute cour constitutionnelle D'Autriche*, Paris, LGDJ, 1928, p. 237 e s.

Em 1975 foi introduzido o chamado *recurso individual* (*Individualantrag*), que permite a impugnação, perante a Corte Constitucional, de lei ou regulamento que lese, diretamente, direitos individuais (art. 140, § 1º)[28]. A jurisprudência da Corte Constitucional condiciona a admissibilidade desse *recurso* ao princípio da subsidiariedade: essa providência é cabível se não houver outra via judicial adequada à defesa do alegado direito[29].

Finalmente, deve-se observar que, nos termos do art. 138, § 2º, da Constituição, cabe à Corte Constitucional declarar, mediante requerimento do Governo Federal ou de um Governo estadual, se determinado ato concreto de soberania é da competência da União ou dos Estados. Em se tratando de competência legislativa, deverá o requerente proceder à juntada do projeto de lei em discussão. Idêntica prática há de ser observada em relação aos regulamentos. Cuida-se, pois, de modalidade de *controle preventivo*, que somente poderá ser instaurada antes da conversão do projeto em lei[30]. Anote-se que, no âmbito do controle preventivo de normas (art. 138, § 2º, da Constituição), o projeto de lei ou de regulamento há de ser apreciado, exclusivamente, à luz dos preceitos definidores da competência da União e dos Estados[31].

§ 2º Objeto, parâmetro e conteúdo das decisões

1. Objeto do controle

O sistema austríaco consagra, portanto, ao lado dos processos de controle abstrato e concreto e dos recursos constitucionais especiais, uma modalidade preventiva de controle de normas.

Podem ser objeto de controle de constitucionalidade as leis federais ou estaduais e os regulamentos editados pelas autoridades administrativas cuja legitimidade há de ser aferida não só em face da Constituição, mas também da lei ordinária (art. 139, § 1º, da Constituição)[32]. Ressalte-se que o controle abstrato de normas aplica-se, tão somente, ao direito vigente. A aferição da constitucionalidade de leis revogadas deve-se limitar ao processo de controle concreto de normas e ao recurso constitucional[33].

1.1. Omissão inconstitucional

Em princípio, não pode ser apreciada, no juízo da constitucionalidade, a omissão legislativa, uma vez que a competência do *Verfassungsgerichtshof* limita-se à aferição da constitucionalidade de normas, isto é, de atos formalmente promulgados ou

---

[28] Oberndorfer, Die Verfassungsrechtsprechung..., *Grundrechte Zeitschrift*, cit., p. 195; Herbert Haller, *Die Prüfung von Gesetzen*, Springer-Verlag, Wien-New York, 1979, p. 207 e s.
[29] Oberndorfer, Die Verfassungsrechtsprechung..., *Grundrechte Zeitschrift*, cit., p. 195; Haller, *Die Prüfung*, cit., p. 208.
[30] Oberndorfer, Die Verfassungsrechtsprechung..., *Grundrechte Zeitschrift*, cit., p. 194.
[31] Oberndorfer, Die Verfassungsrechtsprechung..., *Grundrechte Zeitschrift*, cit., p. 194.
[32] Oberndorfer, Die Verfassungsrechtsprechung..., *Grundrechte Zeitschrift*, cit., p. 195.
[33] Oberndorfer, Die Verfassungsrechtsprechung..., *Grundrechte Zeitschrift*, cit., p. 196.

editados[34]. Todavia, a *omissão parcial* do legislador pode dar ensejo à declaração de inconstitucionalidade de determinado preceito. Nesse caso, embora a inconstitucionalidade resulte da inércia do legislador, continua a ser objeto do controle de constitucionalidade a lei ou ato normativo[35]. Oberndorfer menciona precedentes da Corte Constitucional em que a mudança das relações fáticas (*Änderung tatsächlicher Verhältnisse*) permitiu a caracterização de uma *lacuna parcial*, configurando ofensa ao princípio da isonomia[36].

2. Parâmetro do controle de constitucionalidade

Parâmetro do controle de constitucionalidade, no sistema austríaco, é, fundamentalmente, a Constituição. As bases positivistas desse sistema inibiram, excessivamente, o desenvolvimento da jurisdição constitucional, marcada, inicialmente, pelo ceticismo teórico de Kelsen[37]. Essa orientação permitiu, segundo Oberndorfer, que a tarefa legislativa fosse exercida de forma quase ilimitada, entendendo-se que as valorações de índole política ou subjetiva, no juízo de constitucionalidade, ensejariam a renúncia à função judicante, podendo estimular o propósito de substituir o legislador[38]. Essa tendência estaria cedendo lugar a um controle de conteúdo mais efetivo, como parecem demonstrar as últimas decisões da Corte Constitucional sobre o princípio da isonomia[39]. Ao contrário do sistema alemão, não se vislumbra possibilidade de se invocar princípio de direito natural ou suprapositivo como parâmetro do controle[40].

3. Conteúdo das decisões

O modelo austríaco não reconhece caráter meramente declaratório à pronúncia de inconstitucionalidade[41]. Já em 1932 deixava assente o *Verfassungsgerichtshof* que "uma lei contrária à Constituição não é inválida, ou melhor, não é absolutamente nula, mas sim um ato inconstitucional, que preserva a força jurídica até a sua cassação" (*Ein Gesetz, das der Verfassung widerspricht, ist nicht ungültig, ist also nicht absolut nichtig, sondern ein zwar verfassungswidriger, aber bis zur allfälligen Aufhebung rechtsverbindlicher Akt*)[42]. E,

---

[34] Oberndorfer, Die Verfassungsrechtsprechung..., *Grundrechte Zeitschrift*, cit., p. 196.
[35] Oberndorfer, Die Verfassungsrechtsprechung..., *Grundrechte Zeitschrift*, cit., p. 196.
[36] Oberndorfer, Die Verfassungsrechtsprechung..., *Grundrechte Zeitschrift*, cit., p. 198-9.
[37] Kelsen, *Wesen und Entwicklung*, cit., Heft 5, 1929, p. 69. V., também, a tradução italiana, La garanzia..., in *La giustizia costituzionale*, cit., p. 188-9; cf., ainda, Oberndorfer, Die Verfassungsrechtsprechung..., *Grundrechte Zeitschrift*, cit., p. 198.
[38] Oberndorfer, Die Verfassungsrechtsprechung..., *Grundrechte Zeitschrift*, cit., p. 198.
[39] Oberndorfer, Die Verfassungsrechtsprechung..., *Grundrechte Zeitschrift*, cit., p. 197-8.
[40] Haller, *Die Prüfung*, cit., p. 133-4.
[41] Oberndorfer, Die Verfassungsrechtsprechung..., *Grundrechte Zeitschrift*, cit., p. 199; Mauro Cappelletti & Theodor Ritterspach, Die gerichtliche Kontrolle der Verfassungsmässigkeit der Gesetze in rechtsvergleichender Betrachtung, *Jahrbuch des Öffentlichen Rechts*, neue Folge, n. 20, p. 103.
[42] Oberndorfer, Die Verfassungsrechtsprechung..., *Grundrechte Zeitschrift*, cit., p. 199.

por isso, afirma-se com exatidão, que o *Verfassungsgerichtshof* exerce o papel de um legislador negativo (*negativer Gesetzgeber*)[43].

A cassação (ou anulação) da lei inconstitucional tanto pode ser total quanto parcial. A interpretação conforme à Constituição é utilizada pela Corte Constitucional, excluindo-se a possibilidade de aplicar-se a lei com o sentido reputado inconstitucional[44]. Não raras vezes o Tribunal rompe com esse papel de legislador negativo, estabelecendo a única interpretação compatível com o texto constitucional[45].

A pronúncia de inconstitucionalidade tem eficácia *ex nunc* (a contar da data da publicação do julgado), salvo se o Tribunal estabelecer prazo para a entrada em vigor da cassação (Constituição, art. 140, § 5º, 2º período). De qualquer forma, esse prazo não poderá exceder de um ano (art. 140, § 5º, 3º período). Não obstante, reconhece-se eficácia retroativa à decisão proferida no caso concreto. Entende-se que o conceito de *caso concreto* não se restringe ao processo que deu ensejo à pronúncia de inconstitucionalidade, abrangendo os demais processos pendentes perante a Corte por ocasião do julgamento[46]. Evidentemente, a lei cuja cassação foi pronunciada pela Corte Constitucional continua a ter aplicação aos fatos anteriormente verificados, salvo expressa ressalva do Tribunal (Constituição, arts. 140, § 7º, e 139, § 6º)[47].

Finalmente, afigura-se relevante anotar que a decisão cassatória poderá repristinar diploma revogado pela lei agora julgada inconstitucional, tal como assente no art. 140, § 6º, da Constituição[48]. Nos termos do referido preceito, que se propõe a evitar uma situação de *vácuo legislativo*[49], a repristinação da lei deverá ser ordenada pelo Tribunal, salvo se isto não se afigurar recomendável. Todavia, a repristinação mostra-se, as mais das vezes, problemática ou impossível, sobretudo quando se cuida de inconstitucionalidade parcial[50].

---

[43] Oberndorfer, Die Verfassungsrechtsprechung..., *Grundrechte Zeitschrift*, cit., p. 199.
[44] Oberndorfer, Die Verfassungsrechtsprechung..., *Grundrechte Zeitschrift*, cit., p. 201.
[45] Oberndorfer, Die Verfassungsrechtsprechung..., *Grundrechte Zeitschrift*, cit., p. 201.
[46] Oberndorfer, Die Verfassungsrechtsprechung..., *Grundrechte Zeitschrift*, cit., p. 203; Haller, *Die Prüfung*, cit., p. 277.
[47] Oberndorfer, Die Verfassungsrechtsprechung..., *Grundrechte Zeitschrift*, cit., p. 203; Haller, *Die Prüfung*, cit., p. 263-4.
[48] Haller, *Die Prüfung*, cit., p. 265; Cappelletti & Ritterspach, Die Gerichtliche Kontrolle..., *Jahrbuch des Öffentlichen Rechts*, cit., p. 103; Kelsen, *Wesen und Entwicklung*, cit., p. 72; cf., também, a tradução italiana, La garanzia..., in *La giustizia costituzionale*, cit., p. 192.
[49] Haller, *Die Prüfung*, cit., p. 265; Kelsen, *Wesen und Entwicklung*, cit., p. 72.
[50] Haller, *Die Prüfung*, cit., p. 265-6.

Capítulo II
O PROCESSO DE CONTROLE DE CONSTITUCIONALIDADE NA REPÚBLICA FEDERAL DA ALEMANHA

SEÇÃO I - CONSIDERAÇÕES PRELIMINARES

O modelo de jurisdição concentrada concebido por Kelsen, e consagrado pela Constituição austríaca de 1920-1929, veio a ser adotado, inicialmente, na Itália e na Alemanha. Estruturalmente, os sistemas apresentam evidentes semelhanças. A utilização da ação direta (*Organklage*), cuja titularidade se deferiu a determinados órgãos políticos (Constituição italiana, arts. 134/136; Constituição alemã, art. 93), e a eficácia *erga omnes* das decisões proferidas pela Corte Constitucional são traços inequívocos do modelo desenvolvido pelo mestre austríaco.

Todavia, as Constituições italiana e alemã não contêm o grave defeito contemplado, inicialmente, no sistema austríaco, que era omisso quanto ao controle judicial *concreto*[1]. Dessarte, na Itália, em conformidade com o disposto no art. 137 da Constituição, a lei de 9 de fevereiro de 1948 estabeleceu que quando a questão de legitimidade seja "rilevata d'ufficio o sollevata da una delle parti nel corso di un giudizio... può in tal caso essere rimessa alla Corte Costituzionale per la sua decisione"[2]. Também no Direito alemão consagra-se o controle concreto de normas (*Richtervorlage*), estabelecendo-se que, quando um tribunal considerar inconstitucional uma lei de cuja validade dependa a decisão, terá de suspender o processo e submeter a questão à decisão do tribunal estadual competente em assuntos constitucionais, quando se tratar de violação da Constituição de um Estado, ou à do Tribunal Constitucional Federal, quando se tratar de violação desta Lei Fundamental (Lei Fundamental, art. 100, § 1º).

Ao conjugar a forma direta de controle e o controle *concreto*, imaginava Kelsen ter superado o grande problema identificado nos Estados Unidos, onde se ressentia a falta de uma modalidade autônoma de controle. "L'interesse alla costituzionalità delle leggi – acentuava Kelsen – è, comunque un interesse pubblico che non coincide ne-

---

[1] Mauro Cappelletti, *O controle judicial de constitucionalidade das leis no direito comparado*, Porto Alegre, Sérgio A. Fabris Editor, 1984, p. 104-5; cf., também, Eduardo García de Enterría, *La constitución como norma y el tribunal constitucional*, Madrid, Ed. Civitas, 1981, p. 135.

[2] Piero Calamandrei, La illegittimità costituzionale delle leggi nel processo civile, in *Opere giuridiche*, Napoli, Morano, 1968, v. 3, p. 372; cf., também, Franco Pierandrei, Corte costituzionale, in *Enciclopedia del Diritto*, Milano, Giuffrè, 1962, v. 10, p. 943 e s.

cessariamente con l'interesse privato delle parti; è un pubblico interesse che merita protezione attraverso un procedimento conforme alla sua speciale natura"[3].

Tendo em vista a dimensão deste estudo, limitar-nos-emos a examinar, com alguma brevidade, aspectos formais do sistema de controle de constitucionalidade consagrado no Direito alemão. Indubitavelmente, empresta-se na Alemanha uma singular relevância à jurisdição constitucional. A par de uma vastíssima gama de atribuições conferidas ao *Bundesverfassungsgericht* (Lei Fundamental, arts. 93, 100 e 126), reconhece-se aos *Länder* o direito de instituir a sua própria Justiça Constitucional[4]. Tais peculiaridades, somadas a uma fecunda atividade do *Bundesverfassungsgericht* e dos Tribunais Constitucionais estaduais, converteram a jurisdição constitucional em pedra de toque do sistema político tedesco[5].

A Lei Fundamental de Bonn concebe o *Bundesverfassungsgericht* como órgão jurisdicional composto por juízes federais e outros juristas, eleitos, em partes iguais, pelo Parlamento Federal (*Bundestag*) e pelo Conselho Federal (*Bundesrat*), não podendo os seus membros ser escolhidos dentre os integrantes dos órgãos legislativos federais e estaduais ou dos Governos federal e estaduais (Lei Fundamental, art. 94, § 1º; Lei do *Bundesverfassungsgericht*, § 2º)[6]. Organizado em duas Câmaras, com as atribuições definidas em lei (Lei do *Bundesverfassungsgericht*, § 14), o Tribunal dispõe de poderes para editar regimento (*Geschäftsordnungsautonomie*), com regras processuais supletivas[7].

A competência do Tribunal Constitucional está, fundamentalmente, definida no Texto Magno, podendo a lei deferir-lhe outras atribuições (art. 93, § 2º)[8]. Nos termos do art. 93 da Lei Fundamental, cabe ao *Bundesverfassungsgericht* apreciar:

a) As chamadas *Verfassungsstreitigkeiten*, ou as controvérsias entre órgãos federais superiores ou entre outros interessados dotados de direitos próprios pela Lei Fundamental ou pelo regulamento interno de um órgão federal supremo (art. 93, § 1º, n. 1), bem como no caso de dissenso quanto aos direitos e deveres da União e dos Estados, sobretudo no tocante à execução do direito federal e ao exercício da fiscalização

---

[3] Hans Kelsen, Il controllo di costituzionalità delle leggi: studio comparato delle costituzioni austriaca e americana, in *La giustizia costituzionale*, Milano, Giuffrè, 1981, p. 305-6.

[4] Christian Pestalozza, *Verfassungsprozessrecht*, 2. Aufl., München, C. H. Beck, 1982, p. 1 e s.; Ernst Friesenhahn, Zur Zuständigkeitsabgrenzung zwischen Bundesverfassungsgerichtsbarkeit und Landesverfassungsgerichtsbarkeit, in Christian Starck (org.), *Bundesverfassungsgericht und Grundgesetz*, 1. Aufl., Tübingen, Mohr, 1976, v. 1, p. 749 e s.

[5] Pestalozza, *Verfassungsprozessrecht*, cit., p. 1.

[6] O tribunal é composto por duas Câmaras (*Senate*) com oito juízes, escolhidos dentre cidadãos maiores de quarenta anos, que preencham os requisitos para o exercício de cargo jurisdicional (*Befähigung zum Richteramt*) (Lei do *Bundesverfassungsgericht*, § 3, 1, II), não podendo exercer qualquer função ou emprego, salvo o magistério superior (§§ 3, IV, e 101, III). Há de ser observado o sistema de "paridade federativa", competindo a cada Casa Legislativa indicar oito juízes, que devem reunir uma maioria de 2/3 em torno de seu nome. O mandato é de doze anos, vedada a reeleição e observado o limite de idade de sessenta e oito anos (Lei do *Bundesverfassungsgericht*, §§ 4 a 7).

[7] Klaus Schlaich, *Das Bundesverfassungsgericht*, München. C. H. Beck, 1985, p. 19.

[8] Pestalozza, *Verfassungsprozessrecht*, cit., p. 36-7.

federal (*Bundesaufsicht*) (art. 93, § 1º, n. 3), e outras controvérsias entre União e Estado, entre diferentes Estados, ou até no interior de um Estado, sempre que não houver outra via judicial (art. 93, § 1º, n. 4)[9].

b) O controle de normas (*Normenkontrolle*), no qual se afere a constitucionalidade ou a legitimidade de uma norma. Este envolve o controle *in abstracto*, o controle concreto de normas, o processo de qualificação de normas (*Normqualifikationsverfahren*), relativo à subsistência da lei como direito federal (Lei Fundamental, art. 126), e a chamada verificação de normas (*Normverifikation*), que permite ao *Bundesverfassungsgericht* decidir, a requerimento de um outro tribunal, se uma determinada regra de Direito Internacional Público integra o direito federal (Lei Fundamental, art. 100, § 2º). No âmbito do controle abstrato de norma, o Tribunal aprecia representação formulada pelo Governo Federal, por Governo estadual ou por um terço dos membros do Parlamento Federal, relativa à compatibilidade do direito federal ou estadual com a Constituição (Lei Fundamental, art. 93, § 1º, n. 2). O controle de norma *in concreto* há de ser suscitado por um tribunal, que deve sustar o feito, se considerar a lei inconstitucional (Lei Fundamental, art. 100, § 1º; Lei do *Bundesverfassungsgericht*, §§ 13, n. 11, 80 e s.). Esse controle se restringe à lei em sentido formal editada após a promulgação da Lei Fundamental[10]. Também o dissídio jurisprudencial entre Tribunais Constitucionais estaduais ou entre estes e o *Bundesverfassungsgericht* a propósito da interpretação da Lei Fundamental insere-se entre hipóteses de controle normativo (Lei Fundamental, art. 100, § 3º).

c) Os *recursos constitucionais* formulados por qualquer cidadão (*Verfassungsbeschwerde*), sob alegação de ofensa a um direito fundamental (*Grundrecht*), ou de lesão aos direitos contidos nos arts. 20, IV, 33, 38, 101, 103 e 104 da Lei Fundamental, desde que exauridas outras vias processuais [Lei Fundamental, art. 93, § 1º, n. 4a; Lei do *Bundesverfassungsgericht*, § 90, (2)]. A Lei Fundamental assegura, igualmente, o direito dos municípios e associações comunais de opor recurso constitucional contra lei ofensiva ao direito de autoadministração (Lei Fundamental, art. 28, § 2º, c/c o art. 93, § 1º, n. 4b).

d) As denúncias concernentes aos abusos de direito [Lei Fundamental, arts. 18, 46, § 3º; Lei do *Bundesverfassungsgericht*, §§ 13, (1), e 36 e s.] e à inconstitucionalidade dos partidos políticos que ameacem os fundamentos da ordem democrática ou coloquem em risco a existência da República Federal da Alemanha [Lei Fundamental, art. 21, § 2º; Lei do *Bundesverfassungsgericht*, §§ 13, (2), e 43 e s.]. O Parlamento ou o Conselho Federal poderá denunciar o Presidente da República perante o *Bundesverfassungsgericht*, nos casos de lesão dolosa à Lei Fundamental ou a outra lei federal [Lei Fundamental, art. 61; Lei do *Bundesverfassungsgericht*, §§ 13, (4), e 49 e s.].

e) O controle das eleições (*Wahlprüfung*) exercido pelo Parlamento (Lei Fundamental, art. 41, § 1º), mediante recurso dos órgãos expressamente legitimados [Lei

---

[9] Pestalozza, *Verfassungsprozessrecht*, cit., p. 37.
[10] Pestalozza, *Verfassungsprozessrecht*, cit., p. 38.

Fundamental, art. 41, § 2º; Lei do *Bundesverfassungsgericht*, §§ 13, (3), e 48; Lei de Controle das Eleições (*Wahl*prüfungsgesetz, §§ 1º, 16, III, e 18].

A Lei do *Bundesverfassungsgericht* não contém disciplina exaustiva de atos e procedimentos, podendo as lacunas ser colmatadas pela aplicação analógica de outras regras processuais[11]. O regimento interno do Tribunal assume o caráter de uma ordem processual complementar[12]. Todavia, não é de se reconhecer uma autonomia processual ao *Bundesverfassungsgericht*. Ao revés, o próprio Tribunal deixou assente, de forma expressa, que "a Lei Fundamental e a Lei do *Bundesverfassungsgericht* fixaram os processos possíveis de serem apreciados", devendo a sua jurisdição ser exercida dentro desses limites[13].

§ 1º Quadro estatístico dos processos no *Bundesverfassungsgericht*

Com vistas a fornecer uma visão mais precisa dos diversos processos submetidos ao *Bundesverfassungsgericht*, permitimo-nos reproduzir dois quadros estatísticos, constantes da obra de Christine Landfried[14]. A primeira tabela contempla os vários tipos de processos, as decisões proferidas e os casos pendentes, no período de 1951-1983.

QUADRO ESTATÍSTICO DOS PROCESSOS DO
BUNDESVERFASSUNGSGERICHT (SITUAÇÃO EM 31-12-1983)

TIPOS DE PROCESSOS	PROCESSOS AJUIZADOS	DECISÕES PROFERIDAS	EXTINTOS POR OUTRAS FORMAS
A – Cassação dos Direitos Fundamentais (Art. 18, LF)	2	2	–
B – Inconstitucionalidade de Partidos (Art. 21, § 2º, LF)	2	2	–
C – Controle de Eleição e dos Mandatos (Art. 41, § 2º, LF)	58	48	7
D – Denúncia contra o Presidente (Art. 61, LF)	–	–	–
E – Conflito entre Órgãos (Art. 93, § 1º, n. 1, LF)	58	27	24
F – Controle Abstrato de Normas (Art. 93, § 1º, n. 2, LF)	79	49	23
G – Conflito entre União e Estados (Art. 93, § 1º, n. 3, e art. 84, § 4º, LF)	20	10	10
H – Outras controvérsias de Direito Público (Art. 93, § 1º, n. 4, LF)	34	19	10
I – Denúncia contra Juízes (Art. 98, § 2º e 5º, LF)	–	–	–
J – Conflitos Constitucionais no âmbito do Estado (Art. 99, LF)	12	10	2
K – Controle Concreto de Normas (Art. 100, § 1º, LF)	2.144	765	1.245
L – Controle de Normas de Direito Internacional Público (Art. 100, § 2º)	8	5	3
M – Dissídio entre Tribunais sobre a interpretação da LF (Art. 100, § 3º, LF)	7	4	3

---

[11] B*Verf*GE, *1*:108(110).
[12] Schlaich, *Das Bundesverfassungsgericht*, cit., p. 19; Pestalozza, *Verfassungsprozessrecht*, cit., p. 40.
[13] B*Verf*GE, *1*:396(408-9). O tema não é pacífico na doutrina. Considera Schlaich, porém, que não é o processo escolhido pelo Tribunal, mas sim aquela ordem previamente estabelecida pelo legislador que há de emprestar legitimidade e convencimento aos seus julgados (*Das Bundesverfassungsgericht*, cit., p. 35-6).
[14] *Bundesverfassungsgericht und Gesetzgeber*, 1. Aufl., Baden-Baden, Nomos, 1984, p. 48 e 50.

N – Vigência da Lei como Direito Federal (Art. 126, LF)	151	19	132
O – Outros casos previstos na LF (Art. 93, § 2º)	3	2	1
P – Medidas Cautelares (§ 32 da Lei do *Bundesverfassungsgericht*) – e até 1970 – outros processos	303	169	132
Q – Recurso Constitucional (Art. 93, § 1º, n. 4a e 4b)	55.093	3.432[1] 41.006[2]	8.948
R – Decisões do Pleno (§ 16, (1), Lei do *Bundesverfassungsgericht*)	1	1	–
Total dos Processos: 1) Decisões da Câmara 2) Decisões das Comissões de Juízes	57.975	45.570	10.540

Fonte: *Statische Übersicht des Bundesverfassungsgerichts.*

A segunda tabela contém a expressão numérica das leis federais que foram declaradas nulas ou incompatíveis (*declaração de inconstitucionalidade sem a consequência da nulidade*) com o texto constitucional.

LEIS DECLARADAS INCONSTITUCIONAIS OU INCOMPATÍVEIS PELO *BUNDESVERFASSUNGSGERICHT*

	1949/53	1953/57	1957/61	1961/65	1965/69	1969/72	1972/76	1976/80	1949/80
Leis federais declaradas inconstitucionais pelo BVerfG	4	9	17	26	23	10	5	10	104
Leis federais declaradas incompatíveis pelo BVerfG	1	1	4	3	8	15	11	17	60
Soma das normas impugnadas	5	10	21	29	31	25	16	27	164

Fonte: *Materialien des Deutschen Bundestages*, Nr. 73, Bonn 1982; vgl. auch Zahlen bei Schlaich, VVDSTRL 39 (1981), S. 106.

§ 2º Princípios processuais básicos

Alguns princípios processuais contidos na Lei do *Bundesverfassungsgericht* aplicam-se aos diversos tipos de procedimentos (§§ 17 a 35).

1. O princípio do pedido ("Antragsprinzip") e a representação processual

O *Bundesverfassungsgericht* atua, fundamentalmente, mediante requerimento escrito e fundamentado [Lei do *Bundesverfassungsgericht*, § 23, (1), 1º período]. O próprio Tribunal reconhece que podem existir significativos deveres constitucionais cuja observância não lhe é possível aferir, tendo em vista ausência de pedido legitimamente formulado (*Es kann bedeutende verfassungsrechtliche Pflichten geben, deren Einhaltung das Bundesverfassungsgericht nicht nachprüfen kann, weil niemand antragsbefugt ist*)[15].

A representação processual através de advogado não é obrigatória, exigindo-se, apenas, que os interessados se façam representar por advogados ou professores de Direito nas audiências (*mündliche Verhandlung*) perante o Tribunal [Lei do *Bundesverfassungsgericht*, § 22, (1)]. Os órgãos legislativos ou suas frações podem fazer-se representar por seus próprios membros; e a União, os Estados ou seus órgãos constitucionais, através de funcionários que preencham os requisitos para ocupar o cargo de juiz (*Befähigung zum Richteramt*) [Lei do *Bundesverfassungsgericht*, § 22, (1)][16].

2. O indeferimento liminar dos pedidos

Em todos os processos pode-se proceder ao indeferimento liminar dos pedidos manifestamente infundados (*offensichtlich unbegründet*) ou despidos de condições e pressupostos processuais (*unzulässig*), mediante decisão unânime do Tribunal (Lei do *Bundesverfassungsgericht*, § 24). Tais decisões não precisam ser fundamentadas[17]. No tocante aos *recursos constitucionais* (*Verfassungsbeschwerde*), exige-se um controle prévio (*Vorprüfung*), exercido por comissão composta por três juízes (Lei do *Bundesverfassungsgericht*, § 93, *a*).

3. Os sujeitos do processo e o direito de manifestação ("Äusserungsrecht")

3.1. Partes

Os processos de controle abstrato de normas e de recurso constitucional (*Verfassungsbeschwerde*) perante o *Bundesverfassungsgericht* são processos unilaterais (*einseitig*), não se podendo cogitar, portanto, de partes contrárias (*Antragsgegner oder Beschwerdegegner*)[18]. Na controvérsia entre órgãos federais superiores, o requerente (*Antragsteller*) e o requerido (*Antragsgegner*) integram a relação processual. No controle de normas *in concreto*, nem o tribunal que suscita a questão nem as partes do processo originário integram o processo perante o *Bundesverfassungsgericht*[19].

3.2. Intervenção no processo

No controle de normas *in concreto* [Lei Fundamental, art. 100(1)], o Parlamento Federal, o Conselho Federal, o Governo Federal e, em determinados casos, os Parlamentos estaduais e os Governos estaduais podem intervir, formalmente, no processo [Lei do *Bundesverfassungsgericht*, § 82, (2), c/c o § 77].

---

[15] *BVerfGE*, 13:54(96-7); *BVerfGE*, 1:396 (408); cf., também, Pestalozza, *Verfassungsprozessrecht*, cit., p. 6-7 e 41; Schlaich, *Das Bundesverfassungsgericht*, cit., p. 36; Theodor Maunz et al., *Bundesverfassungsgerichtsgesetz*: Kommentar, München, C. H. Beck, Okt. 1985, § 23, n. 6.

[16] Cf., também, Franz Klein, § 22, in Theodor Maunz et al., *Bundesverfassungsgerichtsgesetz*: Kommentar, cit., n. 3 e 4.

[17] Schlaich, *Das Bundesverfassungsgericht*, cit., p. 30-40; Pestalozza, *Verfassungsprozessrecht*, cit., p. 41-2.

[18] Schlaich, *Das Bundesverfassungsgericht*, cit., p. 37.

[19] Schlaich, *Das Bundesverfassungsgericht*, cit., p. 37.

O mesmo já não ocorre no processo de controle *in abstracto* (Lei Fundamental, art. 93, § 1º, n. 2). "Todavia, o processo aqui é instaurado mediante requerimento (*Antrag*) de um órgão constitucional[20]. No *recurso constitucional* (Lei Fundamental, art. 93, § 1º, n. 4a), podem intervir, no processo, os órgãos constitucionais cuja ação ou omissão esteja sendo questionada [Lei do *Bundesverfassungsgericht*, § 94, (5)].

3.3. Direito de manifestação ("Äusserungsrecht")

O direito de manifestação é mais amplo, facultando-se, no controle *in concreto*, tanto aos integrantes da relação processual originária, quanto aos órgãos constitucionais envolvidos, ainda que sem uma intervenção formal [Lei do *Bundesverfassungsgericht*, § 82, (3)]. O Tribunal Constitucional pode solicitar esclarecimentos aos Tribunais Superiores da União ou aos Tribunais Supremos do Estado sobre a aplicação da Constituição à hipótese em discussão [Lei do *Bundesverfassungsgericht*, § 82, (4)]. No controle abstrato de normas, os órgãos constitucionais podem manifestar-se (Lei do *Bundesverfassungsgericht*, § 77). Da mesma forma, no *recurso constitucional* (*Verfassungsbeschwerde*), assegura-se ao órgão impetrado o direito de manifestação (*Äusserungsrecht*). Nos recursos opostos contra decisões judiciais, outorga-se ao eventual beneficiado a oportunidade de se pronunciar sobre a questão [Lei do *Bundesverfassungsgericht*, § 94, (3)].

3.4. O princípio da livre investigação

O § 26, (1), da Lei do *Bundesverfassungsgericht* consagra o princípio da pesquisa da verdade (*Erforschung der Wahrheit; Untersuchungsgrundsatz*), que autoriza o Tribunal a requerer todas as provas necessárias à formação de um juízo sobre a controvérsia. Inicialmente, não se emprestava grande importância à aludida disposição, entendendo-se que o mister do Tribunal cingia-se à resolução de questões constitucionais e estas afiguravam-se independentes de qualquer investigação de ordem fática[21].

Os estudos empíricos desenvolvidos por Thierfelder e Philippi viriam demonstrar quão intensas eram as relações entre a investigação da realidade (*Tatsachenermittlung*) e o processo de interpretação da norma (*Normauslegung*), e quão marcante era o significado desses aspectos fáticos (*Tatsachenseite*) na jurisprudência do Tribunal[22]. Particularmente problemática se afigura essa questão no âmbito da jurisdição constitucional, uma vez que aqui, ao contrário do que se verifica em outros tipos de processo, as decisões envolvem não só uma verificação dos fatos passados e presentes, mas também um prognóstico mais preciso sobre o desenvolvimento futuro[23].

---

[20] Schlaich, *Das Bundesverfassungsgericht*, cit., p. 37.
[21] Cf. Klein, § 26, n. 4, in Theodor Maunz et al., *Bundesverfassungsgerichtsgesetz*: Kommentar, cit.; *BVerfGE*, 17:135(139); *BVerfGE*, 18:186(192).
[22] Fritz Ossenbühl, Die Kontrolle von Tatsachenfeststellungen und Prognoseentscheidungen durch das Bundesverfassungsgericht, in Starck, *Bundesverfassungsgericht*, cit., v. 1, p. 471 e s.
[23] Klein, § 26, n. 4, in Theodor Maunz et al., *Bundesverfassungsgerichtsgesetz*: Kommentar, cit.

Evidentemente, o esforço no sentido de estabelecer prognóstico sobre um desenvolvimento futuro (*Prognose über eine zukünftige Entwicklung*) envolve uma delicada relação com o Legislativo, uma vez que tal processo implica, frequentemente, apreciação e valoração da realidade pressuposta pelo legislador (*legislative facts*). E, ainda que se reconheça que o limite para a investigação da realidade fática reside, exatamente, no ponto em que tal investigação se converte em valoração, há de se reconhecer que a fixação de uma linha lindeira afigura-se extremamente complexa[24]. Conforme observa Klein, o Tribunal não estabelece, em regra, uma avaliação autônoma do desenvolvimento futuro, mas procura exercer um controle sobre as avaliações e as valorações concebidas por outros órgãos, sobretudo pelo legislador. E o controle de tais prognósticos envolve, inevitavelmente, uma valoração[25].

A Lei do *Bundesverfassungsgericht* não contém qualquer restrição quanto aos elementos probatórios, podendo requerer as informações necessárias a órgãos públicos, requisitar documentos, proceder à oitiva de testemunhas, ou solicitar laudos técnicos. Não raras vezes, o Tribunal ausculta especialistas, representantes de associações, sindicatos, universidades, igrejas etc., convertendo o procedimento oral em um debate público com as forças políticas mais expressivas[26].

3.5. O procedimento oral ("mündliche Verhandlung")

O § 25, (1), da Lei do *Bundesverfassungsgericht* consagra a oralidade como regra dos procedimentos judiciais submetidos ao Tribunal. Não obstante, na práxis da Corte constitui tal procedimento uma exceção, facultando-se aos interessados e aos órgãos constitucionais intervenientes o poder de dispensá-la [Lei do *Bundesverfassungsgericht*, §§ 25, (1), e 94, (5), 2º período]. Embora inexistam diferenças quanto à coisa julgada e a outros efeitos, a Lei do *Bundesverfassungsgericht* denomina *Urteil* (julgado) a decisão proferida com observância do princípio da oralidade, e *Beschluss* (resolução) as demais decisões[27].

SEÇÃO II – OS PROCESSOS DE CONTROLE NO "BUNDESVERFASSUNGSGERICHT"

Como já ficou assente, o *Bundesverfassungsgericht* detém ampla competência, que transcende o âmbito estrito do controle de normas. Assim, cabe ao Tribunal apreciar as denúncias concernentes aos abusos dos direitos fundamentais (Lei Fundamental, art. 18, § 2º), as denúncias contra o Presidente da República (Lei Fundamental, art. 61) e os juízes dos Tribunais Superiores (Lei Fundamental, art. 98, §§ 2º e 5º), o controle de eleição e a validade dos mandatos (Lei Fundamental, art. 41, § 2º).

---

[24] Klein, § 26, n. 7 e 8, in Theodor Maunz et al., *Bundesverfassungsgerichtsgesetz*: Kommentar, cit.
[25] Klein, § 26, n. 8, in Theodor Maunz et al., *Bundesverfassungsgerichtsgesetz*: Kommentar, cit.
[26] Schlaich, *Das Bundesverfassungsgericht*, cit., p. 38-9; Klein, § 25, n. 10 e 11, in Theodor Maunz et al., *Bundesverfassungsgerichtsgesetz*: Kommentar, cit.
[27] Schlaich, *Das Bundesverfassungsgericht*, cit.. p. 39; Pestalozza, *Verfassungsprozessrecht*, cit., p. 42; Klein, § 26, n. 10, in Theodor Maunz et al., *Bundesverfassungsgerichtsgesetz*: Kommentar, cit.

Neste estudo, serão examinados os aspectos procedimentais atinentes ao controle abstrato de normas (*abstrakte Normenkontrolle*), aos conflitos entre órgãos constitucionais federais (*Organstreitigkeiten*) e entre a União e os Estados (*Bund-Länder Streitigkeiten*).

§ 1º O processo no conflito entre órgãos constitucionais

O art. 93, § 1º, n. 1, da Lei Fundamental consagra a competência do *Bundesverfassungsgericht* para decidir conflitos entre órgãos federais acerca de direitos e deveres decorrentes da Constituição. Os órgãos constitucionais situam-se como partes de uma relação processual contraditória, na qual, embora não se controverta sobre direito subjetivo, propriamente dito, discute-se a amplitude de competência e atribuições de órgãos integrantes de uma mesma pessoa jurídica[28]. Daí considerar Schlaich que a relação processual no conflito entre órgãos federais configura um *processo consigo mesmo*[29]. A admissibilidade de tal processo não há de ser questionada, uma vez expressamente reconhecida pelo constituinte[30]. No mesmo sentido reconhece Friesenhahn que, nesse caso, "ha necessariamente una certa subbietivizzazione dell'ordinamento costituzionale delle competenze, che permette di parlare, come fa la legge fondamentale, di 'diritti' degli organi dello stato che possono essere lesi e perciò difesi"[31].

A origem histórica do conflito entre órgãos coloca-o como ponto nodal (*Kernbestand*) da jurisdição constitucional alemã. No século XIX, predominava a ideia de que a Constituição nada mais era do que um contrato entre os monarcas e as assembleias, com deveres e direitos recíprocos. Eventuais violações desse pacto haviam de ser evitadas ou sancionadas, mediante a intervenção de um tribunal[32]. A Lei Fundamental de Bonn contemplou esse baldrame histórico, ao incorporar no rol de atribuições do *Bundesverfassungsgericht* a competência para dirimir as controvérsias entre órgãos federais. E fê-lo, tendo em vista não o Estado como pessoa jurídica, mas a Constituição como estatuto fundamental (*Organisationsstatut*) ou como moldura (*Rahmen*) para o processo de formação de unidade política e de atividade estatal[33]. É, portanto, em um contexto de deveres e direitos recíprocos que se trava a luta pelo poder, reconhecendo-se ao Tribunal Constitucional a competência para, legitimamente, solver as situações litigiosas[34].

---

[28] Schlaich, *Das Bundesverfassungsgericht*, cit., p. 44.

[29] Schlaich, *Das Bundesverfassungsgericht*, cit., p. 44: "*Dass beide Streitpartner ein und demselben Rechtssubjekt 'Staat' angehören, also dogmatisch gesehen nicht eigentlich subjektive 'Rechte und Pflichten', sondern Zuständigkeiten und Kompetenzen gegeneinander abzugrenzen sind, macht dieses Verfahren zu einem Insichprozess*".

[30] Schlaich, *Das Bundesverfassungsgericht*, cit., p. 44.

[31] Ernst Friesenhahn, *La giurisdizione costituzionale nella Repubblica Federale tedesca*, trad. Angelo Antonio Cervati, Milano, Giuffrè, 1973, p. 48.

[32] Dieter Lorenz, Der Organstreit vor dem Bundesverfassungsgericht, in Starck, *Bundesverfassungsgericht*, cit., v. I, p. 227-8; Schlaich, *Das Bundesverfassungsgericht*, cit., p. 45-6.

[33] Lorenz, Der Organstreit..., in Starck, Bundesverfassungsgericht, cit., 230; Schlaich, *Das Bundesverfassungsgericht*, cit., p. 46-7; *v.*, também, Konrad Hesse, *Grundzüge des Verfassungsrechts der Bundesrepublik Deutschland*, 13. Aufl., Heidelberg, C. F. Müller, 1982, p. 10.

[34] Schlaich, *Das Bundesverfassungsgericht*, cit., p. 47.

Não se deve olvidar que, frequentemente, coloca-se em dúvida a utilidade desse processo como instrumento de controle de constitucionalidade, afirmando-se que, tal como os processos de controle abstrato de normas e aqueles atinentes às controvérsias federativas, os processos de conflito entre órgãos destinam-se, fundamentalmente, à imposição ou à confirmação de uma determinada linha política[35]. Segundo Lorenz, apesar das discussões sobre diretrizes políticas e da eventual fungibilidade dessas formas, a existência de diferentes tipos de procedimento afigura-se imprescindível. Convém registrar o seu preciso magistério, a propósito:

> "A controvérsia política inerente às questões constitucionais não decorre, necessariamente, de uma orientação político-partidária, mas pode referir-se a uma realidade constitucional, como as relações federativas ou o princípio da divisão de poderes. Acrescente-se, ademais, que a própria Constituição se opõe a uma concentração do conflito político em determinado nível, e à consequente polarização que daí resulta. Como ordem fundamental da coletividade, não deve a Constituição operar negativamente sobre o conflito total, mas sim contribuir, de forma positiva, na formação da unidade política e na realização das tarefas que lhe foram confiadas. A diferenciação coloca as situações conflitivas em âmbito objetivamente limitado e evita uma ampla confrontação política. Essa limitação do campo de luta necessita, para ser eficaz, de um conjunto de instrumentos conciliatórios que contenha adequados procedimentos formais para as peculiaridades das relações jurídico-materiais.
>
> Sob esse aspecto, configura o conflito entre órgãos um meio, dentre outros disponíveis, para a solução judicial de questões políticas constitucionalmente relevantes"[36].

Dessarte, a distinção dos diversos tipos de processo há de se assentar, fundamentalmente, em critérios formais. Eventual discrímen do conflito entre órgãos (*Organstreit*) e o controle abstrato de normas (*abstrakte Normenkontrolle*) há de levar em conta a alegação formulada pelo requerente.

A afirmação quanto à existência de eventual ofensa a um direito ou quanto à necessidade de controlar a validade de uma norma é fundamental para a instauração do conflito entre órgãos, nos termos do art. 93, § 1º, n. 1, ou do controle abstrato de normas (Lei Fundamental, art. 93, § 1º, n. 2)[37].

1. Aspectos relevantes da relação processual

1.1. Partes

Dispõem de legitimidade para instaurar o conflito entre órgãos o Presidente da República, o Parlamento, o Conselho Federal, o Governo Federal e integrantes desses

---

[35] Lorenz, Der Organstreit..., in Starck, *Bundesverfassungsgericht*, cit., p. 231.
[36] Lorenz, Der Organstreit..., in Starck, *Bundesverfassungsgericht*, cit., p. 231-2.
[37] Lorenz, Der Organstreit..., in Starck, *Bundesverfassungsgericht*, cit., p. 232; *BVerfGE*, 1:208(219); *BVerfGE*, 2:143(177); *BVerfGE*, 20:119(129): v., também, Gerhard Ulsamer, § 64, n. 28, in Theodor Maunz et al., *Bundesverfassungsgerichtsgesetz*: Kommentar, cit.

órgãos, desde que dotados de direitos autônomos pela Constituição ou pelo regimento interno do Parlamento ou do Conselho Federal (Lei Fundamental, art. 93, § 1º, n. 1; Lei do *Bundesverfassungsgericht*, § 63). Integrantes desses órgãos são as comissões, as frações parlamentares, os presidentes do Parlamento e do Conselho Federal. Também aos partidos políticos se reconhece a legitimidade para instaurar o conflito entre órgãos, desde que relativo aos direitos decorrentes de seu *status* constitucional (Lei Fundamental, art. 21)[38].

Detém legitimidade passiva para integrar a relação processual o órgão (ou integrante) que, supostamente, por ação ou omissão, tenha provocado ou ameace provocar lesão a um direito.

Não se reconhece aqui uma substituição processual, não sendo legítima a instauração de processo contra integrante ou parte do órgão[39].

1.2. Objeto do processo

O objeto do processo há de ser o conflito no qual um órgão constitucional imputa a outro ação ou omissão lesiva a direito seu ou do órgão que integra (Lei do *Bundesverfassungsgericht*, § 64). As medidas impugnadas podem ser um ato legislativo, desde que se afigure relevante para o requerente. Nesse caso, o conflito entre órgãos traduz, substancialmente, um processo de controle de normas[40].

1.3. Prazo

A ação há de ser proposta no prazo máximo de seis meses, a contar da data em que o autor tomou conhecimento do ato ou omissão impugnados. No caso de órgãos colegiados, considera-se conhecido o ato, se todos os membros dele tiveram ciência, ou devessem ter tido conhecimento. Nos casos de omissão, no momento em que o órgão requerido, inequivocamente, recusa-se a praticar o ato.

Trata-se aqui, indubitavelmente, de um prazo decadencial (*Ausschlussfrist*) [Lei do *Bundesverfassungsgericht*, § 64, (3)][41].

1.4. Decisão

Nos termos do § 67, 1º período, da Lei do *Bundesverfassungsgericht*, o Tribunal limita-se a constatar a eventual afronta à Lei Fundamental.

---

[38] Schlaich, *Das Bundesverfassungsgericht*, cit., p. 49-50; Pestalozza, *Verfassungsprozessrecht*, cit., p. 60-1; Lorenz, Der Organstreit..., in Starck, *Bundesverfassungsgericht*, cit., p. 252-3.
[39] Lorenz, Der Organstreit..., in Starck, *Bundesverfassungsgericht*, cit., p. 254; Pestalozza, *Verfassungsprozessrecht*, cit., p. 61-2.
[40] Schlaich, *Das Bundesverfassungsgericht*, cit., p. 51-2; Pestalozza, *Verfassungsprozessrecht*, cit., p. 62-4; Lorenz, Der Organstreit..., in Starck, *Bundesverfassungsgericht*, cit., p. 240-2.
[41] Pestalozza, *Verfassungsprozessrecht*, cit., p. 65.

§ 2º As controvérsias entre a União e os Estados

O art. 93, § 1º, n. 3, da Lei Fundamental estabelece a competência do *Bundesverfassungsgericht* para julgar as controvérsias atinentes aos direitos e deveres da União e dos Estados, particularmente no que diz respeito à execução de leis federais pelos Estados-Membros e ao exercício de fiscalização federal (*Bundesaufsicht*)[42]. Cuida-se de uma relação processual contraditória, envolvendo um conflito sobre direitos e deveres constitucionais de pessoas jurídicas distintas[43].

Sem embargo de sua importância histórica, as controvérsias entre União e Estado não se afiguram relevantes na jurisprudência do *Bundesverfassungsgericht*, configurando, segundo Leisner, uma atribuição quase insignificante da Corte[44]. A perda de substância da *Bundesaufsicht* (fiscalização de execução de lei federal) e o relevante papel exercido pelo Conselho Federal (*Bundesrat*) tomaram a regra do art. 93, § 1º, n. 3, quase obsoleta[45].

Por outro lado, a relativa fungibilidade existente entre o processo relativo às controvérsias federativas e aquele atinente ao controle abstrato de normas permite que tais conflitos sejam solvidos no âmbito do controle de normas, que não conhece limite temporal e contempla um amplo direito de manifestação[46]. Os diferentes processos, embora autônomos, não são excludentes, podendo uma lei configurar providência (*Massnahme*) lesiva ao direito de um ente federativo[47]. Assim, eventual lesão a direito de Estado poderá ser objeto tanto do processo do controle abstrato de normas, como do conflito entre União e Estado, observados os fundamentos do pedido e o caráter preponderante da controvérsia (überwiegender Charakter des Streits)[48]. Dessarte, se, em uma dada situação, o Estado entender de instaurar, simultaneamente, o controle abstrato de normas e o conflito federativo, os processos poderão ser instruídos e decididos conjuntamente[49]. Também à União se reconhece a faculdade de ins-

---

[42] Nos termos do art. 93, § 1º, n. 4, o Tribunal Constitucional decide outras controvérsias de Direito Público entre União e Estados. A disposição não é abrangente das questões constitucionais contempladas no art. 93, § 1º, n. 3.

[43] Walter Leisner, Der Bund-Länder-Streit vor dem Bundesverfassungsgericht, in Starck, *Bundesverfassungsgericht*, cit., v. 1, p. 262-3; Schlaich, *Das Bundesverfassungsgericht*, cit., p. 54; Pestalozza, *Verfassungsprozessrecht*, cit., p. 73-4.

[44] Leisner, Der Bund-Länder-Streit..., in Starck, *Bundesverfassungsgericht*, cit., p. 287; Schlaich, *Das Bundesverfassungsgericht*, cit., p. 55.

[45] Leisner, Der Bund-Länder-Streit..., in Starck, *Bundesverfassungsgericht*, cit., p. 287-8.

[46] Schlaich, *Das Bundesverfassungsgericht*, cit., p. 55; Leisner, Der Bund-Länder Streit..., in Starck, *Bundesverfassungsgericht*, cit., p. 266.

[47] Leisner, Der Bund-Länder-Streit..., in Starck, *Bundesverfassungsgericht*, cit., p. 266; Ulsamer, § 68, n. 10, in Theodor Maunz et al., *Bundesverfassungsgerichtsgesetz*: Kommentar, cit.

[48] Leisner, Der Bund-Länder-Streit..., in Starck, *Bundesverfassungsgericht*, cit., p. 266; Ulsamer, § 68, n. 10, in Theodor Maunz et al., *Bundesverfassungsgericht*: Kommentar, cit.; Theodor Maunz, § 13, n. 23, in Theodor Maunz et al., *Bundesverfassungsgerichtsgesetz*: Kommentar, cit.

[49] Leisner, Der Bund-Länder-Streit..., in Starck, *Bundesverfassungsgericht*, cit., p. 266; cf., também, BVerfGE, 12:205(222-3).

taurar o controle abstrato de normas ou o conflito federativo, em caso de eventual lesão aos seus direitos dimanada de ato legislativo estadual[50].

1. Aspectos relevantes da relação processual

1.1. Partes

A instauração do processo pode ser requerida pelo Governo Federal, através de uma resolução do gabinete, ou pelo Governo estadual. Tendo em vista a situação peculiar de Berlim, não se lhe reconhece legitimidade para integrar a relação processual[51]. A legitimidade passiva é exercida, igualmente, pelo Governo Federal ou pelos Governos estaduais.

1.2. Objeto e fundamento da controvérsia

A controvérsia envolve direitos e deveres constitucionais da União e dos Estados, exigindo-se a alegação de ofensa ou de ameaça de lesão a direito público subjetivo[52].

1.3. Prazo

A ação deve ser proposta no prazo máximo de seis meses, a contar da data em que tomou conhecimento da medida [Lei do *Bundesverfassungsgericht*, § 69 c/c o § 64, (3)].

1.4. Decisão

A decisão limita-se a constatar a constitucionalidade ou a afirmar a inconstitucionalidade (*Feststellungsurteil*). Não se pronuncia, por isso, a sua ineficácia ou nulidade[53].

§ 3º O controle abstrato de normas

A Lei Fundamental consagra a competência do *Bundesverfassungsgericht* para apreciar a compatibilidade formal e material do direito federal e estadual com a Constituição, ou a compatibilidade do direito estadual com o direito federal, mediante requerimento do Governo Federal, de um Governo estadual ou de um terço dos membros do Parlamento (art. 93, § 1º, n. 2). Trata-se do chamado controle abstrato de normas.

O controle de constitucionalidade abstrato foi concebido como *processo objetivo*, ou como mecanismo destinado, fundamentalmente, à preservação da ordem constitucional (*objektives Verfahren oder Verfassungsrechts bewahrungsverfahren*)[54].

A distinção entre os controles abstrato e concreto assenta-se, dessarte, na causa do processo ou no pressuposto de admissibilidade (*Zulässigkeitsvorraussetzung*). Enquanto o

---

[50] Leisner, Der Bund-Länder-Streit..., in Starck, *Bundesverfassungsgericht*, cit., p. 266.
[51] Pestalozza, *Verfassungsprozessrecht*, cit., p. 73; Leisner, Der Bund-Länder-Streit..., in Starck, *Bundesverfassungsgericht*, cit., p. 265.
[52] Leisner, Der Bund-Länder-Streit..., in Starck, *Bundesverfassungsgericht*, cit., p. 262-3; Pestalozza, *Verfassungsprozessrecht*, cit., p. 74-5.
[53] Pestalozza, *Verfassungsprozessrecht*, cit., p. 75-6.
[54] Hartmut Söhn, Die abstrakte Normenkontrolle, in Starck, *Bundesverfassungsgericht*, cit., v. 1, p. 295-6.

recurso constitucional (*Verfassungsbeschwerde*) pressupõe eventual lesão a direito do impetrante, e o controle concreto exige a relevância da questão constitucional para o caso do qual se originou, o controle abstrato parece desvinculado de uma situação subjetiva ou de qualquer outro evento do cotidiano (*Lebensvorgang*), afigurando-se suficiente o interesse jurídico de defesa da ordem constitucional (öffentliches Interesse)[55].

A relevância política do controle abstrato de constitucionalidade é notória. Muitas questões de índole marcadamente política têm sido apreciadas sob a forma abstrata. No famoso escrito sobre a garantia jurisdicional da Constituição, observou Kelsen que o controle de constitucionalidade havia de ser apreciado, igualmente, como instrumento de defesa da minoria contra eventual onipotência da maioria. Asseverava, então, o emérito jurista que, se "l'essenza della democrazia risiede non già nell'onnipotenza della maggioranza ma nel costante compromesso tra i gruppi che la maggioranza e la minoranza rappresentano in parlamento, e quindi nella pace sociale, la giustizia costituzionale appare strumento idoneo a realizzare quest'idea"[56].

Não há negar que a experiência dos últimos anos tem estimulado algumas restrições ao controle abstrato de normas, sugerindo-se, inclusive, a sua extinção. Nesse sentido, assevera Christine Landfried:

> "Na prática restou evidenciado que a pretendida defesa das minorias parlamentares, através desse processo, pode ser utilizada de forma abusiva pela oposição, fazendo com que a discussão tenha prosseguimento nos Tribunais. Nesses casos, surge a exata situação que Tocqueville antevia para o controle abstrato de normas:
>
> 'Si le juge avait pu attaquer les lois d'une façon théorique et générale; s'il avait pu... censurer le législateur, il fût entré avec éclat sur la scène politique; devenu le champion ou l'adversaire d'un parti, il eût appellé toutes les passions qui divisent les pays à prendre part à la lutte'"[57].

Efetivamente, a instauração do controle de constitucionalidade abstrato decorre, muitas vezes, da discussão política. E, não raras vezes, diz Landfried, o Tribunal Constitucional atua como a *longa manus* da oposição[58]. A propósito, anota Schlaich que a lei da cogestão foi aprovada quase unanimemente pelo Parlamento, o que inviabilizou a sua apreciação no âmbito do controle abstrato de normas. Todavia, a constitucionali-

---

[55] Schlaich, *Das Bundesverfassungsgericht*, cit., p. 66; Pestalozza, *Verfassungsprozessrecht*, cit., p. 66; Söhn, *Die abstrakte Normenkontrolle*, in Starck, *Bundesverfassungsgericht*, cit., p. 296 e 304; Theodor Maunz, § 13, n. 58, in Theodor Maunz et al., *Bundesverfassungsgerichtsgesetz: Kommentar*, cit.

[56] Hans Kelsen, La garanzia giurisdizionale della Costituzione, in *La giustizia costituzionale*, Milano, Giuffrè, 1981, p. 202.

[57] Christine Landfried, *Bundesverfassungsgericht und Gesetzgeber*: Wirkungen der Verfassungsrechtsprechung auf parlamentarische Willensbildung und soziale Realität. 1. Aufl. Baden-Baden, Nomos Verlagsgesellschaft, 1984, p. 176.

[58] Landfried, *Bundesverfassungsgericht*, cit., p. 176.

dade da lei foi submetida ao *Bundesverfassungsgericht* mediante *recurso constitucional* (*Verfassungsbeschwerde*) formulado por associação de empresas[59].

No que concerne à eventual pluralidade de ações e ao problema decorrente da concorrência entre diversos tipos de procedimento, considera o *Bundesverfassungsgericht* que a escolha compete ao requerente, ressalvadas as hipóteses de notório abuso[60]. A existência de outras vias processuais não é objeto de exame pelo Tribunal. E a utilização anterior de uma ação não obsta a instauração do controle de normas, caso o preceito não tenha sido exaustivamente examinado[61]. Também não se vedam os sucessivos apelos ao Tribunal, mediante a instauração de diferentes processos, desde que presentes os pressupostos processuais. E as possíveis dificuldades decorrentes da propositura de ações paralelas resolvem-se com a reunião de processos, nos termos do § 66 da Lei do *Bundesverfassungsgericht*[62].

1. Aspectos relevantes do processo

O controle abstrato de normas pode ser proposto pelo Governo Federal, pelo Governo estadual, ou por um terço dos membros do Parlamento, desde que se configure divergência ou dúvida sobre a compatibilidade da lei com a Constituição. O legislador não se limitou a reproduzir o texto constitucional, exigindo que a norma objeto do controle de constitucionalidade tenha sido considerada nula por qualquer dos legitimados a instaurar o processo; ou, ainda, que qualquer deles a considere válida, após um tribunal, uma autoridade administrativa ou órgão federal ou estadual ter-lhe negado aplicação, por suposta incompatibilidade com a Lei Fundamental (Lei do *Bundesverfassungsgericht*, § 76). Tal restrição introduzida pelo legislador ordinário vem sendo considerada inconstitucional por doutrinadores de tomo[63].

O requerimento (*Antrag*) nada mais significa do que um mecanismo de provocação da atividade jurisdicional ou, na expressão de Leibholz, um simples impulso externo (*Anstoss von aussen*)[64]. Assim, o direito de requerer (*Antragsrecht*) a instauração do controle abstrato de normas é de natureza estritamente processual, inexistindo aqui parte, propriamente dita, ou pretensão de qualquer índole[65]. Cuida-se, pois, de um processo unilateral, não contraditório[66], ou, como reconheceu o próprio *Bundesverfas-*

---

[59] Schlaich, *Das Bundesverfassungsgericht*, cit., p. 68.
[60] Söhn, Die abstrakte Normenkontrolle, in Starck, *Bundesverfassungsgericht*, cit., v. 1, p. 320; cf. também, *BVerfGE*, 2:79(94): *BVerfGE*, 7:305(310); *BVerfGE*, 8:104 (110).
[61] Söhn, Die abstrakte Normenkontrolle, in Starck, *Bundesverfassungsgericht*, cit., p. 321; *BVerfGE*, 7:305(311).
[62] Söhn, Die abstrakte Normenkontrolle, in Starck, *Bundesverfassungsgericht*, cit., p. 321.
[63] Schlaich, *Das Bundesverfassungsgericht*, cit., p. 70; Söhn, Die abstrakte Normenkontrolle, in Starck, *Bundesverfassungsgericht*, cit., p. 299-301; Ulsamer, § 76, n. 52, in Theodor Maunz et al., *Bundesverfassungsgerichtsgesetz*: Kommentar, cit.
[64] Söhn, Die abstrakte Normenkontrolle, in Starck, *Bundesverfassungsgericht*, cit., p. 307 e 303.
[65] Ulsamer, § 76, n. 4, in Theodor Maunz et al., *Bundesverfassungsgerichtsgesetz*: Kommentar, cit.
[66] Söhn, Die abstrakte Normenkontrolle, in Starck, *Bundesverfassungsgericht*, cit., p. 304.

sungsgericht, de um processo sem partes *(ein Verfahren ohne Beteiligte)*[67]. Nem o requerimento nem eventuais direitos subjetivos ou atribuições do requerente podem ser objeto do processo de controle abstrato de normas[68]. Não se cogita, pois, de interesse jurídico ou da defesa de direitos (*Rechtsschutzbedürfnis*), mas tão somente de um interesse público (*öffentliches Interesse*) no esclarecimento sobre a constitucionalidade da norma[69]. E a estrita legitimidade processual outorgada pressupõe, obviamente, o interesse público dos potenciais titulares dessa faculdade[70].

E, por isso, eventual desistência formulada pelo requerente não implica, necessariamente, a extinção do processo, considerando-se decisiva a existência do interesse público no seu desate final[71].

1.1. Objeto do controle abstrato de constitucionalidade

O objeto de controle pode ser qualquer ato normativo (*Rechtssatz*) federal ou estadual, inclusive as leis puramente formais, afigurando-se decisiva para essa definição a "escolha da forma legal" (*Wahl der Gesetzform*)[72]. Assim, contemplam-se como direito federal e estadual, nos termos do art. 93, § 1º, n. 2, da Lei Fundamental:

a) leis formais, independentemente de seu conteúdo normativo, incluídos aqui os tratados e convenções internacionais[73], as disposições legais instituidoras de fundações[74] e órgãos federais[75], bem como leis orçamentárias[76] e preceitos constitucionais[77];

b) outros atos normativos da União e dos Estados, como regulamentos e estatutos[78].

---

[67] *BVerfGE*, 1:14(30); *BVerfGE*, 2:143(156); *BVerfGE*, 2:307(312); *BVerfGE*, 7:305(311).
[68] *BVerfGE*, 1:396(414); Söhn. Die abstrakte Normenkontrolle, in Starck, *Bundesverfassungsgericht*, cit., p. 304.
[69] Söhn, Die abstrakte Normenkontrolle, in Starck, *Bundesverfassungsgericht*, cit., p. 304; Schlaich, *Das Bundesverfassungsgericht*, cit., p. 70; Pestalozza, *Verfassungsprozessrecht*, cit., p. 68.
[70] Söhn, Die abstrakte Normenkontrolle, in Starck, *Bundesverfassungsgericht*, cit., p. 304.
[71] *BVerfGE*, 25:308(309); *BVerfGE*, 8:183(184); Klaus Schlaich, *Das Bundesverfassungsgericht*, cit., p. 67; Söhn, Die abstrakte Normenkontrolle, in Starck, *Bundesverfassungsgericht*, cit., p. 309.
[72] Söhn, Die abstrakte Normenkontrolle, in Starck, *Bundesverfassungsgericht*, cit., p. 312; Ulsamer, § 76, n. 12, in Theodor Maunz et al., *Bundesverfassungsgerichtsgesetz*: Kommentar, cit.; *BVerfGE*, 2:307(312); *BVerfGE*, 12:354(361); *BVerfGE*, 20:56(90).
[73] *BVerfGE*, 1:396(410); *BVerfGE*, 4:157 (162); *BVerfGE*, 20:56(89); *BVerfGE*, 38:121(127).
[74] Söhn, Die abstrakte Normenkontrolle, in Starck, *Bundesverfassungsgericht*, cit., p. 312; *BVerfGE*, 10:20(35); Ulsamer, § 76, n. 22, in Theodor Maunz et al., *Bundesverfassungsgerichtsgesetz*: Kommentar, cit.
[75] Söhn, Die abstrakte Normenkontrolle, in Starck, *Bundesverfassungsgericht*, cit., p. 312-13; *BVerfGE*, 14:197(209); Ulsamer, § 76, n. 22, in Theodor Maunz et al., *Bundesverfassungsgerichtsgesetz*: Kommentar, cit.
[76] Söhn, Die abstrakte Normenkontrolle, in Starck, *Bundesverfassungsgericht*, cit., p. 313; *BVerfGE*, 20:56(89); *BVerfGE*, 38:121(127); Schlaich, *Das Bundesverfassungsgericht*, cit., p. 69; Pestalozza, *Verfassungsprozessrecht*, cit., p. 68.
[77] Söhn, Die abstrakte Normenkontrolle, in Starck, *Bundesverfassungsgericht*, cit., p. 313; Schlaich, *Das Bundesverfassungsgericht*, cit., p. 69; *BVerfGE* 1:14(32); *BVerfGE* 3:225(233).
[78] Söhn, Die abstrakte Normenkontrolle, in Starck, *Bundesverfassungsgericht*, cit., p. 313; Ulsamer, § 76, n. 40 a 42, in Theodor Maunz et al., *Bundesverfassungsgerichtsgesetz*: Kommentar, cit.

1.1.1. Direito anterior e direito superveniente à Constituição

A Lei Fundamental consagra, no art. 123, I, a vigência do direito anterior compatível com o novo texto constitucional. Tem-se aqui uma cláusula de recepção, que autoriza, aparentemente, todo juiz ou tribunal a reconhecer a derrogação do texto legal incompatível com a nova Constituição[79]. E a *Bundesverfassungsgericht* considera que a expressão "lei" (*Gesetz*), constante do art. 100, § 1º, da Lei Fundamental, que regula o controle concreto de normas, diz respeito, exclusivamente, às leis editadas após a sua promulgação. Acabou-se, assim, por reconhecer a competência da jurisdição ordinária para apreciar os conflitos entre a lei anterior e a Constituição[80]. Não obstante, admite-se a instauração do controle abstrato de normas que tenha por objeto lei promulgada na vigência da Constituição anterior[81].

1.1.2. Controle preventivo

O *Bundesverfassungsgericht* considera que o controle de normas pressupõe a existência de ato legislativo formal, afigurando-se incompatível, por isso, com qualquer modalidade ou mecanismo de índole preventiva[82]. Dessarte, antes da publicação da norma, não há que se cuidar de controle de constitucionalidade. É de se ressaltar que o § 97 da Lei do *Bundesverfassungsgericht*, revogado em 21 de julho de 1956, permitia que se consultasse o Tribunal Constitucional sobre projetos de lei ou outro ato normativo, ensejando a emissão de pareceres com efeito vinculante[83].

1.1.3. Publicação e vigência

Objeto do controle abstrato de normas é a lei ou ato normativo, podendo o processo ser instaurado no período intercorrente entre a publicação da lei e o início de sua vigência[84].

1.1.4. Tratados internacionais

O Tribunal Constitucional alemão contempla uma exceção ao entendimento enunciado, considerando o elevado risco de se assumir compromisso internacional incompatível com a Constituição[85].

---

[79] Ipsen, *Rechtsfolgen*, cit., p. 161; *BVerfGE*, 2:124(130); *v.* também Título I, Cap. II, Seção IV, § 1º, p. 74 e s.
[80] *BVerfGE*, 2:124(130-1).
[81] Söhn, Die abstrakte Normenkontrolle, in Starck, *Bundesverfassungsgericht*, cit., p. 313; Ulsamer, § 76, n. 14, in Theodor Maunz et al., *Bundesverfassungsgerichtsgesetz*: Kommentar, cit.; *BVerfGE*, 2:124(131); *BVerfGE*, 24:174(179).
[82] *BVerfGE*, 1:396(400-9); Söhn, Die abstrakte Normenkontrolle, in Starck, *Bundesverfassungsgericht*, cit., p. 313-14; Ulsamer, § 76, n. 15, in Theodor Maunz et al., *Bundesverfassungsgerichtsgesetz*: Kommentar, cit.; Schlaich, *Das Bundesverfassungsgericht*, cit., p. 69.
[83] *BVerfGE*, 1:39; *BVerfGE*, 2:79(86); *BVerfGE*, 1:76; cf., também, Pestalozza, *Verfassungsprozessrecht*, cit., p. 164-5.
[84] *BVerfGE*, 1:396(400-8); Söhn, Die abstrakte Normenkontrolle, in Starck, *Bundesverfassungsgericht*, cit., p. 314; Ulsamer, § 76, n. 16, in Theodor Maunz et al., *Bundesverfassungsgerichtsgesetz*: Kommentar, cit.
[85] Söhn, Die abstrakte Normenkontrolle, in Starck, *Bundesverfassungsgericht*, cit., p. 314; *BVerfGE*, 1:396(400).

Todavia, tal orientação tem merecido sérias críticas da doutrina, que considera inconcebível o exercício de controle de normas na ausência destas[86].

1.1.5. Norma revogada

O controle abstrato de constitucionalidade em relação à norma revogada depende, fundamentalmente, dos eventuais efeitos jurídicos. Como a revogação tem efeito *ex nunc* e não logra evitar que a eficácia da lei derrogada se protraia no tempo, sobretudo nas relações privadas de trato sucessivo, afigura-se admissível a instauração do processo de controle de normas com objetivo de preservação da ordem jurídica[87]. No que concerne às leis puramente formais, como a lei de orçamento, considera-se, igualmente, cabível o exercício do controle de normas, desde que o diploma ainda produza efeitos no âmbito da organização estatal[88].

1.1.6. Direito alienígena

O controle de constitucionalidade é exclusivo do Direito alemão. Nas hipóteses em que as normas nacionais de sobredireito contemplam a aplicação do direito estrangeiro, admite-se o controle abstrato, não da regra integrante de ordenamento jurídico alienígena, propriamente dita, mas das normas nacionais de sobredireito com o conteúdo que a combinação com o direito estrangeiro desenvolve (*Gegenstand einer abstrakten Normenkontrolle kann deshalb nicht das ausländische Recht als solches, sondern nur die deutsche Bezugs – oder Verweisungsnorm sein mit dem Inhalt, den sie in Verbindung mit dem ausländischen recht entfaltet*)[89].

1.2. Parâmetro do controle abstrato

Evidentemente, o parâmetro do controle abstrato das normas federais é a Lei Fundamental. E, embora o Tribunal Constitucional admita a existência de direito suprapositivo e reconheça a sua competência para aferir a compatibilidade do direito positivo com tais postulados[90], esses parâmetros afiguram-se invocáveis, tão somente, *vis-à-vis* da Constituição[91].

O controle abstrato de normas estaduais tem como parâmetro a Lei Fundamental ou outro direito federal, inclusive normas secundárias. O controle de nor-

---

[86] Söhn, Die abstrakte Normenkontrolle, in Starck, *Bundesverfassungsgericht*, cit., p. 315.
[87] Söhn, Die abstrakte Normenkontrolle, in Starck, *Bundesverfassungsgericht*, cit., p. 315; Ulsamer, § 76, n. 18, in Theodor Maunz et al., *Bundesverfassungsgerichtsgesetz*: Kommentar, cit.; *BVerfGE*, 5:25(28).
[88] Söhn, Die abstrakte Normenkontrolle, in Starck, *Bundesverfassungsgericht*, cit., p. 315; Ulsamer, § 76, n. 18, in Theodor Maunz et al., *Bundesverfassungsgerichtsgesetz*: Kommentar, cit.; *BVerfGE*, 20:56(94).
[89] Ulsamer, § 76, n. 32, in Theodor Maunz et al., *Bundesverfassungsgerichtsgesetz*: Kommentar, cit.; *BVerfGE*, 31:58(70).
[90] *BVerfGE*, 1:14(18); Ulsamer, § 76, n. 36, in Theodor Maunz et al., *Bundesverfassungsgerichtsgesetz*: Kommentar, cit.
[91] Ulsamer, § 76, n. 36, in Theodor Maunz et al., *Bundesverfassungsgerichtsgesetz*: Kommentar, cit.

mas estaduais em face de normas federais envolve o exame da validade destas como questão preliminar[92].

1.3. Amplitude do controle abstrato

Segundo a jurisprudência dominante do *Bundesverfassungsgericht*, a constitucionalidade da lei há de ser aferida sob todos os aspectos, não se podendo condicionar a atividade do Tribunal aos limites e fundamentos contidos no requerimento[93].

Observe-se, ainda, que o § 78 da Lei do *Bundesverfassungsgericht* estabelece que:

> "Caso o Tribunal Federal Constitucional se convença de que o direito federal é incompatível com a Lei Fundamental, ou que o direito estadual conflita com a Constituição ou outro direito federal, deve proceder à declaração de inconstitucionalidade. Se outras disposições da mesma lei forem, pela mesma razão, incompatíveis com a Lei Fundamental ou outro direito federal, pode o Tribunal Federal Constitucional declarar, igualmente, a sua nulidade".

Como se vê, a orientação consagrada pelo legislador configura uma exceção ao *Antragsprinzip* (princípio do pedido), estendendo o controle de constitucionalidade a outras disposições do diploma impugnado[94]. E o Tribunal tem entendido que a locução "outras disposições da mesma lei" (*weitere Bestimmungen des gleichen Gesetzes*) abrange, igualmente, as várias redações ou versões do texto legal. É o que afirma Ulsamer nos comentários à Lei do *Bundesverfassungsgericht*:

> "As diversas versões do texto legal enquadram-se no conceito de *outras disposições da mesma lei*. Se o dispositivo sob exame for revogado no curso do processo por norma de teor idêntico, afigura-se legítima a declaração de inconstitucionalidade não só da norma submetida ao controle, mas também da disposição contida na nova versão. Essa orientação há de se aplicar também nas relações entre a lei em vigor e a lei revogada, desde que o dispositivo derrogado ainda tenha eficácia jurídica, como, *v.g.*, no processo administrativo". (*Bei mehreren Gesetzesfassungen handelt es sich ebenfalls um "weitere Bestimmungen des gleichen Gesetzes". Ist die zur Prüfung gestellte Gesetzesvorschrift inzwischen aufgehoben und durch eine neue gleichlautende Vorschrift ersetzt worden, so ist es regelmässig zur Wahrung der Rechtsordnung erforderlich, nicht nur die den Prüfungsgegenstand bildende Gesetzesfassung, sondern auch die nicht zur Prüfung gestellte gleichlautende Vorschrift der neuen, geltenden Fassung des Gesetzes für nichtig zu erklären. Dies gilt auch für das Verhältnis geltende und aufgehobene Gesetzesfassung, soweit die aufgehobene Vorschrift noch Rechtswirkungen hat, z. B. in Verwaltungsverfahren*)[95].

---

[92] Ulsamer, § 76, n. 44, in Theodor Maunz et al., *Bundesverfassungsgerichtsgesetz*: Kommentar, cit.

[93] *BVerfGE* 1:14(3); Söhn, Die abstrakte Normenkontrolle, in Starck, *Bundesverfassungsgericht*, cit., p. 317.

[94] Söhn, Die abstrakte Normenkontrolle, in Starck, *Bundesverfassungsgericht*, cit., p. 307-8; Ulsamer, § 78, n. 24 e 25, in Theodor Maunz et al., *Bundesverfassungsgerichtsgesetz*: Kommentar, cit.

[95] Ulsamer, § 78, n. 25, in Theodor Maunz et al., *Bundesverfassungsgerichtsgesetz*: Kommentar, cit.

1.4. Decisão

O Tribunal pode declarar a nulidade (*Nichtigkeit*) total ou parcial do ato normativo impugnado, ou afirmar, tão somente, a inconstitucionalidade sem a consequência da nulidade (*Unvereinbarkeit*) da lei com o texto constitucional. A decisão tem força de lei (*Gesetzeskraft*) [Lei do *Bundesverfassungsgericht*, § 31, (2)] e vincula todos os órgãos da União e dos Estados, bem como todos os tribunais e autoridades [§31, (I)].

TÍTULO III
O CONTROLE DE CONSTITUCIONALIDADE NO DIREITO BRASILEIRO

Capítulo I
EVOLUÇÃO DO CONTROLE DE CONSTITUCIONALIDADE NO DIREITO BRASILEIRO: UMA NOVA LEITURA

SEÇÃO I – CONSIDERAÇÕES PRELIMINARES: A CONSTITUIÇÃO IMPERIAL

A Constituição de 1824 não contemplava qualquer sistema assemelhado aos modelos hodiernos de controle de constitucionalidade. A influência francesa ensejou que se outorgasse ao Poder Legislativo a atribuição de "fazer leis, interpretá-las, suspendê-las e revogá-las", bem como "velar na guarda da Constituição" (art. 15, n. 8º e 9º).

Nessa linha de raciocínio, o insigne Pimenta Bueno lecionava, com segurança, que o conteúdo da lei somente poderia ser definido pelo órgão legiferante:

> "Só o poder que faz a lei é o único competente para declarar por via de autoridade ou por disposição geral obrigatória o pensamento, o preceito dela. Só ele é exclusivamente ele é quem tem o direito de interpretar o seu próprio ato, suas próprias vistas, sua vontade e seus fins. Nenhum outro poder tem o direito de interpretar por igual modo, já porque nenhuma lei lhe deu essa faculdade, já porque seria absurda a que lhe desse.
>
> Primeiramente é visível que nenhum outro poder é o depositário real da vontade e inteligência do legislador. Pela necessidade de aplicar a lei deve o executor ou juiz, e por estudo pode o jurisconsulto formar sua opinião a respeito da inteligência dela, mas querer que essa opinião seja infalível e obrigatória, que seja regra geral, seria dizer que possuía a faculdade de adivinhar qual a vontade e o pensamento do legislador, que não podia errar, que era o possuidor dessa mesma inteligência e vontade; e isso seria certamente irrisório.
>
> Depois disso é também óbvio que o poder a quem fosse dada ou usurpasse uma tal faculdade predominaria desde logo sobre o legislador, inutilizaria ou alteraria como quisesse as atribuições deste ou disposições da lei, e seria o verdadeiro legislador. Basta refletir por um pouco para reconhecer esta verdade, e ver que interpretar a lei por disposição obrigatória, ou por via de autoridade, é não só fazer a lei, mas é ainda mais que isso, porque é predominar sobre ela"[1].

Era a consagração de dogma da soberania do Parlamento.

Por outro lado, a instituição do Poder Moderador assegurava ao Chefe de Estado o elevado mister de velar para "a manutenção da independência, equilíbrio e harmonia dos demais poderes" (art. 98). "É a faculdade (...) – dizia Pimenta Bueno – de fazer com que cada um deles se conserve em sua órbita, e concorra harmoniosamente como

---

[1] José Antonio Pimenta Bueno, *Direito público brasileiro e análise da Constituição do Império*, Brasília, Senado Federal, 1978, p. 69.

outros para o fim social, o bem-estar nacional: e quem mantém seu equilíbrio, impede seus abusos, conserva-os na direção de sua alta missão (...)"[2].

Não havia lugar, pois, nesse sistema, para o mais incipiente modelo de controle judicial de constitucionalidade[3].

SEÇÃO II – O CONTROLE DE CONSTITUCIONALIDADE NA CONSTITUIÇÃO DE 1891

O regime republicano inaugura uma nova concepção. A influência do Direito norte-americano sobre personalidades marcantes, como a de Rui Barbosa, parece ter sido decisiva para a consolidação do modelo difuso, consagrado já na chamada Constituição Provisória de 1890 (art. 58, § 1º, *a* e *b*).

O Decreto n. 848, de 11 de outubro de 1890, estabeleceu, no seu art. 3º, que, na guarda e na aplicação da Constituição e das leis nacionais, a magistratura federal só intervirá em espécie e por provocação da parte. "Esse dispositivo (...) – afirma Agrícola Barbi – consagra o sistema de controle por via de exceção, ao determinar que a intervenção de magistratura só se fizesse em espécie e por provocação de parte"[4]. Estabelecia-se, assim, o julgamento incidental da inconstitucionalidade, mediante provocação dos litigantes. E tal qual prescrito na Constituição Provisória, o art. 9º, parágrafo único, *a* e *b*, do Decreto n. 848/90 assentava o controle de constitucionalidade das leis estaduais ou federais.

A Constituição de 1891 incorporou essas disposições, reconhecendo a competência do Supremo Tribunal Federal para rever as sentenças das Justiças dos Estados, em última instância, quando se questionasse a validade ou a aplicação de tratados e leis federais e a decisão do Tribunal fosse contra ela, ou quando se contestasse a validade ou a aplicação de leis ou atos federais, em face da Constituição ou das leis federais, e a decisão do Tribunal considerasse válidos esses atos ou leis impugnadas (art. 59, § 1º, *a* e *b*).

Não obstante a clareza dos preceitos, imperou alguma perplexidade diante da inovação. E o gênio de Rui destacou, com peculiar proficiência, a amplitude do instituto adotado pelo regime republicano, como se vê na seguinte passagem de seu magnífico trabalho elaborado em 1893:

> "O único lance da Constituição americana, onde se estriba relativamente o juízo, que lhe atribui essa intenção, é o do art. III, seç. 2ª, cujo teor reza assim: 'O poder judiciário estender-se-á a todas as causas, de direito e equidade, que nasceram desta Constituição, ou das leis dos Estados Unidos'.

---

[2] Pimenta Bueno, *Direito público brasileiro*, cit., p. 203.
[3] Cf. a propósito, Carlos Alberto Lúcio Bittencourt, *O controle jurisdicional da constitucionalidade das leis*, 2. ed., Rio de Janeiro, Forense, 1968, p. 27-8; Celso Agrícola Barbi, Evolução do controle de constitucionalidade das leis no Brasil, *RDP*, 1(4):36; Oswaldo Aranha Bandeira de Mello, *Teoria das Constituições rígidas*, 2. ed., São Paulo, Bushatsky, 1980, p. 155.
[4] Celso Agrícola Barbi, Evolução..., *RDP*, cit., p. 37; Oswaldo Aranha Bandeira de Mello, *Teoria*, cit., p. 156.

Na avaliação de Ernesto Leme, a fórmula de João Pinheiro era incompatível com a igualdade de poderes, e o projeto de Júlio de Castilhos envolvia o Executivo em questões alheias às suas atribuições[12].

Impõe-se reconhecer, porém, que, já na Constituinte de 1891, esboçara-se, ainda que de forma tênue, um modelo de controle de constitucionalidade mediante ação direta. E esse sistema viria a se consolidar nas Constituições de 1934 e de 1946, com a instituição da *representação interventiva*.

SEÇÃO III – A CONSTITUIÇÃO DE 1934 E O CONTROLE DE CONSTITUCIONALIDADE

A Constituição de 1934 introduziu profundas e significativas alterações no nosso sistema de controle de constitucionalidade. A par de manter, no art. 76, III, *b* e *c*, as disposições contidas na Constituição de 1891, o constituinte determinou que a declaração de inconstitucionalidade somente poderia ser realizada pela maioria da totalidade de membros dos tribunais. Evitava-se a insegurança jurídica decorrente das contínuas flutuações de entendimento nos tribunais (art. 179)[13].

Por outro lado, a Constituição consagrava a competência do Senado Federal para "suspender a execução, no todo ou em parte, de qualquer lei ou ato, deliberação ou regulamento, quando hajam sido declarados inconstitucionais pelo Poder Judiciário", emprestando efeito *erga omnes* à decisão proferida pelo Supremo Tribunal Federal (arts. 91, IV, e 96)[14].

Talvez a mais fecunda e inovadora alteração introduzida pelo Texto Magno de 1934 se refira à "declaração de inconstitucionalidade para evitar a intervenção federal", tal como a denominou Bandeira de Mello[15], isto é, a representação interventiva, confiada ao Procurador-Geral da República, nas hipóteses de ofensa aos princípios consagrados no art. 7º, I, *a* a *h*, da Constituição. Cuidava-se de fórmula peculiar de composição judicial dos conflitos federativos, que condicionava a eficácia da lei inter-

---

[12] Ernesto Leme, *A intervenção federal*, cit., p. 90-1.

[13] João Mangabeira, *Em torno da Constituição*, São Paulo, Ed. Nacional, 1934, p. 115-7; Oswaldo Aranha Bandeira de Mello, *Teoria*, cit., p. 159-65. Cumpre notar que o anteprojeto continha, no art. 57, a seguinte regra: "Não se poderá arguir de inconstitucional uma lei federal aplicada sem reclamação por mais de cinco anos. O Supremo Tribunal não poderá declarar a inconstitucionalidade de uma lei federal, senão quando nesse sentido votarem pelo menos dois terços de seus ministros. Só o Supremo Tribunal poderá declarar definitivamente a inconstitucionalidade de uma lei federal ou ato do Presidente da República. Sempre que qualquer Tribunal não aplicar uma lei federal ou anular um ato do Presidente da República, por inconstitucionais, recorrerá *ex officio*, e com efeito suspensivo, para o Supremo Tribunal. Julgado inconstitucional qualquer lei ou a todo Poder Executivo, caberá a todas as pessoas, que se acharem nas mesmas condições do litigante vitorioso, o remédio judiciário instituído para a garantia de todo direito certo e incontestável". Tal disposição acabaria por consolidar, entre nós, um modelo concentrado de controle de constitucionalidade. Não prevaleceu, todavia, essa orientação, predominando o entendimento que assegura o poder de *inaplicar* a lei tanto ao juiz singular quanto aos tribunais. Anote-se, ademais, que a cláusula inicial importava na *constitucionalização* dos preceitos aplicados há mais de cinco anos.

[14] Oswaldo Aranha Bandeira de Mello, *Teoria*, cit., p. 170; Araújo Castro, *A nova Constituição brasileira*, Rio de Janeiro, Freitas Bastos, 1935, p. 246-7.

[15] *Teoria*, cit., p. 170.

ventiva, de iniciativa do Senado (art. 41, § 3º), à declaração de sua constitucionalidade pelo Supremo Tribunal (art. 12, § 2º). Assinale-se, por oportuno, que, na Assembleia Constituinte, o Deputado Pereira Lyra apresentou emenda destinada a substituir, no art. 12, § 2º, a expressão "tomar conhecimento da lei que a decretar e lhe declarar a constitucionalidade" por "tomar conhecimento da lei local arguida de infringente desta Constituição e lhe declarar a inconstitucionalidade"[16].

A proposta mereceu, porém, veemente objeção do constituinte Raul Fernandes, vazada nos seguintes termos:

> "(...) o texto cuja subsistência o nobre deputado pela Paraíba reivindica, posso, com insuspeição, qualificá-lo de errado, porque fui autor do mesmo. Transviei a nobre comissão, que redigia seu trabalho, com a sugestão que ela, infelizmente, veio adoptar e que era errada. Esse texto nasceu na comissão dos 26 por proposta do sr. Levi Carneiro, muito corretamente formulada, dizendo:
>> 'Votada a intervenção pelo Congresso, a lei que a decretasse seria submetida ao controle judiciário do Supremo Tribunal, por provocação do procurador geral da Republica – e aí está a garantia que o sr. deputado Pereira Lyra pede contra a intervenção maliciosa – e, só depois de reconhecido que era constitucional, que correspondia realmente a uma das violações taxadas na Constituição e cometida pelo Estado, teria execução. Fui eu quem, não tendo descortinado todo o alcance da medida e preocupado também com a autonomia dos Estados, sugeriu a inovação; em vez de conhecer o Tribunal da constitucionalidade da lei que decretasse a intervenção, conheceria da constitucionalidade da Lei que motivasse a intervenção. O texto assim, porém, é insuficiente, porque os Estados podem violar a Constituição, sem lei... Dessarte, se é a lei federal a submetida ao controle do Judiciário, todas as hipóteses estão cobertas. O Supremo Tribunal, a Corte Suprema examina se a lei do Congresso Nacional é constitucional; quer dizer, se realmente, o Estado, pela sua atitude, justificou a intervenção; se violou preceito constitucional, seja por lei, seja por ato do Executivo, se entende que o Estado está com a razão, que ele é que está com o princípio constitucional e que a malícia, o erro e o abuso se encontram do lado do Poder Legislativo, declara que a lei é inconstitucional e não lhe dá execução. Eis aí o sistema completo'"[17].

Esse controle judicial configurava, segundo Pedro Calmon, um sucedâneo do direito de veto, atribuindo-se à Suprema Corte o poder de declarar a constitucionalidade da lei de intervenção e afirmar, *ipso facto*, a inconstitucionalidade da lei ou ato estadual[18]. Advirta-se, porém, que não se tratava de formulação de um juízo político, exclusivo do Poder Legislativo, mas de exame puramente jurídico[19].

Não obstante a breve vigência do Texto Magno, ceifado pelas vicissitudes políticas que marcaram aquele momento histórico, não se pode olvidar o transcendental signi-

---

[16] Araújo Castro, *A nova Constituição*, cit., p. 107-8.
[17] Araújo Castro, *A nova Constituição*, cit., p. 107-8.
[18] Pedro Calmon, *Intervenção federal*: o art. 12 da Constituição de 1934, Rio de Janeiro, Freitas Bastos, 1936, p. 109.
[19] Pontes de Miranda, *Comentários à Constituição da República dos Estados Unidos do Brasil*, Rio de Janeiro, Ed. Guanabara, 1938, v. 1, p. 364.

ficado desse sistema para todo o desenvolvimento do controle de constitucionalidade mediante ação direta no Direito brasileiro[20].

É certo, outrossim, que a instituição do mandado de segurança, ao lado da garantia do *habeas corpus*, emprestou maior amplitude ao controle de constitucionalidade difuso (art. 113, § 33).

Não se deve omitir, ainda, que a Constituição de 1934 continha expressa ressalva à judicialização das questões políticas, dispondo o art. 68 que "é vedado ao Poder Judiciário conhecer das questões exclusivamente políticas".

Finalmente, afigura-se digna de menção a competência atribuída ao Senado Federal para "examinar, em confronto com as respectivas leis, os regulamentos expedidos pelo Poder Executivo, e suspender a execução dos dispositivos ilegais" (art. 91, II). Em escólio ao art. 91, II, da Constituição de 1934, Pontes de Miranda destacava que "tal atribuição outorgava ao Senado Federal um pouco função de Alta Corte constitucional (...)"[21]. A disposição não foi incorporada, todavia, pelas Constituições que sucederam ao Texto Magno de 1934.

SEÇÃO IV – O CONTROLE DE CONSTITUCIONALIDADE NA CONSTITUIÇÃO DE 1937

A Carta de 1937 traduz um inequívoco retrocesso no sistema de controle de constitucionalidade. Embora não tenha introduzido qualquer modificação no modelo difuso de controle (art. 101, III, *b* e *c*), preservando-se, inclusive, a exigência de *quorum* especial para a declaração de inconstitucionalidade (art. 96), o constituinte rompeu com a tradição jurídica brasileira, consagrando, no art. 96, parágrafo único, princípio segundo o qual, no caso de ser declarada a inconstitucionalidade de uma lei que, a juízo do Presidente da República, seja necessária ao bem-estar do povo, à promoção ou defesa de interesse nacional de alta monta, poderia o Chefe do Executivo submetê-la novamente ao Parlamento. Confirmada a validade da lei por dois terços de votos em cada uma das Câmaras, tornava-se insubsistente a decisão do Tribunal.

Instituía-se, assim, uma peculiar modalidade de revisão constitucional, pois, como observado por Celso Bastos, a lei confirmada passa a ter, na verdade, a força de uma emenda à Constituição[22].

---

[20] Ronaldo Rebello de Britto Poletti, *Controle da constitucionalidade das leis*, Rio de Janeiro, Forense, 1985, p. 93. Afigura-se relevante observar que, na Constituinte de 1934, foi apresentada proposta de instituição de um Tribunal especial, dotado de competência para apreciar questões constitucionais suscitadas no curso dos processos ordinários, bem como para julgar pedido de arguição de inconstitucionalidade formulado por "qualquer pessoa de direito público ou privado, individual ou coletivamente, ainda mesmo quando não tenha interesse direto (...)". O projeto de autoria do Deputado Nilo Alvarenga criava uma Corte Constitucional, inspirada na proposta de Kelsen, e confiava a sua provocação a qualquer sujeito de direito (cf. Ana Valderez Ayres Neves de Alencar, A Competência do Senado Federal para Suspender a Execução dos Atos Declarados Inconstitucionais, *Revista de Informação Legislativa*, 15 (57):237-45).

[21] Pontes de Miranda, *Comentários à Constituição da República dos Estados Unidos do Brasil*, cit., p. 770.

[22] Celso Bastos, *Curso de direito constitucional*, 5. ed., São Paulo, Saraiva, 1982, p. 63; cf. Francisco Luiz da Silva Campos, Diretrizes constitucionais do novo Estado brasileiro, *RF*, 73:246-9.

É bem verdade que o novo instituto não colheu manifestações unânimes de repulsa. Cândido Mota Filho, por exemplo, saudava a inovação, ressaltando que:

> "A subordinação do julgado sobre a inconstitucionalidade da lei à deliberação do Parlamento coloca o problema da elaboração democrática da vida legislativa em seus verdadeiros termos, impedindo, em nosso meio, a continuação de um preceito artificioso, sem realidade histórica para nós e que, hoje, os próprios americanos, por muitos de seus representantes doutíssimos, reconhecem despido de caráter de universalidade e só explicável em países que não possuem o sentido orgânico do direito administrativo. Leone, em sua *Teoria de la política*, mostra, com surpreendente clareza, como a tendência para controlar a constitucionalidade das leis é um campo aberto para a política, porque a Constituição, em si mesma, é uma lei *sui generis*, de feição nitidamente política, que distribui poderes e competências fundamentais"[23].

No mesmo sentido, pronunciaram-se Francisco Campos[24], Alfredo Buzaid[25] e Genésio de Almeida Moura[26].

Impende assinalar que, do ponto de vista doutrinário, a inovação parecia despida de significado, uma vez que, como assinalou Castro Nunes, "podendo ser emendada a Constituição pelo voto da maioria nas duas casas do Parlamento (art. 174), estaria ao alcance deste elidir, por emenda constitucional, votada como qualquer lei ordinária, a controvérsia sobre a lei que se houvesse por indispensável"[27]. Mas, em verdade, buscava-se, a um só tempo, "validar a lei e cassar os julgados"[28].

Todavia, quando em 1939 o Presidente Getúlio Vargas editou o Decreto-lei n. 1.564, confirmando textos de lei declarados inconstitucionais pelo Supremo Tribunal Federal, a reação nos meios judiciários foi intensa[29]. Considerou Lúcio Bittencourt que as críticas ao ato presidencial não tinham procedência, porque, no seu entendimento, o Presidente nada mais fizera do que "cumprir, como era de seu dever, o prescrito no art. 96 da Carta Constitucional"[30]. Concede, porém, o insigne publicista que a celeuma suscitada nas oportunidades em que atos judiciais foram desautorizados, entre nós, "está a demonstrar como se encontra arraigado em nosso pensamento jurídico o princípio que confere à declaração judicial caráter incontrastável, em relação ao caso concreto"[31].

Por outro lado, cumpre notar que a Carta de 1937 vedou, expressamente, ao Judiciário conhecer das questões exclusivamente políticas (art. 94), e o mandado de

---

[23] Cândido Motta Filho, A evolução do controle da constitucionalidade das leis no Brasil, *RF*, 86:277.
[24] *Diretrizes...*, *RF*, cit., p. 246 e s.
[25] *Da ação direta de declaração de inconstitucionalidade no direito brasileiro*, São Paulo, Saraiva, 1958, p. 32.
[26] Inconstitucionalidade das leis, *Revista da Faculdade de Direito da Universidade de São Paulo*, 37:161.
[27] José de Castro Nunes, *Teoria e prática do Poder Judiciário*, Rio de Janeiro, Forense, 1943, p. 593, nota 25.
[28] Nunes, *Teoria e prática*, cit., p. 593, nota 25.
[29] Bittencourt, *O controle jurisdicional*, cit., p. 139-40.
[30] Bittencourt, *O controle jurisdicional*, cit., p. 139.
[31] Bittencourt, *O controle jurisdicional*, cit., p. 139-40.

segurança perdeu a qualidade de garantia constitucional, passando a ser disciplinado pela legislação ordinária. E o Código de Processo Civil, de 1939, excluiu da apreciação judicial, na via mandamental, os atos do Presidente da República, dos ministros de Estado, dos governadores e interventores dos Estados (art. 319).

Do texto constitucional não constavam, igualmente, as disposições sobre a competência do Senado Federal para suspender a execução da lei declarada inconstitucional pelo Supremo Tribunal. Não cuidava, também, da atribuição do Procurador-Geral da República para representar ao Supremo Tribunal Federal, na hipótese de violação aos princípios constitucionais sensíveis[32].

SEÇÃO V – A CONSTITUIÇÃO DE 1946 E O SISTEMA DE CONTROLE DE CONSTITUCIONALIDADE

O Texto Magno de 1946 restaura a tradição do controle judicial no Direito brasileiro. A par da competência de julgar os recursos ordinários (art. 101, II, *a, b* e *c*), disciplinou-se a apreciação dos recursos extraordinários: "*a*) quando a decisão for contrária a dispositivo desta Constituição ou à letra de tratado ou lei federal; *b*) quando se questionar sobre a validade de lei federal em face desta Constituição, e a decisão recorrida negar aplicação à lei impugnada; e *c*) quando se contestar a validade de lei ou ato de governo local em face desta Constituição ou de lei federal, e a decisão recorrida julgar válida a lei ou o ato". Preservou-se a exigência da maioria absoluta dos membros do Tribunal para a eficácia da decisão declaratória de inconstitucionalidade (art. 200). Manteve-se, também, a atribuição do Senado Federal para *suspender a execução* da lei declarada inconstitucional pelo Supremo Tribunal (art. 64).

§ 1º A representação interventiva

A Constituição de 1946 emprestou nova conformação à ação direta de inconstitucionalidade, introduzida, inicialmente, no Texto Magno de 1934. Atribuiu-se ao Procurador-Geral da República a titularidade da representação de inconstitucionalidade, para os efeitos de intervenção federal, nos casos de violação dos seguintes princípios: a) forma republicana representativa; b) independência e harmonia entre os poderes; c) temporariedade das funções eletivas, limitada a duração destas à das funções federais correspondentes; d) proibição da reeleição de governadores e prefeitos para o período imediato; e) autonomia municipal; f) prestação de contas da administração; g) garantias do Poder Judiciário (art. 8º, parágrafo único, c/c o art. 7º, VII).

A intervenção federal subordinava-se, nesse caso, à declaração de inconstitucionalidade do ato pelo Supremo Tribunal Federal (art. 8º, parágrafo único).

Deve-se ressaltar que, embora o constituinte tenha outorgado a titularidade da ação direta ao Procurador-Geral da República, a disciplina da chamada representa-

---

[32] Oswaldo Aranha Bandeira de Mello, *Teoria*, cit., p. 180.

ção interventiva configurava, já na Constituição de 1934, uma peculiar modalidade de composição de conflito entre a União e o Estado. Cuidava-se de aferir eventual violação de deveres constitucionalmente impostos ao ente federado. E o poder atribuído ao Procurador-Geral da República, que, na Constituição de 1946, exercia a função de chefe do Ministério Público Federal – a quem competia a defesa dos interesses da União (art. 126) – deve ser considerado, assim, uma simples representação processual[33].

A arguição de inconstitucionalidade direta teve ampla utilização no regime constitucional instituído em 1946. A primeira ação direta, formulada pelo Procurador-Geral da República, na qual se arguia a inconstitucionalidade de disposições de índole parlamentarista contidas na Constituição do Ceará, tomou o n. 93[34]. A denominação emprestada ao novo instituto – representação – segundo esclarece Themístocles Cavalcanti, se deveu a uma escolha entre a reclamação e a representação, "processos conhecidos pelo Supremo Tribunal Federal"[35]. A análise do sentido de cada um teria conduzido à escolha do termo "representação", "já porque tinha de se originar de uma representação feita ao Procurador-Geral, já porque a função deste era o seu encaminhamento ao Tribunal, com o seu parecer"[36].

A ausência inicial de regras processuais permitiu que o Supremo Tribunal Federal desenvolvesse os mecanismos procedimentais que viriam a ser consolidados, posteriormente, pela legislação processual e pela práxis da Corte[37]. E, por isso, colocaram-se, de plano, questões relativas à forma da arguição e à sua própria caracterização processual. Questionava-se, igualmente, sobre a função do Procurador-Geral da República e sobre os limites constitucionais da arguição.

Na Rp. 94, que arguia a inconstitucionalidade dos preceitos consagradores do regime parlamentarista na Constituição do Estado do Rio Grande do Sul, indagou-se sobre a necessidade de se formular requerimento ao Procurador-Geral. E esse entendimento foi acolhido, tendo o chefe do Ministério Público Federal solicitado "que a medida fosse provocada, o que foi feito através de pedido devidamente justificado"[38].

Na opinião do insigne publicista, que exercia o cargo de Procurador-Geral da República, a arguição de inconstitucionalidade não poderia ser arquivada, mas, ao revés, deveria ser submetida ao Supremo Tribunal, ainda que com parecer contrário do Ministério Público[39].

---

[33] Oswaldo Aranha Bandeira de Mello, *Teoria*, cit., p. 192.
[34] Rp. 93, de 16-7-1947, Rel. Min. Annibal Freire, *AJ*, *85*:3; Themístocles Brandão Cavalcanti, *Do controle da constitucionalidade*, Rio de Janeiro, Forense, 1966, p. 110.
[35] Themístocles Brandão Cavalcanti, *Do controle*, cit., p. 112.
[36] Themístocles Brandão Cavalcanti, *Do controle*, cit., p. 112; cf., também, Rp. 94, de 17-7-1947, Rel. Min. Castro Nunes, *AJ*, *85*:31.
[37] Themístocles Brandão Cavalcanti, *Do controle*, cit., p. 111-2.
[38] Themístocles Brandão Cavalcanti, *Do controle*, cit., p. 110.
[39] Themístocles Brandão Cavalcanti, *Do controle*, cit., p. 111.

Essa orientação tornou-se ainda mais evidente na Rp. 95 (Rel. Min. Orozimbo Nonato), na qual o Procurador-Geral da República manifestou-se pela constitucionalidade do preceito impugnado, justificando, no entanto, a propositura da ação, pelas seguintes razões:

> "Não tem esta Procuradoria Geral nenhuma dúvida em opinar a respeito, reafirmando conceitos já emitidos em outro parecer, no sentido de prestigiar o texto votado pelas Constituintes estaduais, cuja validade se presume, quando não colida com princípios fundamentais e expressos na Constituição Federal.
>
> Esta colisão não se verifica, a meu ver, na hipótese, porquanto a norma impugnada nada mais fez do que concretizar o princípio da hierarquia dos poderes no chamamento ao exercício do Poder Executivo.
>
> Na Constituição Federal, também é o Presidente da Câmara o imediato na substituição do Presidente e Vice-Presidente da República, e esta é uma tradição do nosso direito constitucional.
>
> Pouco importa que o poder não esteja ainda constituído porque o mesmo princípio se aplica a todos os casos de vaga.
>
> Subsiste, entretanto, a impugnação ao preceito invocado e basta esta controvérsia para que o 'ato arguido de inconstitucionalidade' seja submetido pelo Procurador-Geral da República ao exame do Supremo Tribunal Federal. E a dúvida é de tanto maior relevo quanto é o próprio Poder Executivo quem vacila na aplicação do texto constitucional, no momento em que se integra o Estado na plenitude de sua autonomia política.
>
> Grave é a responsabilidade do Governo diante da contingência de pôr termo à intervenção no Estado, entregando o Poder Executivo, não ao seu detentor eleito pelo povo mas a um representante eventual eleito pela Assembleia.
>
> Cumpre, por isso mesmo, o Procurador-Geral da República, um dever imposto não só pela alta consideração que merece o Aviso do Exmo. Sr. Ministro da Justiça, mas ainda pelos altos propósitos que o inspiram trazendo questão de tanta relevância ao conhecimento deste E. Tribunal, esperando que este se pronuncie sobre a legitimidade do artigo 2º do Ato das Disposições Transitórias da Constituição do Estado diante da Constituição Federal, bem como sobre a constitucionalidade da intervenção federal depois de promulgada a Constituição Federal.
>
> Requer, por isso, a Vossa Excelência que distribuída a presente como reclamação, seja a mesma processada como de direito"[40].

O Supremo Tribunal Federal ressaltou que não se tratava de simples consulta, mas de "exposição de um conflito de natureza constitucional, elementarmente constitucional, não ocultando a forma algo dubitativa das comunicações a ocorrência do tumulto (...)"[41]. E, concluiu, a final, pela constitucionalidade do art. 2º do Ato das Disposições Transitórias da Constituição de Pernambuco[42].

---

[40] Rp. 95, de 30-7-1947, Rel. Min. Orozimbo Nonato, *AJ*, *85*:55-6. Não obstante, convém assinalar que o Ministro Edgar Costa não conheceu da Representação, uma vez que esta tinha, "não apenas a aparência, mas incontestável caráter de consulta" (*AJ*, *85*:68-9).

[41] Rp. 95, de 30-7-1947, Rel. Min. Orozimbo Nonato, *AJ*, *85*:58.

[42] Rp. 95, de 30-7-1947, Rel. Min. Orozimbo Nonato, *AJ*, *85*:55-75.

Desde o início, firmou-se no Supremo Tribunal Federal a orientação de que se cuidava de uma controvérsia de índole constitucional. O Poder Judiciário não se limitava a opinar. A sua decisão configurava "um aresto, um acórdão", que punha "fim à controvérsia como árbitro final do contencioso da inconstitucionalidade"[43]. A propósito, vale registrar a seguinte passagem do voto proferido por Castro Nunes, na Rp. 94:

> "Consiste a intervenção, nas hipóteses do n. VII, na suspensão, importa dizer, na decretação pelo Congresso da *não vigência do ato legislativo*.
> São duas atribuições distintas, de índole diversa, mas articuladas: a decisão do Supremo Tribunal situa-se no terreno jurídico; a do Congresso, no plano político, mas a título de *sanção* daquela.
> Vem aqui, a propósito, esclarecer que, nos termos do assento constitucional e dos motivos de sua inspiração, o Supremo Tribunal não é provocado como órgão meramente consultivo, o que contraviria à índole do Judiciário; não se limita a opinar, *decide*, sua decisão é um aresto, um acórdão; põe fim à controvérsia como árbitro final do contencioso da inconstitucionalidade. É nessa função de árbitro supremo que ele intervém, se provocado, no conflito aberto entre a Constituição, que lhe cumpre resguardar, e a atuação deliberante do poder estadual.
> Daí resulta que, declarada a inconstitucionalidade, a intervenção sancionadora é uma decorrência do julgado"[44].

O Supremo Tribunal Federal exerce, pois, a função de "árbitro final do contencioso da inconstitucionalidade". Não se tratava, porém, de afastar, simplesmente, a aplicação da lei inconstitucional. A pronúncia da inconstitucionalidade, nesse processo, tinha dimensão diferenciada, como se pode ler no magnífico voto de Castro Nunes:

> "Atribuição nova, que o Supremo Tribunal é chamado a exercer pela primeira vez e cuja eficácia está confiada, pela Constituição, em primeira mão, ao patriotismo do próprio legislador estadual no cumprir, de pronto, a decisão e, se necessário, ao Congresso Nacional, na compreensão esclarecida da sua função coordenada com a do Tribunal, não será inútil o exame desses aspectos, visando delimitar a extensão, a executoriedade e a conclusividade do julgado.
> Na declaração em espécie, o Judiciário arreda a lei, decide o caso por inaplicação dela, e executa, ele mesmo, o seu aresto.
> Trata-se, aqui, porém, de inconstitucionalidade em tese, e nisso consiste a inovação desconhecida entre nós na prática judicial, porquanto até então não permitida pela Constituição.
> Em tais casos a inconstitucionalidade declarada não se resolve na inaplicação da lei ao caso ou no julgamento do direito questionado por abstração do texto legal comprometido; resolve-se por uma fórmula legislativa ou quase legislativa que vem a ser a não vigência, virtualmente decretada, de uma dada lei.

---

[43] Rp. 94, de 17-7-1947, Rel. Min. Castro Nunes, *AJ*, *85*:33.
[44] *AJ*, *85*:33.

Nos julgamentos em espécie, o Tribunal não anula nem suspende a lei, que subsiste, vige e continuará a ser aplicada até que, como, entre nós, estabelece a Constituição, o Senado exercite a atribuição do art. 64.

Na declaração em tese, a suspensão redunda na ab-rogação da lei ou na derrogação dos dispositivos alcançados, não cabendo ao órgão legiferante censurado senão a atribuição meramente formal de modificá-la ou regê-la, segundo as diretivas do prejulgado; é uma inconstitucionalidade declarada *erga omnes*, e não somente entre as partes; a lei não foi arredada apenas em concreto; foi cessada para todos os efeitos"[45].

Com essa colocação, o eminente jurista e magistrado logrou fixar princípios do próprio controle abstrato de normas, que viria a ser introduzido, entre nós, pela Emenda n. 16/65.

Os limites constitucionais da ação direta também mereceram a precisa reflexão de Castro Nunes. Na Rp. 94, enfatizou-se o caráter excepcional desse instrumento. "Outro aspecto, e condizente com a atitude mental do intérprete, em se tratando de intervenção – ensinava – é o relativo ao caráter excepcional dessa medida, pressuposta neste regímen a autonomia constituinte, legislativa e administrativa dos Estados-membros, e, portanto, a preservação dessa autonomia ante o risco de ser elidida pelos Poderes da União"[46]. E Castro Nunes aduzia que a enumeração contida no art. 7º, VII, da Constituição de 1946 "é taxativa, é limitativa, é restritiva e não pode ser ampliada a outros casos pelo Supremo Tribunal Federal"[47].

Na Rp. 95, o tema voltou a ser apreciado, tendo pontificado, uma vez mais, o magistério de Castro Nunes:

"Devo dizer ao Tribunal que considero a atribuição hoje conferida ao Supremo Tribunal excepcionalíssima, só quando for possível entroncar o caso trazido ao nosso conhecimento a algum dos princípios enumerados no art. 7º, n. 7, será possível conhecer da arguição. Não basta ser levantada uma dúvida constitucional, não basta que exista uma controvérsia constitucional. Se não for possível entroncá-la com um dos princípios enumerados, penso que o Tribunal deverá abster-se de qualquer deliberação. Nesse sentido, aliás, foi o voto do eminente Sr. Ministro Hahnemann Guimarães, que salientou também esse aspecto, igualmente ressaltado pelo eminente Sr. Ministro Relator, em seu voto.

No caso de dúvida, ou quando duvidosa ou remota aquela articulação, o Tribunal não deverá conhecer da representação que poderia transformar em expediente de rotina ou meio de consulta do Governo em todos os casos em que lhe conviesse provocar uma manifestação do Supremo Tribunal. Aliás o carácter excepcional da atribuição decorre da sanção mesma, que é a intervenção"[48].

Assentaram-se, assim, as linhas fundamentais da representação interventiva. A Lei n. 2.271, de 22 de julho de 1954, determinou que se aplicasse à arguição de in-

---

[45] Rp. 94, de 17-7-1947, *AJ*, *85*:33.
[46] *AJ*, *85*:34.
[47] Rp. 94, de 17-7-1947, *AJ*, *85*:34.
[48] Rel. Min. Orozimbo Nonato, *AJ*, *85*:70-1.

constitucionalidade o processo do mandado de segurança (art. 4º). A primeira fase continuou a ser processada, porém, na Procuradoria-Geral da República, tal como no período anterior ao advento da disciplina legal (art. 2º). "Era o Procurador-Geral – diz Themístocles Cavalcanti – quem recebia a representação da parte e, no prazo de 45 dias improrrogáveis, contados da comunicação da respectiva assinatura, ouvia, sobre as razões da impugnação do ato, os órgãos que o tivessem elaborado ou praticado"[49]. A Lei n. 4.337/64 modificou o procedimento então adotado, determinando que, após a arguição, o relator ouvisse sobre as razões de impugnação do ato, no prazo de trinta dias, os órgãos que o tivessem elaborado ou expedido. Admitia-se, contudo, o julgamento imediato do feito, em caso de urgência e relevância do interesse de ordem pública, dando-se ciência da supressão do prazo às partes.

§ 2º A Emenda n. 16/65 e o controle de constitucionalidade abstrato

A Emenda n. 16, de 26 de novembro de 1965, instituiu, ao lado da representação interventiva, e nos mesmos moldes, o controle abstrato de normas estaduais e federais. A reforma realizada, fruto dos estudos desenvolvidos na Comissão composta por Orozimbo Nonato, Prado Kelly (Relator), Dario de Almeida Magalhães, Frederico Marques e Colombo de Souza, visava a imprimir novos rumos à estrutura do Poder Judiciário. Parte das mudanças recomendadas já havia sido introduzida pelo Ato Institucional n. 2, de 27 de outubro de 1965. A Exposição de Motivos encaminhada pelo Ministro da Justiça, Dr. Juracy Magalhães, ao Presidente da República, ressalta que "a atenção dos reformadores tem-se detido enfaticamente na sobrecarga imposta ao Supremo Tribunal e ao Tribunal de Recursos". Não obstante, o próprio Supremo Tribunal Federal houve por bem sugerir a adoção de dois novos institutos de legitimidade constitucional, tal como descrito na referida Exposição de Motivos:

> "a) uma representação de inconstitucionalidade de lei federal, em tese, de exclusiva iniciativa do Procurador-Geral de República, à semelhança do que existe para o direito estadual (art. 8º, parágrafo único, da Constituição Federal);
>
> b) uma prejudicial de inconstitucionalidade, a ser suscitada, exclusivamente, pelo próprio Supremo Tribunal Federal ou pelo Procurador-Geral da República, em qualquer processo em curso perante outro juízo.
>
> A representação, limitada em sua iniciativa, tem o mérito de facultar desde a definição da 'controvérsia constitucional sobre leis novas, com economia para as partes, formando precedente que orientará o julgamento dos processos congêneres. Afeiçoa-se, no rito, às representações de que cuida o citado preceito constitucional para forçar o cumprimento, pelos Estados, dos princípios que integram a lista do inciso VII do art. 7º. De algum modo, a inovação, estendendo a vigilância às 'leis federais em tese', completa o sistema de pronto resguardo da lei básica, se ameaçada em seus mandamentos.
>
> Já a prejudicial agora proposta, modalidade de avocatória, utilizável em qualquer causa, de qualquer instância, importaria em substituir aos juízos das mais diversas cate-

---

[49] Themístocles Brandão Cavalcanti, *Do controle*, cit., p. 127.

gorias a faculdade, que lhes pertence, no grau da sua jurisdição, de apreciar a conformidade de lei ou de ato com as cláusulas constitucionais. Ao ver da Comissão, avocatória só se explicaria para corrigir omissões de outros órgãos judiciários, se vigorasse entre nós, como vigora por exemplo na Itália, o privilégio de interpretação constitucional por uma Corte especializada, a ponto de se lhe remeter obrigatoriamente toda questão daquela natureza, levantada de ofício ou por uma das partes em qualquer processo, desde que o juiz ou tribunal não a repute manifestamente infundada.

Ao direito italiano pedimos, todavia, uma formulação mais singela e mais eficiente do que a do art. 64 da nossa Constituição, para tornar explícito, a partir da declaração de ilegitimidade, o efeito *erga omnes* de decisões definitivas do Supremo Tribunal, poupando ao Senado o dever correlato de suspensão da lei ou do decreto – expediente consentâneo com as teorias de direito público em 1934, quando ingressou em nossa legislação, mas presentemente suplantada pela formulação contida no art. 136 do estatuto de 1948: 'Quando la Corte dichiara l'illegittimità costituzionale di una norma di legge o di atto avente forza di legge, la norma cessa di avere efficacia dal giorno successivo alla pubblicazione della decisione'"[50].

Nos termos do Projeto de Emenda à Constituição, o art. 101, I, *k*, passava a ter a seguinte redação:

"k) a representação de inconstitucionalidade de lei ou ato de natureza normativa, federal ou estadual, encaminhada pelo Procurador-Geral da República".

E o art. 5º do Projeto acrescentava os seguintes parágrafos ao art. 101:

"§ 1º Incumbe ao Tribunal Pleno o julgamento das causas de competência originária (inciso I), das prejudiciais de inconstitucionalidade suscitadas pelas Turmas, dos recursos interpostos de decisões delas, se divergirem entre si na interpretação do direito federal, bem como dos recursos ordinários nos crimes políticos (inciso II, *c*) e das revisões criminais (inciso IV).

§ 2º Incumbe às Turmas o julgamento definitivo das matérias enumeradas nos incisos II, *a* e *b*, e III deste artigo.

§ 3º As disposições de lei ou ato de natureza normativa, consideradas inconstitucionais em decisão definitiva, perderão eficácia, a partir da declaração do Presidente do Supremo Tribunal Federal publicada no órgão oficial da União".

E o art. 64 da Constituição passava a ter a seguinte redação:

"Art. 64. Incumbe ao Presidente do Senado Federal, perdida a eficácia de lei ou ato de natureza normativa (art. 101, § 3º), fazer publicar no *Diário Oficial* e na Coleção das leis, a conclusão do julgado que lhe for comunicado".

---

[50] Brasil. *Constituição (1946)*: Emendas. Emendas à Constituição de 1946, n. 16: reforma do Poder Judiciário, Brasília, Câmara dos Deputados, 1968, p. 24.

O parecer aprovado pela Comissão Mista, da lavra do Deputado Tarso Dutra, referiu-se, especificamente, ao novo instituto de controle de constitucionalidade:

> "A letra 'k', propondo a representação a cargo da Procuradoria-Geral da República, contra a inconstitucionalidade em tese da lei, constitui uma ampliação da faculdade consignada no parágrafo único do art. 8º, para tornar igualmente vulneráveis as leis federais por essa medida. Ao anotar-se a conveniência da modificação alvitrada na espécie, que assegurará, com a rapidez dos julgamentos sumários, uma maior inspeção jurisdicional da constitucionalidade das leis, não será inútil configurar o impróprio de uma redação, que devia conferir à representação a ideia nítida de oposição à inconstitucionalidade e o impreciso de uma referência a atos de natureza normativa de que o nosso sistema de poderes indelegáveis (art. 36, §§ 1º e 2º) conhece apenas uma exceção no § 2º do art. 123 da Constituição"[51].

A proposta de alteração do disposto no art. 64 da Constituição, com a atribuição de eficácia *erga omnes* à declaração de inconstitucionalidade proferida pelo Supremo Tribunal Federal, foi rejeitada[52]. Consagrou-se, todavia, o modelo abstrato de controle de constitucionalidade.

A implantação do sistema de controle de constitucionalidade, com o objetivo precípuo de "preservar o ordenamento jurídico da intromissão de leis com ele inconviventes"[53] veio somar, aos mecanismos já existentes, um instrumento destinado a defender diretamente o sistema jurídico objetivo.

Finalmente não se deve olvidar que, no tocante ao controle de constitucionalidade da lei municipal, a Emenda n. 16 consagrou, no art. 124, XIII, regra que outorgava ao legislador a faculdade para "estabelecer processo de competência originária do Tribunal de Justiça para declaração de inconstitucionalidade de lei ou ato do Município em conflito com a Constituição do Estado".

SEÇÃO VI – O CONTROLE DE CONSTITUCIONALIDADE NA CONSTITUIÇÃO DE 1967/1969

A Constituição de 1967 não trouxe grandes inovações no sistema de controle de constitucionalidade. Manteve-se incólume o controle difuso. A ação direta de inconstitucionalidade subsistiu, tal como prevista na Constituição de 1946, com a Emenda n. 16/65.

A representação para fins de intervenção, confiada ao Procurador- Geral da República, foi ampliada, com o objetivo de assegurar não só a observância dos chamados princípios sensíveis (art. 10, VII), mas também prover a execução de lei federal (art. 10, VI, 1ª parte). A competência para suspender o ato estadual foi transferida para o

---

[51] Brasil. *Constituição* (1946), cit., p. 67.
[52] Brasil. *Constituição* (1946), cit., p. 88-90.
[53] Celso Ribeiro Bastos, *Curso*, cit., p. 65.

Presidente da República (art. 11, § 2º). Preservou-se o controle de constitucionalidade *in abstracto*, tal como estabelecido pela Emenda n. 16/65 (art. 119, I, *l*).

A Constituição de 1967 não incorporou a disposição da Emenda n. 16, que permitia a criação do processo de competência originária dos Tribunais de Justiça dos Estados, para declaração de lei ou ato dos municípios que contrariassem as Constituições dos Estados. A Emenda n. 1/69, previu, expressamente, o controle de constitucionalidade de lei municipal, em face da Constituição estadual, para fins de intervenção no município (art. 15, § 3º, *d*).

A Emenda n. 7/77 introduziu, ao lado da representação de inconstitucionalidade, a representação para fins de interpretação de lei ou ato normativo federal ou estadual, outorgando ao Procurador-Geral da República a legitimidade para provocar o pronunciamento do Supremo Tribunal Federal (art. 119, I, *e*). E, segundo a Exposição de Motivos apresentada ao Congresso Nacional, esse instituto deveria evitar a proliferação de demandas, com a fixação imediata da correta exegese da lei[54].

Finalmente, deve-se assentar que a Emenda n. 7/77 pôs termo à controvérsia sobre a utilização de liminar em representação de inconstitucionalidade, reconhecendo, expressamente, a competência do Supremo Tribunal para deferir pedido de cautelar, formulado pelo Procurador-Geral da República (CF 1967/1969, art. 119, I, *p*)[55].

---

[54] Mensagem n. 81, de 1976, *Diário do Congresso Nacional*. O Texto Magno de 1988 não manteve esse instituto no ordenamento constitucional brasileiro.

[55] A Constituição de 1988 manteve a competência do Supremo Tribunal para conceder liminar na *ação de inconstitucionalidade* (art. 102, I, *p*).

Capítulo II
O CONTROLE INCIDENTAL DE NORMAS NO DIREITO BRASILEIRO

SEÇÃO I – CONSIDERAÇÕES PRELIMINARES

Consagrou-se, nos albores do regime republicano, o modelo difuso do controle de constitucionalidade. Em 1934, procedeu-se à introdução da ação direta, como procedimento preliminar do processo interventivo. E, somente em 1965, com a adoção da representação de inconstitucionalidade, passa a integrar o nosso sistema a modalidade de controle abstrato de normas (Emenda n. 16/65 à Constituição de 1946).

No âmbito da unidade federada, a Constituição de 1967/1969 estabeleceu a representação de lei municipal, pelo chefe do Ministério Público local, tendo em vista a intervenção estadual (art. 15, § 3º, *d*). Finalmente, a Emenda n. 7/77 outorgou ao Supremo Tribunal Federal a competência para apreciar representação do Procurador-Geral da República para interpretação de lei ou ato normativo federal ou estadual, completando, assim, o *instrumentarium* do controle de constitucionalidade no Direito pátrio.

Podem-se, assim, resumir em três as espécies processuais de controle de constitucionalidade no Direito brasileiro:

1ª) o controle difuso, concreto, ou incidental, exercido pelos órgãos jurisdicionais nos processos de sua competência (CF 1967/1969, arts. 116, 119, III, *a*, *b* e *c*, e 42, VII);

2ª) o controle direto de constitucionalidade para fins de intervenção da União no Estado (CF 1967/1969, art. 11, § 1º, c/c o art. 10, VI e VII), ou do Estado no município (art. 15, § 3º, *d*);

3ª) o controle abstrato de normas federais e estaduais, previsto no art. 119, I, *l*, da Constituição de 1967/1969 instaurado por provocação do Procurador-Geral da República[1].

---

[1] A Constituição de 1988 introduziu profundas mudanças na sistemática do controle de constitucionalidade. Manteve-se íntegro o controle difuso, reconhecido a todos os órgãos judiciais (CF/88, arts. 97, 102, III, *a* a *c*, 105, T, *a* e *b*). A representação interventiva sofreu uma inexplicável diferenciação: é da competência do Supremo Tribunal Federal apenas a representação destinada a assegurar a observância dos princípios consagrados no art. 34, VII, *a*, *b*, *c* e *d* (CF/88, art. 36, II). A representação destinada a assegurar a execução da lei federal (art. 34, VI, 1ª parte) passa a ser da competência do Superior Tribunal de Justiça. A diferenciação parece carecer de qualquer explicação de índole sistemática, pois as duas hipóteses referem-se a conflitos federativos de natureza constitucional e, por isso, tradicionalmente confiados à decisão do Supremo Tribunal Federal. Acentue-se que a modificação traz consigo uma grave incongruência: os conflitos de natureza privada entre Estado e União deverão ser dirimidos pelo Supremo Tribunal Federal (CF/88, art. 102, I, *f*); o conflito federativo atinente à execução de lei federal, que poderá acarre-

Adotou-se, entre nós, de início, o modelo difuso de declaração de inconstitucionalidade[2]. O Decreto n. 848, de 11 de outubro de 1890, consagrava que "na guarda e aplicação da Constituição e das leis nacionais, a magistratura só intervirá em espécie e por provocação da parte". E o desenvolvimento posterior veio a consolidar essa tendência, como se depreende do disposto nos arts. 59, § 1º, *a* e *b*, e 60 da Constituição de 1891, e no art. 13, § 10, da Lei de Organização da Justiça Federal (Lei n. 221, de 20 de novembro de 1894). A reforma de 1926 não introduziu modificação significativa nesse âmbito, limitando-se a restringir o acesso ao Judiciário nas questões políticas[3].

---

tar a intervenção da União no Estado (CF 1988, art. 36, IV), há de ser solvido pelo Superior Tribunal de Justiça. É possível que o constituinte tenha pretendido confiar ao Superior Tribunal de Justiça todas as matérias pertinentes à legislação não constitucional, tal como na distinção levada a efeito entre o recurso especial e o recurso extraordinário (CF/88, arts. 102, III, e 105, III). O equívoco não se revela, por isso, menos grave. Questão atinente à execução de lei federal, pelo Estado-Membro, traz ínsita, normalmente, controvérsia sobre distribuição, amplitude ou limites de competência. Trata-se, portanto, de questão de índole constitucional. O problema pode tornar-se extremamente delicado se, *v.g.*, o Governador do Estado ameaçado de intervenção por recusa à execução de lei federal formular pedido de arguição de inconstitucionalidade, perante o Supremo Tribunal (art. 103, V), em relação a essa lei, que a União pretende ver executada. Nesse caso, qual processo deverá ser decidido em primeiro lugar? A ação de inconstitucionalidade relativa à lei federal não executada pelo Estado-Membro, proposta perante o Supremo Tribunal Federal, ou a representação interventiva, destinada a assegurar a execução da lei federal impugnada, proposta perante o Superior Tribunal de Justiça? As respostas possíveis não se mostram hábeis a minimizar embaraços e perplexidades. O controle abstrato de normas foi significativamente ampliado, atingindo, no âmbito federal, quase a expressão de uma *ação popular de inconstitucionalidade* (art. 103, I a IX). A par desse amplíssimo modelo de controle abstrato, criou o constituinte, no art. 102, parágrafo único, a *arguição de descumprimento de preceito fundamental decorrente da Constituição, a ser apreciada pelo Supremo Tribunal na forma da lei*. Trata-se de inovação, salvo melhor juízo, sem qualquer paradigma nos diferentes sistemas de controle de constitucionalidade. Embora seja possível e necessário identificar os princípios fundamentais de determinado ordenamento constitucional, não se costuma outorgar-lhes proteção processual específica ou diferenciada. A aferição de eventual ofensa às regras disciplinadoras da revisão ou aos princípios protegidos por *cláusula de intangibilidade* faz-se, normalmente, mediante controle abstrato ou outra modalidade de controle de normas. Resta aguardar a deliberação do legislador ordinário, uma vez que o dispositivo em apreço reclama expressa regulamentação. De qualquer forma, não parece muito ortodoxa a outorga de competência ao legislador para definir esses *princípios fundamentais*. Na esfera estadual, assegurou o constituinte a representação de inconstitucionalidade de leis ou atos normativos estaduais ou municipais em face da Constituição estadual, vedando-se a atribuição do direito de propositura a um único órgão (CF/88, art. 125, § 2º). Cria-se, assim, um duplo mecanismo de defesa direta contra a inconstitucionalidade de atos normativos estaduais, tornando possível submeter a mesma lei, a um só tempo, ao controle do Tribunal de Justiça e do Supremo Tribunal Federal. Assegurou-se, outrossim, amplo *instrumentarium* para coibir a chamada *omissão inconstitucional*. No art. 5º, LXXI, da Constituição, assegurou-se o mandado de injunção "sempre que a falta de norma regulamentadora torne inviável o exercício dos direitos e liberdades constitucionais e das prerrogativas inerentes à nacionalidade, à soberania e à cidadania". No art. 103, § 2º, previu o constituinte, aparentemente, um modelo abstrato de controle destinado a *tornar efetiva norma constitucional*. O texto constitucional é silente, porém, quanto ao procedimento a ser adotado, não contendo, igualmente, qualquer definição quanto aos órgãos eventualmente legitimados a deflagrar essa modalidade de controle.

[2] Carlos Alberto Lúcio Bittencourt, *O controle jurisdicional da constitucionalidade das leis*, 2. ed., Rio de Janeiro, Forense, 1968, p. 99; Celso Agrícola Barbi, Evolução do controle da constitucionalidade das leis no Brasil, *RDP*, 1(4):37; Oswaldo Aranha Bandeira de Mello, *Teoria das constituições rígidas*, 2. ed., São Paulo, Bushatsky, 1980, p. 156.

[3] O art. 60 da Constituição recebeu nova redação, estabelecendo, no seu § 5º, que "nenhum recurso judiciário é permitido para a justiça federal, ou local, contra a intervenção nos Estados, a declaração de estado de sítio e a verificação de poderes, o reconhecimento, a posse, a legitimidade, a perda de mandato aos membros do Poder Legislativo ou Executivo, federal ou estadual; assim como na vigência do estado de sítio, não poderão os tribunais conhecer dos atos praticados em virtude dele pelo Poder Legislativo ou Executivo".

A matéria não sofreu alterações profundas nos textos subsequentes. A declaração de constitucionalidade por via de exceção se erigiu, inicialmente, em dogma do novo regime. A "inconstitucionalidade – ensinava Rui – não se aduz como alvo da ação, mas apenas como subsídio à justificação do direito, cuja reivindicação se discute"[4], uma vez que "o remédio judicial contra os atos inconstitucionais, ou ilegais, da autoridade política não se deve pleitear por ação direta ou principal"[5]. E, dentre os requisitos elementares ao exercício do controle de constitucionalidade, no Direito brasileiro, reputava imprescindível

> "que a ação não tenha por objeto diretamente o ato inconstitucional do poder legislativo, ou executivo, mas se refira à inconstitucionalidade dele apenas como fundamento, e não alvo, do libelo"[6].

Essa concepção ortodoxa sofreu profunda modificação na sua própria matriz, conforme demonstra George Jaffin no artigo intitulado "Evolução do controle jurisdicional de constitucionalidade das leis nos Estados Unidos"[7]. A ampla utilização da *injunction* como técnica do controle de constitucionalidade permitiu que se atenuassem, significativamente, as exigências para obter uma "declaração judicial sobre a validade da lei", ensejando a propositura de ações visando a impedir que determinado agente oficial desse execução a uma lei inconstitucional[8]. Admitia-se, como observado por Benjamin Cardozo, "que o prejudicado chorasse antes de sentir dor"[9]. O reconhecimento da legitimidade da ação declaratória como instrumento de controle de constitucionalidade outorgou maior flexibilidade ao sistema, superando a exigência de uma controvérsia ou de um contraditório rígido e nem sempre autêntico[10].

Entre nós, a instituição das garantias constitucionais do *habeas corpus* e do mandado de segurança ampliou, significativamente, a chamada via de defesa ou de exceção contra o ato ou omissão eivado de inconstitucionalidade, admitindo-se, inclusive, a utilização desses remédios em caráter preventivo[11]. Reconheceu-se, igualmente, a le-

---

[4] Rui Barbosa, Os atos inconstitucionais do Congresso e do Executivo, in *Trabalhos jurídicos*, Rio de Janeiro, Casa de Rui Barbosa, 1962, p. 82.

[5] Rui Barbosa, Os atos inconstitucionais..., in *Trabalhos jurídicos*, cit., p. 81.

[6] Rui Barbosa, Os atos inconstitucionais..., in *Trabalhos jurídicos*, cit., p. 95, e *O direito do Amazonas ao Acre septentrional*, Rio de Janeiro, Jornal do Commercio, 1910, v. 1, p. 103.

[7] *RF*, *86*:285 e s.

[8] Jaffin, Evolução, *RF*, cit., p. 287 e 281; Bittencourt, *O controle jurisdicional*, cit., p. 101; Alfredo Buzaid, *Da ação direta de declaração de inconstitucionalidade no direito brasileiro*, São Paulo, Saraiva, 1958, p. 24-6.

[9] Apud Bittencourt, *O controle jurisdicional*, cit., p. 101.

[10] Nashville C. and St. Louis Railway *vs.* Wallace 288 U.S. 249. Cf. Bittencourt, *O controle jurisdicional*, cit., p. 101; Alfredo Buzaid, *Da ação direta*, cit., p. 27-9; Jaffin, Evolução, *RF*, cit., p. 290-1; Eduardo Jiménez Arechaga, A ação declaratória de inconstitucionalidade na Constituição uruguaia de 1934, *RF*, *86*:293-300.

[11] Bittencourt, *O controle jurisdicional*, cit., p. 101 e 105-10; Alfredo Buzaid, "Juicio de amparo" e mandado de segurança, *Revista de Direito Processual Civil*, 5:69; Celso Bastos, *Curso de direito constitucional*, 5. ed., São Paulo, Saraiva, 1982, p. 58-60.

gitimidade da ação declaratória como instrumento processual hábil a obter a pronúncia de inconstitucionalidade de lei ou ato desconforme com a ordem constitucional[12]. A ação popular passa a constituir, também, forma judicial idônea para provocar o controle jurisdicional da constitucionalidade[13].

Não se cuida mais, ou exclusivamente, de simples defesa contra a aplicação de um ato inconstitucional, tal como inicialmente definido por Lúcio Bittencourt[14], ou de alegação de inconstitucionalidade emanada de pessoa cujos direitos tenham sido ofendidos pela lei, como preconizado por Buzaid[15].

Ao revés, o controle de constitucionalidade difuso, concreto, ou incidental, caracteriza-se, fundamentalmente, também no Direito brasileiro, pela verificação de uma questão concreta de inconstitucionalidade, ou seja, de dúvida quanto à constitucionalidade de ato normativo a ser aplicado num caso submetido à apreciação do Poder Judiciário. "É mister – diz Lúcio Bittencourt – que se trate de uma controvérsia real, decorrente de uma situação jurídica objetiva"[16].

Anote-se que não se faz imprescindível a alegação dos litigantes, podendo o juiz ou o tribunal recusar-lhe aplicação, a despeito do silêncio das partes[17].

Convém ressaltar que a distinção consagrada na doutrina entre os controles "abstrato" e "concreto", ou entre controle por via de ação e controle por via de exceção, não tem a relevância teórica que, normalmente, se lhe atribui.

Nos modelos concentrados, a diferenciação entre controle concreto e abstrato assenta-se, basicamente, nos pressupostos de admissibilidade (*Zulässigkeitsvoraussetzungen*). O controle concreto de normas tem origem em uma relação processual concreta, constituindo a relevância da decisão (*Entscheidungserheblichkeit*) pressuposto de admissibilidade[18]. O chamado controle abstrato, por seu turno, não está vinculado a uma situação subjetiva ou a qualquer outro evento do cotidiano (*Lebensvorgang*)[19]. Schlaich

---

[12] Bittencourt, *O controle jurisdicional*, cit., p. 102-5.

[13] Cf., a propósito, José Afonso da Silva, *Ação popular constitucional*: doutrina e processo, São Paulo, Revista dos Tribunais, 1968, p. 125-30.

[14] *O controle jurisdicional*, cit., p. 97; cf., a propósito, Celso Bastos, *Curso*, cit., p. 58.

[15] *Da ação direta*, cit., p. 24.

[16] Bittencourt, *O controle jurisdicional*, cit., p. 111-12; cf., sobre o tema, José Joaquim Gomes Canotilho, *Direito constitucional*, 4. ed., Coimbra, Almedina, 1986, p. 795.

[17] Bittencourt, *O controle jurisdicional*, cit., p. 113.

[18] Klaus Schlaich, *Das Bundesverfassungsgericht*: Stellung, Verfahren, Entscheidungen, 1. Aufl., München, C. H. Beck, 1985, p. 66; Christian Pestalozza, *Verfassungsprozessrecht*: die Verfassungsgerichtsbarkeit des Bundes und der Länder, 2. Aufl., München, C. H. Beck, 1982, p. 66; cf., também, Mauro Cappelletti, La pregiudizialità costituzionale nel processo civile, 2. ed., Milano, Giuffrè, 1972, p. 4-10; Piero Calamandrei, La illegittimità costituzionale delle leggi nel processo civile, in *Opere giuridiche*, Napoli, Morano, 1968, v. 3, p. 373 e s.; Gustavo Zagrebelsky, *La giustizia costituzionale*, Bologna, Mulino, 1979, p. 84 e s.

[19] Schlaich, *Das Bundesverfassungsgericht*, cit., p. 66; Pestalozza, *Verfassungsprozessrecht*, cit., p. 66; Hartmut Söhn, Die abstrakte Normenkontrolle, in Christian Starck (org.), *Bundesverfassungsgericht und Grundgesetz*, 1. Aufl., Tübingen, Mohr, 1970, v. 1, p. 296; Theodor Maunz et al., *Bundesverfassungsgerichtsgesetz*: Kommentar, München, C. H. Beck, Okt. 1985, § 13, n. 58.

ressalta a equivocidade desses conceitos, porquanto o controle realizado, a decisão proferida e as consequências jurídicas são verdadeiramente abstratas, na medida em que se processam independentemente do feito originário. Em outros termos, o controle e o julgamento levados a efeito pelo tribunal estão plenamente desvinculados do processo originário, tendo, por isso, consequências jurídicas idênticas[20].

Assim, a característica fundamental do controle concreto ou incidental de normas parece ser o seu desenvolvimento inicial no curso de um processo, no qual a questão constitucional configura "antecedente lógico e necessário à declaração judicial que há de versar sobre a existência ou inexistência de relação jurídica"[21].

Como observado, a Constituição de 1934 consagrou a competência do Senado Federal para suspender a execução de qualquer lei ou ato declarado inconstitucional pelo Supremo Tribunal (art. 91, IV, c/c o art. 96). E, no art. 179, condicionou a declaração de inconstitucionalidade pelos tribunais ao sufrágio da maioria absoluta.

Tais modificações são reveladoras de uma nítida diferenciação no âmbito do controle difuso de constitucionalidade. Embora preservasse a competência do juiz singular para apreciar a questão constitucional, o constituinte estabelecia pressupostos para a declaração de inconstitucionalidade das leis pelos tribunais. Em verdade, o anteprojeto da comissão constitucional atenuava ou até retirava o caráter difuso da declaração de inconstitucionalidade da lei federal, concentrando no Supremo Tribunal a decisão final.

A proposta foi rejeitada, introduzindo-se, em seu lugar, a exigência do *quorum* especial para a declaração de inconstitucionalidade.

Subordinou-se a eficácia *erga omnes* da decisão do Supremo Tribunal que declarasse a inconstitucionalidade da lei ou ato à resolução do Senado Federal (art. 91, IV).

Essa atribuição reconhecida ao Senado mereceu crítica de Araújo Castro, que entendia indevido o deslocamento da matéria da esfera judiciária[22]. Ressalte-se que, na Assembleia Constituinte, o deputado Godofredo Vianna apresentou emenda do seguinte teor:

> "Sempre que o Supremo Tribunal declarar, em mais de um aresto, a inconstitucionalidade de uma lei, esta será considerada como inexistente. O Procurador-Geral da República fará publicar a última decisão no órgão oficial da União e no Estado, a fim de que comece a obrigar nos prazos estabelecidos pela lei civil"[23].

Não obstante, o sistema de declaração de inconstitucionalidade por todos os juízes e tribunais, exigida, no caso destes, a observância do *quorum* especial, e a suspensão

---
[20] Schlaich, *Das Bundesverfassungsgericht*, cit., p. 65-6; cf. Lei do *Bundesverfassungsgericht*, §§ 31, (1) e (2) (efeito vinculante e geral), e 78 (nulidade).
[21] Alfredo Buzaid, "Juicio de amparo"..., *Revista de Direito Processual Civil*, cit., p. 69. Cf., também, Zagrebelsky, *La giustizia*, cit., p. 84; Mauro Cappelletti, *La pregiudizialità*, cit., p. 4-10.
[22] Araújo Castro, *A nova Constituição brasileira*, Rio de Janeiro, Freitas Bastos, 1935, p. 247.
[23] Araújo Castro, *A nova Constituição*, cit., p. 247.

pelo Senado Federal do ato declarado inconstitucional, pelo Supremo Tribunal, foram incorporados pela Constituição de 1946 (arts. 101, III, *b* e *c*, 200 e 64) e pela Constituição de 1967/1969 (arts. 119, III, *a*, *b*, *c*, 116, e 42, VII).

SEÇÃO II – PRESSUPOSTOS DO CONTROLE CONCRETO

§ 1º Requisitos subjetivos

O controle de constitucionalidade concreto ou incidental, tal como desenvolvido no Direito brasileiro, é exercido por qualquer órgão judicial, no curso de processo de sua competência[24]. A decisão "que não é feita sobre o objeto principal da lide, mas sim sobre questão prévia, indispensável ao julgamento do mérito"[25], tem o condão, apenas, de afastar a incidência da norma viciada. Daí recorrer-se à suspensão de execução pelo Senado de leis ou decretos declarados inconstitucionais pelo Supremo Tribunal Federal (CF 1967/1969, art. 42, VII)[26].

A questão de constitucionalidade há de ser suscitada pelas partes ou pelo Ministério Público, podendo vir a ser reconhecida *ex officio* pelo juiz ou tribunal[27]. Todavia, perante o tribunal, a declaração de inconstitucionalidade somente poderá ser pronunciada "pelo voto da maioria absoluta de seus membros ou dos membros do órgão especial", disciplinado no art. 144, V, da Constituição de 1967/1969[28].

A exigência de maioria absoluta dos votos para a declaração de inconstitucionalidade de leis pelos tribunais, introduzida pela Carta de 1934 (art. 179) e reproduzida nas subsequentes (CF de 1937, art. 96; CF de 1946, art. 200; CF de 1967/1969, art. 116), deu ensejo a acesa polêmica sobre a possibilidade de o juiz singular pronunciar-se sobre a inconstitucionalidade[29]. Prevaleceu, todavia, o entendimento que afirmava a competência do juiz singular para apreciar a controvérsia constitucional[30].

§ 2º Requisitos objetivos

Inexiste uma disciplina minudente da questão constitucional, no controle *incidenter tantum*.

---

[24] Bittencourt, *O controle jurisdicional*, cit., p. 36-7 e 46.
[25] Celso Bastos, *Curso*, cit., p. 59; Alfredo Buzaid, "Juicio de amparo"..., *Revista de Direito Processual Civil*, cit., p. 69.
[26] O ordenamento constitucional de 1988 manteve inalterada essa orientação (CF/88, art. 52, X). A amplitude emprestada ao controle abstrato de normas e a adoção de novos institutos, como o mandado de injunção, permitem indagar se não seria mais coerente reconhecer eficácia *erga omnes* à pronúncia de inconstitucionalidade proferida, incidentalmente, pelo Supremo Tribunal Federal. Não há dúvida de que já não mais subsistem as razões que determinaram a adoção desse instituto pelo Direito Constitucional brasileiro.
[27] Bittencourt, *O controle jurisdicional*, cit., p. 113.
[28] Esse princípio foi mantido na Constituição de 1988 (art. 97).
[29] Patrocínio (Minas Gerais). Juízo de Direito da Comarca. Inconstitucionalidade das leis..., por Martins de Oliveira, *RF*, 65:170; Vicente Chermont Miranda, Inconstitucionalidade e incompetência do juiz singular, *RF*, 92:582; Alcides de Mendonça Lima, Competência para declarar a inconstitucionalidade das leis, *RF*, 123:347 e 352.
[30] Bittencourt, *O controle jurisdicional*, cit., p. 36-8; Oswaldo Aranha Bandeira de Mello, *Teoria*, cit., p. 161-2.

O Decreto n. 848/90 consagrou fórmula segundo a qual, "na guarda e aplicação da Constituição e leis federais, a magistratura federal só intervirá em espécie e por provocação da parte". E a lei de organização da justiça federal estabeleceu, no art. 13, § 10, que "os juízes e tribunais não aplicarão aos casos ocorrentes as leis e regulamentos manifestamente inconstitucionais". Os Textos Magnos passaram a exigir, a partir de 1934, que a declaração de inconstitucionalidade, nos tribunais, somente haveria de ser proferida pelo voto da maioria absoluta dos juízes.

A *questão constitucional* mereceu pouca atenção do legislador. A exigência quanto à declaração de inconstitucionalidade dos atos manifestamente inconstitucionais não foi recebida pela legislação subsequente, tendo-se assentado, entre nós, como regra de bom aviso, que recomenda ao juiz um mínimo de *self-restraint*[31]. Esse postulado conjuga-se, normalmente, com a máxima segundo a qual "o juiz deve abster-se de se manifestar sobre a inconstitucionalidade, toda vez que, sem isso, possa julgar a causa e restaurar o direito violado"[32]. Sem infirmar a valia desse princípio como referencial de autolimitação para o juiz, deve-se reconhecer que o Supremo Tribunal Federal já não lhe empresta adesão, conforme se depreende do disposto no art. 176 do Regimento Interno. E, anteriormente, já havia sustentado Lúcio Bittencourt que, "sempre que, legitimamente, o exame da constitucionalidade se apresente útil ou conveniente para a decisão da causa, não devem os tribunais fugir à tese"[33].

O Código de Processo Civil de 1939 não continha disciplina específica sobre o controle de constitucionalidade. A lei processual de 1973 introduziu, nos arts. 480 a 482, breve disciplina do controle de constitucionalidade *incidenter tantum* exercido por órgãos fracionários dos tribunais[34]. Arguida, a qualquer tempo, a questão, o relator deverá submetê-la à Turma ou à Câmara competente para julgar o processo, após a audiência do órgão do Ministério Público (art. 480). Rejeitada a questão, terá prosseguimento o feito; acolhida, há de ser lavrado o acórdão a fim de ser submetida ao Tribunal Pleno (art. 481).

A arguição de inconstitucionalidade poderá ser rejeitada, no órgão fracionário, por *inadmissível* ou *improcedente*:

a) A questão há de envolver *ato de natureza normativa a ser aplicado à decisão da causa*, devendo ser rejeitada a arguição de inconstitucionalidade de ato que não tenha natureza normativa ou não seja oriundo do Poder Público[35].

---

[31] Bittencourt, *O controle jurisdicional*, cit., p. 115-16; Themístocles Brandão Cavalcanti, *Do controle da constitucionalidade*, Rio de Janeiro, Forense, 1966, p. 81-4; cf., também, a crítica de José de Castro Nunes, *Teoria e prática do Poder Judiciário*, Rio de Janeiro, Forense, 1943, p. 591.

[32] Bittencourt, *O controle jurisdicional*, cit., p. 116-18.

[33] Bittencourt, *O controle jurisdicional*, cit., p. 118.

[34] José Carlos Barbosa Moreira, *Comentários ao Código de Processo Civil*, Rio de Janeiro, Forense, 1973, v. 5, p. 41; Pontes de Miranda, *Comentários ao Código de Processo Civil*, Rio de Janeiro, Forense, 1975, v. 6, p. 79 e s.

[35] Moreira, *Comentários*, cit., p. 48.

b) A questão de inconstitucionalidade há de ser *relevante* para o julgamento da causa, afigurando-se "inadmissível a arguição *impertinente*, relativa a lei ou a outro ato normativo de que não dependa a decisão sobre o recurso ou a causa"[36].

c) A arguição será *improcedente*, se o órgão fracionário, pela maioria de seus membros, rejeitar a alegação de desconformidade da lei com a norma constitucional.

O pronunciamento do órgão fracionário, pela rejeição ou acolhimento da arguição de inconstitucionalidade, é irrecorrível[37]. Rejeitada a arguição, "prosseguirá o julgamento", podendo o órgão fracionário aplicar à espécie a lei ou ato normativo acoimado de inconstitucional. Acolhida a arguição, que poderá ser por maioria simples, "será lavrado o acórdão, a fim de ser submetida a questão ao tribunal pleno" (art. 481), ou ao órgão especial (CF 1967/1969, art. 116 c/c o art. 144, V)[38]. Dá-se "a cisão funcional da competência: ao Plenário caberá pronunciar-se sobre a constitucionalidade ou a inconstitucionalidade, e ao órgão fracionário, depois, à vista do que houver assentado o plenário, decidir a espécie"[39].

Assente-se que o Plenário somente pode pronunciar-se sobre o que, efetivamente, foi acolhido pelo órgão fracionário, sendo-lhe defeso emitir juízo sobre a parte julgada inadmissível ou rejeitada pela Turma ou Câmara. A arguição de inconstitucionalidade será acolhida se lograr reunir a *maioria absoluta dos votos*, pelo menos em relação a um dos vários fundamentos. Do contrário, independentemente do resultado da votação, as consequências são as mesmas[40].

A decisão do Plenário, que é irrecorrível[41], vincula o órgão fracionário, no caso concreto, incorporando-se ao "julgamento do recurso ou da causa, como premissa inafastável"[42]. Publicado o acórdão, reinicia-se o julgamento da *questão concreta* perante o órgão fracionário.

SEÇÃO III – O CONTROLE INCIDENTAL DE NORMAS NO SUPREMO TRIBUNAL FEDERAL

A disciplina do controle incidental de constitucionalidade perante o Supremo Tribunal Federal sofreu significativa mudança. Traduzindo as concepções então vigentes, o Regimento Interno do Supremo Tribunal Federal, de 1940, consagrava, no art. 85, parágrafo único, que,

> "se por ocasião do julgamento de qualquer feito se verificar que é imprescindível decidir-se sobre a constitucionalidade ou não de alguma lei, ou de certa e determinada

---

[36] Moreira, *Comentários*, cit., p. 46; Pontes de Miranda, *Comentários ao Código de Processo Civil*, cit., p. 82.
[37] Cf. Súmulas 293 e 513 do STF.
[38] Pontes de Miranda, *Comentários ao Código de Processo Civil*, cit., p. 82.
[39] Moreira, *Comentários*, cit., p. 50.
[40] Moreira, *Comentários*, cit., p. 53.
[41] Súmula 513 do STF; cf., também, Súmula 293.
[42] Moreira, *Comentários*, cit., p. 54.

disposição nela contida, ou de ato do Presidente da República, o Tribunal, por proposta do Relator, ou de qualquer de seus membros, ou a requerimento do Procurador-Geral, depois de findo o relatório, suspenderá o julgamento para deliberar na sessão seguinte, preliminarmente, sobre a arguida inconstitucionalidade, como prejudicial".

O art. 86 do Regimento previa que, se a arguição de inconstitucionalidade ocorresse perante qualquer das Turmas, competia ao Tribunal Pleno julgar a prejudicial de inconstitucionalidade da lei ou ato impugnado.

O Regimento do Supremo Tribunal Federal vigente consagra, no art. 176, que:

> "Arguida a inconstitucionalidade de lei ou ato normativo federal, estadual ou municipal, em qualquer outro processo submetido ao Plenário, será ela julgada em conformidade com o disposto nos arts. 172 a 174, depois de ouvido o Procurador-Geral".

Não se enfatiza mais a imprescindibilidade do julgamento da questão para a decisão do caso concreto, afigurando-se suficiente a arguição de inconstitucionalidade. Nos processos de competência das Turmas, dar-se-á a remessa do feito ao julgamento do Plenário, em caso de relevante arguição de inconstitucionalidade (RISTF, art. 176, § 1º, c/c o art. 6º, II, *a*).

O julgamento da matéria exige *quorum* de oito ministros (RISTF, art. 143, parágrafo único), somente podendo ser proclamada a constitucionalidade ou a inconstitucionalidade do preceito ou ato impugnados se, num ou noutro sentido, se tiverem manifestado seis ministros (RISTF, art. 173, *caput*, c/c o art. 143). No caso de ausência de ministros em número que possa influir no julgamento, proceder-se-á à sua suspensão, aguardando-se o comparecimento dos ausentes (RISTF, art. 173, parágrafo único), ou convocando-se ministros do Tribunal Federal de Recursos (RISTF, art. 40).

Não será declarada a inconstitucionalidade se não for alcançada a maioria de seis votos (RISTF, art. 173 c/c o art. 174). Declarada, porém, a inconstitucionalidade, no todo ou em parte, serão comunicados os órgãos interessados, remetendo-se cópia autêntica da decisão ao presidente do Senado Federal para os fins do disposto no art. 42, VII, da Constituição Federal de 1967/1969.

A declaração de constitucionalidade ou de inconstitucionalidade firmada nos termos do art. 178 do Regimento Interno aplica-se a todos os casos submetidos às Turmas ou ao Plenário (RISTF, art. 103 c/c o art. 11, I e II), assegurando-se, porém, a qualquer ministro o direito de propor, em novos feitos, a revisão do entendimento assentado. Evidentemente, no caso de declaração de inconstitucionalidade, essa revisão não mais deverá ocorrer após a comunicação da decisão ao Senado Federal. Ou, ainda que isto se afigure possível, em hipóteses excepcionalíssimas, não produzirá nenhum efeito a revisão da jurisprudência, após a publicação da resolução suspensiva pelo Senado Federal. É esse ato que atribui eficácia geral à declaração de inconstitucionalidade.

§ 1º O papel do Senado Federal

A *suspensão da execução* pelo Senado Federal do ato declarado inconstitucional pela Excelsa Corte foi a forma definida pelo constituinte para emprestar eficácia *erga omnes* às decisões definitivas sobre inconstitucionalidade. A aparente originalidade da fórmula tem dificultado o seu enquadramento dogmático. Discute-se, assim, sobre os efeitos e a natureza da resolução do Senado Federal que declara suspensa a execução da lei ou ato normativo. Questiona-se, igualmente, sobre o caráter vinculado ou discricionário do ato praticado pelo Senado e sobre a abrangência das leis estaduais e municipais. Indaga-se, ainda, sobre a pertinência da suspensão ao pronunciamento de inconstitucionalidade *incidenter tantum*, ou sobre a sua aplicação às decisões proferidas em ação direta.

Embora a doutrina pátria reiterasse os ensinamentos teóricos e jurisprudenciais americanos, no sentido da *inexistência jurídica* ou da *ampla ineficácia* da lei declarada inconstitucional, não se indicava a razão ou o fundamento desse efeito amplo[43]. Diversamente, a não aplicação da lei, no Direito norte-americano, constitui expressão do *stare decisis*, que empresta efeitos vinculantes às decisões das Cortes Superiores. Daí adotar-se, em 1934, a suspensão de execução pelo Senado como mecanismo destinado a outorgar generalidade à declaração de inconstitucionalidade. E, como observado, a engenhosa fórmula mereceu reparos na própria Assembleia Constituinte. O Deputado Godofredo Vianna pretendeu que se reconhecesse, *v.g.*, a inexistência jurídica da lei, após o segundo pronunciamento do Supremo Tribunal sobre a inconstitucionalidade do diploma[44].

Mas, que efeitos hão de se reconhecer ao ato do Senado que suspende a execução da lei inconstitucional? Lúcio Bittencourt afirma que "o objetivo do art. 45, n.º IV – a referência diz respeito à Constituição de 1967 – é apenas *tornar pública* a decisão do tribunal, levando-a ao conhecimento de todos os cidadãos"[45]. Outros reconhecem que o Senado Federal pratica *ato político* que "confere efeito geral ao que era particular (...), generaliza os efeitos da decisão"[46].

O Supremo Tribunal Federal parece ter admitido que o ato do Senado empresta eficácia genérica à decisão definitiva. Assim, a suspensão teria o condão de dar alcance normativo ao julgado da Excelsa Corte[47].

Mas qual a dimensão dessa eficácia ampla? Seria de reconhecer efeito retroativo ao ato do Senado Federal? Também aqui não se logram sufrágios unânimes. Themístocles Cavalcanti responde negativamente, sustentando que a "única solução que atende aos interesses de ordem pública é que a suspensão produzirá os seus efeitos desde a sua efe-

---

[43] Bittencourt, *O controle jurisdicional*, cit., p. 141.
[44] Araújo Castro, *A nova Constituição brasileira*, Rio de Janeiro, Freitas Bastos, 1935, p. 247. Cf. Ana Valderez Ayres Neves de Alencar, A competência do Senado Federal para suspender a execução dos atos declarados inconstitucionais, *Revista de Informação Legislativa*, 15(57):234-7, jan./mar. 1978.
[45] Bittencourt, *O controle jurisdicional*, cit., p. 145.
[46] Paulo Brossard, O Senado e as leis inconstitucionais, *Revista de Informação Legislativa*, 13(50):61; cf. Josaphat Marinho, O art. 64 da Constituição e o papel do Senado, *Revista de Informação Legislativa*, 1(2); Alfredo Buzaid, *Da ação direta*, cit., p. 89-90; Themístocles Brandão Cavalcanti, *Do controle*, cit., p. 162-6; Oswaldo Aranha Bandeira de Mello, *Teoria*, cit., p. 210; Celso Ribeiro Bastos, *Curso*, cit., p. 84.
[47] MS 16.512, Rel. Min. Oswaldo Trigueiro, *RTJ*, 38(1):20, 21, 23 e 28.

tivação, não atingindo as situações jurídicas criadas sob a sua vigência"[48]. Da mesma forma, Bandeira de Mello ensina que "a suspensão da lei corresponde à revogação da lei", devendo "ser respeitadas as situações anteriores definitivamente constituídas, porquanto a revogação tem efeito *ex nunc*"[49]. Enfatiza que a suspensão "não alcança os atos jurídicos formalmente perfeitos, praticados no passado, e os fatos consumados, ante sua irretroatividade, e mesmo os efeitos futuros dos direitos regularmente adquiridos". "O Senado Federal – assevera Bandeira de Mello – apenas cassa a lei, que deixa de obrigar, e, assim, perde a sua executoriedade porque, dessa data em diante, a revoga simplesmente"[50].

Não obstante a autoridade dos seus sectários, essa doutrina parece confrontar com as premissas basilares da declaração de inconstitucionalidade no Direito brasileiro. Afirma-se quase incontestadamente, entre nós, que a pronúncia da inconstitucionalidade tem efeito *ex tunc* contendo a decisão judicial caráter eminentemente declaratório[51]. Se assim for, afigura-se inconcebível cogitar de "situações juridicamente criadas", de "atos jurídicos formalmente perfeitos" ou de "efeitos futuros dos direitos regularmente adquiridos", com fundamento em lei inconstitucional. De resto, é fácil de ver que a constitucionalidade da lei parece constituir pressuposto inarredável de categorias como direito adquirido e ato jurídico perfeito.

É verdade que a expressão utilizada pelo constituinte de 1934 (art. 91, IV), e reiterada nos textos de 1946 (art. 64) e de 1967/1969 (art. 42, VII) – *suspender* a execução de lei ou decreto – não é isenta de dúvida. E, originariamente, o substitutivo da Comissão Constitucional chegou a referir-se à "revogação ou suspensão da lei ou ato"[52]. Mas a própria *ratio* do dispositivo não autoriza a equiparação do ato do Senado a uma *declaração de ineficácia* de caráter prospectivo. A proposta de Godofredo Vianna reconhecia a inexistência jurídica da lei, desde que fosse declarada a sua inconstitucionalidade "em mais de um aresto" do Supremo Tribunal Federal. Nos debates realizados preponderou, porém, a ideia de se outorgar ao Senado, erigido, então, ao papel de coordenador dos poderes, a suspensão da lei declarada inconstitucional pelo Supremo Tribunal.

Na discussão travada no Plenário da Constituinte, destacaram se as objeções de Levi Carneiro, contrário à incorporação do instituto ao Texto Magno. Prevaleceu a tese perfilhada, dentre outros, por Prado Kelly, tal como resumida na seguinte passagem:

"Na sistemática preferida pelo nobre Deputado, Sr. Levi Carneiro, o Supremo Tribunal decretaria a inconstitucionalidade de uma lei, e os efeitos dessa decisão se limita-

---

[48] Themístocles Brandão Cavalcanti, *Do controle*, cit., p. 164.
[49] Oswaldo Aranha Bandeira de Mello, *Teoria*, cit., p. 211.
[50] Oswaldo Aranha Bandeira de Mello, *Teoria*, cit., p. 211.
[51] Rui Barbosa, Os atos inconstitucionais..., in *Trabalhos jurídicos*, cit., p. 49, e *O direito do Amazonas ao Acre septentrional*, cit., p. 51-2; José de Castro Nunes, *Teoria e prática*, cit., p. 588: Alfredo Buzaid, *Da ação direta*, cit., p. 128; Francisco Luiz da Silva Campos, *Direito constitucional*, Rio de Janeiro, Freitas Bastos, 1956, v. 1. p. 460-1.
[52] Alencar, A competência do Senado Federal..., *Revista de Informação Legislativa*, cit., p. 247.

riam às partes em litígio. Todos os demais cidadãos, que estivessem na mesma situação da que foi tutelada num processo próprio, estariam ao desamparo da lei. Ocorreria, assim, que a Constituição teria sido defendida na hipótese que permitiu o exame do Judiciário, e esquecida, anulada, postergada em todos os outros casos (...)

Certas constituições modernas têm criado cortes jurisdicionais para defesa da Constituição. Nós continuamos a atribuir à Suprema Corte a palavra definitiva da defesa e guarda da Constituição da República. Entretanto, permitimos a um órgão de supremacia política estender os efeitos dessa decisão, e estendê-los para o fim de suspender a execução, no todo ou em parte, de qualquer lei ou ato, deliberação ou regulamento, quando o Poder Judiciário os declara inconstitucionais"[53]

Na Assembleia Constituinte de 1946, reencetou-se o debate, tendo-se destacado, uma vez mais, na defesa do instituto, a voz de Prado Kelly:

"O Poder Judiciário só decide em espécie.

É necessário, porém, estender os efeitos do julgado, e esta é atribuição do Senado.

Quanto ao primeiro ponto, quero lembrar que na Constituição de 34 existe idêntico dispositivo.

Participei da elaboração da Constituição de 34. De fato, tentou-se a criação de um quarto poder; entretanto, já há muito o Senado exerce a função controladora, fiscalizadora do Poder Executivo.

O regime democrático é um regime de legalidade. No momento em que o Poder Executivo pratica uma ilegalidade, a pretexto de regulamentar uma lei votada pelo Congresso, exorbita nas suas funções. Há a esfera do Judiciário, e este não está impedido, desde que é violado o direito patrimonial do indivíduo, de apreciar o direito ferido.

Se, entretanto, se reserva ao órgão do Poder Legislativo, no caso o Senado, a atribuição fiscalizadora da lei, não estamos diante de uma função judicante, mas de fiscal do arbítrio do Poder Executivo. O dispositivo já constava da Constituição de 34 e não foi impugnado por nenhum autor ou comentador que seja, do meu conhecimento. Ao contrário, foi um dos dispositivos mais festejados pela crítica, porque atendia, de fato, às solicitações do meio político brasileiro"[54].

E, ante as críticas tecidas por Gustavo Capanema, ressaltou Nereu Ramos que:

"A lei ou regulamentos declarados inconstitucionais são juridicamente inexistentes, entre os litigantes. Uma vez declarados, pelo Poder Judiciário, inconstitucionais ou ilegais, a decisão apenas produz efeito entre as partes. Para evitar que os outros interessados, amanhã, tenham de recorrer também ao Judiciário, para obter a mesma coisa, atribui-se ao Senado a faculdade de suspender o ato no todo ou em parte, quando o Judiciário haja declarado inconstitucional, porque desde que o Judiciário declara inconstitucional, o Presidente da República não pode declarar constitucional"[55].

---

[53] Alencar, A competência do Senado Federal..., *Revista de Informação Legislativa*, cit., p. 260.
[54] Alencar, A competência do Senado Federal..., *Revista de Informação Legislativa*, cit., p. 267-8.
[55] Alencar, A competência do Senado Federal..., *Revista de Informação Legislativa*, cit., p. 268.

Parecia evidente aos constituintes que a *suspensão* da *execução* da lei, tal como adotada em 1934, importava na *extensão dos efeitos* do aresto declaratório da inconstitucionalidade, configurando, inclusive, instrumento de economia processual. Atribuía-se, pois, ao ato do Senado caráter ampliativo e não apenas paralisante ou derrogatório do diploma viciado. E, não fosse assim, inócuo seria o instituto com referência à maioria das situações formadas na vigência da lei declarada inconstitucional.

Percebeu, com peculiar lucidez, essa realidade o saudoso Senador Accioly Filho, que, em brilhante pronunciamento, consagrou o que, a nosso ver, configura a melhor doutrina, na espécie:

> "Posto em face de uma decisão do STF, que declara a inconstitucionalidade de lei ou decreto, ao Senado não cabe tão só a tarefa de promulgador desse decisório.
>
> A declaração é do Supremo, mas a suspensão é do Senado. Sem a declaração, o Senado não se movimenta, pois não lhe é dado suspender a execução de lei ou decreto não declarado inconstitucional. Essa suspensão é mais do que a revogação da lei ou decreto, tanto pelas suas consequências quanto por desnecessitar da concordância da outra Casa do Congresso e da sanção do Poder Executivo. Em suas consequências, a suspensão vai muito além da revogação. Esta opera *ex nunc*, alcança a lei ou ato revogado só a partir da vigência do ato revogador, não tem olhos para trás e, assim, não desconstitui as situações constituídas enquanto vigorou o ato derrogado. Já quando de *suspensão* se trate, o efeito é *ex tunc*, pois aquilo que é inconstitucional é natimorto, não teve vida (cf. Alfredo Buzaid e Francisco Campos), e, por isso, não produz efeitos, e aqueles que porventura ocorreram ficam desconstituídos desde as suas raízes, como se não tivessem existido.
>
> Integra-se, assim, o Senado numa tarefa comum com o STF, equivalente àquela da alta Corte Constitucional da Áustria, do Tribunal Constitucional Alemão e da Corte Constitucional Italiana. Ambos, Supremo e Senado, realizam, na Federação brasileira, a atribuição que é dada a essas Cortes europeias.
>
> Ao Supremo cabe julgar da inconstitucionalidade das leis ou atos, emitindo a decisão declaratória quando consegue atingir o *quorum* qualificado.
>
> Todavia, aí não se exaure o episódio se aquilo que se deseja é dar efeitos *erga omnes* à decisão.
>
> A declaração de inconstitucionalidade, só por ela, não tem a virtude de produzir o desaparecimento da lei ou ato, não o apaga, eis que fica a produzir efeitos fora da relação processual em que se proferiu a decisão.
>
> Do mesmo modo, a revogação da lei ou decreto não tem o alcance e a profundidade da suspensão. Consoante já se mostrou, e é tendência no direito brasileiro, só a suspensão por declaração de inconstitucionalidade opera efeito *ex tunc*, ao passo que a revogação tem eficácia só a partir da data de sua vigência.
>
> Assim, é diferente a revogação de uma lei da suspensão de sua vigência por inconstitucionalidade"[56]

---

[56] Brasil. Congresso, Senado Federal, Parecer n. 154, de 1971, Rel. Senador Accioly Filho, *Revista de Informação Legislativa*, 12(48):266-8.

E, adiante, o insigne parlamentar concluía, com exatidão:

"Revogada uma lei, ela continua sendo aplicada, no entanto, às situações constituídas antes da revogação (art. 153, § 3º, da Constituição). Os juízes e a administração aplicam-na aos atos que se realizaram sob o império de sua vigência, porque então ela era a norma jurídica eficaz. Ainda continua a viver a lei revogada para essa aplicação, continua a ter existência para ser utilizada nas relações jurídicas pretéritas (...)

A suspensão por declaração de inconstitucionalidade, ao contrário, vale por fulminar, desde o instante do nascimento, a lei ou decreto inconstitucional, importa manifestar que essa lei ou decreto não existiu, não produziu efeitos válidos.

A revogação, ao contrário disso, importa proclamar que, a partir dela, o revogado não tem mais eficácia.

A suspensão por declaração de inconstitucionalidade diz que a lei ou decreto suspenso nunca existiu, nem antes nem depois da suspensão.

Há, pois, distância a separar o conceito de revogação daquele da suspensão de execução de lei ou decreto declarado inconstitucional. O ato de revogação, pois, não supre o de suspensão, não o impede, porque não produz os mesmos efeitos"[57].

Essa colocação parece explicitar a natureza singular da atribuição deferida ao Senado Federal. A suspensão constitui ato político que retira a lei do ordenamento jurídico, de forma definitiva e com efeitos retroativos. É o que ressalta, igualmente, o Supremo Tribunal Federal, ao enfatizar que "a suspensão da vigência da lei por inconstitucionalidade torna sem efeito todos os atos praticados sob o império da lei inconstitucional"[58].

Vale recordar, a propósito, que no MS 16.512 (Rel. Min. Oswaldo Trigueiro), de 25 de maio de 1966, o Supremo Tribunal Federal teve oportunidade de discutir largamente a natureza do instituto, infirmando a possibilidade de o Senado Federal revogar o ato de suspensão anteriormente editado, ou de restringir o alcance da decisão proferida pelo Supremo Tribunal Federal. Cuidava-se de Mandado de Segurança impetrado contra a Resolução n. 93, de 14 de outubro de 1965, que revogou a Resolução

---

[57] Brasil. Congresso, Senado Federal, Parecer n. 154, de 1971, Rel. Senador Accioly Filho, *Revista de Informação Legislativa*, cit., p. 268.

[58] RMS 17.976, Rel. Min. Amaral Santos, *RDA*, 105:111(113). Evidentemente, esta eficácia ampla há de ser entendida com temperamentos. A pronúncia de inconstitucionalidade não retira do mundo jurídico, automaticamente, os atos praticados com base na lei inconstitucional, criando apenas as condições para eventual desfazimento ou regulação dessas situações. Tanto a coisa julgada quanto outras fórmulas de preclusão podem tornar irreversíveis as decisões ou atos fundados na lei censurada. Assim, operada a decadência ou a prescrição, ou decorrido *in albis* o prazo para a propositura da ação rescisória, não há mais que se cogitar da revisão do ato viciado. Alguns sistemas jurídicos, como o alemão, reconhecem a subsistência dos atos e decisões praticados com base na lei declarada inconstitucional, desde que tais atos já não se afigurem suscetíveis de impugnação. A execução desses atos é, todavia, inadmissível. Exclui-se, igualmente, qualquer pretensão de enriquecimento sem causa. Admite-se, porém, a revisão, a qualquer tempo, de sentença penal condenatória baseada em lei declarada inconstitucional (Lei do *Bundesverfassungsgericht*, § 79). A limitação da retroatividade expressa, nesses casos, a tentativa de compatibilizar princípios de *segurança jurídica* e *critérios de justiça*. Acentue-se que tais limitações ressaltam, outrossim, a necessária autonomia jurídica desses atos.

anterior (n. 32, de 25-3-1965), pela qual o Senado suspendera a execução de preceito do Código Paulista de Impostos e Taxas. A Excelsa Corte pronunciou a inconstitucionalidade da resolução revogadora, contra os votos dos ministros Aliomar Baleeiro e Hermes Lima, conhecendo do mandado de segurança como *representação*, tal como proposto pelo Procurador-Geral da República, Dr. Alcino Salazar[59].

O Supremo Tribunal Federal reconheceu que o Senado não estava obrigado a proceder à suspensão do ato declarado inconstitucional. Nessa linha de entendimento, ensinava o saudoso Ministro Victor Nunes que:

> "(...) o Senado terá seu próprio critério de conveniência e oportunidade para praticar o ato de suspensão. Se uma questão foi aqui decidida por maioria escassa e novos Ministros são nomeados, como há pouco aconteceu, é de todo razoável que o Senado aguarde novo pronunciamento antes de suspender a lei. Mesmo porque não há sanção específica nem prazo certo para o Senado se manifestar"[60].

Todavia, em se procedendo à suspensão do ato que teve a inconstitucionalidade pronunciada pelo Supremo Tribunal Federal, não poderia aquela Alta Casa do Congresso revogar o ato anterior[61]. Da mesma forma, o ato do Senado haveria de se ater à "extensão do julgado do Supremo Tribunal"[62], não tendo "competência para examinar o mérito da decisão (...), para interpretá-la, para ampliá-la ou restringi-la"[63].

Vê-se, pois, que, tal como assentado no preclaro acórdão do Supremo Tribunal Federal, o ato do Senado tem o condão de outorgar eficácia ampla à decisão judicial, vinculativa, inicialmente apenas para os litigantes.

Cobra relevo ressaltar que a inércia do Senado não afeta a relação entre os poderes, não se podendo vislumbrar qualquer violação constitucional na eventual recusa à pretendida extensão de efeitos. Evidentemente, se pretendesse outorgar efeito genérico à decisão do Supremo Tribunal, não precisaria o constituinte valer-se dessa fórmula complexa.

Caberia indagar se o Supremo Tribunal Federal poderia vir a reconhecer a constitucionalidade de lei anteriormente declarada inconstitucional, mesmo após a regular comunicação ao Senado. Considerando o lapso de tempo decorrido entre a comunicação e o novo julgado, a resposta poderá ser afirmativa. Assim como o Senado não está obrigado a suspender imediatamente o ato declarado inconstitucional pelo Supremo Tribunal Federal, nada obsta a que o Tribunal reveja a orientação anteriormente firmada. Nesse caso, a suspensão superveniente não deverá produzir consequência juridicamente relevante.

---

[59] *RTJ*, *38*(1):8-9.
[60] Voto do Min. Victor Nunes Leal, MS 16.512, *RTJ*, *38*(1):23.
[61] Nesse sentido, *v.* votos proferidos pelos ministros Gonçalves de Oliveira e Cândido Motta Filho, RTJ, *38*(1):26.
[62] Voto do Min. Victor Nunes Leal, MS 16.512, *RTJ*, *38*(1):23.
[63] Voto do Min. Pedro Chaves, MS 16.512, *RTJ*, *38*(1):12.

Finalmente, deve-se observar que "a função política exercida pelo Senado é abrangente dos atos estaduais e municipais". E não se restringe à *lei* ou *decreto*, tal como prescrito no texto constitucional, contemplando as várias modalidades normativas, de diferentes denominações, "que de decretos fazem as vezes"[64].

As conclusões assentadas parecem consentâneas com a natureza do instituto. O Senado Federal não revoga o ato declarado inconstitucional, até porque lhe falece competência para tanto[65]. Cuida-se de ato político que empresta eficácia *erga omnes* à decisão do Supremo Tribunal proferida em caso concreto. Não se obriga o Senado Federal a expedir o ato de suspensão, não configurando eventual omissão qualquer infringência a princípio de ordem constitucional. Não pode a Alta Casa do Congresso, todavia, restringir ou ampliar a extensão do julgado proferido pela Excelsa Corte.

Tais colocações estão a demonstrar que o instituto da suspensão pelo Senado Federal é pertinente à declaração de inconstitucionalidade *incidenter tantum*. À evidência, não há que se cogitar de extensão de efeitos, senão do pronunciamento vinculativo das partes[66].

---

[64] Cf. Alencar, A competência do Senado Federal..., *Revista de Informação Legislativa*, cit., p. 304; RISTF, art. 178 c/c o art. 176.

[65] Voto do Min. Prado Kelly, MS 16.512, *RTJ 38*(1):16.

[66] Adotando essa orientação, o Supremo Tribunal Federal não mais dá ciência ao Senado Federal da pronúncia de inconstitucionalidade *in abstracto*, desde 1977. Pareceres da Comissão de Jurisprudência (*DJ*, 16 maio 1977).

Capítulo III
A REPRESENTAÇÃO INTERVENTIVA

SEÇÃO I – CONSIDERAÇÕES PRELIMINARES

A ação direta de inconstitucionalidade foi introduzida, entre nós, como pressuposto de processo interventivo, nos casos de ofensa aos chamados *princípios constitucionais sensíveis* (CF de 1934, art. 12, § 2º; CF de 1946, art. 8º, parágrafo único; CF de 1967/1969, art. 11, § 1º, *c*). E, inicialmente, provocava-se o Supremo Tribunal Federal com o objetivo de obter a declaração de constitucionalidade da lei interventiva. A Constituição de 1946 consagrou, porém, a *ação direta de inconstitucionalidade,* nos casos de lesão aos princípios estabelecidos no art. 7º, VII. Imprimiu-se, assim, traço próprio ao nosso modelo de controle de constitucionalidade, afastando-se do sistema norte-americano[1].

Não se cuidava de fórmula consultiva, mas de um *litígio constitucional*, que poderia dar ensejo à intervenção federal[2]. Outorgou-se a titularidade da ação ao Procurador-Geral da República, a quem, como chefe do Ministério Público Federal, competia defender os interesses da União (art. 126). Esse mecanismo não descaracteriza a *representação interventiva* como peculiar modalidade de composição de conflitos entre a União e os Estados-Membros. A fórmula adotada parece revelar que, na ação direta interventiva, menos que um *substituto processual*[3], ou *parte*[4], o Procurador-Geral exerce o mister de representante judicial da União[5].

No Estado Federal, a Constituição impõe deveres aos Estados-Membros, cuja inobservância pode acarretar providências de índole interventiva, visando a assegurar a integridade do ordenamento constitucional ou, como pretende Kelsen, da constituição total (*Gesamtverfassung*). Assim, a violação de um dever pelo Estado-Membro é condição da intervenção federal[6]. "La fattispecie illecita – afirma Kelsen – viene imputata allo stato in quanto tale e cosi pure l'esecuzione federale si dirige contro lo stato in quanto tale e non già contro il singolo individuo"[7].

---

[1] Alfredo Buzaid, *Da ação direta de declaração de inconstitucionalidade no direito brasileiro*, São Paulo, Saraiva, 1958, p. 100.
[2] Alfredo Buzaid, *Da ação direta*, cit., p. 100-7.
[3] Alfredo Buzaid, *Da ação direta*, cit., p. 107.
[4] José Carlos Barbosa Moreira, As partes na ação declaratória de inconstitucionalidade, *Revista de Direito da Procuradoria-Geral do Estado da Guanabara*, 13:75-6.
[5] Oswaldo Aranha Bandeira de Mello, *Teoria das constituições rígidas*, 2. ed., São Paulo, Bushatsky, 1980, p. 192.
[6] Hans Kelsen, L'esecuzione federale, in *La giustizia costituzionale*, Milano, Giuffrè, 1981, p. 87.
[7] Kelsen, L'esecuzione federale, in *La giustizia costituzionale*, cit., p. 87.

E, por isso, no seu aspecto externo, a intervenção assemelha-se ao estado de guerra[8], diferenciando-se deste "el fatto che, prevedendo la costituzione, in caso d'illeciti compiuti da uno stato-membro, l'esecuzione federale, essa deve prevedere l'accertamento della fattispecie illecita o da parte di un organo specifico o da parte dell'organo incaricato di tale esecuzione"[9]. E, não raras vezes, procede-se ao *accertamento dell'illecito* mediante procedimento judicial, confiando a decisão a um órgão da constituição total[10].

A Constituição de Weimar, de 1919, consagrou a competência do *Staatsgerichtshof* para dirimir controvérsias constitucionais no interior do *Land* que não dispusesse de tribunal para apreciá-la, bem como para julgar os conflitos de caráter não privado (*nicht privatrechtlich*) entre diferentes *Länder* ou entre o *Reich* e um *Land*, desde que não se conferisse essa atribuição a outro tribunal do *Reich*. A execução do julgado havia de ser realizada pelo Presidente do *Reich*. No seu art. 48, o Texto de Weimar autorizava o Presidente a empreender as medidas necessárias, inclusive com a utilização de forças armadas, para garantir a execução da Constituição ou das leis.

Embora doutrinadores de relevo, como Anschütz, tenham afirmado a autonomia desse poder, independentemente de qualquer pronunciamento jurisdicional[11], parecia mais consentâneo o entendimento esposado por Triepel, dentre outros, que subordinava as providências coercitivas, da competência do Presidente, ao reconhecimento do ilícito pela Corte Constitucional ou por outro tribunal[12].

Na opinião de Kelsen:

"Uma tal interpretação poderia resultar, seguramente, do espírito que informa o art. 19, § 1º, que trata *Reich* e *Land* como partes iguais, reconhecendo-se ao *Staatsgerichtshof* a competência para dirimir o conflito. É evidente que a Constituição concebe *Reich* e *Land* aqui como comunidades parciais coordenadas e a Corte e o Presidente como órgãos da comunidade total. Essa concepção não subsiste se o *Reich* deve ser identificado com a comunidade total e, consequentemente, como superior aos Länder. A interpretação de Triepel mostra-se seguramente mais adequada à ideia de um estado federal do que aquela que infirma qualquer possibilidade de uma execução contra o *Reich*"[13].

A verificação da infração de dever funcional imposto ao Estado-Membro competiria, assim, ao Tribunal Constitucional, configurando o ato coativo nada mais do que a *execução* da sentença judicial[14].

---

[8] Kelsen, L'esecuzione federale, in *La giustizia costituzionale*, cit., p. 108.

[9] Kelsen, L'esecuzione federale, in *La giustizia costituzionale*, cit., p. 113.

[10] Kelsen, L'esecuzione federale, in *La giustizia costituzionale*, cit., p. 118.

[11] Anschütz, *Die Verfassung des Deutschen Reiches*: Ein Kommentar für Wissenschaft und Praxis, p. 168 e s., apud Kelsen, L'esecuzione federale, in *La giustizia costituzionale*, cit., p. 122.

[12] Heinrich Triepel, *Streitigkeiten zwischen Reich und Ländern*: Beitrag zur Auslegung des Artikels 19 der Weimarer Reichsverfassung, Bad Homburg von der Höhe, Hermann Gentner Verlag, 1965, p. 61 e s. *V.*, também, Kelsen, L'esecuzione federale, in *La giustizia costituzionale*, cit., p. 122.

[13] Kelsen, L'esecuzione federale, in *La giustizia costituzionale*, cit., p. 125.

[14] Kelsen, *Teoría general del Estado*, Barcelona, Labor, 1934, p. 280; *v.* também Triepel, *Streitigkeiten*, cit., p. 63-5.

Lograr-se-ia superar, assim, a intervenção federal como simples ato coativo, que, segundo Kelsen, se afigurava, do prisma da técnica jurídica, extremamente primitivo[15].

Entre nós, o controle judicial direto de constitucionalidade, inicialmente, estava vinculado, de forma indissociável, ao processo interventivo da União no Estado-Membro, em caso de ofensa aos chamados princípios constitucionais sensíveis. Em verdade, essa preocupação já ficara assente na Constituinte de 1891, quando, mediante propostas formuladas por João Pinheiro e Júlio de Castilhos, pretendeu-se introduzir fórmula técnico-jurídica de *accertamento giudiziale dell'illecito*. Na primeira proposta, condicionava-se a intervenção à pronúncia da inconstitucionalidade do ato pelo Supremo Tribunal[16]. O projeto de Júlio de Castilhos, ao revés, autorizava o Governo Federal a suspender a execução de ato infringente "de princípio cardeal da Constituição (...) competindo ao Supremo Tribunal a decisão final do conflito"[17].

A Constituição de 1934 deu seguimento à tendência anteriormente esboçada, condicionando a eficácia de providência interventiva à declaração de sua constitucionalidade pelo Supremo Tribunal (art. 12, § 2º). Na Constituição de 1946, a ação de declaração de constitucionalidade da lei interventiva se converteu em ação direta de inconstitucionalidade da lei ou ato estadual infringente dos princípios sensíveis (art. 8º, parágrafo único, c/c o art. 7º, VII). Essa orientação foi mantida na Constituição de 1967/1969 (art. 11, § 1º, c, c/c o art. 10, VII).

A jurisprudência assentou, já nas primeiras arguições de inconstitucionalidade, que se cuidava de um contencioso de inconstitucionalidade. E, dado o seu caráter excepcional, ressaltou o eminente Castro Nunes, na Rp. 94, de 17 de julho de 1947, que:

"O n. VII contém um elenco de princípios, e o que aí se pressupõe é a ordem jurídica comprometida, não por fatos, mas por atos legislativos destoantes daquelas normas fundamentais. Esses princípios são somente os enumerados para o efeito da intervenção, que é a sanção prevista para os efetivar. Não serão outros, que os há na Constituição, mas cuja observância está posta sob a égide dos tribunais, em sua função normal"[18].

Essa orientação voltou a ser afirmada pelo insigne jurista na Rp. 95:

"Devo dizer ao Tribunal que considero a atribuição hoje conferida ao Supremo Tribunal excepcionalíssima, só quando for possível entroncar o caso trazido ao nosso conhecimento a algum dos princípios enumerados no art. 7º, n. VII, será possível conhecer da arguição"[19].

---

[15] Kelsen, L'esecuzione federale, in *La giustizia costituzionale*, cit., p. 141, e *Teoria general*, cit., p. 286.
[16] Brasil. Assembleia Constituinte (1891), *Annaes do Congresso Constituinte da República*, 2. ed.. Rio de Janeiro, Imprensa Nacional, 1924, v. 1, p. 432; Ernesto Leme, *A intervenção federal nos Estados*, 2. ed., São Paulo, Revista dos Tribunais, 1930, p. 90-1.
[17] Brasil. Assembleia Constituinte (1891), *Annaes*, cit., p. 432; Ernesto Leme, *A intervenção federal*, cit., p. 90-1.
[18] *AJ*, *85*:34.
[19] Voto do Min. Castro Nunes, Rp. 95-DF, de 30-7-1947, Rel. Min. Orozimbo Nonato, *AJ*, *85*:70.

Também o Ministro Hahnemann Guimarães destacava que a forma da arguição de inconstitucionalidade não assumia relevância para a decisão do Tribunal, afigurando-se exigível apenas a concorrência de dois requisitos:

> "O primeiro requisito concerne à legitimidade do arguente. Desde que o Procurador-Geral da República – a quem a Constituição no art. 8º, § único, confere legitimação ativa para o caso – submeta ao exame deste Tribunal uma questão constitucional, a este Tribunal incumbe apreciá-la.
> O segundo requisito concerne à própria questão constitucional submetida pelo Sr. Procurador-Geral da República ao exame deste Tribunal. Não importa que ela seja apresentada em termos obscuros, vagos, imprecisos. O que a este Tribunal cumpre, é verificar se existe uma arguição que possa caber nas hipóteses previstas no n. VII do art. 7º da Constituição. A este Tribunal é que compete fazer a classificação do ato arguido de inconstitucional"[20].

O Supremo Tribunal Federal fixou, desde o início, que a decisão, na ação direta, configurava um "aresto, um acórdão", que punha termo ao contencioso da inconstitucionalidade[21]. O Tribunal desempenhava, assim, a função de árbitro supremo que "(...) intervém, se provocado, no conflito aberto entre a Constituição, que lhe cumpre resguardar, e a atuação deliberante do poder estadual"[22].

Como se vê, as primeiras decisões do Supremo Tribunal Federal já atribuíam à representação interventiva o caráter de uma relação processual contraditória, na qual o Procurador-Geral da República representava os interesses da União, enquanto guardiã da federação buscando assegurar a observância pelo Estado-Membro dos princípios consagrados no art. 7º, VII, da Constituição Federal. Reconhecia-se, assim, a representação interventiva como peculiar modalidade judicial de composição de conflito entre a União e os entes federados.

Não se tem aqui, pois, um processo objetivo (*objektives Verfahren*), mas a *judicialização* de conflito federativo atinente à observância de deveres jurídicos especiais, impostos pelo ordenamento federal ao Estado-Membro[23]. Daí considerar Bandeira de Mello, com acerto, que, no caso, se trata de exercício do direito de ação, cuja autora seria a União, representada pelo Procurador-Geral da República, e o réu, o Estado federado, atribuindo-se-lhe ofensa a princípio constitucional da União[24].

Parece que essa conclusão, calcada rigorosamente nos próprios postulados que embasam o processo interventivo, logra superar as notórias dificuldades preparadas pelos esquemas teóricos que tentam emprestar enquadramento dogmático diferenciado ao instituto.

---

[20] Rp. 95-DF, *AJ*, *85*:64-5.
[21] Rp. 94-DF, *AJ*, *85*:33.
[22] Rp. 94-DF, *AJ*, *85*:33.
[23] Kelsen, L'esecuzione federale, in *La giustizia costituzionale*, cit., p. 76 e s.; v., também, Oswaldo Aranha Bandeira de Mello, *Teoria*, cit., p. 192.
[24] Oswaldo Aranha Bandeira de Mello. *Teoria*, cit., p. 192.

Não se trata, pois, de uma substituição processual, na qual o Procurador-Geral da República representaria o interesse de "toda a coletividade empenhada em expurgar a ordem jurídica de atos políticos manifestamente inconstitucionais e capazes de pôr em risco a estrutura do Estado", como pretende Buzaid[25]. E isso se afigura tanto mais evidente se se considera que não se tem, na representação interventiva, uma modalidade genérica de defesa da ordem constitucional contra os atos com ela incompatíveis. Os seus limites estão prescritos na própria enumeração taxativa contida nos arts. 7º, VII, da Constituição de 1946, e 10, VII, da Constituição de 1967/1969.

E, nesse sentido, é de se invocar, uma vez mais, o magistério de Castro Nunes, constante de voto proferido na Rp. 96, *verbis*:

> "Basta considerar que a sanção adstrita ao *veredictum* do Tribunal é a intervenção, para mostrar o seu caráter excepcional. O Tribunal pode conhecer de quaisquer das arguições, mas, pela via comum. Mediante os remédios judiciais adequados, poderão essas arguições vir aos tribunais competentes e chegar até ao Supremo Tribunal Federal. Mas, para exercer a atribuição do art. 8º, § único, que lhe dá o poder de declaração da inconstitucionalidade, em tese, e, como consequência, a intervenção federal, ele está adstrito e obrigado a verificar, em cada arguição, a sua filiação, o seu entroncamento em alguns dos princípios enumerados na Constituição. Do contrário, estaríamos ampliando uma atribuição que é do seu natural, excepcionalíssima, e de certa forma diminuindo e ameaçando a autonomia dos Estados"[26].

E, adiante, concluía que, caso não se mostrasse possível enquadrar, entroncar a arguição em qualquer dos princípios enumerados, a representação não haveria de ser conhecida. É o que se lê na seguinte passagem:

> "Será preciso estudar a noção do princípio da independência dos poderes, a noção da autonomia municipal, o princípio do governo representativo, em que consiste a forma republicana, etc. Examinados esses pontos, confere-se com a noção, com a conceituação doutrinária, com os entendimentos recebidos na doutrina e na jurisprudência, a arguição feita e, então, chega cada um de nós à conclusão de que é possível, demonstradamente, incluir, entroncar a arguição no princípio apontado ou em outro princípio dentre os enumerados. Se se concluir que não é possível, não se deve conhecer da arguição. Não temos que nos pronunciar sobre ela. Temos que aguardar que o caso venha, por provocação do interessado, para ser examinado em espécie"[27].

Ora, restrita a representação interventiva à eventual afronta dos chamados princípios sensíveis, não se há de emprestar a esse instrumento o escopo de defesa genérica da ordem jurídica ameaçada por atos inconstitucionais[28]. "Se não estiver em causa

---

[25] Buzaid, *Da ação direta*, cit., p. 107.
[26] Rp. 96-DF, Rel. Min. Goulart de Oliveira, *AJ*, *85*:102.
[27] Rp. 96-DF, Rel. Min. Goulart de Oliveira, *AJ*, *85*:102-3.
[28] José Carlos Barbosa Moreira, As partes na ação declaratória..., *Revista da Procuradoria-Geral do Estado da Guanabara*, cit., p. 72.

a observância de um desses princípios – diz Barbosa Moreira – o Supremo não entrará sequer na apreciação da constitucionalidade do ato estadual, ainda que hajam apontado outros dispositivos da Lei Maior supostamente infringidos"[29].

A despeito das peculiaridades processuais que envolvem essa modalidade de controle de constitucionalidade no Direito brasileiro, parece inequívoco que o Procurador-Geral da República não veicula, na representação interventiva, um interesse da coletividade, na preservação da ordem constitucional, mas o interesse substancial da União, como guardiã dos postulados federativos, na observância dos princípios constitucionais sensíveis.

Em verdade, o Procurador-Geral da República parece representar os interesses da União nessa relação processual, atinente à observância de determinados deveres federativos. E essa orientação afigura-se tanto mais plausível se se considerar que nos Textos Magnos, desde 1891, cumpre ao Procurador-Geral da República desempenhar, a um tempo, as funções de chefe do Ministério Público Federal e de representante judicial da União[30].

Tem-se, pois, uma relação conflitiva, decorrente de eventual violação de deveres constitucionais, competindo ao órgão especial, ou ao próprio órgão encarregado de intervenção, verificar a configuração do ilícito[31]. Tal colocação demonstra, inequivocamente, a existência de uma relação contenciosa, consistente na eventual inobservância de deveres constitucionais, que há de ser aferida como antecedente necessário de qualquer providência interventiva. "Anche quando non stabilisce per tale accertamento una particolare procedura – ensina Kelsen – essa-se prevede l'esecuzione per il caso d'illecito – non può evidentemente essere intesa se non nel senso, quanto meno, che quando affida la decisione sull'esecuzione federale ad un determinato organo, lo autorizza, con ciò stesso, ad accertare in modo autentico che è stato compiuto un illecito[32]".

Como ressaltado, na Constituinte de 1891 já se esboçara tendência no sentido de judicializar o conflitos federativos, para fins de intervenção, tal como ficou assente nas propostas formuladas por João Pinheiro e Júlio de Castilhos[33]. A reforma constitucional de 1926 consagrou, expressamente, os princípios constitucionais da União (art. 6º, II), outorgando ao Congresso Nacional a competência privativa para decretar a intervenção

---

[29] José Carlos Barbosa Moreira, As partes na ação declaratória..., *Revista da Procuradoria-Geral do Estado da Guanabara*, cit., p. 73.
[30] Oswaldo Aranha Bandeira de Mello, *Teoria*, cit., p. 192.
[31] Kelsen, L'esecuzione federale, in *La giustizia costituzionale*, cit., p. 113. "La differenza decisiva tra guerra nel senso del diritto internazionale ed esecuzione federale non consiste tanto nella loro fattispecie esterna, rispetto alla quale sono uguali, ma – com'è statto già accennato – nel fatto che, prevedendo la costituzione, in caso d'illeciti compiuti da uno stato-membro, l'esecuzione federale, essa deve prevedere l'accertamento della fattispecie illecita o da parte di un organo specifico o da parte dell'organo incaricato di tale esecuzione."
[32] Kelsen, L'esecuzione federale, in *La giustizia costituzionale*, cit., p. 113.
[33] Brasil. Assembleia Constituinte (1891), *Annaes*, cit., p. 432; cf., também, Ernesto Leme, *A intervenção federal*, cit., p. 90-1.

(art. 6º, § 1º). Reconheceu-se, assim, ao Parlamento a faculdade de caracterizar, preliminarmente, a ofensa aos princípios constitucionais sensíveis, atribuindo-se-lhe, ainda que de forma limitada e *ad hoc*, uma função de controle de constitucionalidade[34]. A Constituição de 1934 e, posteriormente, os Textos Magnos de 1946 e de 1967/1969 consolidaram a *forma judicial* como modalidade de *verificação prévia* de ofensa constitucional, no caso de controvérsia sobre a observância dos princípios constitucionais da União, ou para prover à execução de lei federal (CF 1967/1969, art. 10, VI).

A fórmula adotada parece traduzir aquilo que Kelsen houve por bem denominar "acertamento giudiziale dell'illecito (...) che condiziona l'esecuzione federale"[35]. E, evidentemente, esse *accertamento giudiziale*, ou o contencioso da inconstitucionalidade, como referido por Castro Nunes[36], diz respeito ao próprio conflito de interesses potencial ou efetivo, entre União e Estado, no tocante à observância de determinados princípios federativos. Portanto, o Procurador-Geral da República instaura o contencioso de inconstitucionalidade não como parte autônoma, mas como representante judicial da União Federal, que "tem interesse na integridade da ordem jurídica, por parte dos Estados-membros"[37].

Essa colocação parece emprestar adequado enquadramento dogmático à chamada *representação interventiva*, diferenciando-a do controle abstrato de normas, propriamente dito, no qual se manifesta o interesse público genérico na preservação da ordem jurídica.

SEÇÃO II – ASPECTOS FORMAIS DA REPRESENTAÇÃO INTERVENTIVA

Caracterizada a questão constitucional sobre a observância dos princípios sensíveis ou a execução de lei federal pelo Estado-Membro como uma controvérsia entre a União e o Estado, não se vislumbram maiores dificuldades em se afirmar a existência, na representação interventiva, de uma relação processual contraditória, instaurada pelo poder central com o escopo de assegurar a observância de princípios fundamentais do sistema federativo (CF 1967/1969, art. 10, VII e VI, 1ª parte, c/c o art. 11, § 1º, *c*)[38].

---

[34] O desrespeito aos princípios constitucionais da União pode ser de fato e de direito. *De fato*, "se o Estado embaraça, por atos materiais, o exercício desses direitos". De direito, "se o Estado elabora leis contrárias a essas disposições, negando em leis locais esses direitos afirmados pela Constituição Federal" (Herculano Freitas, Intervenção federal nos Estados, *RT*, 47:73).

[35] Kelsen, L'esecuzione federale, in *La giustizia costituzionale*, cit., p. 114 e s.

[36] Rp. 94-DF, *AJ*, 85:33.

[37] Pontes de Miranda, *Comentários à Constituição de 1967*: com a Emenda n. 1, de 1969, 2. ed., São Paulo, Revista dos Tribunais, 1970, v. 2, p. 253; cf., também, Oswaldo Aranha Bandeira de Mello, *Teoria*, cit., p. 186 e s.

[38] Embora tenha preservado a sistemática consagrada pela Constituição de 1967/1969 (Representação do Procurador-Geral da República agora dirigida ao Supremo Tribunal Federal, se se tratar de ofensa aos princípios constantes do art. 34, VII, ou ao Superior Tribunal de Justiça, no caso de recusa à execução de lei federal – art. 34, VI), o constituinte fixou como princípios básicos, cuja lesão pelo Estado-Membro poderá dar ensejo à intervenção federal: a) forma republicana, sistema representativo e regime democrático: b) direitos da pessoa humana; c) autonomia municipal; e d) prestação de contas da administração pública, direta e indireta (art. 34, VII).

Essa parece ter sido a orientação assumida, de início, pelo Supremo Tribunal Federal, tendo assentado na Rp. 94 (Rel. Min. Castro Nunes) que a decisão proferida punha fim ao contencioso de inconstitucionalidade[39]. E, na Rp. 95 (Rel. Min. Orozimbo Nonato), esse entendimento foi reafirmado de forma ainda mais inequívoca. Embora o Procurador-Geral da República tivesse proposto a representação em forma de consulta, antecipando a sua opinião quanto à constitucionalidade do art. 2º do Ato das disposições transitórias da Constituição de Pernambuco, a Excelsa Corte houve por bem conhecer do pedido, admitindo a caracterização da controvérsia constitucional, na medida em que o interventor federal se recusava a transferir a chefia do Executivo ao presidente da Assembleia Legislativa, tal como previsto na Carta estadual.

Nesse sentido, parecem elucidativas as considerações constantes do voto do eminente Ministro Orozimbo Nonato:

> "Não há, insistimos, no caso dos autos, simples consulta ao Supremo Tribunal Federal, que não é órgão consultivo, senão judicante, mas a exposição de um conflito de natureza constitucional, elementarmente constitucional, não ocultando a forma, algo dubitativa, das comunicações a ocorrência do tumulto, uma vez que, apesar de promulgada a Constituição, que defere a Chefia do Executivo, no caso, e episodicamente, ao Presidente da Assembleia, o Interventor persiste em continuar a ocupar aquela Chefia e o Governo Federal declara abster-se de qualquer providência, antes da deliberação do judiciário. Tais atitudes apenas encontram explicação em se haver por inconstitucional o texto aludido, embora essa convicção se desvele na forma discreta de hesitação e de dúvida. Por outro lado, a opinião do eminente Sr. Procurador-Geral da República constitui, sem dúvida, dado precioso à solução da controvérsia, por seu prestígio pessoal de publicista, por sua autoridade de doutrinador. Mas não exclui a postulação da controvérsia, uma vez que ele tomou, formalmente, a iniciativa a que alude o § único do art. 8º da Constituição Federal, isto é, submeteu ao Supremo Tribunal Federal o exame do ato arguido de inconstitucionalidade"[40].

Como se vê, assumia relevância não a manifestação do Procurador-Geral da República, por si só, mas a caracterização da *controvérsia constitucional*, consistente no juízo dos agentes federais — no caso, representados pelo Interventor e pelo Ministro da Justiça — quanto à inconstitucionalidade do preceito em discussão.

Ainda mais nítida se afigurava, a propósito, a posição externada pelo Ministro Hahnemann Guimarães:

> "O Interventor duvida, e duvida também o Exmo. Sr. Ministro da Justiça, mas essa dúvida significa o propósito de não dar cumprimento à disposição contida no Ato Transitório Constitucional do Estado. O Ato Transitório Constitucional do Estado dispõe, no art. 2º:

---

[39] *AJ, 85*:33.
[40] Rp. 95-DF, *AJ, 85*:58-9.

'Se, após a promulgação da Constituição, não houver sido diplomado o Governador eleito, assumirá o Governo o Presidente da Assembleia Legislativa'.

Desde que o Interventor não quer ceder o lugar ao Presidente da Assembleia Legislativa, ele está, pelo seu gesto, pela sua atitude – não seriam necessárias palavras – significando a arguição de inconstitucionalidade, ele está afirmando que a disposição do art. 2º do Ato das Disposições Transitórias do Estado é uma disposição inconstitucional. A meu ver, cumpre-nos verificar se essa arguição cabe nos casos enumerados no mesmo n. VII do art. 7º.

O primeiro caso seria o da forma republicana representativa. A este respeito, parece-me mesmo que a representação é precisa. Ora, segundo se alega, aquela disposição eleva à governança do Estado, pelo voto indireto da Assembleia, o seu Presidente, violando, assim, o disposto no art. 134 da Constituição Federal, onde se assegura que o sufrágio será direto, universal.

O que se afirma, por conseguinte, é que a disposição do art. 2º viola de frente o princípio cardeal do regime republicano representativo.

Atribui-se o Poder Executivo a quem para ele não foi eleito. Portanto, a arguição fundar-se-ia, funda-se – não tenho dúvida em afirmá-lo – em que a disposição questionada viola a forma republicana representativa"[41].

Na mesma linha de entendimento, o eminente Ministro Castro Nunes anotou que:

"A dúvida da autoridade em face da lei, dúvida que ela manifesta em cumprir a lei – e, no caso, a autoridade é o Interventor, que declara não passar o governo ao Presidente da Assembleia porque tem dúvida sobre a constitucionalidade da disposição que atribui ao Presidente da Assembleia o direito de assumir o governo do Estado, dúvida encampada pelo Sr. Ministro da Justiça, que provocou a ação da Procuradoria-Geral da República – a dúvida em cumprir a lei, Sr. Presidente, significa oposição a ela, impugnação ao que nela se dispõe. A autoridade cumpre a lei. Não lhe é lícito discuti-la ou duvidar do seu acerto para lhe negar aplicação. Se a lei declara que ao Presidente da Assembleia Legislativa compete exercer o Poder Executivo na ausência do Governador, o que compete à autoridade é cumprir a lei e não esquivar-se em seu cumprimento.

A dúvida da autoridade resolve-se em uma atitude de oposição, e basta para caracterizar o problema da existência jurídica de um dos Poderes do Estado, em termos de ser examinada pelo Supremo Tribunal"[42].

O precedente em apreço demonstra, de forma precisa, que o controle de constitucionalidade, para os fins de intervenção, pressupõe a configuração de controvérsia constitucional entre a União e o ente federado, relativa à observância dos chamados *princípios constitucionais sensíveis*. Indubitavelmente, a questão há de ser submetida ao Tribunal pelo Procurador-Geral da República, órgão constitucionalmente legitimado para propor a ação direta de inconstitucionalidade. Este atua, porém, como representante judicial da União.

---

[41] Rp. 95-DF, *AJ, 85*:65.
[42] Rp. 95-DF, *AJ, 85*:71.

É bem verdade que nem sempre esse princípio foi observado com o necessário rigor. E, para isso, muito contribuiu a perplexidade que marcou a utilização inicial do instituto entre nós. O Professor Themístocles Brandão Cavalcanti, então ocupante do cargo de Procurador Geral da República, perfilhava o entendimento de que o chefe do Ministério Público havia de submeter a representação ao Supremo Tribunal, ainda que se manifestasse pela improcedência[43]. Na primeira oportunidade (Rp. 95, Rel. Min. Orozimbo Nonato), o Tribunal considerou caracterizado o conflito constitucional entre União e Estado, porquanto o interventor federal e o Ministro da Justiça não reconheciam a validade de disposição contida na Carta Magna do Estado de Pernambuco. Posteriormente, na Rp. 96, Rel. Min. Goulart de Oliveira, o Supremo Tribunal "entendeu conhecer de todas as arguições (...), também daquelas que a representação averbava como improcedentes, por considerar que, se não fosse lícita a solicitação estranha, no caso a do Governador, só ao Procurador-Geral ficaria a iniciativa, só ele podia ver inconstitucionalidade nos textos e só ele seria o juiz no tocante aos dispositivos que entendesse constitucionais"[44].

É fácil de ver que o desenvolvimento dessa orientação acabaria por transformar a representação interventiva, de conteúdo nitidamente contraditório, em uma forma de processo inquisitivo, ou converteria mecanismo concebido precipuamente para a defesa da ordem federativa em espécie de ação popular, por via oblíqua. Evidentemente, tal concepção não se mostrava compatível com a própria índole do instituto desenvolvido pelo constituinte, com o escopo de assegurar a observância de princípios fundamentais da Federação.

De certa forma, essa insegurança se refletiu na elaboração das regras processuais que deveriam disciplinar a representação interventiva.

Assim, a Lei n. 2.271, de 22 de julho de 1954, consagrou, no art. 1º, parágrafo único, que, "havendo representação de parte interessada, a qual deverá ser em 2 (duas) vias, o ato arguido de inconstitucionalidade será submetido pelo Procurador-Geral da República ao Supremo Tribunal Federal, dentro de 90 (noventa) dias, a partir de seu recebimento". A leitura perfunctória do referido preceito parece denotar obrigatoriedade da arguição de inconstitucionalidade perante o Supremo Tribunal, desde que requerida pelo interessado. E, no mesmo sentido, o art. 2º da Lei n. 4.337, de 1º de junho de 1964, consagrava que, "se o conhecimento da inconstitucionalidade resultar de representação que lhe seja dirigida por qualquer interessado, o Procurador-Geral da República terá o prazo de trinta dias, a contar do recebimento da representação, para apresentar a arguição perante o Supremo Tribunal Federal". O art. 5º da Lei n. 4.337/64 admitiu a dispensa de informações das autoridades locais, em caso de urgência e relevância do interesse público. E o Regimento Interno do Supremo Tribunal

---

[43] Rp. 95-DF, *AJ*, *85*:55; Rp. 96-DF. Rel. Min. Goulart de Oliveira, AJ, *85*:100-1; cf. Themístocles Brandão Cavalcanti, *Do controle da constitucionalidade*, Rio de Janeiro, Forense, 1966, p. 117-18.
[44] *AJ*, *85*:101.

Federal incorporou essa disposição (art. 170, § 2º), equiparando os procedimentos do controle abstrato e da representação interventiva.

Em verdade, como assentado, na ação interventiva, o Procurador-Geral da República veicula o interesse da União, enquanto garante dos princípios federativos na preservação da integridade da ordem jurídica por parte dos Estados-Membros. E, por isso, observa Pontes de Miranda, com agudeza, o dever de representar é o dever que decorre das suas funções[45].

Anote-se que, não obstante a natureza diversa, a ausência de um tratamento dogmático diferenciado acabou por aproximar os dois institutos de tal forma que, atualmente, o único elemento distintivo parece residir na decisão de acolhimento. É o que se pode depreender do disposto no art. 175, parágrafo único, do Regimento Interno do Supremo Tribunal Federal, segundo o qual, "se a declaração de inconstitucionalidade de lei ou ato estadual se fundar nos incisos VI e VII do art. 10 da Constituição, a comunicação será feita, logo após a decisão, à autoridade interessada, bem como, depois do trânsito em julgado, ao Presidente da República, para os efeitos do § 2º do art. 11 da Constituição".

Assim, ao invés de se assentar a distinção na modalidade do controle, elege-se a decisão proferida como elemento diferenciador. Evidentemente, não se trata de fórmula modelar.

Há de se reconhecer, porém, que parte dessa dificuldade advém da extensão do controle de constitucionalidade, por via de ação direta, a toda e qualquer lei estadual, o que parece revelar uma tendência no sentido de superar o controle interventivo. É que, por ser mais ampla, tanto no que concerne ao parâmetro de controle quanto no que respeita à eficácia do julgado, a representação de inconstitucionalidade, prevista no art. 119, I, *l*, da Constituição de 1967/1969, assinala a quase absorção da ação direta, para fins de intervenção[46].

§ 1º Partes

A instauração do processo de controle de constitucionalidade, para fins de intervenção, é privativa do Procurador-Geral da República, como representante judicial da

---

[45] Pontes de Miranda, *Comentários à Constituição de 1967*, cit., p. 256.
[46] Essa conclusão há de ser entendida com temperamentos. De fato, na Constituição de 1967/1969 já se identificava uma tendência de superação da representação interventiva, gradativamente absorvida pela sistemática mais ampla e eficaz do controle abstrato de normas. Muito provavelmente, essa tendência deverá acentuar-se com o advento da Constituição de 1988, que, como ressaltado, quase acabou por adotar uma *ação popular de inconstitucionalidade*. A eficácia *erga omnes* e *ex tunc* da pronúncia de inconstitucionalidade e a singeleza do procedimento adotado para o controle abstrato de normas tornam, na maioria dos casos, a representação interventiva totalmente dispensável. Advirta-se, porém, que esse juízo mostra-se válido, tão somente, no caso da existência de um ato normativo cuja legitimidade deva ser aferida em face dos chamados *princípios sensíveis*. Caso a Constituição estadual não atenda, simplesmente, às exigências contidas no art. 34, VII, da Constituição Federal, não se pode, à evidência, trilhar o caminho do controle abstrato de normas, uma vez que essa modalidade processual pressupõe a existência de normas. Nesse caso, não se pode cogitar de eventual absorção da representação interventiva pelo controle abstrato de normas.

União. Têm legitimidade passiva os órgãos estaduais que editaram o ato questionado. Como assentado, diversamente do que ocorre no processo de controle abstrato de normas (CF 1967/1969, art. 119, I, *i*), que é um processo objetivo (*objektives Verfahren*), tem-se, na representação interventiva, uma relação processual contraditória entre União e Estado-Membro, atinente à observância de deveres constitucionalmente impostos ao ente federado (Lei n. 4.337/64, arts. 1º, 2º e 3º; RISTF, arts. 169 e 170)[47].

§ 2º Objeto e fundamento da controvérsia

A controvérsia envolve os deveres do Estado-Membro quanto à observância dos princípios constitucionais sensíveis (CF 1967/1969, arts. 13, I, e 10, VII) e à aplicação da lei federal (CF 1967/1969, art. 10, VI, 1ª parte). Essa violação de deveres consiste, fundamentalmente, na edição de atos normativos infringentes dos princípios previstos no art. 10, VII, da Constituição de 1967/1969[48]. "O legislador constituinte usou da palavra *ato* — lecionava Castro Nunes — na sua acepção mais ampla e compreensiva, para abranger no plano legislativo as normas de qualquer hierarquia que comprometam algum dos princípios enumerados"[49]. Na mesma linha de entendimento, ressalta Pontes de Miranda que "a regra jurídica referente à intervenção por infração de *princípios sensíveis* (art. 10, VII) assegura o respeito do direito escrito, ou não escrito, da Constituição estadual e das leis estaduais ou municipais àqueles princípios; o inciso IV diz que se atenda ao reclamo dos Estados-membros, ainda quando, existindo Constituição ou lei perfeitamente acorde com os princípios enumerados como *sensíveis,* se não esteja a realizar, como fora de mister, a vida das instituições estaduais"[50].

Vê-se, pois, que a afronta aos princípios contidos no art. 10, VII, da Constituição Federal de 1967/1969, há de provir, basicamente, de atos normativos dos poderes estaduais, não se afigurando suficiente, em princípio, a alegação da ofensa, em concreto. "A violação, em concreto, por parte do Estado federado — ensina Bandeira de Mello —, não diz respeito aos princípios constitucionais propriamente ditos, a que devia observar, mas ao exercício da ação dos poderes federais, de execução das leis federais (...)"[51].

---

[47] Como enfaticamente acentuado, a representação interventiva pressupõe a configuração de controvérsia constitucional entre a União, que "tem interesse na integridade da ordem jurídica, por parte dos Estados-Membros", e o Estado-Membro. Identifica-se aqui, pois, nitidamente, o interesse jurídico (*Rechtsschutzbedürfnis*) da União, como guardiã dos postulados federativos na observância dos princípios constitucionais sensíveis. E mesmo a outorga da representação processual do Procurador-Geral da República — acentue-se que, tal como nos modelos constitucionais de 1946 e de 1967/1969, o Procurador-Geral da República atua nesse processo, hoje em caráter excepcionalíssimo, como representante judicial da União — não se mostra hábil a descaracterizar a representação interventiva como peculiar modalidade de composição judicial de conflitos entre a União e a unidade federada.

[48] Oswaldo Aranha Bandeira de Mello, *Teoria,* cit., p. 189.

[49] Rp. 94-DF, *AJ, 85*:32.

[50] Pontes de Miranda, *Comentários à Constituição de 1967,* cit., p. 219 e 223.

[51] Oswaldo Aranha Bandeira de Mello, *Teoria,* cit., p. 189. Em verdade, temos de reconhecer que não se mostra imune à crítica a afirmação segundo a qual a lesão aos *princípios sensíveis* há de provir, exclusivamente, de atos

A Constituição de 1967/1969 tornou inequívoca essa orientação, ao condicionar a intervenção, no caso de execução de lei federal, ao provimento, pelo Supremo Tribunal Federal, de representação do Procurador-Geral da República (art. 10, VI, 1ª parte, c/c o art. 11, § 1º, c). Daí assentar Pontes de Miranda que "enquanto a intervenção federal para assegurar a observância dos princípios constitucionais inerentes à forma republicana, à independência dos poderes e outros cânons, consignados na Constituição de 1967, concerne, no desrespeito, ainda em geral, e *in abstracto,* das regras jurídicas principais, a do art. 10, VI, é tipicamente referente a casos concretos (...)"[52]. Sem dúvida, a execução de lei federal pode ser obstada pela promulgação de ato normativo estadual, em desrespeito à competência legislativa da União. E, nesse caso, afirmada, preliminarmente, a validade da lei federal, há de se proferir a declaração de inconstitucionalidade do diploma estadual. Todavia, a execução da lei federal envolve, igualmente, a edição de atos administrativos e a criação de pressupostos e condições necessários à realização da vontade do legislador federal. Assim, tanto a ação quanto a omissão do Poder Público estadual podem exigir que se proveja à execução da lei federal, submetendo-se a questão, previamente, à Excelsa Corte (CF 1967/1969, art. 10, VI)[53].

§ 3º Decisão

Como ressaltado, a preocupação com uma modalidade de *accertamento giudiziale dell'illecito,* nos casos de intervenção federal, remonta à Constituinte de 1891, quando João Pinheiro e Júlio de Castilhos formularam propostas com o objetivo de submeter à apreciação do Supremo Tribunal Federal as controvérsias relativas à ofensa de princípio cardeal da Constituição pelo Estado-Membro[54]. A disciplina da matéria, incorporada ao texto constitucional de 1934, ganhou forma definitiva na Constituição de 1946 (art. 7º, VII, c/c o art. 8º, parágrafo único).

Nos termos do art. 8º, *caput* e parágrafo único, da Constituição de 1946, a intervenção haveria de ser decretada por lei federal, após a declaração de inconstitucionalidade do ato estadual pelo Supremo Tribunal, em representação formulada pelo Procurador-Geral da República. O ato interventivo limitar-se-ia a suspender a execução do ato arguido de inconstitucionalidade, se essa medida bastasse para o restabelecimento da normalidade do Estado (art. 13). Essa mesma orientação foi preservada na Constituição de 1967/1969, atribuindo-se ao Presidente da República a função anteriormente deferida ao Congresso Nacional (art. 10, VII e VI, 1ª parte, c/c o art. 11, § 1º, c, e § 2º).

---

normativos. Evidentemente, a Constituição do Estado-Membro pode não incorporar princípios basilares estabelecidos na Constituição Federal. Nesse caso, a lesão decorrerá não do ato normativo propriamente dito, mas da omissão do constituinte estadual, que deixou de atender às exigências expressas da Constituição Federal.

[52] Pontes de Miranda, *Comentários à Constituição de 1967,* cit., p. 223.
[53] A Constituição de 1988 outorgou ao Superior Tribunal de Justiça a competência para julgar a representação do Procurador-Geral da República, no caso de recusa à execução de lei federal (art. 36, IV).
[54] Brasil. Assembleia Constituinte (1891), *Annaes,* cit., p. 432.

Não se cuida aqui, obviamente, de aferir a constitucionalidade *in abstracto* da norma estadual, mas de verificar, para fins de intervenção, se determinado ato, editado pelo ente federado, afronta princípios basilares da ordem federativa, ou se determinada ação ou omissão do Poder Público estadual impede a execução da lei federal. Não se declara a nulidade ou a ineficácia do ato questionado, limitando-se a afirmar a violação do texto constitucional.

É o que parece entender, igualmente, o Supremo Tribunal Federal, conforme se depreende de voto proferido pelo eminente Ministro Moreira Alves:

> "A representação interventiva é instrumento jurídico que se integra num processo político – a intervenção – para legitimá-lo. Embora diga respeito à lei em tese, não se apresenta, propriamente, como instrumento de controle concentrado de constitucionalidade, uma vez que a declaração de inconstitucionalidade nela obtida não opera *erga omnes*, mas apenas possibilita (como elo de uma cadeia em que se conjugam poderes diversos) ao Presidente da República (ou ao Governador, se for o caso) suspender a execução do ato impugnado"[55].

Vê-se, pois, que o Supremo Tribunal Federal limita-se a constatar ou a declarar a ofensa aos princípios sensíveis.

A decisão parece configurar aquilo que a doutrina constitucional alemã denomina *Feststellungsurteil* (sentença declaratória)[56]. O julgado não obriga, *de per si*, o ente federado, não o condena, expressamente, a fazer ou deixar de fazer alguma coisa. Tal como estabelecido no ordenamento constitucional brasileiro, a decisão do Supremo Tribunal constitui *conditio juris* das medidas interventivas, que não poderão ser empreendidas sem a declaração judicial de inconstitucionalidade. Todavia, o julgado não tem o condão de anular ou de retirar eficácia do ato impugnado. Tanto é assim que os constituintes de 1946 e de 1967/1969 referiram-se à *suspensão do ato* (CF de 1946, art. 13; CF de 1967/1969, art. 11, § 2º), pressupondo, pois, a sua subsistência, mesmo após a pronúncia de ilegitimidade[57].

---

[55] RE 92.169-SP, *RTJ*, *103*(3): 1112-13.

[56] Christian Pestalozza, *Verfassungsprozessrecht*: Die Verfassungsgerichtsbarkeit des Bundes und der Länder, 2. Aufl., München, C. H. Beck, 1982, p. 65-6; Klaus Schlaich, *Das Bundesverfassungsgericht*: Stellung, Verfahren, Entscheidungen, 1. Aufl., München, C. H. Beck, 1985, p. 158 e 47-8; Klaus Vogel, Rechtskraft und Gesetzeskraft der Entscheidungen des Bundesverfassungsgerichts, in Christian Starck (org.), *Bundesverfassungsgericht und Grundgesetz*, 1. Aufl., Tübingen, Mohr, 1976, v. 1, p. 587-8; Theo Ritterspach, *Legge sul Tribunale Costituzionale della Republica Federale di Germania*, Firenze, CEDEUR, 1982, p. 115-16. "La sentenza riguardante la richiesta del ricorrente stabilisce soltanto che um determinato comportamento (azione od omissione) del convenuto, ha violato una specifica disposizione costituzionale (vedi in proposito E 20, 120, 44, 127; 45, 3 s.). La sentenza non stabilisce nessuna sanzione per la condotta errata e riserva agli organi costituzionali interessati la facoltà di trarre le conclusioni del caso (eventualmente politiche). L'interpretazione della costituzione che conduce al dispositivo della sentenza, è esposta solo nella motivazione. In un procedimento relativo alla controversia tra organi non può essere, nè accertata l'inefficacia di una disposizione, nè dichiarata nulla una legge (E 1, 351(371); 20, 119, 129]. Al contrario è ammesso aggiungere ad una sentenza che respinge l'instanza, un 'capoverso esplicativo' (E 1,351(352, 371 e s.)]."

[57] Esse mecanismo foi incorporado à Constituição de 1988, conforme se pode depreender da leitura do art. 36, § 3º (Nos casos do art. 34, VI e VII, ou do art. 35, IV, dispensada a apreciação pelo Congresso Nacional, o decreto

Tal como no chamado *Feststellungsurteil*, que o *Bundesverfassungsgericht* pronuncia no conflito entre órgãos (*Organstreitigkeiten*) e na controvérsia entre União e Estado (*föderative Streitigkeiten*), a decisão proferida pelo Supremo Tribunal Federal, na representação interventiva, constata a existência ou a inexistência de violação à ordem federativa, vinculando as partes representadas na relação processual. Não se tem aqui, propriamente, uma declaração de nulidade ou de ineficácia do ato estadual, mas uma declaração de que determinado ato, provimento, ou medida, promulgada pelos Poderes Públicos estaduais, afronta princípios fundamentais da Federação ou obsta à execução de lei federal.

Não obstante a aparente sutileza, a distinção assume relevância na sistemática do controle de constitucionalidade. A declaração de inconstitucionalidade pronunciada *in abstracto* importa no reconhecimento da nulidade da lei. A decisão proferida na representação interventiva, concebida como um *accertamento giudiziale dell'illecito*, para fins interventivos, limita-se a constatar a configuração da ofensa constitucional. A suspensão do ato pelo Presidente da República, com a consequente outorga de eficácia *erga omnes* ao julgado, somente se dará se o Estado-Membro não empreender, *motu proprio*, a suspensão ou a revogação do ato declarado incompatível com a ordem federativa[58].

---

limitar-se-á a suspender a execução do ato impugnado, se essa medida bastar ao restabelecimento da normalidade). Portanto, também no atual Texto Magno, limita-se o Supremo Tribunal Federal a declarar a inconstitucionalidade da providência ou do ato normativo estadual sem lhe retirar a eficácia. O ato impugnado somente será retirado do ordenamento jurídico mediante providência do ente federado (revogação), ou através da *suspensão*, nos termos do art. 36, § 3º. Tem-se aqui um inequívoco exemplo de que a inconstitucionalidade de uma lei nem sempre implica a sua nulidade.

[58] Cláudio Pacheco, *Tratado das Constituições brasileiras*, Rio de Janeiro, Freitas Bastos, 1965, v. 3, p. 78-9.

Capítulo IV
O CONTROLE ABSTRATO DE NORMAS

SEÇÃO I - CONSIDERAÇÕES PRELIMINARES

O controle abstrato de normas foi introduzido no Direito Constitucional brasileiro pela Emenda n. 16/65. O legislador constituinte não tinha, aparentemente, plena consciência da amplitude do mecanismo institucional que estava sendo adotado. Na Exposição de Motivos encaminhada ao Presidente da República, o Ministro da Justiça esclarecia que, afeiçoada, no rito, à ação direta para fins de intervenção, "a representação, limitada em sua iniciativa, tem o mérito de facultar, desde logo, a definição da controvérsia constitucional sobre leis novas, com economia para as partes, formando precedente que orientará o julgamento dos processos congêneres"[1]. E, à Comissão Mista encarregada de apreciar o Projeto de Emenda, pareceu que a fórmula proposta configurava, apenas, "uma ampliação da faculdade consignada no parágrafo único do art. 8º, para tornar igualmente vulneráveis as leis federais por essa medida"[2].

Considerava-se, pois, que o instituto haveria de contribuir para a economia processual, atenuando a sobrecarga de processos do Supremo Tribunal Federal, com a imediata solução de controvérsias constitucionais. Supunha-se, igualmente, que se estava a dilargar o campo do controle de constitucionalidade, antes restrito ao âmbito da lei estadual, para a esfera federal.

Tem-se aqui uma inequívoca afirmação de que a lei pode ser mais inteligente que o legislador (*Das Gesetz kann klüger sein als sein Verfasser*)[3]. No intuito de estender o controle de constitucionalidade, em tese, às leis federais, com vistas a formar, desde logo, precedentes que orientassem o julgamento dos processos congêneres, o constituinte acabou por consolidar, entre nós, um novo e peculiar modelo, aperfeiçoando, de forma marcadamente original, o sistema de controle de constitucionalidade no Direito brasileiro.

Embora o legislador constituinte tenha buscado inspiração na representação interventiva, afigura-se indiscutível que, tal como estabelecida na Emenda n. 16, e incorporada pela Carta de 1967/1969, a ação direta de inconstitucionalidade, prevista no art. 119, I, *l* (CF 1967/1969), destina-se única e exclusivamente à defesa do ordenamento constitucional. Diferentemente da representação interventiva, que pressu-

---

[1] Brasil. *Constituição (1946)*: Emendas. Emendas à Constituição de 1946, n. 16: reforma do Poder Judiciário, Brasília, Câmara dos Deputados, 1968, p. 24.

[2] Relatório elaborado pelo Deputado Tarso Dutra, in Brasil. *Constituição (1946)*, cit., p. 67.

[3] Theodor Maunz, *Deutsches Staatsrecht*: ein Studienbuch, 17. Aufl., München, C. H. Beck, 1975, p. 50.

põe a existência de eventual lesão a princípios basilares da ordem federativa, a representação de inconstitucionalidade, consagrada no art. 119, I, *l*, da Constituição de 1967/1969, parece inteiramente desvinculada de qualquer situação subjetiva ou de outro evento peculiar. A propositura da ação exige, apenas, o interesse genérico na defesa da ordem jurídica, ou, como formulado por Celso Bastos, "é a preocupação de defesa do sistema jurídico, do direito objetivo", com o propósito único e exclusivo "de preservar o ordenamento jurídico da intromissão de leis com ele inconviventes"[4].

Chegou-se assim, quase intuitivamente, à fórmula proposta por Kelsen no famoso escrito de 1928, no qual afirmava que "un istituto del tutto nuovo ma che meriterebbe la più seria considerazione sarebbe quello di un difensore della costituzione presso il tribunale costituzionale che, a somiglianza del pubblico ministero nel processo penale, dovrebbe introdurre d'ufficio il procedimento del controllo di costituzionalità per gli atti che ritenesse irregolari"[5].

É bem verdade que, como ressaltado, o emérito jurista considerava imprescindível que "il titolare di una simile funzione dovrebbe avere evidentemente le più ampie possibili garanzie d'independenza sia nei confronti del governo che del parlamento"[6]. E parece residir, exatamente, nesse ponto a maior fragilidade da feliz construção desenvolvida no Direito Constitucional brasileiro.

SEÇÃO II – ASPECTOS FORMAIS DO CONTROLE ABSTRATO DE NORMAS

§ 1º Do Procurador-Geral da República

A Emenda Constitucional n. 16/65 atribuiu ao Supremo Tribunal Federal a competência para julgar "a representação contra inconstitucionalidade de lei ou ato de natureza normativa federal ou estadual, encaminhada pelo Procurador-Geral da República" (CF 1946, art. 101, *k*). A Constituição de 1967 consagrou, igualmente, o instituto, reconhecendo a competência do Supremo Tribunal Federal para julgar "representação do Procurador-Geral da República, por inconstitucionalidade de lei ou ato normativo federal ou estadual" (CF 1967, art. I, *l*). A Emenda Constitucional n. 1/69, preservou a fórmula anteriormente adotada (art. 119, I, *l*).

A aparente indefinição que marcou a entrada do novo instituto no Direito brasileiro não logrou esconder o conteúdo inovador do modelo. Outorgava-se ao chefe do Ministério Público Federal a competência exclusiva para desencadear processo de controle de normas federais ou estaduais, sem outra finalidade senão a de defender o ordenamento constitucional contra as leis com ele incompatíveis. Diferentemente da ação direta para fins de intervenção, na qual o Procurador-Geral da República veicula

---

[4] Celso Ribeiro Bastos, *Curso de direito constitucional*, 5. ed., São Paulo, Saraiva, 1982, p. 65.
[5] Han Kelsen, La garanzia giurisdizionale della costituzione, in *La giustizia costituzionale*, Milano, Giuffrè, 1981, p. 196.
[6] Kelsen, La garanzia, in *La giustizia costituzionale*, cit., p. 196.

pretensão da União, na defesa da ordem federativa, a representação de inconstitucionalidade, consagrada no art. 119, I, *l*, da Constituição de 1967/1969, apresenta-se desvinculada de qualquer pressuposto que não seja o interesse jurídico da defesa da ordem constitucional.

Menos que o de agente público do Governo Federal, cabia ao Procurador-Geral da República exercer o elevado mister de fiscal da constituição, uma espécie de *custos constitutionis*, tal como vislumbrado por Kelsen.

A relevância política da função atribuída ao chefe do Ministério Público Federal e as sérias dúvidas quanto à independência do órgão em face do Poder Executivo deram ensejo a uma ampla controvérsia sobre "a margem de discrição com que o Procurador-Geral exerce o seu direito de ação"[7]. As conturbações que marcaram a vida política do País na década de 1970 aumentaram as expectativas dos vários grupamentos em relação ao controle direto de normas. E a aparente frustração dessas expectativas, que tem, ainda hoje, como exemplo mais significativo, o arquivamento do pedido de arguição de inconstitucionalidade do diploma instituidor da censura prévia na divulgação de livros e periódicos (Decreto-lei n. 1.077/70), formulado pelo Movimento Democrático Brasileiro, estimulou intenso esforço doutrinário com o objetivo de superar o entrave, consistente na eventual recusa do Procurador-Geral de submeter diretamente à apreciação do Supremo Tribunal as questões constitucionais mais relevantes[8].

Se não havia dúvida quanto à legitimidade do Procurador-Geral da República, para desencadear o processo do controle abstrato de normas, a doutrina demonstrava sérias reservas quanto à possibilidade de o chefe do Ministério Público Federal, escudado em um juízo pretensamente discricionário, sonegar ao conhecimento da Excelsa Corte as mais graves lesões à Constituição.

Nesse contexto, formaram-se diversas correntes de opinião, refletindo o caráter controvertido da matéria.

Anteriormente, referindo-se à representação interventiva, assentara Buzaid que:

> "O Procurador-Geral da República só deve arguir a inconstitucionalidade quando disso estiver convencido. Sua missão não é a de mero veículo de representações. Recebendo a manifestação do interessado, o Procurador-Geral da República a estudará, apreciando se tem ou não procedência. Convencendo-se de que o ato arguido é inconstitucional, proporá a ação; em caso contrário, determinará o arquivamento"[9].

---

[7] Celso Ribeiro Bastos, *Curso*, cit., p. 68.

[8] Cuidava-se do Decreto-lei n. 1.077/70, que instituía a censura prévia sobre livros e revistas. O Movimento Democrático Brasileiro, único partido legal de oposição ao regime militar então imperante, requereu a representação de inconstitucionalidade ao Supremo Tribunal Federal. Todavia, o eminente Ministro Xavier de Albuquerque, então Procurador-Geral da República, houve por bem arquivar o pedido, tendo o requerente formulado Reclamação ao Supremo Tribunal Federal.

[9] Alfredo Buzaid, *Da ação direta de declaração de inconstitucionalidade no direito brasileiro*, São Paulo, Saraiva, 1958, p. 110.

Perfilhando orientação diversa, o Professor Themístocles Cavalcanti entendia que, ressalvados os casos de absoluta inépcia do pedido, deveria o Procurador-Geral submeter a questão ao Supremo Tribunal, ainda que se manifestando pela improcedência da arguição[10]. E tal proposição doutrinária parece corresponder, rigorosamente, à conduta assumida pelo eminente publicista, quando no exercício da chefia do Ministério Público Federal[11].

Essa posição, que se referia, inicialmente, à representação interventiva, reflete o zelo institucional que norteou a utilização da ação direta de controle de constitucionalidade nos primeiros tempos[12].

As duas orientações, consagradas antes do advento da Emenda n. 16/65, balizaram, de certa forma, a controvérsia sobre a natureza da função desempenhada pelo Procurador-Geral da República, no controle abstrato de normas.

Autores de renome, como Pontes de Miranda (*Comentários à Constituição de 1967: com a Emenda n. 1, de 1969*, 2. ed., Revista dos Tribunais, v. 4, p. 44), Josaphat Marinho (Inconstitucionalidade de lei – representação ao STF, *RDP*, *12*:150), Caio Mário da Silva Pereira (voto proferido no Conselho Federal da OAB, *Arquivos*, *118*:25), Themístocles Cavalcanti (Arquivamento de representação por inconstitucionalidade da lei, *RDP*, *16*:169) e Adaucto Lucio Cardoso (voto na Recl. 849, *RTJ*, *50*:347-8), manifestaram-se pela obrigatoriedade de o Procurador-Geral da República submeter a questão constitucional ao Supremo Tribunal Federal, ressaltando-se, univocamente, a impossibilidade de se alçar o chefe do Ministério Público à posição de juiz último da constitucionalidade das leis[13].

Outros, não menos ilustres, como Celso Agrícola Barbi (Evolução do controle de constitucionalidade das leis no Brasil, *RDP*, *4*:40), José Carlos Barbosa Moreira (As partes na ação declaratória de inconstitucionalidade, *Revista de Direito da Procuradoria-Geral do Estado da Guanabara*, *13*:67), José Luiz de Anhaia Mello (*Os princípios constitucionais e sua proteção*, São Paulo, 1966, p. 24), Sérgio Ferraz (Contencioso constitucional, comentário a acórdão, *Revista de Direito*, *20*:218) e Raimundo Faoro (voto no Conselho Federal da OAB, *Arquivos*, *118*:47), reconheceram a faculdade do exercício da ação pelo Procurador-Geral da República.

Alguns juristas procuraram deslocar a controvérsia para o plano legal, tendo Arnoldo Wald propugnado por fórmula que emprestava a seguinte redação ao art. 2º da Lei n. 4.337/64:

---

[10] Themístocles Brandão Cavalcanti, *Do controle da constitucionalidade*, Rio de Janeiro, Forense, 1966, p. 115-18.

[11] Rp. 95-DF, de 30-7-1947, Rel. Min. Orozimbo Nonato, *AJ*, *85*:55; Rp. 96-DF, de 3-10-1947, Rel. Min. Goulart de Oliveira, *AJ*, *85*:77.

[12] De certa forma, como acentuado, o próprio Supremo Tribunal Federal referendou esse entendimento, conforme se pode depreender da leitura do voto proferido pelo Ministro Goulart de Oliveira, na Rp. 96 (*AJ*, *85*: 101), no qual se afirma que "se não fosse lícita solicitação estranha, só ao Procurador-Geral ficaria a iniciativa que o impugnante exige não provocada... Só ele podia ver inconstitucionalidade nesses textos".

[13] Celso Ribeiro Bastos, *Curso*, cit., p. 68. Cf., no mesmo sentido, voto do Min. Goulart de Oliveira, Rp. 96, de 3-10-1947, *AJ*, *85*:100-1.

"Art. 2º Se o conhecimento da inconstitucionalidade resultar de representação que lhe seja dirigida por qualquer interessado, o Procurador-Geral da República terá o prazo de trinta dias, a contar do recebimento da representação, para apresentar a arguição perante o Supremo Tribunal Federal.

§ 1º Se a representação for oriunda de pessoa jurídica de direito público, não poderá o Procurador-Geral deixar de encaminhá-la, sob pena de responsabilidade.

§ 2º Se a representação for oriunda de pessoa física ou de pessoa jurídica de direito privado, o Procurador-Geral deverá, no prazo de trinta dias, encaminhá-la com parecer ao Supremo Tribunal Federal ou arquivá-la. No caso de arquivamento, caberá reclamação ao plenário do Supremo Tribunal Federal, que deverá conhecer da mesma se a representação tiver fundamentação jurídica válida, avocando, em tal hipótese, o processo para julgamento na forma da presente lei"[14].

E, na opinião do jurista, inexistia qualquer "inconstitucionalidade na modificação legislativa proposta, pois, mantida a legitimidade ativa do chefe do Ministério Público, a lei ordinária se limitaria a tornar indisponível direito do Procurador-Geral, em certos casos, transformando-o em dever, e concedendo, em outras hipóteses, recurso de sua decisão para o plenário do Supremo Tribunal Federal"[15].

Essa linha de pensamento parece ter sido retomada por Celso Bastos, que propõe uma interpretação harmonizadora e sistemática de ordenamento constitucional. Segundo o doutrinador, "a visualização ampla do nosso sistema jurídico-político-constitucional, consagrando a federação e a tripartição dos Poderes, informada pela independência e harmonia em que devem conviver esses três órgãos de explicitação da vontade estatal, acolhendo, ainda, a rigidez constitucional a fim de, entre outros objetivos, preservar essa mesma independência e, ademais, institucionalizando um remédio judicial assecuratório dessa complexa mecânica, leva-nos fatalmente a concluir pela inviabilidade de deixar-se inteiramente ao critério de um órgão, se bem que de elevada hierarquia, mas ainda assim um órgão do Poder Executivo, a ele submetido, e seu ocupante demissível *ad nutum*, a chave controladora do mecanismo deflagrador da ação de inconstitucionalidade"[16].

Tais referenciais teóricos permitiram que o constitucionalista alvitrasse uma solução intermediária entre a *livre apreciação* e a *absoluta vinculação*. E esta deveria ter em conta que, em muitos casos, as representações eram formuladas por órgãos públicos ou pessoas jurídicas de direito público. E, nessas hipóteses, o juízo discricionário do Procurador-Geral da República não deveria sobrepor-se à avaliação externada por esses entes, "copartícipes da gestão dos interesses públicos"[17].

Daí concluir o eminente constitucionalista que:

---

[14] Voto de Arnoldo Wald, *Arquivos do Ministério da Justiça*, 29(118): 46-7.
[15] Voto de Arnoldo Wald, *Arquivos do Ministério da Justiça*, 29(118): 47.
[16] Celso Ribeiro Bastos, *Curso*, cit., p. 69.
[17] Celso Ribeiro Bastos, *Curso*, cit., p. 74.

"(...) pela solidariedade que unifica as pessoas de direito público em torno de um denominador comum – a defesa da causa coletiva – resulta claro que se alguma representação foi feita, esta conta com a presunção de estar conforme ao interesse público. Não se está a afirmar que ocorre, efetivamente, inconstitucionalidade. Mas que o móvel que acionou a pessoa pública é um motivo de interesse público.

Trata-se, inquestionavelmente, do exercício de uma atividade discricionária, mas não arbitrária. Realizado, entretanto, este juízo discricionário por uma pessoa de direito público qualquer, nenhuma vantagem resultará – pelo contrário, apenas poderão surgir sérios inconvenientes – em permitir que se substitua a sua apreciação, pela de um órgão integrante do Poder Executivo Federal. Tudo em nossa sistemática constitucional conduz no sentido de não se fazer prevalecer a vontade do Procurador-Geral, sobre, por exemplo, a de um prefeito municipal ou governador de Estado"[18].

A fórmula concebida pelo Professor Celso Bastos parece encontrar obstáculos intransponíveis nos próprios princípios informadores da jurisdição constitucional, desde os seus primórdios[19].

Evidentemente, a caracterização do controle abstrato de normas como processo objetivo no qual os órgãos eventualmente legitimados limitam-se a desencadear peculiar atividade jurisdicional, tendo em vista o interesse público[20], não justifica, por si só, a extensão da legitimidade processual, ainda que por vias transversas. Em verdade, é o princípio do pedido (*Antragsprinzip*) que assegura, em primeiro plano, a forma judicial (*Gerichtsförmlichkeit*) da Corte Constitucional. E é esta forma judicial que permite distinguir, com alguma segurança, a jurisdição constitucional da atividade exercida pelos demais órgãos políticos[21].

A questão foi submetida, inicialmente, ao Supremo Tribunal mediante Reclamação formulada pelo Movimento Democrático Brasileiro, que alegava eventual usurpação da competência da Excelsa Corte, com o arquivamento do pedido de arguição de inconstitucionalidade do Decreto-lei n. 1.077/70. A matéria ensejou intensos debates, tendo sido acolhida, a final, a tese sustentada pela Procuradoria-Geral da República, no sentido de que, ao determinar o arquivamento, o chefe do Ministério Público Federal pratica ato de sua exclusiva iniciativa, até porque, "(...) sendo a representação do Procurador-Geral o ato que transforma em função dinâmica o poder estático de jurisdição do Supremo Tribunal, e sendo a competência, como ninguém discute, uma parcela ou medida desse poder, é curial não se poder falar em usurpação ou frustração de competência antes que haja representação"[22].

---

[18] Celso Ribeiro Bastos, *Curso*, cit., p. 74-5.
[19] Cf. Kelsen, La garanzia..., in *La giustizia costituzionale*, cit., p. 194 e s.
[20] Hartmut Söhn, Die abstrakte Normenkontrolle, in Christian Starck (org.), *Bundesverfassungsgericht und Grundgesetz*, 1. Aufl., Tübingen, Mohr, 1976, v. 1, p. 307 e 304; cf. Kelsen, La garanzia..., in *La giustizia costituzionale*, cit., p. 194 e s.
[21] Christian Pestalozza, *Verfassungsprozessrecht*: Die Verfassungsgerichtsbarkeit des Bundes und der Länder, 2. Aufl., München, C. H. Beck, 1982, p. 6.
[22] Recl. 849-DF, Rel. Min. Adalício Nogueira, *RTJ*, 59(2): 336.

Essa orientação foi reiterada pelo Supremo Tribunal Federal, em outras oportunidades, não subsistindo hoje qualquer dúvida quanto à autonomia do Procurador-Geral da República na instauração do controle abstrato de normas[23].

O entendimento consagrado pela Excelsa Corte não merece reparos do ponto de vista dogmático. Como observado, o problema fora colocado, anteriormente, por Kelsen, que reputava fundamental a definição segura dos procedimentos formais para o exercício do controle de constitucionalidade[24].

O mestre de Viena considerava plausível a outorga de poderes para desencadear o controle de constitucionalidade a órgão que "a somiglianza del pubblico ministero nel processo penale, che dovrebbe introdurre d'ufficio il procedimento del controllo di costituzionalità (...)". Reputava, porém, imprescindível que "il titolare di una simile funzione dovrebbe avere evidentemente le più ampie possibili garanzie d'independenza sia nei confronti del governo che nel parlamento"[25]. Como se vê, esse órgão deveria desempenhar uma função de *custos constitutionis* perante a Corte. Não escapou, porém, ao gênio do Chefe da Escola de Viena que, enquanto assegura a formação regular da lei, o controle de constitucionalidade representa, nas democracias, um meio eficaz de defesa da minoria contra a maioria[26]. E, por isso, assentava Kelsen, com felicidade:

> "Per ciò che concerne i ricorsi contro le leggi, sarebbe di estrema importanza attribuire il diritto di proporli anche ad una minoranza qualificata del parlamento, tanto più che la giustizia costituzionale, (...) deve necessariamente servire nelle democrazie parlamentari, alla protezioni delle minoranze"[27].

Vê-se, pois, que o emérito jurista atribuía destacada relevância à forma de instauração do controle de constitucionalidade, entendendo que, embora restrita, a legitimação haveria de contemplar não só a defesa objetiva da ordem jurídica, mas também a proteção eficaz da minoria. Fazia-se mister, porém, a definição institucional dessa legitimidade, recusando-se, nitidamente, a consagração de um processo de índole inquisitiva.

Da mesma forma, no Direito alemão estabeleceu-se o princípio do pedido como máxima basilar da jurisdição constitucional (Lei do *Bundesverfassungsgericht*, § 23), tendo o próprio Tribunal Constitucional reconhecido que, à falta de requerentes devidamente legitimados, importantes questões constitucionais não lhe poderiam ser submetidas[28].

---

[23] Recl. 121-RJ, Rel. Min. Djaci Falcão, *RTJ*, *100*(3):955; Recl. 128-DF, Rel. Min. Cordeiro Guerra, *RTJ*, *98*(1): 3; Recl. 152-SP, Rel. Min. Djaci Falcão, *DJ*, 11 maio 1983, p. 6292.
[24] Kelsen, La garanzia..., in *La giustizia costituzionale*, cit., p. 194.
[25] Kelsen, La garanzia..., in *La giustizia costituzionale*, cit., p. 196.
[26] Kelsen, La garanzia..., in *La giustizia costituzionale*, cit., p. 196.
[27] Kelsen, La garanzia..., in *La giustizia costituzionale*, cit., p. 196.
[28] BVerfGE, *13*:54(96); Pestalozza, *Verfassungsprozessrecht*, cit., p. 6-7.

Do prisma jurídico, nada existe de singular no reconhecimento da legitimidade exclusiva do Procurador-Geral da República para instaurar o processo de controle abstrato de normas. De resto, ao confiar esse elevado mister ao chefe do Ministério Público Federal, o legislador constituinte não concebeu nenhuma fórmula artificiosa ou cerebrina. Ao revés, outorgou a iniciativa do processo de controle de constitucionalidade a órgão incumbido de exercer, genericamente, a fiscalização da legalidade.

Tal constatação não logra ilidir, certamente, a problemática relativa à autonomia institucional do Ministério Público Federal. Não se pode negar, à evidência, que a estreita vinculação ao Executivo e a demissibilidade *ad nutum* do Procurador-Geral da República acabaram por retirar do órgão incumbido de desencadear a fiscalização abstrata de normas os requisitos objetivos de independência necessários ao cumprimento de seu elevado mister. Não é preciso ressaltar, outrossim, que o estado de anomalia institucional imperante nas duas últimas décadas não propiciou condições adequadas ao desenvolvimento de mecanismo de controle político[29].

§ 2º O controle abstrato de normas como processo objetivo

A representação de inconstitucionalidade, consagrada no art. 119, I, *l*, da Constituição de 1967/1969, constitui processo que não tem outro escopo, senão o de defesa da ordem fundamental contra atos com ela incompatíveis[30]. Não se destina, pela sua própria índole, à proteção de situações individuais ou de relações subjetivadas, mas visa, precipuamente, à defesa da ordem jurídica[31]. E a outorga de competência exclusiva para desencadear o processo de controle abstrato de normas ao chefe do Ministério Público parece reforçar esse entendimento, uma vez que tal prerrogativa foi deferida, "não na qualidade de alguém que defenda interesse próprio, pessoal, mas, sim, na condição da função de defender o interesse coletivo, traduzido na preservação do ordenamento constitucional"[32].

Tem-se aqui, pois, o que a jurisprudência dos Tribunais Constitucionais costuma chamar de *processo objetivo* (*objektives Verfahren*), isto é, um processo sem sujeitos, destina-

---

[29] A CF/88 emprestou nova conformação ao Ministério Público Federal. Pôs-se termo à dúplice função (fiscalização da legalidade e defesa dos interesses da União), sendo-lhe confiada, expressamente, a defesa da ordem jurídica, do regime democrático e dos interesses sociais e individuais indisponíveis (CF/88, art. 127, *caput*, c/c o art. 131). O Procurador-Geral da República passa a ser escolhido dentre os integrantes da carreira, maiores de trinta e cinco anos, após a aprovação de seu nome pela maioria absoluta dos membros do Senado Federal, para mandato de dois anos, permitida a recondução (CF/88, art. 128, § 1º). A destituição do Procurador-Geral pelo Presidente da República deverá ser precedida de autorização da maioria absoluta do Senado Federal (CF/88, art. 128, § 2º). Indubitavelmente, cuida-se de um significativo avanço no sentido de dotar o Ministério Público e, em especial, o Procurador-Geral da República das garantias necessárias ao exercício independente de suas relevantes funções. Nos termos do art. 103, VI, da Constituição, o Procurador-Geral da República é um dos órgãos legitimados a propor a ação de inconstitucionalidade. Por outro lado, dispõe o texto constitucional, no art. 103, § 1º, que ele há de ser ouvido nas ações de inconstitucionalidade e em todos os processos de competência do Supremo Tribunal Federal.

[30] Cf. voto de Raymundo Faoro, *Archivos do Ministério da Justiça*, 29(118):51-2.

[31] Celso Ribeiro Bastos, *Curso*, cit., p. 67-8; cf. RE 94.039-SP, Rel. Min. Moreira Alves, *RTJ*, 102(2):755.

[32] Celso Ribeiro Bastos, *Curso*, cit., p. 68.

do, pura e simplesmente, à defesa da Constituição (*Verfassungsrechtsbewahrungsverfahren*)[33]. Não se cogita, propriamente, da defesa de interesse do requerente (*Rechtsschutzbedürfnis*), que pressupõe a defesa de situações subjetivas. Nesse sentido, assentou o *Bundesverfassungsgericht* que, no controle abstrato de normas, cuida-se, fundamentalmente, de um processo unilateral, não contraditório, isto é, de um processo sem partes, no qual existe um requerente, mas inexiste o requerido[34]. "A admissibilidade do controle de normas – ensina Söhn – está vinculada, tão somente, a uma necessidade pública de controle (öffentliches Kontrollbedürfnis)"[35].

A provocação de um órgão externo é imprescindível, inclusive como garantia contra eventual supremacia da jurisdição constitucional[36]. Não obstante, não se reconhece aos órgãos legitimados para desencadear processo de controle abstrato de constitucionalidade qualquer poder de disposição.

O *Bundesverfassungsgericht* decidiu, a propósito, que a desistência formulada pelo requerente não acarretava, necessariamente, a suspensão do processo[37]. O pedido representaria, nesse contexto, um simples impulso externo (*ein blosser Anstoss von aussen*), um instrumento deflagrador do processo objetivo de controle[38]. "O requerimento é indispensável – diz Söhn – para a instauração do processo, não para o seu desenvolvimento, uma vez que o princípio do pedido foi satisfeito com a simples apresentação do requerimento"[39].

Entre nós, a questão relativa à natureza do processo de controle de normas se colocou logo no julgamento das primeiras representações, ainda que de forma tópica, não sistemática. Nas Rp. 95 e 96, de 1947, esboçou-se controvérsia quanto à possibilidade de o Supremo Tribunal apreciar a arguição de inconstitucionalidade, não obstante o pronunciamento do Procurador-Geral da República pela improcedência do

---

[33] Söhn, Die abstrakte Normenkontrolle, in Starck, *Bundesverfassungsgericht*, cit., p. 296; BVerfGE, 1:208(219); BVerfGE, 1:296(414); BVerfGE 2:213(217).

[34] BVerfGE, 1:14(40); BVerfGE, 2:143(156); BVerfGE, 2:143(156); BVerfGE, 1:208(226); cf., também, Söhn, Die abstrakte Normenkontrolle, in Starck, *Bundesverfassungsgericht*, cit., p. 304. Deve-se enfatizar que, embora os processos objetivos sejam, normalmente, processos não contraditórios, não se pode afirmar que essa seja uma característica fundamental. Critério fundamental para a caracterização de um processo objetivo é a dispensabilidade ou a não exigência de um interesse jurídico específico, ou, se se quiser, de um interesse de agir (*Rechtsschutzbedürfnis*) (cf. Bodo Stephan, *Das Rechtsschutzbedürfnis*, Berlin, Walter de Gruyter & Co., 1967, p. 95-6). Assim, o recurso constitucional (*Verfassungsbeschwerde*) é um processo unilateral (*einseitig*), não contraditório, mas destinado à defesa de direito subjetivo. Faz-se imprescindível, portanto, a demonstração de que o ato do Poder Público mostra-se hábil a afetar, em tese, direito fundamental do impetrante (*Rechtsschutzbedürfnis*) (cf. Stephan, *Das Rechtsschutzbedürfnis*, cit., p. 101 e 103). Nesse caso, embora se trate de um processo unilateral – e, por conseguinte, não contraditório –, não se pode falar em *processo objetivo*.

[35] Söhn, Die abstrakte Normenkontrolle, in Starck, *Bundesverfassungsgericht*, cit., p. 304.

[36] Söhn, Die abstrakte Normenkontrolle, in Starck, *Bundesverfassungsgericht*, cit., p. 304; Pestalozza, *Verfassungsprozessrecht*, cit., p. 6; José Joaquim Gomes Canotilho, *Direito constitucional*, 4. ed., Coimbra, Almedina, 1986, p. 812.

[37] BVerfGE, 8:183(184); BVerfGE, 25:308; cf., também, Söhn, Die abstrakte Normenkontrolle, in Starck, *Bundesverfassungsgericht*, cit., p. 309.

[38] Söhn, Die abstrakte Normenkontrolle, in Starck, *Bundesverfassungsgericht*, cit., p. 303-4.

[39] Söhn, Die abstrakte Normenkontrolle, in Starck, *Bundesverfassungsgericht*, cit., p. 309-10.

pedido. E a Excelsa Corte, por maioria, firmou, inicialmente, orientação no sentido afirmativo, entendendo bastante o encaminhamento do pedido pelo órgão constitucionalmente legitimado[40].

Assentou-se, igualmente, que o fundamento da inconstitucionalidade, atribuído pelo Procurador-Geral da República, não se afigurava relevante para a resolução do Tribunal. "O que importa – dizia o Ministro Hahnemann Guimarães – é que seja apresentado ao Tribunal fato que possa caracterizar a arguição de inconstitucionalidade não sendo necessário que "o Sr. Dr. Procurador-Geral da República haja dado uma classificação à arguida inconstitucionalidade"[41].

No tocante à possibilidade de desistência, o Tribunal considerou-a, inicialmente, cabível[42]. Na Rp. 466-GB, colocou-se novamente a indagação, tendo o relator, Ministro Ari Franco, asseverado que "ao Ministério Público não é lícito, em regra, a desistência do que pleiteia"[43]. Esse entendimento foi incorporado ao Regimento Interno do Supremo Tribunal Federal, que consagra, desde 1970, vedação expressa à desistência da representação[44].

O desenvolvimento da ação direta de controle de constitucionalidade demonstra que jurisprudência e doutrina não lograram diferençar, de imediato, a *representação interventiva* do *controle abstrato* de normas. Como ressaltado, o eminente Professor Themístocles Cavalcanti, Procurador-Geral da República do governo democrático que sucedeu à ditadura Vargas, considerava que o chefe do Ministério Público deveria submeter a arguição de inconstitucionalidade ao Supremo Tribunal, ainda quando a tivesse por descabida[45]. Reputava-se suficiente, pois, a presença de um interesse jurídico para encaminhar o tema ao Supremo Tribunal Federal. E, não raro, essa postura colhia referendo na Excelsa Corte, como se depreende de voto proferido pelo Ministro Goulart de Oliveira, na Rp. 96, no qual se afirmou, expressamente, que:

> "Se não fosse lícita a solicitação estranha, só ao Procurador-Geral ficaria a iniciativa que o impugnante exige não provocada... Só ele podia ver inconstitucionalidade nesses textos.
>
> E só ele seria juiz... naqueles que entendesse constitucionais...
>
> A sua atribuição nesta emergência é dupla: quando veicula a Representação, submete ao Tribunal, na técnica da Constituição, e quando opina como dever de 'ofício'. Não há confundir as duas funções"[46].

---

[40] Rp. 95-DF, de 30-7-1947, Rel. Min. Orozimbo Nonato, *AJ*, *85*:55; Rp. 96-DF, de 3-10-1947, Rel. Min. Goulart de Oliveira, *AJ*, *85*:77.

[41] Rp. 95-DF, de 30-7-1947, Rel. Min. Orozimbo Nonato, *AJ*, *85*:64-5.

[42] Rp. 287-RN, Rel. Min. Nélson Hungria, *DJ*, 28 jul. 1958.

[43] *RTJ*, *23*:1-46; cf. Themístocles Brandão Cavalcanti, *Do controle*, cit., p. 131-2.

[44] Brasil. Supremo Tribunal Federal. *Regimento Interno do Supremo Tribunal Federal*, Brasília, STF, 1986, art. 169, parágrafo único.

[45] Rp. 95-DF, de 30-7-1947, Rel. Min. Orozimbo Nonato, *AJ*, *85*:55.

[46] *AJ*, *85*:101.

Converter-se-ia, assim, a representação interventiva, destinada à defesa de princípios basilares da ordem federativa e de índole nitidamente contraditória, em um processo objetivo, no qual o Procurador-Geral da República veiculava, tão somente, o interesse público na decisão da questão constitucional.

Também no tocante a natureza e eficácia da decisão, parecia dominar o sentimento de que, diferentemente da pronúncia no caso concreto, a declaração de inconstitucionalidade resolvia-se "por uma fórmula legislativa ou quase legislativa, que vem a ser não vigência, virtualmente decretada, de uma dada lei"[47]. Convém reiterar, a propósito, a lição de Castro Nunes:

> "Atribuição nova, que o Supremo Tribunal é chamado a exercer pela primeira vez e cuja eficácia está confiada, pela Constituição, em primeira mão, ao patriotismo do próprio legislador estadual no cumprir, de pronto, a decisão e, se necessário, ao Congresso Nacional, na compreensão esclarecida da sua função coordenada com a do Tribunal, não será inútil o exame desses aspectos, visando delimitar a extensão, a executoriedade e a conclusividade do julgado.
>
> Na declaração em espécie, o Judiciário arreda a lei, decide o caso por inaplicação dela, e executa, ele mesmo, o seu aresto.
>
> Trata-se, aqui, porém, de inconstitucionalidade em tese, e nisso consiste a inovação desconhecida entre nós na prática judicial, porquanto até então não permitida pela Constituição.
>
> Em tais casos a inconstitucionalidade declarada não se resolve na inaplicação da lei ao caso ou no julgamento do direito questionado por abstração do texto legal comprometido; resolve-se por uma fórmula legislativa ou quase legislativa que vem a ser a não vigência, virtualmente decretada, de uma dada lei (...)
>
> Na declaração em tese, a suspensão redunda na ab-rogação da lei ou na derrogação dos dispositivos alcançados, não cabendo ao órgão legiferante censurado senão a atribuição meramente formal de modificá-la ou regê-la, segundo as diretivas do prejulgado; é uma inconstitucionalidade declarada *erga omnes*, e não somente entre as partes; a lei não foi arredada apenas em concreto; foi cessada para todos os efeitos"[48].

Evidentemente, a declaração de inconstitucionalidade proferida na representação interventiva não era dotada dessa eficácia genérica. Tanto é assim que, mesmo sob o regime constitucional de 1946, previa-se a *suspensão de execução do ato arguido de inconstitucionalidade*, se essa medida se afigurasse suficiente para o restabelecimento da normalidade no Estado (CF de 1946, art. 13).

Essa assimilação entre instrumentos jurídicos diversos se identifica, igualmente, no clássico estudo de Buzaid, que qualificou a posição do Procurador-Geral da República, na ação direta, para fins de intervenção, como substituto processual, representando "toda a coletividade empenhada em expurgar a ordem jurídica de atos políticos, manifestamente inconstitucionais e capazes de pôr em risco a estrutura do Estado"[49].

---

[47] Rp. 94-DF, de 17-7-1947, Rel. Min. Castro Nunes, *AJ*, 85:33.
[48] Rp. 94-DF, *AJ*, 85:33.
[49] Alfredo Buzaid, *Da ação direta*, cit., p. 107.

De notar que tais indefinições parecem ter facilitado a adoção do controle abstrato de normas no Direito Constitucional brasileiro. Observe-se que, a despeito das semelhanças estruturais inequívocas, esses mecanismos são dotados de natureza claramente diferenciada. É plausível admitir que a própria Emenda n. 16, na sua concepção originária, não tenha contemplado as notórias diferenças existentes entre as duas fórmulas. Assim, na Exposição de Motivos que encaminhou o Projeto de Emenda ao Legislativo, asseverava-se que a inovação, afeiçoada, no rito, às representações de que cuidava o art. 8º, parágrafo único, para assegurar o cumprimento dos princípios integrantes do inciso VII, do art. 7º, estendia o controle em tese às leis federais, completando o sistema de proteção constitucional[50]. Na Comissão Mista sobre o Projeto de Emenda à Constituição n. 6/65, preponderou, igualmente, como já acentuado, essa orientação, assentando-se que "a letra *k*, propondo a representação a cargo da Procuradoria-Geral da República, contra a inconstitucionalidade em tese da lei, constitui uma ampliação da faculdade consignada no parágrafo único do art. 8º, para tornar igualmente vulneráveis as leis federais por essa medida"[51].

Era duplo o equívoco inicial do constituinte. Não se cuidava de simples ampliação de instituto, antes aplicável, exclusivamente, às leis estaduais. Até porque, como observado, a representação interventiva tinha âmbito material restrito (leis estaduais lesivas aos princípios sensíveis) e natureza diversa (composição judicial de conflito entre a União e Estado, para fins de intervenção).

Após o advento da Emenda n. 16/65, e mesmo com a superveniência do Texto Constitucional de 1967/1969, não se divisam, na jurisprudência do Supremo Tribunal Federal, manifestações evidentes no sentido de se emprestar um tratamento diferenciado à nova modalidade de controle.

Parece que a natureza especial do sistema de controle de constitucionalidade, introduzido pela Emenda n. 16/65, somente veio a ser discutida, de forma mais ampla, na Rp. 700-SP (Ag-Rg) (Rel. Min. Amaral Santos), julgada em 8 de novembro de 1967[52]. Na ocasião, os eminentes ministros Eloy da Rocha e Aliomar Baleeiro destacaram as evidentes peculiaridades que revestiam o modelo abstrato de controle de constitucionalidade.

Na opinião do Ministro Eloy da Rocha, inexiste similitude entre o julgamento dessa ação e a declaração de inconstitucionalidade, proferida em outros processos, assentando-se que:

> "Não há símile perfeito entre o julgamento dessa ação e a declaração de constitucionalidade, em outras ações que o Supremo Tribunal aprecia. Quando o Tribunal, em qualquer ação, pronuncia a inconstitucionalidade, ele o faz, para o caso, com eficácia que pode

---

[50] Brasil. *Constituição (1946)*, cit., p. 24.
[51] Brasil. *Constituição (1946)*, cit., p. 67.
[52] *RTJ*, 45(3):690-719.

ser estendida, desde que haja a suspensão, pelo Senado, da execução, no todo ou em parte, da lei ou do decreto, art. 45, IV, da Constituição. Diverso é o efeito da decisão do Supremo Tribunal, na ação especial, que acolhe a representação de inconstitucionalidade"[53].

Da mesma forma, o magistério do eminente Ministro Aliomar Baleeiro está a indicar que a representação de inconstitucionalidade

"(...) não é uma ação, no sentido clássico, genuíno do Direito Processual. Para mim é uma instituição de caráter político, à semelhança do *impeachment*, que, por mais que queiramos pôr dentro do Processo Penal, não é processo penal. É uma medida política, pouco importando que ela adote alguns dos ingredientes processualistas, como há exemplo do Direito Administrativo, que se socorre de recursos do Direito Comercial ou Civil, a mesma coisa fazendo o Financeiro em relação ao Direito Privado.

Por isso mesmo que para mim não é processo, já me dá um ponto de apoio para a minha opinião de que, sem restringir o alcance do art. 115, cuja fecundidade foi aqui cristalina e brilhantemente exposta pelo eminente Relator, se deve conhecer do agravo e lhe dar provimento.

Não é processo. Para mim é algo diferente"[54].

Essa orientação ganharia novos desenvolvimentos no seio da Excelsa Corte. Na Rp. 1.016, julgada em 20 de setembro de 1979, o eminente Ministro Moreira Alves logrou explicitar as linhas fundamentais do controle abstrato de normas no Direito brasileiro, como se pode ver na seguinte passagem de seu voto:

"A representação de inconstitucionalidade, por sua própria natureza, se destina tão somente à defesa da Constituição vigente quando de sua propositura. Trata-se, em verdade, de ação de caráter excepcional com acentuada feição política pelo fato de visar ao julgamento, não de uma relação jurídica concreta, mas da validade da lei em tese, razão por que o titular dela – e árbitro da conveniência de sua propositura – é um órgão político (o Procurador-Geral da República), e a competência exclusiva para processá-la e julgá-la cabe ao Supremo Tribunal Federal, como cúpula de um dos Poderes da União. Tais características estão a mostrar que não é ela uma simples ação declaratória de nulidade, como qualquer outra, mas, ao contrário, um instrumento especialíssimo de defesa da ordem jurídica vigente estruturada com base no respeito aos princípios constitucionais vigentes. Não se destina à tutela de Constituições já revogadas, até porque a observância delas pelas leis ordinárias elaboradas sob seu império é questão que interessa exclusivamente à disciplina das relações jurídicas concretas – e, portanto, matéria de conteúdo estritamente jurídico –, e não à harmonia da ordem jurídica vigente, pois a lei ordinária anterior, ainda que em choque com a Constituição vigorante quando de sua promulgação, ou está em conformidade com a Constituição atual, e, portanto, não está em desarmonia com a ordem jurídica vigente, ou se encontra revogada pela Constituição em vigor, se com ela é também incompatível"[55].

---

[53] *RTJ*, 45(3):712.
[54] Rp. 700-SP, Rel. Min. Amaral Santos, *RTJ*, 45(3):714.
[55] *RTJ*, 95(3):999.

E, adiante, concluía, brilhantemente, o emérito magistrado:

> "Para a defesa de relações jurídicas concretas em face de leis ordinárias em desconformidade com as Constituições vigentes na época em que aquelas entraram em vigor, há a declaração de inconstitucionalidade *incidenter tantum*, que só passa em julgado para as partes em litígio (consequência estritamente jurídica) e que só tem eficácia *erga omnes* se o Senado Federal houver por bem (decisão de conveniência política) suspendê-la no todo ou em parte. Já o mesmo não ocorre com referência à declaração de inconstitucionalidade obtida em representação, a qual passa em julgado *erga omnes*, com reflexos sobre o passado (a nulidade opera *ex tunc*, independentemente da atuação do Senado), por se tratar de decisão cuja conveniência política do processo de seu desencadeamento se faz *a priori*, e que se impõe, quaisquer que sejam as consequências para as relações jurídicas concretas, pelo interesse superior da preservação do respeito à Constituição que preside à ordem jurídica vigente"[56].

Começou-se, assim, a precisar a característica marcadamente objetiva do processo de controle abstrato de normas. Mais que um processo judicial, o controle abstrato de normas é concebido como um mecanismo processual destinado, especificamente, à defesa da ordem constitucional (*Verfassungsrechtsbewahrungsverfahren*)[57].

Não se cuida, pois, do julgamento de uma relação concreta, mas sim, da validade de uma lei em tese. O Procurador-Geral da República não é o *dominus litis*, no sentido clássico do termo, mas o órgão político incumbido pela Constituição de desencadear fiscalização abstrata de normas.

Evidentemente, como órgão político competente para instaurar o controle abstrato de normas, o Procurador-Geral da República não veicula uma pretensão propriamente dita, traduzindo, apenas, o interesse público na apreciação da validade da lei ou ato normativo. Não há que se cogitar, pois, de um contraditório, afigurando-se suficiente o interesse manifestado na apreciação da validade da norma pelo Supremo Tribunal Federal. Ressalte-se que, como observado, essa orientação já vinha sendo perfilhada pelo Supremo Tribunal Federal, no período anterior ao advento da Emenda n. 16[58]. E o próprio Regimento Interno do Supremo Tribunal consolidou esse entendimento, ao contemplar, desde 1970, a possibilidade de o Procurador-Geral da República submeter a representação à Corte, manifestando-se, porém, pela sua improcedência (RISTF, art. 169, § 1º). Não se deve olvidar, ainda, que norma regimental da Excelsa Corte incorporou dispositivo constante – equivocadamente, a nosso ver – da Lei n. 4.337/64, que faculta ao relator dispensar as informações, em caso de *relevante*

---

[56] *RTJ*, 95(3): 999.
[57] Cf.. Söhn, Die abstrakte Normenkontrolle, in Starck, *Bundesverfassungsgericht*, cit., p. 296; Pestalozza, *Verfassungsprozessrecht*, cit., p. 37.
[58] Rp. 95-DF, de 30-7-1947, Rel. Min. Orozimbo Nonato, *AJ*, 85:55; Rp. 96-DF, Rel. Min. Goulart de Oliveira, *AJ*, 85:77.

interesse de ordem pública (RISTF, art. 170, § 3º)[59]. Sem dúvida, tal disposição destaca, ainda mais, o caráter objetivo do processo de controle abstrato de normas, ensejando o julgamento da representação sem a configuração de um contraditório mínimo.

Tais características especiais foram realçadas pela Excelsa Corte com maior nitidez, no julgamento da AR 878-SP, na qual se suscitava a possibilidade de se proceder à rescisão de julgado proferido em Representação. O voto prolatado pelo eminente Ministro Moreira Alves parece sintetizar esse entendimento, como se depreende da leitura da seguinte passagem:

> "A meu ver, a ação direta de declaração de inconstitucionalidade é um meio de controle político da Constituição, que é deferido, em caráter excepcionalíssimo, a esta Suprema Corte.
>
> O eminente Procurador-Geral da República é o titular dessa representação, apenas para o efeito de provocar, ou não, o Tribunal, porque ele, como órgão político – já que se trata de ação de natureza política, pois o que se decide são os limites da atuação de dois Poderes conjugados ao elaborar uma lei –, pode encaminhar, ou não, o pedido. Mas, uma vez encaminhado, nem mesmo ele pode mais retirá-lo. E mais. Ainda que seja contrário ao próprio pedido que encaminha, o Regimento só lhe defere a possibilidade de dar parecer em contrário.
>
> Essas peculiaridades e o fato de que o próprio Supremo pode dispensar as informações do Congresso ou da Assembleia estão a demonstrar, a meu ver, o caráter excepcional dessa opção.
>
> E por ser ela instrumento de controle político da constitucionalidade da lei em tese, e não estritamente meio de prestação jurisdicional, não se me afigura possível sujeitá-la à ação rescisória prevista no Código de Processo Civil"[60].

Vê-se, pois, que, tal como concebido pelo constituinte e desenvolvido pelo Supremo Tribunal Federal, o controle abstrato de normas, previsto no art. 119, I, *l*, do Texto Magno de 1967/1969, configura processo objetivo, não contraditório, destinado, exclusivamente, à defesa da ordem constitucional. "O Procurador-Geral da República é o titular dessa representação – ressalta a Excelsa Corte – apenas para o efeito de provocar, ou não"[61]. O processo de controle abstrato de normas constitui, assim, também entre nós, um autêntico processo sem partes (*ein Verfahren ohne Beteiligte*)[62].

---

[59] Parece que tal disposição é pertinente aos processos unilaterais como o controle abstrato de normas, não se afigurando compatível com procedimento de natureza contraditória, como os conflitos federativos.

[60] Rel. Min. Rafael Mayer, *RTJ*, 94(1):58.

[61] AR 878-SP, *RTJ*, 94(1):58.

[62] Cf., a propósito, Söhn, Die abstrakte Normenkontrolle, in Starck, *Bundesverfassungsgericht*, cit., p. 304. Tendo em vista as modificações introduzidas pela Constituição de 1988 (art. 103 e §§ 1º e 3º), cabe indagar se essa conclusão continua aplicável ao nosso modelo abstrato de controle. Esta indagação parece tanto mais pertinente se se considera que o art. 103, § 3º, da Constituição exige a *citação* do Advogado-Geral da União, *que defenderá o ato ou texto impugnado*. Embora o *processo objetivo* seja, normalmente, um processo unilateral e não contraditório, deve-se ressaltar que o que acaba por distingui-lo de outras formas processuais é, exatamente, a não exigência ou a dispensabilidade de um *interesse jurídico* específico ou, se se quiser, de um interesse de agir (*Rechtsschutzbedürfnis*)

E, nessa linha de desenvolvimento, consolidou-se, recentemente, no Supremo Tribunal Federal, entendimento que recusa a admissibilidade de assistência, na ação direta de inconstitucionalidade[63].

Finalmente, tendo em vista a ênfase emprestada à diferenciação entre a ação direta para fins interventivos e a fiscalização abstrata de normas, faz-se mister acentuar,

---

de qualquer do eventuais requerentes na questão submetida à jurisdição constitucional. Em verdade, a própria definição dos órgãos legitimados a provocar o tribunal já está a indicar que este *direito* – o *direito* de instaurar o processo de controle abstrato – não lhes foi outorgado tendo em vista a defesa de eventuais interesses ou de situações subjetivas. Cuida-se de faculdade vinculada, tão somente, a um interesse público de controle (*öffentliches Kontrollbedürfnis*). À evidência, o art. 103, *caput*, da Constituição, não requer que, para a instauração do processo de controle abstrato de normas, deva qualquer dos entes legitimados demonstrar a existência de um *interesse jurídico* específico. Subsiste, portanto, aqui, a precisa definição da ação direta de inconstitucionalidade, traçada pelo eminente Ministro Moreira Alves, na AR 878-SP: "(...) a ação direta de declaração de inconstitucionalidade é um meio de controle político da Constituição (...)". Como explicitado pelo eminente Magistrado, "(...) o Procurador-Geral da República – e esse juízo há de se aplicar com maior razão aos demais entes legitimados – *é o titular dessa representação, apenas para o efeito de provocar, ou não, o Tribunal* (...)" (*RTJ*, 94(1):58). Os órgãos constitucionalmente legitimados agem, portanto, como Advogados da Constituição (*Verfassungsanwälte*), na fórmula concebida por Kelsen, representando o interesse público no exercício do controle de constitucionalidade. De qualquer forma, restaria indagar se, ao determinar a *citação* do Advogado-Geral da União para defender o ato impugnado, não teria o constituinte pretendido instituir aqui um processo de índole contraditória. Convém notar que, como observa Schlaich, embora o controle abstrato de normas seja concebido como processo unilateral, é certo que, em virtude do conteúdo político dos temas, acabe por assemelhar-se a qualquer processo contraditório (*streitähnlich*). É que o § 77 da Lei do *Bundesverfassungsgericht* assegura aos órgãos que participaram da elaboração do ato normativo expresso direito de manifestação (*Äusserungsrecht*). No caso do disposto no art. 103, § 3º, é difícil imaginar o que pretendeu, de fato, o constituinte, ao designar um órgão da consultoria jurídica do Poder Executivo federal para proceder à defesa de atos dos demais Poderes federais, bem como dos atos normativos editados pelos Estados-Membros. Se, efetivamente, pretendia criar aqui um autêntico processo contraditório, tem-se de reconhecer que não logrou concretizar o seu intento. Basta considerar que o Presidente da República é um dos órgãos legitimados a provocar o Supremo Tribunal Federal, no controle abstrato de normas (art. 103, I). E ao Advogado-Geral da União, nos expressos termos do art. 131, *caput*, incumbe prestar consultoria e assessoria jurídica ao Poder Executivo federal. Assim, como poderá o Advogado-Geral da União defender o ato impugnado, quando se tratar de arguição formulada pelo próprio Chefe do Executivo (art. 103, I)? Nesse caso, ter-se-ia a seguinte situação: enquanto consultor jurídico do Presidente da República (art. 131, *caput*), caberia ao Advogado-Geral da União desenvolver argumentos e formular pareceres que demonstrassem a inconstitucionalidade da lei a ser impugnada diretamente perante o Supremo Tribunal Federal. Nos termos do art. 103, § 3º, deveria defender o ato que, enquanto assessor jurídico do Executivo, acabou de impugnar. É possível que se tente contornar esse obstáculo com a indicação de substituto imediato para o cumprimento de uma ou de outra tarefa. Embora não se possa negar que, sob muitos aspectos, o *processo constitucional é fruto de uma ficção*, é fácil ver que não se pode levar a ficção a esses extremos. Caberia indagar ainda se o Advogado-Geral da União deveria defender ato manifestamente inconstitucional. Em princípio, não se pode exigir que órgão instituído pela Constituição veja-se na contingência de propugnar pela legitimidade de atos contrários ao ordenamento básico, em flagrante ofensa ao postulado imanente da *fidelidade constitucional*. Se a resposta pudesse ser afirmativa, teríamos de reconhecer que a Constituição brasileira acabou por instituir a *Advocacia da Inconstitucionalidade*. Em verdade, tais considerações parecem legitimar a ideia de que, a despeito da concepção e formulação gravemente defeituosas, o constituinte somente pode ter assegurado ao Advogado-Geral da União um *direito de manifestação*, dentro dos limites impostos pelo próprio ordenamento constitucional. Subsiste, portanto, o controle abstrato de normas, também entre nós, como autêntico processo sem partes. O exemplo tem a virtude de mostrar, todavia, que a natureza jurídica de alguns institutos impõe limites ao próprio constituinte. Não se pode, livremente, dar asas à criatividade, sob pena de se produzirem teratologias.

[63] Rp. 1.155, Rel. Min. Soares Muñoz, *RTJ*, *108*:477: Rp. 1.161-GO, Rel. Min. Néri da Silveira, *RTJ*, *113*(1):22.

uma vez mais, que, no Direito brasileiro, o controle abstrato de normas revela, pela amplitude e eficácia, uma clara tendência de absorção do modelo concebido com finalidade interventiva. E, por isso, não se pode deixar de reconhecer que a representação interventiva tornou-se um mecanismo institucional obsoleto.

§ 3º Objeto do controle abstrato de normas

O controle abstrato de normas, previsto no art. 119, I, *l*, da Constituição de 1967/1969, pode, em princípio, ter por objeto lei ou ato normativo federal ou estadual[64]. Pela própria índole, e como está a indicar o seu desenvolvimento histórico, o controle abstrato há de se referir a normas, não devendo contemplar, por isso, a atos de efeito concreto.

O Supremo Tribunal Federal não tem aplicado esse entendimento com muito rigor, sobretudo no tocante às providências em *forma de lei*. Não se questiona, assim, a admissibilidade da instauração do processo de controle abstrato de normas, no tocante, *v.g.*, à lei de criação de município ou a outras providências legislativas, de índole meramente formal. É bem verdade que a Excelsa Corte houve por bem não conhecer de arguição de inconstitucionalidade formulada contra ato declaratório de expropriação, ressaltando a ausência de caráter normativo[65].

Da mesma forma, não se conheceu de arguição de inconstitucionalidade suscitada contra ato da Assembleia Legislativa que referendou escolha de prefeito de Capital, considerando a concreção do ato, a falta "de qualquer atributo de abstração, generalidade, normatividade"[66]. Na oportunidade, esclareceu o Ministro Francisco Rezek que, "via de regra, o decreto-legislativo traduz ato congressional singular, sem índole normativa"[67].

Assim, podem ser apreciados, no juízo abstrato de constitucionalidade, fundamentalmente, as leis, as normas constitucionais estaduais, as emendas à Constituição Federal e os atos normativos estaduais ou federais, incluídos aqui os regimentos dos tribunais e os convênios interestaduais de natureza normativa.

Vale notar que, segundo a jurisprudência assente, a Corte reputa inadmissível a arguição de inconstitucionalidade contra decreto puramente regulamentar, uma vez que, nossa hipótese, antes da caracterização de uma questão constitucional, configura-se um problema de legalidade ou de ilegalidade[68]. Não subsiste dúvida de que somente a norma constitucional apresenta-se como parâmetro idôneo à aferição da legitimidade ou ilegitimidade da lei ou ato normativo, no juízo de constitucionalidade. O tema não parece isento de dificuldades, como averbou o eminente Ministro Aldir Passarinho, até

---

[64] No Supremo Tribunal Federal, aventou-se a possibilidade de contemplar, igualmente, a lei municipal (cf. votos dos ministros Cunha Peixoto e Rafael Mayer, RE 92.169-SP, *RTJ*, *103*(3):1102-4, 1107 e 1108; v., também, Parecer na Rp. 1.252, Rel. Min. Aldir Passarinho, *RDP*, *19*(80):79.
[65] Rp. 1.199, Rel. Min. Néri da Silveira, *DJ*, 8 ago. 1985, p. 2598.
[66] Rp. 1.160-SP, de 5-10-1983, Rel. Min. Decio Miranda, *RTJ*, *108*(2):505.
[67] Rp. 1.160-SP, *RTJ*, *108*(2):516.
[68] Rp. 1.266-DF, Rel. Min. Carlos Madeira, *DJ*, 26 jun. 1987, p. 13241.

porque não é de todo impensável que se afirme a natureza regulamentar de um decreto marcadamente autônomo. A aparência ancilar ou instrumental serviria, apenas, para legitimar a sua edição. Em tais hipóteses, a questão alça-se ao patamar constitucional[69]. Assim, na Rp. 1.133-MG (Rel. Min. Aldir Passarinho), a Excelsa Corte pronunciou a inconstitucionalidade do Decreto n. 19.781/79, de Minas Gerais, ressaltando-se que os preceitos regulamentários sequer encontravam respaldo na lei[70].

Por outro lado, o chamado *regulamento delegado* vem assumindo significativo relevo, entre nós[71], configurando, não raras vezes, autêntica burla ao sistema constitucional de divisão de poderes. No que ora interessa, cumpre assentar que, admitida a validade formal da lei de índole delegatória, pela fixação cuidadosa do conteúdo, objetivos e limites da autorização, a lesão ao texto constitucional poderá advir do próprio ato regulamentar.

1. Direito anterior e direito superveniente à Constituição

Constitui orientação pacífica do Supremo Tribunal Federal que a compatibilidade do direito anterior com a norma constitucional superveniente deve ser verificada no âmbito do direito intertemporal[72]. E, por isso, tal matéria é estranha à representação de inconstitucionalidade, que, "por sua própria natureza, se destina tão somente à defesa da Constituição vigente", não configurando parâmetro idôneo à aferição da constitucionalidade da lei anterior[73]. Em virtude do reordenamento constitucional brasileiro, a questão voltará, certamente, a ser debatida, tal como ocorreu na Alemanha, na Itália e na Espanha.

2. Promulgação, publicação e vigência

O controle abstrato pressupõe a existência formal da lei ou do ato normativo. A vigência da lei não parece constituir requisito de admissibilidade, afigurando-se suficiente a promulgação e a publicação definitiva.

O juízo abstrato de constitucionalidade não se mostra compatível, assim, com a forma de controle preventivo.

É bem verdade que a Excelsa Corte admitiu, expressamente, o exercício do controle de constitucionalidade, nas "hipóteses em que a vedação constitucional se dirige

---

[69] Voto na Rp. 1.266-DF, *DJ*, 26 jun. 1987, p. 13241.
[70] *RTJ*, 113(3):996.
[71] Cf., a propósito, Caio Mário da Silva Velloso, Do poder regulamentar, *RDP*, 16(65):47-8; Carlos Maximiliano, *Comentários à Constituição brasileira*, 4. ed., Rio de Janeiro, Freitas, Bastos, 1948, v. 1, p. 410; Bonifácio Fortes, Delegação legislativa, *RDA*, 62:365-6; Victor Nunes Leal, Delegações legislativas, *Arquivos do Ministério da Justiça*, 4(20):7-8: v., também, HC 30.355, de 21-7-1948, Rel. Min. Castro Nunes, *RDA*, 21:136; MS 17.145-DF, Rel. Min. Gonçalves de Oliveira, *RTJ*, 50(2):472; RE 76.629, Rel. Min. Aliomar Baleeiro, *RTJ*, 71(2):477.
[72] Rp. 946-DF, Rel. Min. Xavier de Albuquerque, *RTJ*, 82(1):44; Rp. 969-DF, Rel. Min. Antonio Neder, *RTJ*, 99(2):544.
[73] Rp. 1.012-SP, Rel. Min. Moreira Alves, *RTJ*, 95(3):990.

a próprio processamento da lei ou da emenda, vedando a sua apresentação, como é o caso dos arts. 57, parágrafo único, e 47, § 1º, da Constituição"[74]. Essa orientação vem explicitada, nos seguintes termos:

> "Aqui, a inconstitucionalidade diz respeito ao próprio andamento do processo legislativo, e isso porque a Constituição não quer — em face da gravidade dessas deliberações, se consumadas — que sequer se chegue à deliberação, proibindo-a taxativamente. A inconstitucionalidade, neste caso, já existe antes de o projeto ou de a proposta se transformarem em lei ou em emenda constitucional, porque o próprio processamento já desrespeita, frontalmente, a Constituição"[75].

Advirta-se, porém, que não se trata, na espécie, de juízo abstrato de normas, mas de controle de constitucionalidade *in concreto*.

3. Norma revogada

Segundo a jurisprudência do Supremo Tribunal, não se afigura admissível apreciar, no juízo abstrato, a constitucionalidade ou inconstitucionalidade de lei revogada antes da instauração do processo do controle[76]. A revogação da lei no período que medeia entre a propositura da ação e a decisão não obsta, porém, à pronúncia de inconstitucionalidade, desde que se configure qualquer repercussão ou efeito a ser reparado quanto ao tempo pretérito. Do contrário, considera-se que a revogação acarreta a perda de objeto da representação[77].

Deve-se observar que essa orientação encontrou resistência no próprio Supremo Tribunal Federal, tendo o Ministro Moreira Alves destacado, a propósito, que, a despeito de a revogação operar antes da propositura da ação, ou no curso da representação, "se a lei não existe mais, não há interesse em julgá-la, em tese, no plano da validade, que é subsequente ao da existência e dele dependente"[78].

4. Direito estrangeiro, tratados e convenções internacionais

Deve-se indagar sobre a possibilidade de se apreciar, no juízo abstrato de constitucionalidade, as normas integrantes de sistemas jurídicos alienígenas. Não se cuidaria aqui, tal como também ocorre no Direito alemão, de fiscalizar o Direito estrangeiro em si mesmo, mas de proceder a um juízo de validade das normas nacionais de sobredireito como o "conteúdo que a combinação com o direito estrangeiro desenvolve"[79].

---

[74] MS 20.257-DF, Rel. Min. Moreira Alves, *RTJ*, 99(3):1031.

[75] MS 20.257-DF, *RTJ*, 99(3):1040.

[76] Rp. 1.034-SP, Rel. Min. Soares Muñoz, *RTJ*, 111(2):546; Rp. 1.120-GO, Rel. Min. Décio Miranda, *RTJ*, 107(3):928-30; Rp. 1.110-RS, Rel. Min. Néri da Silveira, *DJ*, 25 mar. 1983, p. 3463.

[77] Rp. 876, Rel. Min. Bilac Pinto, *DJ*, 15 jun. 1973, p. 4326; Rp. 974-RJ, Rel. Min. Cordeiro Guerra, *RTJ*, 84(1):39; Rp. 1.068-GO, Rel. Min. Cunha Peixoto, *DJ*, 13 nov. 1981, p. 11413; Rp. 1.161-GO, Rel. Min. Néri da Silveira, *DJ*, 26 out. 1984, p. 17995.

[78] Rp. 971-RJ, Rel. Min. Djaci Falcão, *RTJ*, 87(2):758 e 765.

[79] Gerhard Ulsamer, § 76, n. 32, in Theodor Maunz et al. *Bundesverfassungsgerichtsgesetz*: Kommentar, München, C. H. Beck, Okt. 1985.

Aparentemente, inexiste qualquer referência expressa, na doutrina pátria, quanto à possibilidade de submeter tratado ou convenção ao juízo de constitucionalidade. Não se afigura possível, todavia, infirmar a verificação da constitucionalidade, nessas hipóteses, uma vez que, com a incorporação ao Direito nacional, os tratados e as convenções passam a ter eficácia plena no âmbito do ordenamento jurídico pátrio.

É o que se pode depreender, igualmente, do magistério do eminente Ministro Francisco Rezek:

> "(...) sem prejuízo de sua congênita e inafastável intencionalidade, deve o tratado compor, desde quando vigente, a ordem jurídica nacional de cada Estado parte. Assim poderão cumpri-lo os particulares, se for o caso, ou, nas mais das vezes, os governantes apenas, mas sob ciência e vigilância daqueles, e de seus representantes. Assim poderão garantir-lhe vigência juízes e tribunais, qual fazem em relação aos diplomas normativos de produção interna"[80].

Anote-se que a pronúncia da inconstitucionalidade, com o reconhecimento da nulidade, parece atingir, tão somente, as normas nacionais de aprovação, ratificação e promulgação. No que concerne ao complexo normativo estabelecido pelo tratado ou convenção, há de se admitir que o juízo de inconstitucionalidade se resolve na não aplicação, não se afigurando possível a decretação da nulidade, na espécie[81].

§ 4º Parâmetro do controle abstrato

O parâmetro fundamental do controle abstrato de normas é a Constituição em vigor. Nessa linha de entendimento, o Supremo Tribunal Federal tem assentado ser "incabível a representação com o fito de obter-se declaração de inconstitucionalidade em abstrato, em face da Constituição já revogada ao tempo da propositura da ação direta"[82]. E, tendo em vista o seu caráter de "instrumento especialíssimo de defesa da ordem jurídica vigente estruturada com base no respeito aos princípios constitucionais vigentes"[83], afirma-se, igualmente, a impossibilidade de se apreciar a questão, caso sobrevenha a derrogação do Texto Magno após a propositura da ação[84]. A única diferença dogmática relevante entre as duas situações diz respeito à forma de desate do processo:

a) no caso de representação formulada contra lei arguida de inconstitucionalidade, em face de preceito constitucional já revogado, o Supremo Tribunal Federal não conhece do pedido;

b) na hipótese de superveniência de alteração constitucional, após a propositura da ação, declara-se prejudicada a representação.

---

[80] José Francisco Rezek, *Direito dos tratados*, Rio de Janeiro, Forense, 1984, p. 382.
[81] O Prof. Francisco Rezek observa que a distinção entre tratados-leis e tratados-contratos é de valia relativa. Cf., a propósito, Ulsamer § 76, n. 33, in Maunz et al., *Bundesverfassungsgeriehrsgesetz*: Kommentar, cit.
[82] Rp. 1.016-SP, Rel. Min. Moreira Alves, *RTJ*, 95(3):993.
[83] Rp. 1.016-SP, *RTJ*, 95(3):999.
[84] Rp. 765-CE, Rel. Min. Soares Muñoz, *RTJ*, 98 (3):962.

Ainda no que concerne ao parâmetro constitucional, costuma-se indagar sobre a eventual nulidade de ato normativo contrário à disposição de lei complementar[85], ou se a lei complementar configura parâmetro idôneo ao controle de constitucionalidade das demais modalidades normativas. O problema foi colocado na Rp. 1.141-MA (Rel. Min. Décio Miranda), na qual se discutiu a constitucionalidade de lei estadual que consagrava orientação divergente daquela consagrada na Lei Orgânica da Magistratura (Lei Complementar n. 35/79)[86].

O Supremo Tribunal Federal decidiu, por unanimidade de votos, que, "ferida, em sua expressão literal, a norma constante da Lei Complementar, violada ficou, por igual, a regra constitucional do parágrafo único do art. 112 da Constituição Federal", que reserva ao legislador federal o estabelecimento, em lei daquela categoria, de normas relativas "à organização, ao funcionamento, à disciplina, às vantagens, aos direitos e aos deveres da magistratura"[87].

Como se pode depreender da leitura do v. aresto, não se cuida, propriamente, de investigar possível confronto entre preceito estadual e lei complementar federal como causa de inconstitucionalidade. Ao revés, tem-se aqui, do ponto de vista material, fenômeno que a doutrina houve por bem denominar *interposição de normas*[88]. Como esclarece Canotilho, "existem casos de normas, que, carecendo de forma constitucional, são reclamadas ou pressupostas pela Constituição como específicas condições de validade de outros atos normativos, inclusive de atos normativos de valor legislativo"[89].

Não raras vezes, tais preceitos integram, de tal forma, a norma constitucional, que se afigura impossível apreciar a validade de uma determinada lei sem contemplar a norma pressuposta ou reclamada[90].

§ 5º Amplitude do controle abstrato

A Corte não está vinculada à eventual fundamentação do pedido de arguição de inconstitucionalidade. O próprio Regimento do Supremo Tribunal deixa assente que a qualificação jurídica emprestada pela Corte é decisiva para a distinção entre o controle abstrato de normas e a representação interventiva (RISTF, art. 175, parágrafo único)[91].

---

[85] Cf., a propósito, Ronaldo Rebello de Brito Poletti, *Controle da constitucionalidade das leis*, Rio de Janeiro, Forense, 1985, p. 179.

[86] *RTJ*, 105(2):487.

[87] Rp. 1.141-MA, *RTJ*, 105(2):490.

[88] Gustavo Zagrebelsky, *La giustizia costituzionale*, Bologna, Mulino, 1979, p. 39; Canotilho, *Direito constitucional*, cit., p. 715 e s.

[89] Canotilho, *Direito constitucional*, cit., p. 715.

[90] Zagrebelsky, *La giustizia*, cit., p. 40.

[91] Esta fórmula é, evidentemente, imperfeita, pois acaba por assentar, na decisão, o critério distintivo entre modalidade de controle de índole diversa, sendo reconhecido, expressamente, pelo próprio Supremo Tribunal. De qualquer sorte, tal deficiência parecia decorrer, fundamentalmente, do próprio sistema constitucional então vigente, que adotara, de forma abrangente, o controle abstrato de normas, sem modificar o modelo consagrado para a representação interventiva.

O Tribunal adota, rigorosamente, o princípio da *congruência*, no que diz respeito aos limites do pedido, não apreciando senão as questões que lhe foram submetidas. É bem verdade que, no juízo abstrato de normas, surgem, não raras vezes, controvérsias sobre *inconstitucionalidades consequenciais* ou *por arrastamento*, calcadas na relação de interdependência e conexidade entre as disposições legais[92].

Colocou-se interessante questão sobre a possibilidade de se emprestar maior amplitude ao juízo abstrato de constitucionalidade. Cuidava-se de arguição de inconstitucionalidade de disposição de lei complementar estadual, que ampliava o quadro de auditores do Tribunal de Contas, com a dispensa de concurso público. A disposição modificada continha vício idêntico. Todavia, em face da revogação formal, já não mais poderia ser apreciada no juízo abstrato de constitucionalidade, conforme orientação pacífica do Supremo Tribunal Federal[93].

Defendemos a extensão da pronúncia de inconstitucionalidade ao preceito anterior, pelos seguintes fundamentos:

"É patente, pois, a inconstitucionalidade do disposto no art. 15 e parágrafo único, da Lei Complementar n. 1, de 1979, com a redação que lhe deu o art. 1º da Lei Complementar n. 9, de 1982 (CF, arts. 97, § 1º, 98, § único, 13, V e 108, *caput*).

Tal constatação introduz, porém, embaraçosa questão do prisma dogmático. Segundo a jurisprudência do Supremo Tribunal Federal, não se afigura admissível a Representação, em caso de revogação anterior da lei (Rp n. 1.110, Rel. Min. Néri da Silveira, RTJ 105/477). Entende, igualmente, a Excelsa Corte, que, no caso de procedência da Representação, sendo nula a lei declarada inconstitucional, permanece vigente a legislação anterior a ela e que teria sido revogada, não houvesse a nulidade (Rp n. 1.077, Cautelar, Rel. Min. Moreira Alves, RTJ 101/505).

Ocorre, todavia, que, no caso em exame, a norma anterior tem teor idêntico ao da disposição objeto da presente arguição, como se pode constatar, *verbis*:

'Art. 15. Os auditores, em número de três, serão nomeados pelo Governador, em listas tríplices organizadas pelo Tribunal, dentre brasileiros maiores de trinta e cinco anos, de comprovada idoneidade moral, portadores de diplomas de nível superior, com notórios conhecimentos jurídicos, contábeis, econômicos, financeiros ou de administração pública e terão as mesmas garantias, prerrogativas, vencimentos e impedimentos dos conselheiros.

Parágrafo único. Os vencimentos dos auditores ficam estabelecidos em 90% do que perceberem a este título os conselheiros'.

E, no parecer anexo às informações prestadas pelo Chefe do Executivo, ressalta-se essa peculiaridade, nos seguintes termos, *verbis*:

'Restou o artigo 15 e seu parágrafo único na redação original da Lei Complementar n. 1. Esse dispositivo vigorou no período que vai de 18 de outubro de 1979 até 16 de agosto de 1982:

---

[92] Canotilho, *Direito constitucional*, cit., p. 788.
[93] Rp. 1.110-RS, Rel. Min. Néri da Silveira, *RTJ*, 105(2):477.

'Art. 15. Os Auditores, em número de três, serão nomeados pelo Governador, em listas tríplices organizadas pelo Tribunal, dentre brasileiros maiores de 35 anos, de comprovada idoneidade moral, portadores de diplomas de nível superior, com notórios conhecimentos jurídicos, contábeis, econômicos, financeiros ou de administração pública e terão as mesmas garantias, prerrogativas, vencimentos e impedimentos dos Conselheiros.

Parágrafo único. Os vencimentos dos Auditores ficam estabelecidos em 90%, do que perceberem a este título os Conselheiros'.

Não está prejudicada a ação direta para declaração de inconstitucionalidade do dispositivo *supra* em virtude de sua revogação pela Lei Complementar n. 9. É que esse diploma produziu efeitos. Para que esses efeitos sejam neutralizados, é indispensável a argüição de inconstitucionalidade, cujos efeitos da decisão operam 'ex-tunc', na lição de A. Buzaid – *Ação Direta*, pág. 152 – ed. 1951. Tenha-se presente a natureza declaratória dessa ação especialíssima visando a declaração, em tese, da legitimidade ou ilegitimidade da norma secundária em face da norma constitucional'.

Coerente com a orientação esposada pelo Supremo Tribunal Federal, caberia o exame, tão somente, da norma em vigor. Não obstante, a peculiaridade do caso parece sugerir outras reflexões.

Vale registrar que a lei que organiza o Tribunal Constitucional Alemão estabelece, no § 78, que,

'Caso o Tribunal Federal Constitucional forme a convicção que o direito federal é incompatível com a Lei Fundamental ou que o direito estadual conflita com a Constituição ou outro direito federal, deve-se proceder à declaração de inconstitucionalidade.

Se outras disposições da mesma Lei, pela mesma razão, forem incompatíveis com a Lei Fundamental ou outro direito federal, deve o Tribunal Federal Constitucional declarar, igualmente, a sua nulidade'.

Como se constata, a segunda parte da disposição referida autoriza a extensão do controle às demais disposições da mesma lei. E o Tribunal tem entendido que a locução 'demais disposições da mesma lei' abrange, igualmente, as várias redações ou versões do texto legal. É o que afirma Ulsamer nos comentários à Lei do Tribunal Constitucional:

'As diversas versões do texto legal enquadram-se no conceito de 'outras disposições da mesma lei'. Se o dispositivo sob exame for revogado no curso do processo por norma de teor idêntico, afigura-se legítima a declaração de inconstitucionalidade não só da norma submetida ao controle, mas também da disposição contida na nova versão. Essa orientação há de se aplicar também nas relações entre a lei em vigor e a lei revogada, desde que o dispositivo derrogado ainda tenha eficácia jurídica, como, *v.g.*, no processo administrativo' (Maunz. Schmidt-Bleibtreu. Klein Ulsamer, *Bundesverfassungsgerichtsgesetz*, München, 1985, comentários ao § 78, p. 15).

Ainda que não se pretenda advogar a adoção integral desse entendimento, entre nós, parece inegável que a peculiaridade do caso em apreço recomenda que a declaração de inconstitucionalidade não se restrinja ao art. 15, da Lei Complementar estadual n. 1/79, com redação da Lei Complementar n. 9/82, mas que abranja, igualmente, a norma do art. 15 da Lei Complementar n. 1/79, na sua redação inicial"[94].

---

[94] Parecer na Rp. 1.313, Rel. Min. Oscar Corrêa.

Embora manifestasse reservas quanto à fórmula legal consagrada pelo Direito alemão, o eminente Ministro Oscar Corrêa acolheu a proposição, enfatizando que isso não importaria "ampliar os termos da representação, mas dar-lhe a exata compreensão que deve ter (...), sob pena de se tornar inócua a ação direta, *in casu*". Todavia, tal posição não logrou ser referendada pelo Supremo Tribunal Federal, que, por maioria de votos, limitou-se a pronunciar a inconstitucionalidade da norma diretamente impugnada na Representação[95].

---

[95] Julgamento encerrado em 10-12-1987.

Capítulo V
A DECISÃO NO CONTROLE DE CONSTITUCIONALIDADE E SEUS EFEITOS

SEÇÃO I – CONSIDERAÇÕES PRELIMINARES

O Direito brasileiro contempla, de forma ampla, o modelo difuso de controle de constitucionalidade, podendo o juiz singular deixar de aplicar, no caso concreto, norma incompatível com preceito constitucional. Todavia, os tribunais somente poderão reconhecer a inconstitucionalidade, caso nesse sentido se pronuncie a maioria absoluta de seus membros ou de órgão especial (CF 1967/1969, art. 116 c/c o art. 144,V). Tais decisões têm, porém, eficácia limitada ao caso concreto.

Diferentemente, a questão constitucional pode ser apreciada pelo Supremo Tribunal, nos processos de sua competência originária, recursal, ou mediante ação direta, formulada pelo Procurador-Geral da República, para fins de intervenção (CF 1967/1969, art. 11, § 1º, *c*, c/c o art. 10, VII e VI, 1ª parte), ou para a instauração do controle abstrato de normas (CF 1967/1969, art. 119, I, *l*). A decisão proferida *incidenter tantum* tem eficácia restrita ao caso julgado pelo Supremo Tribunal Federal. Não obstante, em caso de pronúncia da inconstitucionalidade, deverá o Tribunal comunicar ao Senado Federal, para que se proceda à suspensão do ato, atribuindo-se eficácia *erga omnes*, com caráter retroativo, à decisão proferida *inter partes* (CF 1967/1969, art. 42, VII). A declaração de inconstitucionalidade, para fins de intervenção federal, parece conter, fundamentalmente, uma sentença declaratória (*Feststellungsurteil*), atinente à violação de princípios constitucionais. Não se declara diretamente a ineficácia ou a nulidade do ato normativo impugnado, cingindo-se a constatar que o ato estadual afronta determinado preceito da Constituição. A ineficácia do ato depende, assim, da suspensão de sua execução pelo Presidente da República (CF 1967/1969, art. 11, § 2º)[1]. Finalmente, a declaração de inconstitucionalidade pronunciada no processo de controle abstrato de normas acarreta, segundo a jurisprudência assente do Supremo Tribunal, a nulidade *ipso jure* e *ex tunc* do ato questionado[2].

---

[1] Cf., a propósito, Klaus Schlaich, *Das Bundesverfassungsgericht*: Stellung, Verfahren, Entscheidungen, 1. Aufl., München, C. H. Beck, 1985, p. 158, 47-8; Klaus Vogel, Rechtskraft und Gesetzeskraft der Entscheidungen des Bundesverfassungsgerichts, in Christian Starck (org.), *Bundesverfassungsgericht und Grundgesetz*, 1. Aufl., Tübingen, Mohr, 1976, v. 1, p. 587-8; Christian Pestalozza, *Verfassungsprozessrecht*: Die Verfassungsgerichtsbarkeit des Bundes und der Länder, 2. Aufl., München, C. H. Beck, 1982, p. 65-6.

[2] Rp. 971-RJ, Rel. Min. Djaci Falcão, *RTJ*, 87(3):758.

Na técnica brasileira de controle de constitucionalidade, juízes e tribunais limitam-se a afirmar a constitucionalidade ou a inconstitucionalidade total, ou parcial, do preceito ou ato impugnado. O desenvolvimento do controle abstrato de normas parece sinalizar com a perspectiva de que a chamada interpretação conforme à Constituição logre obter tratamento dogmático diferenciado pelo reconhecimento de que, também entre nós, se cuida de uma declaração parcial de inconstitucionalidade sem redução do texto (*Teilnichtigerklärung ohne Normtextreduzierung*)[3].

Convém assinalar que a amplitude do controle de constitucionalidade, em alguns sistemas jurídicos, tem dado ensejo ao surgimento de outras categorias de julgados. Assim, considerando a peculiaridade do caso e os efeitos da declaração de nulidade, o *Bundesverfassungsgericht* tem-se limitado, não raras vezes, a afirmar a inconstitucionalidade sem consequência da nulidade (*Unvereinbarkeit der verfassungswidrigen Norm*)[4]. E, além da interpretação conforme à Constituição, equiparável, muitas vezes, a uma declaração de inconstitucionalidade sem redução de texto[5], a doutrina constitucional alemã identifica, também, a chamada *situação ainda constitucional*, contemplando um estágio de transição ou uma zona cinzenta de imperfeição entre a nulidade e o estado de absoluta constitucionalidade[6]. Nesse caso, costuma-se convocar o legislador para reparar o estado de imperfeição, proferindo as chamadas *Appellentscheidungen*.

Afigura-se necessário advertir que tais construções estão vinculadas, de forma quase indissociável, ao modelo concentrado de controle de constitucionalidade e à atuação de uma Corte Constitucional, não sendo suscetível de transposição, sem maiores cautelas, para sistemas que adotam o modelo difuso de controle.

SEÇÃO II – A DECISÃO NO PROCESSO DE CONTROLE ABSTRATO DE NORMAS

O dogma da nulidade da lei inconstitucional é uma verdadeira tradição do Direito brasileiro. Tal assertiva vem reiterada em obras de respeitáveis publicistas, como Rui Barbosa, Francisco Campos, Alfredo Buzaid, Castro Nunes, e tantos outros[7]. Afir-

---

[3] Voto do Min. Moreira Alves, Rp. 1.417. *V.*, também, Rp. 948-SE, Rel. Min. Moreira Alves, *RTJ*, *82*(1):51-6, out. 1977.

[4] Cf. Schlaich, *Das Bundesverfassungsgericht*, cit., p. 167-81; Pestalozza, "Noch verfassungsmässige" und "bloss verfassungswidrige" Rechtslagen, in Starck, *Bundesverfassungsgericht*, cit., p. 520 e s.; *v.*, também, José Joaquim Gomes Canotilho, *Direito constitucional*, 4. ed., Coimbra, Almedina, 1986, p. 736-7 e 819.

[5] Schlaich, *Das Bundesverfassungsgericht*, cit., p. 164-6 e 184-90; Jörn Ipsen, *Rechtsfolgen der Verfassungswidrigkeit von Norm und Einzelakt*, 1. Aufl., Baden-Baden, Nomos Verlagsgesellschaft, 1980, p. 100.

[6] Pestalozza, Noch verfassungsmässige, in Starck, *Bundesverfassungsgericht*, cit., p. 540; Schlaich, *Das Bundesverfassungsgericht*, cit., p. 181-4.

[7] Rui Barbosa, Os atos inconstitucionais do Congresso e do Executivo, in *Trabalhos jurídicos*, Rio de Janeiro, Casa de Rui Barbosa, 1962, p. 70-1, e *O direito do Amazonas ao Acre septentrional*, Rio de Janeiro, Jornal do Commercio, 1910, v. 1, p. 103; Francisco Luiz da Silva Campos, Direito constitucional, Rio de Janeiro, Freitas Bastos, 1956, v. 1, p. 430-1; Alfredo Buzaid, *Da ação direta de declaração de inconstitucionalidade no direito brasileiro*, São Paulo, Saraiva, 1958, p. 130-2; José de Castro Nunes, *Teoria e prática do Poder Judiciário*, Rio de Janeiro, Forense, 1943, p. 589.

mava-se, quase sem contestação, que a declaração de inconstitucionalidade importava na nulidade da lei[8].

A ausência de fundamentação para esse efeito amplo causava perplexidade, como anotou Lúcio Bittencourt[9]. A outorga de competência para suspender a execução da lei ou decreto declarados inconstitucionais pelo Supremo Tribunal Federal, introduzida na Constituição de 1934 e reiterada nos textos constitucionais, acabaria por superar essas dificuldades iniciais, consagrando mecanismo apto a emprestar generalidade à decisão proferida *incidenter tantum*. Deve-se notar, porém, que a adoção desse instituto parece demonstrar, exatamente, a carência de eficácia *erga omnes* das decisões de inconstitucionalidade proferidas na vigência do sistema anterior.

Embora caracterizasse uma modalidade específica de controle de constitucionalidade, a decisão de inconstitucionalidade, proferida na ação direta, para fins de intervenção, não tinha a amplitude que se lhe atribuiu, inicialmente. O emérito Castro Nunes asseverava, então, que, "em tais casos, a inconstitucionalidade não se resolve na inaplicação da lei ao caso ou no julgamento do direito questionado por abstração do texto legal comprometido", mas "por uma fórmula legislativa ou quase legislativa que vem a ser a não vigência, virtualmente decretada, de uma dada lei"[10].

Sem dúvida, o juízo de constitucionalidade, na ação direta para fins de intervenção, aprecia a lei em tese. Todavia, como percebeu o próprio Castro Nunes, a ação direta pressupõe uma relação conflitiva, entre Estado e União, que vem a configurar um *contencioso da inconstitucionalidade*[11]. A lei ou ato normativo estadual representa, portanto, nesse contexto, uma *providência*, uma medida (*Massnahme*), que pode ocasionar lesão a princípios basilares da ordem federativa. Tem-se, pois, não um juízo abstrato de inconstitucionalidade, mas uma peculiar modalidade de composição judicial de interesses, destinada a solver conflito específico no âmbito federal. E, tal como delineado em 1946 (CF, arts. 7º, VII, 8º e 13), e preservado no Texto Magno de 1967/1969 (art. 10, VII, c/c o art. 11, § 2º), a declaração de inconstitucionalidade não corresponde a uma declaração de nulidade ou de ineficácia da lei ou ato normativo estadual. Em verdade, reconhece-se, tão somente, a existência inequívoca do *ilícito*, que poderá ensejar a intervenção, caso se mostre ineficaz a suspensão do ato (CF de 1946, arts. 7º, VII, 8º e 13; CF de 1967/1969, arts. 10, VI, 1ª parte, e VII, e 11, §§ 1º, c, e 2º). É o que Kelsen houve por bem denominar "accertamento giudiziale dell'illecito (...), che condiziona l'esecuzione"[12].

---

[8] Rui Barbosa, Os atos inconstitucionais..., in *Trabalhos jurídicos*, cit., p. 46; Francisco Luiz da Silva Campos, *Direito constitucional*, cit., p. 440; José de Castro Nunes, *Teoria e prática*, cit., p. 588-9.

[9] *O controle jurisdicional da constitucionalidade das leis*, 2. ed., Rio de Janeiro, Forense, 1968, p. 141.

[10] Rp. 94-DF, *AJ*, 85:33.

[11] Rp. 94-DF, *AJ*, 85:33.

[12] Hans Kelsen, L'esecuzione federale, in *La giustizia costituzionale*, Milano, Giuffrè, 1981, p. 114-20.

Diversamente, o controle abstrato de normas, previsto no art. 119, I, *l*, da Constituição de 1967/1969, visa, precipuamente, à preservação do ordenamento constitucional. E, na sistemática adotada pelo constituinte, a eficácia da declaração de inconstitucionalidade proferida nesse tipo de representação não está condicionada a qualquer providência ou instância. Não obstante, o Supremo Tribunal Federal deu continuidade, até 1977, à prática anteriormente adotada, no tocante à pronúncia de inconstitucionalidade *incidenter tantum*, fazendo o encaminhamento da decisão ao Senado Federal, para os fins do art. 42, VII. Considerou a Corte Suprema, após cuidadoso estudo, que teve como relator o eminente Ministro Moreira Alves, que, "se referente à declaração de inconstitucionalidade em tese, não há que se falar em suspensão, pois, passando em julgado o acórdão (...), tem ele eficácia *erga omnes* e não há que se suspender lei ou ato normativo nulo com relação a todos"[13]. Assim, passou-se a reconhecer eficácia plena, com o simples trânsito em julgado, à decisão que, no processo de controle abstrato de normas, declara a inconstitucionalidade de lei ou ato normativo federal ou estadual.

§ 1º A declaração de inconstitucionalidade

Como assentado, é pacífico, entre nós, que a declaração de inconstitucionalidade, proferida no controle abstrato de normas, acarreta a nulidade *ipso jure* e *ex tunc* da norma[14]. Inexiste qualquer referência sobre o tema na Constituição de 1967/1969. A legislação processual civil e o Regimento do Supremo Tribunal Federal dele também não cuidam. Todavia, essa concepção já se encontrava bastante arraigada no Direito Constitucional brasileiro, mesmo antes do advento da Emenda n. 16/65, assumindo hoje foros de uma verdade quase axiomática. Se toda a doutrina da inconstitucionalidade se funda na antinomia entre a lei e a Constituição – ensina Buzaid – e se a solução se baseia no princípio da supremacia da Constituição sobre a lei ordinária, atribuir a esta uma eficácia transitória, enquanto não fulminada pela sentença judicial, equivale a negar durante esse tempo a autoridade da Constituição"[15].

As tentativas esboçadas na doutrina e na jurisprudência no sentido de reconhecer eficácia ao ato legislativo, ou de atenuar o alcance dos efeitos retroativos, não lograram maior aceitação.

Assim, Pontes de Miranda reconhecia à pronúncia de inconstitucionalidade caráter constitutivo-negativo. "Para que a decisão sobre inconstitucionalidade fosse decla-

---

[13] Ana Valderez Ayres Neves de Alencar, A competência do Senado Federal para suspender a execução dos atos declarados inconstitucionais, *Revista de Informação Legislativa*, 15(57):303; cf., também, Decisão Administrativa da Presidência do Supremo Tribunal Federal, *DJ*, 16 maio 1977, p. 3123.

[14] Rp. 971-RJ, Rel. Min. Djaci Falcão, *RTJ*, 87(3):758; RE 93.356-MT, Rel. Min. Leitão de Abreu, *RTJ*, 97(3):1369; Rp. 1.016-SP, Rel. Min. Moreira Alves, *RTJ*, 95(3):993; Rp. 1.077-RJ, Rel. Min. Moreira Alves, *RTJ*, 101(2):503.

[15] Alfredo Buzaid, *Da ação direta*, cit., p. 130-1; v., também, Francisco Luiz da Silva Campos, *Direito constitucional*, cit., p. 430-1; Oswaldo Aranha Bandeira de Mello, *Teoria das constituições rígidas*, 2. ed., São Paulo, Bushatsky, 1980, p. 204-5.

ratória, seria preciso que a lei, eivada de tal vício, não existisse de jeito que o juiz ou o tribunal diria: 'Não existe' e a eficácia seria a de toda decisão declarativa"[16].

No Supremo Tribunal Federal, o eminente Ministro Leitão de Abreu formulou proposição no sentido de se emprestar temperamento ao dogma da nulidade *ex tunc*, mormente no que diz respeito às situações constituídas ao abrigo da lei declarada inconstitucional.

Tal entendimento vem fundamentado nas seguintes razões:

> "Acertado se me afigura, também, o entendimento de que se não deve ter como nulo *ab initio* ato legislativo, que entrou no mundo jurídico munido de presunção de validade, impondo-se, em razão disso, enquanto não declarado inconstitucional, à obediência pelos destinatários dos seus comandos. Razoável é a inteligência, a meu ver, de que se cuida, em verdade, de ato anulável, possuindo caráter constitutivo a decisão que decreta a nulidade. Como, entretanto, em princípio, os efeitos dessa decisão operam retroativamente, não se resolve, com isso, de modo pleno, a questão de saber se é mister haver como delitos do orbe jurídico atos ou fatos verificados em conformidade com a norma que haja sido pronunciada como inconsistente com a ordem constitucional. Tenho que procede a tese, consagrada pela corrente discrepante, a que se refere o *Corpus Juris Secundum*, de que a lei inconstitucional é um fato eficaz, ao menos antes da determinação da inconstitucionalidade, podendo ter consequências que não é lícito ignorar. A tutela da boa-fé exige que, em determinadas circunstâncias, notadamente quando, sob a lei ainda não declarada inconstitucional, se estabeleceram relações entre o particular e o poder público, se apure, prudencialmente, até que ponto a retroatividade da decisão, que decreta a inconstitucionalidade, pode atingir, prejudicando-o, o agente que teve por legítimo o ato e, fundado nele, operou na presunção de que estava procedendo sob o amparo do direito objetivo"[17].

Essa formulação não logrou maior acolhida no Supremo Tribunal, que continuou a afirmar a nulidade *ex tunc* do ato inconstitucional.

Vale observar que exigências de ordem prática provocam a atenuação da doutrina da nulidade *ex tunc*[18]. Assim, o Supremo Tribunal Federal não infirma, em regra, a validade do ato praticado por agente investido em função pública, com fundamento em lei inconstitucional. É o que se depreende do RE 78.594 (Rel. Min. Bilac Pinto), no qual se assentou, invocando a teoria do funcionário de fato, que, "apesar de proclamada a ilegalidade da investidura do funcionário público na função de Oficial de Justiça, em razão da declaração de inconstitucionalidade da lei estadual que autorizou tal designação, o ato por ele praticado é válido"[19].

O sistema de controle de constitucionalidade brasileiro parece contemplar uma ressalva expressa a essa rigorosa doutrina da retroatividade: a coisa julgada. Embora a

---

[16] Pontes de Miranda, *Comentários à Constituição de 1967*: com a Emenda n. 1, de 1969, 2. ed., São Paulo, Revista dos Tribunais, 1973, v. 3, p. 619.
[17] RE 79.343-BA, Rel. Min. Leitão de Abreu, *RTJ*, 82(3):791(795).
[18] Cf. também Título I, Capítulo II, Seção IV, §§ 2º e 3º, p. 88 e s.
[19] *RTJ*, 71(2):570.

doutrina não se refira a essa peculiaridade, tem-se por certo que a pronúncia da inconstitucionalidade não faz tábula rasa da coisa julgada, erigida pelo constituinte em garantia constitucional (CF, art. 153, § 3º). Ainda que se não possa cogitar de direito adquirido ou de ato jurídico perfeito, fundado em lei inconstitucional, afigura-se evidente que a nulidade *ex tunc* não afeta a norma concreta contida na sentença ou no acórdão.

Não se conhece qualquer manifestação específica do Supremo Tribunal Federal sobre o assunto, no que se refere ao controle abstrato de normas. Todavia, ao apreciar situação análoga, relativa à sentença transitada em julgado, com fundamento em lei posteriormente declarada inconstitucional pela Excelsa Corte e que teve a execução suspensa pelo Senado Federal, a Corte deixou assente que "embora a suspensão da vigência da lei por inconstitucionalidade tornasse sem efeito todos os atos praticados sob o império da lei inconstitucional, a nulidade da decisão somente poderia ser declarada por via de ação rescisória"[20].

Não há dúvida, assim, de que, decorrido *in albis* o prazo decadencial para a propositura da ação rescisória, a superveniência da declaração de inconstitucionalidade já não mais logra afetar, de qualquer modo, a decisão judicial.

Ressalte-se, ainda, que, admitido, entre nós, o processo de inconstitucionalização da lei, há de se contemplar, igualmente, o estabelecimento de limites quanto à ineficácia retroativa, não se afigurando possível afirmar, nessa hipótese, a nulidade *ex tunc*.

1. A inconstitucionalidade parcial

Adota-se, entre nós, a *teoria da divisibilidade das leis*, de modo que não se vislumbra dificuldade na pronúncia parcial de inconstitucionalidade de uma lei ou disposição, com a subsistência das partes isentas de vício, desde que não estejam indissociavelmente vinculadas às prescrições defeituosas e possam subsistir, de forma autônoma. "Ainda que as prescrições inconstitucionais se encontrem num mesmo artigo em que se achem outras consideradas compatíveis com a Constituição – ensina Lúcio Bittencourt –, a regra pode prevalecer, julgando-se estas últimas plenamente eficazes, desde que possam permanecer por si próprias, separadas e distintas, sem que se considerem afetadas pela ineficácia das outras"[21].

Não se deve olvidar que o grau de dependência entre as disposições legais pode determinar a declaração de inconstitucionalidade de toda a lei, uma vez que determinados preceitos não são dotados de vida própria. Há de se declarar a inconstitucionalidade total, igualmente, se as partes defeituosas estiverem de tal forma integradas no

---

[20] RMS 17.976, Rel. Min. Amaral Santos, *RDA*, *105*:111-13. Esse exemplo parece demonstrar que a doutrina da nulidade *ex tunc* contempla temperamentos, tendo em vista critérios de segurança jurídica. Essa limitação de efeitos mostra-se possível em virtude da autonomia jurídica dos atos individuais, o que enseja uma diferenciação entre a *validade* da lei e do ato individual. Tais considerações permitem uma disciplina legal dos efeitos da nulidade, seja mediante a adoção de fórmulas de preclusão, seja através da expressa regulamentação das consequências jurídicas da nulidade.

[21] Bittencourt, *O controle jurisdicional*, cit., p. 126-7; Rp. 940, Rel. Min. Moreira Alves, *RTJ*, *92*(3):1022-3.

Capítulo V • A Decisão no Controle de Constitucionalidade e seus Efeitos

complexo normativo, que uma declaração parcial, ainda que tecnicamente possível, representasse a criação de lei nova, com a usurpação das funções legislativas[22]. O Supremo Tribunal distingue esses dois casos de inconstitucionalidade total, ressaltando a relação de *dependência*, quando, *objetivamente*, a parte isenta de vício não dispõe de autonomia[23], ou a relação de *interdependência*, quando se afigura impossível proceder-se a uma separação, seja porque as disposições legais formam uma *unidade* inseparável, seja porque a declaração parcial poderia caracterizar uma intervenção indevida na esfera da competência legislativa ou uma afronta à vontade do legislador[24]. Ambos os casos ensejam a pronúncia da nulidade total, ainda que a arguição de inconstitucionalidade refira-se, especificamente, a uma parte da lei. Tem-se aqui uma exceção ao *princípio da congruência*.

São inúmeros os precedentes do Supremo Tribunal em que se declara a inconstitucionalidade total, tendo em vista a evidente dependência entre a disposição impugnada e os preceitos restantes, que, normalmente, limitam-se a disciplinar a concretização do *programa normativo* nela contido. Tem-se aqui o que a doutrina tedesca denomina nulidade total em virtude de uma dependência unilateral (*Gesamtnichtigkeit wegen einseitiger Abhängigkeit*)[25].

Mais complexa, e, igualmente, mais rara é a declaração de inconstitucionalidade total em virtude de uma estreita vinculação ou interdependência entre disposições legislativas, isto é, a chamada nulidade total em virtude de dependência recíproca (*Gesamtnichtigkeit wegen wechselseitiger Abhängigkeit*)[26]. Parece que decisão do Supremo Tribunal, proferida na Rp. 1.379, demonstra a complexidade e delicadeza da apreciação dessa categoria no juízo de constitucionalidade[27]. Tratava-se da arguição de inconstitucionalidade dos arts. 4º, 5º e 6º da Lei n. 9.262, de 11 de setembro de 1986, do Estado de Minas Gerais, que regulavam os vencimentos da magistratura naquela unidade federada, criando um duplo sistema de remuneração a ser aplicado em consonância com opção do interessado. Embora a Procuradoria-Geral da República tenha opinado pela declaração de inconstitucionalidade parcial, o Supremo Tribunal houve por bem reconhecer a ilegitimidade de toda a sistemática, entendendo que o texto constitucional pressupõe a unidade do sistema de vencimentos e vantagens no âmbito da magistratura. Vale registrar passagem do voto proferido pelo Ministro Moreira Alves, na qual se enfatiza que, consideradas isoladamente, as disposições impugnadas mostravam-se compatíveis com a Constituição:

---

[22] Bittencourt, *O controle jurisdicional*, cit., p. 115; Francisco Luiz da Silva Campos, *Direito constitucional*, cit., p. 416. Cf., também, Rp. 940, Rel. Min. Moreira Alves, *RTJ*, 92(3):1000; Rp. 1.379-MG, Rel. Min. Moreira Alves, *DJ*, 11 set. 1987.
[23] Rp. 1.305, Rel. Min. Sydney Sanches, *DJ*, 18 set. 1987.
[24] Rp. 1.379, Rel. Min. Moreira Alves, *DJ*, 11 set. 1987.
[25] Wassilios Skouris, *Teilnichtigkeit von Gesetzen*, Berlin, Duncker & Humblot, 1973, p. 33.
[26] Skouris, *Teilnichtigkeit*, cit., p. 35.
[27] Rp. 1.379, Rel. Min. Moreira Alves, *DJ*, 11 set. 1987.

"O que é certo é que a inconstitucionalidade em causa advém da dualidade mesma de sistema admitida pela Lei n. 9.262/86, e não da estrutura de um deles, pois ambos, isoladamente considerados, seriam constitucionais *de per si*. E, no caso, (...) tanto o novo quanto o antigo são condicionados, no tocante aos magistrados atuais, à opção deles.

Se o legislador, ao elaborar a Lei n. 9.262/86, ao invés de criar um único sistema novo de remuneração, quis preservar o sistema antigo para todos os magistrados atuais que o escolhessem, não é dado ao Poder Judiciário, por meio de supressão de um deles, manter o outro, quando a inconstitucionalidade não é de nenhum deles em si mesmos, mas da existência concomitante de ambos. Em casos tais, declara-se a inconstitucionalidade de toda sistemática, porque a declaração de inconstitucionalidade parcial importaria verdadeira criação de uma lei nova, não votada pelo Legislativo, que, presumidamente, não a votaria por afastar-se da orientação que presidiu à sua feitura.

Note-se que esse princípio – que decorre, principalmente, dos ensinamentos de Black (*Handbook of American Constitutional Law*, 3. ed., n. 44, pág. 73) e de Cooley (*A Treatise on the Constitutional Limitations*, 7. ed., pág. 246 e s.) – é adotado pela doutrina americana (e acolhido no Brasil) quando parte da lei é inconstitucional e parte não o é. Com maior razão, deverá sê-lo quando essas partes, consideradas isoladamente, não são inconstitucionais, mas o é a conjugação delas.

Por essas razões, julgo procedente a representação para declarar inconstitucionais os artigos 3º, 4º (e seu parágrafo único), 5º (e seus parágrafos) e 6º da Lei n. 9.262, de 11 de setembro de 1986, do Estado de Minas Gerais"[28].

Referido precedente parece caracterizar um tipo especial de inconstitucionalidade decorrente de uma relação de interdependência entre as disposições legais. Tal como ressaltado pelo Tribunal, ambos os sistemas, considerados isoladamente, eram compatíveis com a Constituição. Não formavam, objetivamente, uma *unidade inseparável*. Todavia, a subsistência parcial de um deles envolveria a criação de uma nova lei. Introduz-se, portanto, aqui, ao lado dos *critérios objetivos* enunciados, elemento de índole subjetiva, referente à *vontade do legislador*. E que a *unidade* da lei tanto pode advir de uma *interdependência objetiva*, resultante da plena integração entre suas diferentes disposições, como de eventual *interdependência subjetiva*[29]. Evidentemente, tal distinção tem mais significado teórico do que prático, não se divisando, na práxis do Tribunal, qualquer referência expressa a essa diferenciação. Pressupõe-se, pois, que a declaração de inconstitucionalidade parcial somente há de ser proferida, se se puder presumir que a subsistência parcial da norma não constitui afronta à vontade do legislador.

2. A declaração parcial de inconstitucionalidade sem redução de texto e a interpretação conforme à Constituição

Axioma incorporado do Direito americano recomenda que, em caso de dúvida, deve-se resolver pela legitimidade da lei, em homenagem ao princípio da presunção

---

[28] Rp. 1.379, Rel. Min. Moreira Alves, *DJ*, 11 set. 1987.
[29] Rp. 1.379, Rel. Min. Moreira Alves, *DJ*, 11 set. 1987.

da constitucionalidade[30]. Da mesma forma, no caso de dupla interpretação da lei, há de se preferir aquela que lhe assegure validade e eficácia.

"The court, if possible – ensinava Cooley – must give the statute such a construction as will enable it to have effect"[31]. Tal princípio de conservação de normas "limita-se a afirmar – diz Bittencourt – que os tribunais devem interpretar a lei de acordo com a intenção do legislador, que só poderia ser a de elaborar um diploma capaz de produzir efeito jurídico e não em que se tornasse inoperante e nulo"[32].

Tal como enunciada, a interpretação conforme à Constituição não passaria de um princípio de conservação de normas ou, na expressão de Lúcio Bittencourt, de uma *regra de bom aviso*. Todavia, a moderna doutrina, desenvolvida com base na práxis das Cortes Constitucionais, reconhece que, mais que uma regra de interpretação, a chamada *verfassungskonforme Auslegung* constitui "um procedimento ou regra própria de fiscalização da constitucionalidade"[33] ou, como quer Canotilho, "um princípio de prevalência normativo-vertical ou de integração hierárquico-normativa"[34].

Haveria, assim, além do argumento *favor legis*, ou da conservação da norma, o reconhecimento decisivo e inevitável da Constituição enquanto contexto necessário (*vorrangiger Kontext*) de todas as demais normas[35]. "As decisões da Constituição sobre os bens que devem ser preservados, e sobre os objetivos que a ação estatal deve respeitar e perseguir – afirma Zippelius –, essas decisões constitucionais, que podem ser chamadas de determinações dos objetivos do Estado (*Staatszielbestimmungen*) ou decisões de cunho valorativo (*Wertentscheidungen*), ou de qualquer outro modo, formam as linhas fundamentais, também para a interpretação da lei"[36].

Vê-se, pois, que a interpretação conforme o texto constitucional é uma expressão do princípio da unidade da ordem jurídica (*Einheit der Rechtsordnung*), que pressupõe a exegese da lei de forma congruente com a Constituição[37].

Perceberam os publicistas alemães, notadamente o *Bundesverfassungsgericht*, que a aplicação desse princípio, no juízo de constitucionalidade, não constituía simples técnica de interpretação e envolvia algo mais que a mera conservação do texto legal.

---

[30] Cf., a propósito, Rp. 1.305, Rel. Min. Sydney Sanches, *DJ*, 18 set. 1987.

[31] Thomas M. Cooley, *A treatise on the constitutional limitations*: Which rest upon the Legislative Power of the States of the American Union, 4. ed., Boston, Little, Brown, 1878, p. 228.

[32] Bittencourt, *O controle jurisdicional*, cit., p. 93.

[33] Jorge Miranda, *Manual de direito constitucional*, 2. ed., Coimbra, Coimbra Ed., 1981, v. 2, p. 233.

[34] Canotilho, *Direito constitucional*, cit., p. 840.

[35] Reinhold Zippelius, Verfassungskonforme Auslegung von Gesetzen, in Starck, *Bundesverfassungsgericht*, cit., p. 109-10; cf., também, Eduardo García de Enterría, *La Constitución como norma y el Tribunal Constitucional*, Madrid, Ed. Civitas, 1981, p. 102 e s.; Gustavo Zagrebelsky, La giustizia costituzionale, Bologna, Mulino, 1979, p. 188.

[36] Zippelius, Verfassungskonforme..., in Starck, *Bundesverfassungsgericht*, cit., p. 110; cf. Konrad Hesse, *Grundzüge des Verfassungsrechts der Bundesrepublik Deutschland*, 13. erg. Aufl., Heidelberg, C. F. Müller, 1982, p. 30, n. 81.

[37] Hesse, *Grundzüge des Verfassungsrechts*, cit., p. 30; García de Enterría, *La Constitución*, cit., p. 97; v., também, Zagrebelsky, *La giustizia costituzionale*, cit., p. 188 e s.

A afirmação da constitucionalidade da lei, com uma determinada interpretação, ou a declaração de que certas aplicações não se mostram compatíveis com a ordem constitucional equivaleria, em outros termos, à declaração de inconstitucionalidade de outras possibilidades de interpretação (*Auslegungsmöglichkeiten*) ou de outras possíveis aplicações (*Anwendungsfälle*)[38].

Nesse sentido, explicita Ipsen que:

> "Técnica racional de regulamentação parece sugerir que um mesmo texto expressa um complexo de normas. Se uma dessas – se se quer assim – *subnormas* é inconstitucional, o texto legal subsiste incólume à declaração de nulidade, uma vez que contempla, igualmente, normas compatíveis com a Constituição" (*Rationelle Regelungstechnik kann es geraten erscheinen lassen, mit einem – sprachlich weit gefassten – Text ein ganzes Bündel von Normen auszudrücken. Ist eine dieser – wenn man so will – "Subnormen" verfassungswidrig, so bleibt der Gesetzestext von der Nichtigerklärung unberührt, denn durch ihn werden auch verfassungsmässige Normen wiedergegeben*)[39].

Em outros termos, a expressão literal da lei resta íntegra, mas determinadas aplicações (*Anwendungsfälle*), ou algumas possibilidades de interpretação (*Auslegungsmöglichkeiten*), ou, como pretende Ipsen, determinadas *subnormas* devem ter a sua nulidade declarada[40]. Convém notar que, embora do ponto de vista prático afigure-se irrelevante, senão impossível, diferençar a *interpretação conforme à Constituição* da *declaração de inconstitucionalidade sem redução de texto*, parte da doutrina alemã insiste no discrímen. Afirma-se que, enquanto a *interpretação conforme à Constituição* traduziria a pronúncia de inconstitucionalidade de uma ou algumas possibilidades de interpretação, *a declaração de inconstitucionalidade sem redução de texto* limitaria as hipóteses de aplicação do texto, sem afetar, estruturalmente, a sua expressão literal[41]. Ainda que tal distinção se mostre cabível, a sua irrelevância prática parece notória. Ademais, como ressalta Skouris, uma diferenciação racional entre as duas categorias não se mostra possível, uma vez que, em ambos os casos, tem-se uma *redução de conteúdo*, que, para muitos, seria o elemento caracterizador da *inconstitucionalidade sem redução de texto*[42]. Na práxis do Tribunal, ambas as hipóteses são expressas em uma oração subordinada, introduzida pela conjunção *soweit* (desde que)[43].

Há que se considerar, ademais, que, no modelo de controle de constitucionalidade concentrado, a declaração parcial de inconstitucionalidade sem redução de texto

---

[38] Klaus Schlaich, *Das Bundesverfassungsgericht*, cit., p. 164-5; Ipsen, *Rechtsfolgen*, cit., p. 100.

[39] Ipsen, *Rechtsfolgen*, cit., p. 100.

[40] Schlaich, *Das Bundesverfassungsgericht*, cit., p. 165 e 184-7; Ipsen, *Rechtsfolgen*, cit., p. 100; Christoph Moench, *Verfassungswidriges Gesetz und Normenkontrolle*, Baden-Baden, Nomos Verlagsgesellschaft, 1977, p. 31 e s.

[41] Schlaich, *Das Bundesverfassungsgericht*, cit., p. 165; Moench, *Verfassungswidriges*, cit., p. 31 e s.; Hans Spanner, Die verfassungskonforme Auslegung in der Rechtsprechung des Bundesverfassungsgerichts, *Archiv des Öffentlichen Rechts*, n. 91, 1966, p. 530-1.

[42] Skouris, *Teilnichtigkeit*, cit., p. 108-9; cf. também Schlaich, *Das Bundesverfassungsgericht*, cit., p. 165 e 186-7.

[43] Ipsen, *Rechtsfolgen*, cit., p. 100.

está enfeixada no monopólio de censura (*Verwerfungsmonopol*), deferido à Corte Constitucional. A interpretação conforme à Constituição, praticada pelos juízes e tribunais, configura simples interpretação (*blosse Auslegung*)[44].

Evidentemente, a interpretação conforme à Constituição encontra limites na própria expressão literal do texto (*Gesetzeswortlaut*) e no escopo visado pelo legislador (*Zweck*)[45]. Há de se respeitar o significado possível da proposição normativa, não se admitindo uma interpretação que violente a estrutura verbal do preceito[46].

Da mesma forma, não se afigura possível emprestar significação ao texto normativo que adultere a decisão fundamental do legislador (*gesetzgeberische Grundentscheidungen*), ou que implique radical alteração nos objetivos visados pelo legislador[47]. "A vontade subjetiva do legislador – adverte Hesse – não é decisiva; trata-se, fundamentalmente, de preservar o máximo do pretendido por ele"[48]. Do contrário, para não usurpar a atribuição do legislador, parece mais adequada a declaração total de nulidade[49].

Os doutrinadores alemães ressaltam que tais limites não vêm sendo observados, com o necessário rigor, pelo *Bundesverfassungsgericht*, que, não raras vezes, acaba por sobrepor-se à chamada vontade do legislador[50]. A constatação dessas transgressões não infirma, porém, os princípios informadores dessa categoria. Ao revés, é a própria Corte Constitucional que reconhece essas limitações como fundamentais ao exercício da jurisdição constitucional, na espécie[51].

Por outro lado, deve-se observar que a *interpretação conforme à Constituição* de normas constitucionais introduzidas mediante poder revisional tem merecido veementes censuras da doutrina. Enfatiza-se, normalmente, a inadequação desse recurso, uma vez que a mudança de um preceito afeta toda a estrutura constitucional. Daí fazer-se mister que, antes dessa alteração, possa-se proceder à aferição de sua legitimidade em face da *cláusula pétrea*[52].

Outra questão sensível diz respeito à utilização da interpretação em conformidade com o texto constitucional com referência a tratados, convenções e outros atos

---

[44] Schlaich, *Das Bundesverfassungsgericht*, cit., p. 187.
[45] Zippelius, Verfassungskonforme..., in Starck, *Bundesverfassungsgericht*, cit., p. 115-16; Schlaich, *Das Bundesverfassungsgericht*, cit., p. 188.
[46] Zippelius, Verfassungskonforme..., in Starck, *Bundesverfassungsgericht*, cit., p. 116; Hesse, *Grundzüge des Verfassungsrechts*, cit., p. 30.
[47] Schlaich, *Das Bundesverfassungsgericht*, cit., p. 188; Hesse, *Grundzüge des Verfassungsrechts*, cit., p. 30.
[48] Hesse, *Grundzüge des Verfassungsrechts*, cit., p. 30.
[49] Zippelius, Verfassungskonforme..., in Starck, *Bundesverfassungsgericht*, cit., p. 119.
[50] Schlaich, *Das Bundesverfassungsgericht*, cit., p. 189.
[51] Schlaich, *Das Bundesverfassungsgericht*, cit., p. 188; Zippelius, Verfassungskonforme..., in Starck, *Bundesverfassungsgericht*, cit., p. 119.
[52] Hans-Uwe Erichsen, Zu den Grenzen von Verfassungsänderungen nach dem Grundgesetz, *Verwaltungsarchiv*, n. 62, 1971, p. 293; Peter Häberle, Die Abhörentscheidung des Bundesverfassungsgerichts vom 15.12.1970, *Juristenzeitung*, n. 5/6, 12 mar. 1971, p. 149.

internacionais, uma vez que, as mais das vezes, tal interpretação não pode ser afirmada em face dos contraentes[53].

Que dizer da interpretação conforme à Constituição em sistemas que, como o nosso, adotam, ao lado de um amplo modelo difuso, a ação direta de controle de constitucionalidade?

A interpretação em conformidade com a Constituição como princípio de conservação da lei, tal como preconizado pelos clássicos americanos, é amplamente conhecida no Direito brasileiro[54]. O Supremo Tribunal Federal, em reiterados pronunciamentos, tem-se valido desse recurso.

Assim, na Rp. 948 (Rel. Min. Moreira Alves), arguiu-se a inconstitucionalidade do art. 156 da Constituição do Estado de Sergipe, segundo o qual, "cessada a investidura do cargo de Governador do Estado, quem o tiver exercido por mais da metade do prazo do mandato respectivo fará jus, a título de representação, desde que não tenha sofrido suspensão dos direitos políticos, a um subsídio mensal e vitalício igual aos vencimentos do cargo de Desembargador do Tribunal de Justiça". Afirmava-se que a omissão quanto ao caráter permanente do exercício, contemplado no art. 184 da Constituição Federal, configurava vício insanável. No julgado de 27 de outubro de 1976, deu-se pela improcedência da ação, pelos seguintes fundamentos:

> "No caso, o texto – ou seja, o *caput* do art. 156 da Constituição do Estado de Sergipe –, cuja inconstitucionalidade se arguiu, se afastaria do modelo federal em dois pontos:
>
> a) omite-se a referência a que o exercício no cargo de Governador tenha sido em caráter permanente; e
>
> b) inclui-se a restrição do exercício 'por mais da metade do prazo do mandato respectivo'.
>
> Quanto à inclusão da restrição, o texto não padece de inconstitucionalidade, segundo a orientação já firmada por esta Corte. Dispenso-me, por isso, de maiores considerações a propósito.
>
> A questão se restringe, pois, à falta de referência expressa ao caráter permanente do exercício do cargo de Governador.
>
> Também nesse ponto parece-me improcedente a representação.
>
> Se não me fosse possível, com base na interpretação do espírito do texto ora impugnado, concluir que, com fundamento nele, se pode extrair a conclusão de que está implícito o caráter de permanência exigido na Constituição Federal, daria pela sua inconstitucionalidade, uma vez que o dispositivo constitucional estadual estaria admitindo alteração quanto ao destinatário do benefício, o que, no caso, é essencial à sua concessão.
>
> Sucede, porém, que a restrição é de tal ordem, que, a não ser em casos excepcionalíssimos, poderia sua interpretação literal levar à concessão do subsídio a substituto eventual do Governador. Parece-me evidente que, ao estabelecer regra mais rigorosa do que

---

[53] Brun-Otto Bryde, *Sicherheitspolitik zwischen Regierung und Parlament*, JURA, 1986, Heft 7, p. 368.
[54] Bittencourt, *O controle jurisdicional*, cit., p. 93, 118 e 120; Francisco Luiz da Silva Campos, *Direito constitucional*, cit., p. 416.

a contida na Constituição Federal, sua finalidade foi a de aumentar os requisitos para a obtenção do subsídio, e, não, de permitir que ele fosse concedido, em contraposição a Constituição Federal, a quem não estivesse no exercício em caráter permanente do cargo de Governador.

Esta interpretação – que afasta a incidência do dispositivo constitucional em causa em favor de quem não tenha exercido, em caráter permanente, o cargo de Governador por tempo superior à metade do respectivo mandato – ajusta o texto impugnado com o preceito federal que lhe serviu de modelo.

Em conclusão, e com a interpretação que dou ao *caput* do art. 156 da Constituição do Estado de Sergipe, julgo improcedente a presente Representação"[55].

Afastou-se, pois, aqui qualquer possibilidade de se emprestar outra interpretação ao texto.

Também na Rp. 1.100 (Rel. Min. Francisco Rezek), aventou-se a possibilidade de se dar pela improcedência da ação, desde que se emprestasse uma dada interpretação ao texto impugnado. Embora a proposta de decisão formulada pelo eminente Ministro Néri da Silveira não tenha sido acolhida, vale mencioná-la como exemplo inequívoco de *interpretação conforme à Constituição*:

"(...) a disposição atacada (artigo 15, letra c, da Lei Estadual n. 1.427, de 16-12-1980), do Estado do Amazonas, pode subsistir, como compatível com a ordem constitucional, emprestando-se-lhe compreensão, segundo a qual os antigos aldeamentos indígenas abandonados por seus habitantes, de que se cuida, na mesma norma estadual em foco, como terras devolutas estaduais, são apenas aqueles terrenos relativos a aldeamentos extintos, anteriormente à Constituição de 1891, e os posteriores, cujo abandono definitivo por seus habitantes tenha ocorrido até o advento do Decreto-lei n. 9.760, de 1946. A partir daí, os terrenos de aldeamentos indígenas, que vieram a se extinguir, passaram, já, a integrar os bens da União, art. 2º, letra h, citada, desse diploma legal.

Dando, de tal maneira, à norma estadual, objeto da Representação, esse alcance, não cabe afirmar sua inconstitucionalidade"[56].

Da mesma forma, na Rp. 1.163 (Rel. Min. Francisco Rezek), na qual se discutia a legitimidade de diploma estadual que isentava determinados cargos do regime concursivo, manifestou-se a Excelsa Corte pela improcedência, assentando-se que a fórmula adotada não era infringente da sistemática constitucional, uma vez que contemplava apenas servidores efetivos, presumivelmente admitidos mediante concurso público, e para os quais a designação não representava a primeira investidura em cargo público[57].

Não obstante a importância que vinha assumindo no juízo abstrato de constitucionalidade, a interpretação conforme à Constituição não havia merecido um tratamento mais ordenado ou sistemático. Em parecer emitido na Rp. 1.305 (Rel. Min.

---

[55] *RTJ*, 82(1):55-6.
[56] *RTJ*, 115(3):993. Em verdade, trata-se do art. 1º, *h*, e não do art. 2º, *h*, do Decreto-lei n. 9.760/46.
[57] *RTJ*, 117(2):466.

Sydney Sanches), abordamos o tema, ainda que de forma superficial, ressaltando que, quando proferida em ação direta de inconstitucionalidade, a interpretação conforme à Constituição parecia acarretar a conversão do processo de controle abstrato de normas em representação interpretativa[58]. Posteriormente, o Professor José Paulo Sepúlveda Pertence, eminente Procurador-Geral da República, ofereceu ao Supremo Tribunal representação por inconstitucionalidade e, eventualmente, para interpretação do § 3º do art. 65 da Lei Orgânica da Magistratura Nacional (LC n. 35/79, com a redação da LC n. 54/86).

Na manifestação conclusiva, propugnou o Chefe do Ministério Público Federal no sentido de que se julgasse improcedente a representação por inconstitucionalidade, se e na medida em que se declarasse, com eficácia geral, a interpretação proposta para a disposição legal questionada. O parecer da Procuradoria-Geral da República aborda, com proficiência, a questão, dando-lhe aplicação ao Direito brasileiro:

> "A questão é sempre que, cuidando-se de cortes cuja competência se restringe à verificação da compatibilidade do texto legal com a Constituição, falta-lhes instrumento para impor à magistratura ordinária a sua própria interpretação da norma legal questionada.
>
> A temática da interpretação conforme à Constituição revela, assim, com nitidez, outra diferença marcante e, parece-nos, uma vantagem significativa do sistema brasileiro, traduzido na competência do Supremo Tribunal Federal, sobre o das cortes constitucionais europeias.
>
> Realmente, entre nós, acumularam-se, na Alta Corte, a competência final do sistema de controle de constitucionalidade das leis e, desde o início, com o recurso extraordinário, também o poder de interpretação definitiva da lei federal.
>
> Desse modo, depositou-se nas mãos do Tribunal a possibilidade de coibir não apenas a eficácia do texto legal abstratamente incompatível com a Lei Maior, mas também a aplicação desconforme à Constituição, da lei que, interpretada diversamente, com ela se harmonizaria.
>
> Certo, a via tradicional do recurso extraordinário só viabiliza a correção da interpretação inconstitucional da lei, incidentemente e com eficácia limitada ao caso concreto decidido.
>
> Por isso, o que importa enfatizar agora é que – como ocorreu também, desde 1965, com o controle de constitucionalidade da lei – a reforma de 1977 veio somar, ao mecanismo corretivo e incidente do recurso extraordinário, um original instrumento consubstanciado na conjugação da representação por inconstitucionalidade com a nova representação para interpretação da lei.
>
> Percebera-o o brilhante Procurador da República, Gilmar Ferreira Mendes (Parecer na Rp. 1.305), ao observar que 'a interpretação conforme o texto constitucional, quando verificada em ação direta, parece implicar, no nosso sistema, autêntica conversão da representação por inconstitucionalidade em representação interpretativa (...), sendo aplicável, pois, a regra do art. 187, do RISTF (efeito vinculante da interpretação)'.

---

[58] *DJ*, 18 set. 1987, p. 19669.

De notar, entretanto, que esse poder de interpretação vinculante da lei em tese, não o tem o Supremo Tribunal de ofício, mas, sim, condicionado à representação do Procurador-Geral. Donde, parecer-nos mais ortodoxa a formulação utilizada neste caso.

Com efeito. A formulação, no mesmo processo, do pedido alternativo de declaração de inconstitucionalidade ou interpretação normativa permite que a decisão do Tribunal alcance, em qualquer hipótese, efeitos vinculantes *erga omnes*: seja ela no sentido de inconstitucionalidade do texto legal questionado, seja a da sua constitucionalidade, porque dada à lei interpretação conforme à Constituição.

Na primeira hipótese, é o próprio texto legal que perde a eficácia, por força imediata da decisão: na segunda, o texto remanesce, mas – aqui a novidade – a sua eficácia fica circunscrita às aplicações congruentes com a interpretação que se haja declarado adequada à Lei Fundamental.

Enquanto nas cortes constitucionais europeias, 'l'interpretazione è un mezzo e non um fine della sua attività' (Pierandrei, ob. loc. cits., p. 984), na representação alternativa ao Supremo Tribunal, a interpretação da lei é um meio – em relação ao julgamento de sua constitucionalidade –, mas, também, eventualmente, um fim – enquanto objeto do pedido de sua declaração, com a mesma eficácia geral que teria a declaração de sua inconstitucionalidade.

'Fixa-se, com a decisão do Supremo Tribunal Federal, no julgamento da representação – assinala o Ministro Néri da Silveira (O STF e a Interpretação Jurídica com Eficácia Normativa, Arq. MI 159/7, 25) – a interpretação da lei ou ato normativo federal ou estadual, em caráter definitivo, a todos vinculando, como *norma jurídica*. Opera aí, o pronunciamento do Alto Tribunal (...), inequivocamente, assim, com a mesma força que se reconhece, em nosso sistema, à denominada lei interpretativa' (...)

Desse modo, na hipótese que nos interessa, declarada, com força normativa de interpretação autêntica, a interpretação conforme à Constituição, salva-se a lei, mas, simultaneamente, se veda a sua aplicação inconstitucional"[59].

O Supremo Tribunal, seguindo orientação formulada pelo Ministro Moreira Alves, reconheceu que a interpretação conforme à Constituição, quando fixada no juízo abstrato de normas, corresponde a uma pronúncia de inconstitucionalidade. Daí entender incabível a sua aplicação no âmbito da representação interpretativa. É o que se pode ler na seguinte passagem de seu voto:

"Ao declarar a inconstitucionalidade de uma lei em tese, Tribunal – em sua função de Corte Constitucional – atua como um legislador negativo, porquanto, como salienta Ritterspach (*Legge sul Tribunale Costituzionale della Repubblica Federale di Germania*, pág. 94)

'Solo una sentenza che dichiara nulla una legge elimina le legge dall'ordinamento giuridico: ha cioè lo stesso effetto che otterrebbe il legislatore con la abrogazione; il BVerfG opera in questo caso come un *legislatore negativo*'. (Só uma sentença que declara nula uma lei a elimina do ordenamento jurídico: tem, assim, o mesmo efeito que obteria o legislador com a ab-rogação; a Corte Constitucional Federal opera, nesse caso, como um *legislador negativo*).

---

[59] Parecer na Rp. 1.417, Rel. Min. Moreira Alves, *DJ*, 4 set. 1987, p. 18302-6.

O mesmo ocorre quando Corte dessa natureza, aplicando a interpretação conforme à Constituição, declara constitucional uma lei com a interpretação que a compatibiliza com a Carta Magna, pois, nessa hipótese, há uma modalidade de inconstitucionalidade parcial (a inconstitucionalidade parcial sem redução do texto – *Teilnichtigerklärung ohne Normtextreduzierung*), o que implica dizer que o Tribunal Constitucional elimina e atua, portanto, como *legislador negativo* as interpretações por ela admitidas, mas inconciliáveis com a Constituição. Porém, interpretação fixada, como única admissível, pelo Tribunal Constitucional, não pode contrariar o sentido da norma, inclusive decorrente de sua gênese legislativa inequívoca, porque não pode Corte dessa natureza atuar como *legislador positivo*, ou seja, o que cria norma nova.

Em face da natureza e das restrições da *interpretação conforme à Constituição*, tem-se que, ainda quando ela seja aplicável, o é dentro do âmbito da representação de inconstitucionalidade, não havendo que converter-se, para isso, essa representação em representação de interpretação, até porque – como reconhece a própria Procuradoria-Geral da República – essa conversão só seria possível quando a representação fosse proposta de maneira alternativa, e isso não só pelo fato de que a legitimação para propô-las é exclusiva do Procurador-Geral da República, mas também – e principalmente – porque esses instrumentos têm finalidade diversa, procedimento diferente e eficácia distinta. Com efeito, a representação de inconstitucionalidade visa ao controle de constitucionalidade da lei e o princípio da *interpretação conforme à Constituição* é meio para a efetivação desse controle; já a representação de interpretação tem por fim a determinação, dentre várias interpretações possíveis e válidas, daquela que melhor condiz com a norma em causa, e conduz a resultado análogo ao que chegaria a interpretação autêntica. Por outro lado, a representação de interpretação, pelo fim a que visa, não admite a concessão de medida liminar ao contrário também do que sucede com a representação de inconstitucionalidade, exige a justificativa da necessidade da interpretação, e, consequentemente, permite o indeferimento *in limine*, e, na representação de inconstitucionalidade, não há a possibilidade de os votos se dividirem entre duas ou mais interpretações. Finalmente, a declaração de inconstitucionalidade tem eficácia vinculante *ex tunc*, ao passo que a interpretação decorrente de representação dessa natureza tem eficácia vinculante *ex nunc*, como decorre dos termos do artigo 187 do Regimento Interno desta Corte"[60].

Não obstante as diferentes finalidades dos institutos, os elementos comuns existentes – iniciativa do Procurador-Geral da República, competência do Supremo Tribunal Federal, possibilidade de pronúncia de interpretação conforme à Constituição – parecem roborar a relativa fungibilidade entre a representação interpretativa e o controle abstrato de normas. Nada impede, aparentemente, que o Procurador-Geral da República, em vez de arguir a inconstitucionalidade de determinado diploma, ofereça ao Supremo Tribunal Federal representação interpretativa, propugnando por uma interpretação conforme à Constituição. E, nesse caso, acolhido o entendimento perfilhado pelo representante, ter-se-á a fixação, com força vinculante, da interpretação adotada, com eficácia *ex nunc*[61].

---

[60] Voto na Rp. 1.417, *DJ*, 15 abr. 1988.
[61] As considerações sobre a representação interpretativa perderam qualquer relevância prática em virtude da não adoção desse instituto pelo novo ordenamento constitucional brasileiro.

Poder-se-á objetar, porém, que, quando oferecidas em pedidos alternativos, há de se emprestar prevalência, pela natureza e relevância, à representação de inconstitucionalidade. Não se trata, à evidência, de argumento definitivo. O desenvolvimento da jurisdição constitucional em muitos países demonstra que, à declaração de nulidade com eficácia *ex tunc*, é preferível, não raras vezes, a interpretação conforme à Constituição, com eficácia vinculante *ex nunc*. Não se pode infirmar, assim, a aplicação da representação interpretativa como instrumento relevante de controle de constitucionalidade.

De qualquer forma, a distinção entre a interpretação conforme a Constituição e a sentença de rejeição de inconstitucionalidade, tal como enfatizada no v. aresto, afigura-se dogmaticamente relevante. E esse entendimento parece consolidado, como demonstra decisão proferida pelo Supremo Tribunal, na qual se afirmou, na parte dispositiva, a *improcedência* da Representação, *desde que se interpretasse a disposição impugnada como somente aplicável às Universidades e estabelecimentos superiores no âmbito federal*[62]. A referida decisão, da relatoria do eminente Ministro Octávio Gallotti, deixou assente que "a determinação de número de componentes das listas destinadas à escolha dos seus dirigentes, não sendo matéria de diretriz e base, escapa à competência legislativa da União em relação às entidades oficiais de ensino, situadas fora do âmbito federal (Constituição, art. 8º, XVII, 'q', e art. 177), valendo apenas no que concerne às mantidas pela União"[63]. Trata-se, como se vê, de autêntica pronúncia de inconstitucionalidade sem redução do texto, uma vez que, a despeito da subsistência da expressão literal, foi excluída do *programa normativo* uma constelação de casos.

3. A sentença de rejeição de inconstitucionalidade

No Direito alemão, as decisões confirmatórias de validade são dotadas de força de lei (*Gesetzeskraft*), tal como estabelecido no § 31, (2), da Lei do *Bundesverfassungsgericht*. Tal extensão parece limitada ao dever de publicação do julgado no *Diário Oficial* (*Publikationspflicht*)[64]. Diferentemente, a força de lei empresta eficácia ampla e geral à pronúncia de inconstitucionalidade[65]. A força de lei – esclarece Hans Peter Ipsen – pode ter apenas efeito destrutivo, e não caráter construtivo, uma vez que o *Bundesverfassungsgericht* não é legislador e sim aniquilador de lei[66]. Problemática se afigura a fixação de um limite temporal à eficácia da decisão confirmatória. Tem-se admitido, todavia, que a coisa julgada material (*materielle Rechtskraft*) não subsiste em face de radicais alterações das circunstâncias fáticas, ou das concepções jurídicas dominantes[67].

---

[62] Rp. 1.454-DF, Rel. Min. Octávio Gallotti, *DJ*, 20 ago. 1988.
[63] Rp. 1.454-DF, Rel. Min. Octávio Gallotti, *DJ*, 20 ago. 1988.
[64] Vogel, Rechtskraft..., in Starck, *Bundesverfassungsgericht*, cit., p. 613.
[65] Vogel, Rechtskraft..., in Starck, *Bundesverfassungsgericht*, cit., p. 613; Theodor Maunz, § 31, n. 42, in Theodor Maunz et al., *Bundesverfassungsgerichtsgesetz*: Kommentar, München, C. H. Beck, Okt. 1985.
[66] Apud Vogel, Rechtskraft..., in Starck, *Bundesverfassungsgericht*, cit., p. 613-14.
[67] Vogel, Rechtskraft..., in Starck, *Bundesverfassungsgericht*, cit., p. 610; Schlaich, *Das Bundesverfassungsgericht*, cit., p. 203.

No Direito português recusa-se, enfaticamente, qualquer relevância às sentenças de rejeição de inconstitucionalidade. "Ao Tribunal – afirma Jorge Miranda – cabe declarar – e apenas lhe pode ser pedido que declare – a inconstitucionalidade, não a constitucionalidade ou a não inconstitucionalidade"[68]. Na mesma linha de entendimento, anota Canotilho que, "enquanto a declaração de inconstitucionalidade determina a nulidade *ipso jure*, eliminando a possibilidade de recursos por via incidental, a *não declaração* carece de quaisquer efeitos purgativos, sendo admissível a *repropositura* de uma ação directa (fiscalização abstrata) por outras entidades, constitucionalmente legitimadas, e a interposição de recursos em via incidental"[69].

No mesmo sentido, anota Zagrebelsky, a propósito do Direito italiano, que "(...) mentre la decisione di incostituzionalità è, per cosí dire, senza ritorno, perché la legge viene eliminata dall'ordinamento né mai potrebbe la corte né altri riesaminare quella decisione, la pronuncia di rigetto della questione non impedisce che la stessa questione venga in futuro risollevata e neppure che la legge sia attaccata sotto altri aspetti e neppure che la stessa corte possa, in una successiva circostanza, dichiarare questa volta l'incostituzionalità della legge, passata una prima volta indenne al suo controllo"[70].

A Constituição brasileira estabelece que "somente pelo voto da maioria absoluta de seus membros ou dos membros do respectivo órgão especial (art. 144, V) poderão os Tribunais declarar a inconstitucionalidade de lei ou ato normativo do Poder Público" (art. 116). Não há qualquer referência constitucional à pronúncia de rejeição.

Não obstante, o Supremo Tribunal Federal consagrou, no seu Regimento, que, "efetuado o julgamento com o *quorum* do art. 143, parágrafo único (8 ministros), proclamar-se-á a inconstitucionalidade ou a constitucionalidade do preceito ou do ato impugnado, se num ou noutro sentido se tiverem manifestado seis ministros" (art. 175). Em outros termos, o Tribunal não se limita a declarar a inconstitucionalidade da lei, manifestando-se, igualmente, de forma qualificada, sobre a constitucionalidade do ato normativo impugnado.

A fórmula adotada assegura maior estabilidade às decisões proferidas no juízo de constitucionalidade. Não se pode entender, porém, que a declaração de constitucionalidade proferida pelo Supremo Tribunal seja imutável. Tal como em outros sistemas, a decisão confirmatória de validade não parece obstar à reapreciação da matéria do juízo de constitucionalidade, desde que se configurem significativas alterações quanto ao parâmetro de controle (*Massstabnorm*) ou/e ao objeto do controle (*Prüfungsnorm*).

---

[68] Jorge Miranda, *Manual*, cit., p. 384.
[69] Canotilho, *Direito constitucional*, cit., p. 820-1.
[70] Zagrebelsky, *La giustizia*, cit., p. 184.

Capítulo VI
O CONTROLE DE CONSTITUCIONALIDADE DAS LEIS MUNICIPAIS, EM TESE: DOUTRINA E JURISPRUDÊNCIA

SEÇÃO I – CONSIDERAÇÕES PRELIMINARES

A questão relativa à admissibilidade do controle de constitucionalidade da lei municipal, em tese, tem dado ensejo a amplo debate nos meios acadêmicos e nos tribunais. A controvérsia assumiu maior realce em face do silêncio da Carta Magna, que contemplou, tão somente, a representação do chefe do Ministério Público local para assegurar a observância dos princípios indicados na Constituição estadual, bem como para prover a execução da lei (CF 1967/1969, art. 15, § 3º, d – *representação interventiva*).

Admitindo a existência de um "campo deixado em branco pela Constituição Federal", houve por bem a Assembleia Legislativa do Estado de São Paulo consagrar, na Constituição de 1967, modalidade genérica de controle abstrato de constitucionalidade, cuja iniciativa ficou a cargo do Procurador-Geral do Estado, como se depreende do disposto no art. 51, parágrafo único, da Constituição estadual:

> "Art. 51. ....
> Parágrafo único. Compete ao Procurador-Geral do Estado, além de outras atribuições conferidas por lei, representar ao Tribunal competente sobre a inconstitucionalidade de leis ou atos estaduais e municipais, por determinação do Governador ou solicitação do Prefeito ou Presidente de Câmara interessado, respectivamente".

O art. 54, I, *e*, da Constituição estadual estabeleceu a competência do Tribunal de Justiça para julgar a representação interventiva, formulada pelo Procurador-Geral da Justiça, e a modalidade genérica de controle de constitucionalidade, cuja provocação era da competência do Procurador-Geral do Estado.

O instituto do controle de constitucionalidade genérico, consagrado no art. 51 e parágrafo único da Constituição estadual, somente veio a ter aplicação em 1977, com a propositura das Rp. 261.928 e 261.929, que tinham por objeto a arguição de inconstitucionalidade, em face da Constituição Federal, de leis dos municípios de São Paulo e de Campinas[1].

Ao apreciar as Rp., o Procurador-Geral da Justiça suscitou as preliminares de incompetência da justiça estadual e de ilegitimidade *ad causam* da Procuradoria-Geral do Estado. E, no mérito, sustentou S. Exª. que:

---

[1] São Paulo (Estado), Procuradoria-Geral, *Ação direta de controle da constitucionalidade de leis municipais, em tese*, São Paulo, Centro de Estudos da Procuradoria-Geral do Estado, 1979, p. 9.

"O ordenamento jurídico-constitucional positivo, no plano federal, não concede aos Tribunais superiores dos Estados-Membros a jurisdição censória de leis e outros atos normativos, mesmo municipais, abstratamente conflitantes com as regras que o compõem: por isso, não defere a qualquer autoridade local a pretensão de direito material constitucional ao exercício desse excepcional controle, nem cogita do remédio jurídico-processual que conduza a esse resultado. Ao nível da Justiça estadual, não há jurisdição especificamente preservadora da Constituição Federal, nem direito de ação para algum titular, nem ação direta para um eventual legitimado ativo"[2].

A compatibilidade do sistema de controle genérico estabelecido no art. 51, parágrafo único, da Constituição do Estado de São Paulo foi defendida com base em estudos e pareceres de juristas de tomo, como Ada Pellegrini Grinover, José Afonso da Silva, Dalmo Dallari, Celso Ribeiro Bastos, Manoel Gonçalves Ferreira Filho e Galeno de Lacerda[3].

A corrente doutrinária que sustenta a compatibilidade do controle concentrado, no âmbito estadual, com a ordem constitucional federal enfatiza que a edição de norma de natureza material, não reservada à competência da União, consubstancia um desdobramento dos princípios constitucionais, com o necessário preenchimento de claros verificáveis na Carta Magna pelo exercício da autonomia do constituinte estadual[4].

Nessa linha de entendimento, conclui José Afonso da Silva que a matéria se insere, integralmente, na esfera de autonomia estadual, afigurando-se-lhe dispensável, inclusive, a existência ou não dessa modalidade de controle no plano federal[5].

Vale registrar, a propósito, a seguinte passagem de suas considerações sobre o tema, que parece conter a síntese da doutrina favorável à adoção do modelo concentrado de constitucionalidade pela unidade federada:

"Trata-se de assunto de inteira competência estadual, que integra o princípio da autonomia federativa, e é de tal ordem que se poderá dizer inexistir federação onde ela porventura seja tolhida. Por isso é que nos parecem incompreensíveis, *data venia*, as dúvidas de parte da doutrina em relação ao vigente artigo 51, parágrafo único, da Constituição Paulista, que exatamente alberga o princípio da autonomia e defesa acima

---

[2] Gilberto Quintanilha Ribeiro, Manifestação do Ministério Público. Preliminares de ilegitimidade ativa e de incompetência do Tribunal de Justiça, in São Paulo (Estado), Procuradoria-Geral, Ação direta de controle, cit., p. 37-42.

[3] São Paulo (Estado), Procuradoria-Geral, *Ação direta de controle*, cit., p. 5-125; Fernanda Dias Menezes de Almeida, O controle de constitucionalidade de leis municipais, *Revista de Informação Legislativa*, 19(76):128-9.

[4] Ada Pellegrini Grinover, A ação direta de controle da constitucionalidade na Constituição paulista, in São Paulo (Estado), Procuradoria-Geral, *Ação direta de controle*, cit., p. 55-6; Celso Ribeiro Bastos, O controle judicial da constitucionalidade das leis e atos normativos municipais, in São Paulo (Estado), Procuradoria-Geral, *Ação direta de controle*, cit., p. 72; José Afonso da Silva, Ação direta de declaração de inconstitucionalidade de lei municipal, in São Paulo (Estado), Procuradoria-Geral, *Ação direta de controle*, cit., p. 85; Dalmo de Abreu Dallari, Lei municipal inconstitucional, in São Paulo (Estado), Procuradoria-Geral, Ação direta de controle, cit., p. 120.

[5] José Afonso da Silva, Ação direta de declaração..., in São Paulo (Estado), Procuradoria-Geral, *Ação direta de controle*, cit., p. 85-90.

apontadas. Mais estranhável ainda é recusar legitimidade ao texto, sob a alegação de falta de formas processuais e outros meios para a sua atuação. Ora, nisso há subordinação dos fins aos meios, o que, em matéria constitucional, mais do que em qualquer outro ramo, é inadmissível. É um direito autônomo dos Estados-membros de uma federação, com base na sua capacidade de auto-organização (entre nós, artigo 13 da Constituição Federal vigente), estruturar os meios, inclusive processuais, perante os órgãos de seu Poder Judiciário, visando à defesa de sua Constituição. Esse direito decorre do princípio maior do federalismo, e não pode ser tolhido por simples norma de competência atribuída à União. Para a efetividade desse direito estadual, não seria sequer necessário existir modelo na Constituição Federal que devesse ser seguido. Esse não é um direito vinculado a regras menores da Constituição Federal. Veremos, no entanto, que, no Brasil, a Constituição Federal não apenas não o veda como até fornece-lhe as bases necessárias"[6].

Como se vê, toda a problemática residia, fundamentalmente, no princípio da autonomia dos entes federados, estando a questão subordinada à capacidade de auto-organização do Estado.

O Tribunal de Justiça do Estado de São Paulo, ao acolher a Representação de Inconstitucionalidade n. 261.928, assentou que a matéria envolvia, fundamentalmente, matéria atinente ao Direito Constitucional estadual, afigurando-se, assim, legítima a norma constitucional que outorgava à Corte de Justiça a competência genérica para julgar a representação de inconstitucionalidade de lei municipal. É o que se constata na seguinte passagem do voto proferido pelo eminente relator, Desembargador Xavier Homrich:

"A própria Constituição Federal não deixa qualquer dúvida sobre a competência dos Tribunais de Justiça para conhecer e julgar as ações diretas genéricas para declarar a inconstitucionalidade de leis municipais. O artigo 116, com a redação da Emenda n. 7, de 13 de abril de 1977, estabelece que 'somente pelo voto da maioria absoluta de seus membros ou dos membros do respectivo órgão especial (art. 144, V), poderão os tribunais declarar a inconstitucionalidade de lei ou ato normativo do poder público'. Aí está o fulcro dessa competência, como salienta o erudito parecer do Professor José Afonso da Silva (f. 110). Preleciona Lúcio Bittencourt, na observação do referido mestre, que esse preceito constitucional, 'em si mesmo, não é uma norma de funcionamento nem uma regra de competência; estabelece apenas uma condição de eficácia' (*ibidem*). Mas é evidente que, ao menos 'implicitamente, define a competência dos Tribunais para o exercício do controle de constitucionalidade', ou através de recurso, na hipótese da via de exceção, 'ou por via de ação direta, quando prevista sua competência originária'.

Há previsão constitucional, outrossim, para o Tribunal de Justiça pronunciar-se sobre a invalidade da lei ou ato normativo, quando se trata de pressuposto da chamada ação direta interventiva (art. 15, § 3º, letra 'd' da Constituição federal). Ora, se o Tribunal de Justiça pode declarar a inconstitucionalidade de lei ou ato normativo municipal, como

---

[6] José Afonso da Silva, Ação direta de declaração..., in São Paulo (Estado), Procuradoria-Geral, *Ação direta de controle*, cit., p. 85.

um 'prius' para uma eventual declaração de intervenção, por que não seria competente somente para a ação direta 'genérica'?

É de concluir-se, em suma, consoante ensina a Professora Ada Pellegrini Grinover, 'que a Constituição federal prevê a declaração de inconstitucionalidade de lei ou ato estadual ou federal, em confronto com a Constituição federal (arts. 119, I, 'l' e 11 § 1º, 'c'); bem como a declaração de inconstitucionalidade de lei ou ato normativo municipal, frente à Constituição estadual, para o fim de intervenção (art. 15 § 3º, 'd')'. 'Não cuida, a Constituição federal', entretanto, de 'declaração de inconstitucionalidade de lei ou ato estadual frente à Constituição estadual; nem a de lei ou ato municipal, frente à Constituição federal ou estadual: este último caso só é regulado para efeitos interventivos' (f. 47).

Assim, em face do princípio da competência remanescente ou residual conferida ao Estado-membro pela Constituição Federal (art. 13 § 1º), era lícito à Constituição do Estado de São Paulo, 'ocupando campo deixado em branco' pela Carta Magna, 'editar suas próprias normas sobre a ação direta de inconstitucionalidade, desde que circunscritas aos princípios gerais enumerados na Lei Maior, estabelecendo, ao lado da titularidade da ação, a competência funcional para seu conhecimento e julgamento'. Fiel a tais diretrizes, o artigo 54, I, 'e', da Emenda Constitucional n. 2, da Constituição estadual, estabelece que compete ao Tribunal de Justiça processar e julgar originariamente as representações sobre inconstitucionalidade de leis estaduais ou municipais apresentadas pelo Procurador-Geral do Estado, ressalvados os casos da competência do Supremo Tribunal Federal"[7].

Anteriormente, o Tribunal de Justiça do Estado do Rio Grande do Sul havia admitido que, não obstante a omissão da Carta estadual, dispunha aquela Corte de Justiça de competência para conhecer de arguição de inconstitucionalidade em tese, formulada pelo Procurador-Geral de Justiça. Nesse sentido, pronunciou-se o eminente Desembargador Emílio Gischkow:

"Adoto a linha de raciocínio do eminente Procurador. Apenas estou fazendo uma inversão porque me parece que o artigo 15 da Const. Federal, assim como o artigo 150 da Const. Estadual concedem suporte evidente para caracterizar de forma expressa a competência dos tribunais estaduais para o controle da constitucionalidade das leis municipais. O artigo 200 da Const. Federal, que foi salientado pelo Dr. Procurador quando emitiu seu parecer, dispõe: 'As disposições constantes desta Constituição ficam incorporadas, no que couber, ao direito constitucional legislado dos Estados'. E é princípio fundamental do sistema constitucional brasileiro que os Estados hão de reger-se pelos mesmos princípios estabelecidos na Const. Federal. O raciocínio exposto pelo Procurador consiste em que, competindo ao Pretório Excelso, o mais alto Tribunal da República, o conhecimento e julgamento da inconstitucionalidade da lei em tese, também esses dispositivos têm sua incidência em relação aos Tribunais Estaduais no que se refere à legislação municipal. E isso porque o artigo 15, embora referindo-se à intervenção, deixa de forma bem expressa, bem nítida, a competência do Tribunal de Justiça.

---

[7] São Paulo (Estado), Procuradoria-Geral, *Ação direta de controle*, cit., p. 137-8.

De forma que, dentro desta ordem de fundamentação, meu voto preliminar é no sentido de dar pela competência deste Egrégio Tribunal Pleno, para conhecer da representação"[8].

O Supremo Tribunal Federal apreciou a questão, inicialmente, no RE 91.740-RS (Rel. Min. Xavier de Albuquerque). Em verdade, não se suscitava, no v. aresto recorrido, qualquer dúvida quanto ao cabimento ou não do controle *in abstracto* de norma municipal em face da Constituição Federal. E, por isso, o eminente Ministro Xavier de Albuquerque se absteve, inicialmente, de examinar o tema, limitando-se, apenas, a externar uma *advertência*, como se pode ler na seguinte passagem de seu voto:

"O exame do caso reclama, ainda que para servir de advertência, uma observação preliminar: o processo, que sobe ao Supremo Tribunal Federal por força da interposição de recurso extraordinário, é de representação do Procurador-Geral da Justiça ao Tribunal de Justiça do Estado do Rio Grande do Sul, para exame da arguição de inconstitucionalidade, *in abstracto*, de atos legislativos municipais que se diz colidirem com a Constituição da República e com a Lei Complementar federal n. 25/75.

Ora, tal representação, destinada à arguição, em tese, de inconstitucionalidade de lei ou ato normativo municipal, fundada em contrariedade a preceitos da Constituição Federal, tal representação, repito, não está autorizada pelo nosso sistema constitucional e processual. E cumpriria, como é óbvio, que estivesse, à vista do caráter excepcional da representação de inconstitucionalidade, que é instrumento singularíssimo de controle *in abstracto* da constitucionalidade das leis.

Com efeito, o que a Constituição permite, – graças à inovação que a Emenda n. 1/69 introduziu no art. 15, § 3º, letra *d*, da redação que lhe deu –, é que o chefe do Ministério Público estadual represente ao Tribunal de Justiça do Estado, para fins de intervenção estadual nos municípios, acerca da inconstitucionalidade, à luz da Constituição estadual, de atos municipais. É isso, e somente isso.

A arguição de inconstitucionalidade em tese, por contrariedade à Constituição Federal, esta só a permite em relação a lei ou ato normativo federal ou estadual, como se vê do seu art. 119, I, letra *l*. Lei ou ato normativo municipal, que acaso colida com a Constituição Federal, só pode ser objeto de contencioso constitucional *in concreto*.

Embora inadmissível, pelos motivos que venho de expor, a representação foi conhecida e julgada pelo nobre Tribunal *a quo*, que sequer examinou a questão de ser ela cabível ou incabível. Ninguém, aliás, suscitou tal problema nestes autos.

Em casos análogos – não de representações, mas de mandados de segurança patentemente inidôneos, mas conhecidos e denegados pelo mérito –, tenho entendido que a atitude das instâncias locais não pode vincular o Supremo Tribunal, nem constrangê-lo a consentir, a pretexto que só do mérito se pode ocupar, no uso de ação ou medida processual que tenha por imprópria e inadequada.

....

---

[8] Rp. 19.522, de 18-6-1973, Rel. Des. Emílio A. Maya Gischkow, in São Paulo (Estado), Procuradoria-Geral, *Ação direta de controle*, cit., p. 250.

Com ressalva do meu ponto de vista, passo a seguir a orientação da douta maioria. E é em sua homenagem que transponho, sem me decidir por ela, essa questão preliminar"[9].

Todavia, o Ministro Moreira Alves considerou que, como o recurso extraordinário fora interposto ao abrigo da alínea *c* do permissivo constitucional (CF 1967/1969, art. 119, III, *c*), que devolvia ao Tribunal "o exame pleno da questão constitucional em causa"[10], caberia examinar, de ofício, se estavam presentes as condições da ação (CPC, art. 267, § 3º). E, após essa consideração preliminar, houve por bem dar provimento ao apelo, pelos seguintes fundamentos:

> "Com efeito, o controle da inconstitucionalidade das leis em tese, ainda quando deferido – como sucede no Brasil – ao Poder Judiciário, não é, ao contrário do que ocorre com o controle *incidenter tantum* (que, por isso mesmo, foi admitido nos Estados Unidos da América do Norte, independentemente de texto constitucional que o consagrasse expressamente), ínsito à atribuição jurisdicional (aplicar a lei válida e vigente ao caso concreto submetido ao Judiciário), mas ato de natureza eminentemente política, uma vez que, por ele, se julga, diretamente e em abstrato, a validade de ato dos outros Poderes do Estado (o Legislativo e o Executivo), em face dos preceitos constitucionais a que todos os Poderes devem guardar obediência. Por isso mesmo, Willoughby (*The Supreme Court of the United States*, pág. 36, Baltimore, 1890) faz esta advertência:
>
> 'Every act of the legislature is presumably valid. Its constitutionality can be tested only when brought before the court in a specific case. The court never goes to meet a law, nor anticipates its execution by an opinion as to its constitutionality. The court is brought into the political arena, independently of its own will. It judges the law only because it is obliged to judge the case'. (Todo ato do Poder Legislativo é presumidamente válido. Sua constitucionalidade somente pode ser testada se trazida diante da Corte em caso concreto. A Corte nunca vai de encontro à lei, nem antecipa, em juízo sobre sua constitucionalidade, a execução que lhe dará. A Corte é trazida para a arena política independentemente de sua vontade. Ela julga a lei somente porque é obrigada a julgar o caso.)
>
> Por isso mesmo, o controle de constitucionalidade *in abstracto* (principalmente em países em que, como o nosso, se admite, sem restrições, o *incidenter tantum*) é de natureza excepcional, e só se permite nos casos expressamente previstos pela própria Constituição, como consectário, aliás, do princípio da harmonia e independência dos Poderes do Estado. Não há que se falar, portanto, nesse terreno, de omissão da Constituição Federal que possa ser preenchida – principalmente quando se trata, como no caso, de meio de controle para a preservação da obediência dela – por norma supletiva de Constituição Estadual. Se nem o Supremo Tribunal Federal pode julgar da constitucionalidade, ou não, em tese, de lei ou ato normativo municipal diante da Constituição Federal, como admitir-se que as Constituições Estaduais, sob o pretexto de omissão daquela, deem esse poder, de natureza, como disse, eminentemente política, aos Tribunais de Justiça locais, e, portanto, ao próprio Supremo Tribunal Federal, por via indireta, em grau de recurso extraordinário?
>
> Ocorre, pois, no caso impossibilidade jurídica que reconheço de ofício"[11].

---

[9] *RTJ*, 93(1):458-9.
[10] RE 91.740-RS, Rel. Min. Xavier de Albuquerque, *RTJ*, 93(1):460-1.
[11] RE 91.740-RS, Rel. Min. Xavier de Albuquerque, *RTJ*, 93(1):461-2.

O tema voltou a ser examinado pela Excelsa Corte no RE 92.169-SP, interposto pelo Ministério Público estadual contra decisão do Tribunal de Justiça do Estado de São Paulo, que, julgando representação da Procuradoria-Geral do Estado, declarou a inconstitucionalidade de lei do município da Capital[12]. O Supremo Tribunal Federal manteve a orientação anteriormente esposada, afirmando a incompatibilidade com o ordenamento constitucional brasileiro da extensão do controle de constitucionalidade em tese.

SEÇÃO II – O CONTROLE DE CONSTITUCIONALIDADE DA LEI MUNICIPAL E O ART. 119, I, *L*, DA CONSTITUIÇÃO DE 1967/1969

Todavia, no RE 92.169-SP referido, suscitou-se interessante controvérsia sobre a possibilidade de se proceder ao controle de constitucionalidade de leis municipais, mediante representação do Procurador-Geral da República ao Supremo Tribunal Federal. O eminente Ministro Cunha Peixoto vislumbrou a existência de uma lacuna na disposição contida no art. 119, I, *l*, da Constituição de 1967/1969, por não se referir à lei municipal. Convém registrar, a propósito, algumas passagens de seu voto:

> "(…) nossa Constituição, embora postulando a independência e harmonia dos Poderes, fez do Judiciário um Super-Poder, pela prerrogativa que lhe concedeu de considerar inconstitucionais e, portanto, sem efeito, as leis e os atos dos demais Poderes. A forma pela qual este Super-Poder é exercido constitui uma determinação da própria Constituição e, consequentemente, não se pode dizer que, fixados dois sistemas pela Constituição, um é o normal e o outro excepcional. Ambos estão colocados no mesmo pé de igualdade e, se se pudesse considerar anormal um deles, seria, sem dúvida, a nosso ver, o método difuso, pois nele se permite que um juiz de primeiro grau decrete a inconstitucionalidade de um ato do Chefe do Poder Executivo, enquanto que, no sistema concentrado, esta atribuição pertence à cúpula do Poder Judiciário Supremo Tribunal Federal.
>
> A expressão literal da norma constitucional que estabelece o controle constitucional pelo método concentrado (art. 119, inciso I, letra *l*) é, sem dúvida, lacunosa, ao omitir referência à lei ou ato normativo municipal.
>
> Acontece, porém, que os municípios são entidades político-administrativas e, consequentemente, parte integrante da União, e que o Supremo Tribunal Federal foi erigido em guardião da Constituição.
>
> Não seria lógico que os desvios constitucionais das leis e atos normativos federais e estaduais estejam sob o crivo direto do Supremo Tribunal Federal, através de representação do Procurador-Geral da República, e os municípios fiquem sobranceiros a esta espécie de censura.
>
> ....
>
> Não é possível, assim, que, dentro da sistemática brasileira, se negue ao Procurador-Geral da República o direito de acionar o Supremo Tribunal Federal para, diretamente, invalidar uma lei que traga tal defeito, apenas porque é da órbita municipal e a ela não se referiu a Constituição.

---

[12] Rel. Min. Cunha Peixoto, *RTJ*, *103*(3):1085-117.

Nem se objete que a competência do Supremo Tribunal Federal é de ordem constitucional, porque aqui, a nosso ver, se trata de competência implícita, ou por força de compreensão, que plenamente se justifica e foi muitas vezes reconhecida pela Excelsa Corte, como assinalava o saudoso Ministro Luiz Gallotti.

'(...) acolhendo esta tese' – de ser o Supremo Tribunal Federal competente para, por ação direta, examinar a constitucionalidade ou não de lei municipal em face da Constituição Federal – escreveu Frederico Marques: 'A omissão do mandamento constitucional, que só menciona lei federal ou estadual (e ato normativo federal ou estadual), não impede que se estenda ao âmbito do município, o que ali está escrito, pois, *a fortiori*, há de poder-se a lei ou ato normativo municipal que vulnere a Constituição da República'. (Reforma do Poder Judiciário, v. 1, pág. 316, n. 175.)

A titularidade para a arguição de inconstitucionalidade da lei ou ato normativo por ação direta é do Procurador-Geral da República"[13].

O Ministro Rafael Mayer também manifestou-se no mesmo sentido:

"Tenho por válida a tese do douto Relator no sentido de ser implícita a competência do Supremo Tribunal para julgar – e exercitável pelo Procurador-Geral da República – a ação direta para a declaração da inconstitucionalidade de leis municipais em tese, pois a interpretação construtiva faria compreender no âmbito do estadual os seus componentes municipais.

Dir-se-ia, em detrimento da tese, que o propósito do constituinte corresponderia ao limite verbal, pois aí confinaria com a própria Federação, que somente ela está em causa, e não os municípios que não comparecem à sua composição.

Todavia, ao formal se deve sobrepor a realidade de exigências incontornáveis. Pela sua autonomia, também constitucionalmente reconhecida, o Município tem atividade legiferante significativa, que pode interessar à própria Federação como um todo, bastando ver a sua integração no Sistema Nacional Tributário e as possíveis repercussões que, neste, as suas normas possam causar"[14].

A proposição formulada não mereceu, então, maiores desenvolvimentos. Todavia, o Procurador-Geral da República, Dr. José Paulo Sepúlveda Pertence, ofereceu representação de inconstitucionalidade contra a Resolução n. 267, de 20 de janeiro de 1983, editada pela Câmara Municipal de Aracruz-ES, que introduziu a alteração no Regimento Interno da Câmara Municipal, estabelecendo que, em caso de empate, nas eleições da Mesa, seria "proclamado vencedor o concorrente mais votado nas eleições municipais". Alterou-se, assim, o critério então vigente, segundo o qual, em caso de empate, seria considerado eleito o mais idoso.

Na oportunidade, ressaltou-se que a representação envolvia, "já quanto à preliminar de sua admissibilidade, já no que toca ao mérito da arguição de inconstitucionalidade suscitada, questões relevantes sobre as quais parece conveniente e oportuno ao representante provocar a decisão da Alta Corte"[15].

---

[13] *RTJ*, *103*(3):1102-4.
[14] RE 92.169-SP, Rel. Min. Cunha Peixoto, *RTJ*, *103*(3):1107-8.
[15] Rp. 1.252, Rel. Min. Aldir Passarinho.

Acentuou a Procuradoria-Geral da República, na sua Representação, que, não obstante o entendimento do Excelso Pretório no sentido da invalidez das normas das Constituições estaduais que atribuem aos tribunais locais o controle, por ação direta, da constitucionalidade de leis municipais, e a despeito da expressão literal do art. 119, I, *l*, da Constituição Federal de 1967/1969, que limita o objeto da representação por inconstitucionalidade do Procurador-Geral da República, perante o Supremo Tribunal Federal, a "ato normativo federal ou estadual", existiam valiosos pronunciamentos que consideravam as normas municipais subentendidas na menção aos atos normativos estaduais.

Para a adequada apreciação da controvérsia, afigura-se indispensável breve consideração sobre o desenvolvimento do controle de constitucionalidade no Direito brasileiro.

Como ressaltado, embora o constituinte tenha buscado inspiração no Direito norte-americano, a evolução do controle de constitucionalidade no ordenamento jurídico brasileiro assumiu características próprias. O Decreto n. 510, de 22 de junho de 1890, instituiu o recurso, para o Supremo Tribunal Federal, da decisão da Justiça do Estado, em última instância, "quando se contestar a validade de leis ou atos dos Governos dos Estados em face da Constituição, ou das leis federais, e a decisão do Tribunal do Estado considerar válidos os atos ou essas leis impugnadas" (art. 58, § 1º, *b*).

Posteriormente, o Decreto n. 848, de 11 de outubro de 1890, instituiu, de forma expressa, o sistema de controle por via de exceção, estabelecendo que "na guarda e aplicação da Constituição e das leis nacionais a magistratura federal só intervirá, em espécie e por provocação da parte". Tal orientação foi mantida pela Carta Magna de 1891 (arts. 59, § 1º, e 60). A Lei n. 221, de 10 de novembro de 1894, veio completar o sistema difuso de controle de constitucionalidade, fixando, no art. 13, § 10, que "os juízes e tribunais apreciarão a validade das leis e regulamentos e deixarão de aplicar aos casos ocorrentes as leis manifestamente inconstitucionais e os regulamentos manifestamente incompatíveis com as leis ou com a Constituição"[16].

A Constituição de 1934 inovou significativamente o sistema de controle, estabelecendo o *quorum* especial para a declaração de inconstitucionalidade nos tribunais (art. 179) e admitindo a suspensão de execução pelo Senado Federal da lei declarada inconstitucional pela Excelsa Corte (art. 91, IV).

Pôde-se atribuir, dessarte, eficácia *erga omnes* à declaração de inconstitucionalidade proferida pelo Supremo Tribunal Federal.

E foi com a Constituição de 1934 que se introduziu, entre nós, ainda que de forma incipiente, o controle de constitucionalidade por via de ação, atribuindo-se ao Procurador-Geral da República a legitimidade para provocar o exame do Supremo Tribunal Federal sobre a constitucionalidade da lei declaratória de intervenção, no

---

[16] Alfredo Buzaid, *Da ação direta de declaração de inconstitucionalidade no direito brasileiro*, São Paulo, Saraiva, 1958, p. 30-1; Celso Agrícola Barbi, Evolução do controle da constitucionalidade das leis no Brasil, *RDP*, *1*(4):35; Ronaldo Rebello de Brito Poletti, *Controle da constitucionalidade das leis*, Rio de Janeiro, Forense, 1985, p. 90.

caso de violação dos chamados princípios constitucionais sensíveis (art. 12, § 2º, c/c o art. 7º, I, *a* a *h*)[17].

A Constituição de 1946 preservou, em linhas gerais, o sistema da Constituição de 1934, condicionando a intervenção federal, na hipótese de violação aos princípios sensíveis (art. 7º, VII), à prévia declaração de inconstitucionalidade pelo Supremo Tribunal Federal do ato de Governo estadual submetido a seu exame e julgamento mediante representação do Procurador-Geral da República (art. 8º, parágrafo único).

E a Emenda Constitucional n. 16, de 26 de novembro de 1965, introduziu, dentre as atribuições do Supremo Tribunal Federal, a competência para processar e julgar originariamente a representação do Procurador-Geral da República, por inconstitucionalidade de lei ou ato normativo federal ou estadual (CF de 1946, art. 101, I, *k*). Assim, procedeu-se à extensão do controle direto de constitucionalidade às leis federais, desvinculando o exercício da ação de inconstitucionalidade do processo interventivo[18].

Passou-se a adotar, portanto, no Direito Constitucional brasileiro, ao lado do amplo controle difuso, o julgamento da constitucionalidade da norma federal ou estadual, em tese, sem outra finalidade que não a de preservar o ordenamento jurídico da intromissão de leis com ele incompatíveis.

A Exposição de Motivos do Projeto de Emenda subscrita pelo Ministro da Justiça dedicou o seguinte trecho ao novo instituto:

> "Ao lado desse conjunto de providências, outras foram aventadas em direção oposta: a do reforço da competência do Supremo, através de dois novos institutos de 'legitimidade constitucional', que ele mesmo propôs:
>
> a) 'uma representação de inconstitucionalidade de lei federal, em tese, de exclusiva iniciativa do Procurador-Geral da República, à semelhança do que existe para o direito estadual (art. 8º, parágrafo único, da Constituição Federal)';
>
> b) 'uma prejudicial de inconstitucionalidade, a ser suscitada, exclusivamente, pelo próprio Supremo Tribunal Federal ou pelo Procurador-Geral da República, em qualquer processo em curso perante outro juízo'.
>
> A 'representação', limitada em sua 'iniciativa', tem o mérito de facultar desde logo a definição da 'controvérsia constitucional sobre leis novas, com economia para as partes, formando precedente que orientará o julgamento dos processos congêneres'. Afeiçoa-se, no rito, às 'representações' de que cuida o citado preceito constitucional para forçar o cumprimento, pelos Estados, dos 'princípios' que integram a lista do inciso VII do art. 7º. De algum modo a inovação, estendendo a vigilância às 'leis federais em tese', completa o sistema de pronto resguardo da lei básica, se ameaçada em seus mandamentos" (*Diário do Congresso Nacional*, 5 nov. 1965, p. 9297).

---

[17] Poletti, *Controle*, cit., p. 93; Celso Agrícola Barbi, Evolução..., *RDP*, cit., p. 35.
[18] Celso Ribeiro Bastos, *Curso de direito constitucional*, 5. ed., São Paulo, Saraiva, 1982, p. 65; Celso Agrícola Barbi, Evolução..., *RDP*, cit., p. 41; Poletti, *Controle*, cit., p. 96.

Capítulo VI • O Controle de Constitucionalidade das Leis Municipais, em Tese

Embora o documento aludido fizesse menção, tão somente, à lei federal, o Projeto de Emenda já se referia, de forma expressa, à lei ou ato de natureza normativa federal ou estadual. Todavia, não cuidou o referido Projeto, e também a Emenda n. 16, do controle de constitucionalidade *in abstracto* da lei municipal em face da Constituição Federal. Não se tratava, porém, de olvido ou omissão. Ao revés, atento à relevância do controle direto de constitucionalidade da lei municipal, estabeleceu o constituinte, no art. 124, XIII, a seguinte norma:

"Art. 124. ....
XIII – a lei poderá estabelecer processo de competência originária do Tribunal de Justiça, para declaração de inconstitucionalidade de lei ou ato do Município em conflito com a Constituição do Estado".

A Constituição de 1967 reproduziu as disposições da Carta Magna de 1946 pertinentes ao controle de constitucionalidade, omitindo, porém, o dispositivo que permitia a disciplina do processo de competência originária dos Tribunais de Justiça dos Estados, para a declaração de inconstitucionalidade de lei ou ato dos municípios que contrariassem a Constituição estadual. Com a Emenda n. 1/69, viria a ser introduzida, em nosso sistema jurídico, a representação interventiva da lei municipal (art. 15, § 3º, *d*).

Nessas condições, parece lícito indagar se o silêncio do texto constitucional, no que concerne à disciplina da representação não interventiva de lei municipal, configuraria lacuna suscetível de ser colmatada por meio de uma interpretação integradora, reconhecendo-se a competência do Supremo Tribunal Federal para conhecer do pedido de arguição de inconstitucionalidade formulado pelo Procurador-Geral da República.

De imediato, há de se observar que a moderna doutrina costuma distinguir as lacunas da lei em dois tipos básicos. As chamadas lacunas "autênticas", *de lege lata*, ou *Formulierungslücke* (lacuna na formulação), dizem respeito à própria formulação de norma legal, afetando a sua inteligência, tornando-a contraditória ou incompleta. Por seu turno, as lacunas "inautênticas", *de lege ferenda*, ou *Wertungslücke* (lacuna axiológica ou de valoração), não envolvem propriamente uma contradição do texto legal, decorrendo da própria "intuição jurídica" ou do próprio "sentimento jurídico" (*Rechtsgefühl*). ("Eine Formulierungslücke liegt also dann vor, wenn das Gesetz schon seinem Wortlaut nach keine komplette Verhaltensrichtlinie gibt"; "Von Wertungslücken sprechen wir dort, wo eine Rechtsnorm zwar ihrem Wortlaut nach ohne Ergänzung widerspruchsfrei anwendbar wäre, aber nach dem Rechtsgefühl einer Ergänzung bedarf")[19].

Também com relação aos textos constitucionais costuma-se proceder à distinção entre lacunas autênticas e lacunas inautênticas (*wirkliche und vermeintliche Verfas-*

---

[19] Reinhold Zippelius, *Einführung in die juristische Methodenlehre*, 3. Aufl., München, C. H. Beck, 1980, p. 73-4; Tércio Sampaio Ferraz Junior, *A ciência do direito*, São Paulo, Atlas, 1977, p. 80-6.

sungslücke)[20]. E, entre as lacunas autênticas, a doutrina logra distinguir a chamada lacuna "aberta" ou "patente" (*offene Lücke*) da lacuna "oculta" (*verborgene oder verdeckte Lücke*)[21].

Configura-se uma lacuna patente (*offene Lücke*) quando a lei não contém disposição relativa a um grupo de casos, embora, conforme sua teleologia, devesse estabelecer tal regra[22]. Da mesma forma, cuida-se de uma lacuna oculta (*verborgene Lücke*) quando a lei não contém uma restrição que se afigura imanente à regra estabelecida[23]. Outros autores, como Loewenstein e Maunz, identificam uma lacuna constitucional oculta "cuando en el momento de crear la constitución, no existió o no se puedo prever la necesidad de regular normativamente una situación determinada"[24].

Cumpre ressaltar que a lacuna patente constitui, não raras vezes, expediente técnico utilizado pelo legislador ou pelo constituinte[25]. Nesse caso, há uma abstenção consciente, permitindo que eventual solução seja encontrada no âmbito da doutrina e da jurisprudência ou, mesmo, da legislação[26].

Por outro lado, a doutrina registra a caracterização do chamado "silêncio eloquente" (*beredtes Schweigen*). Nesse caso, a aparente omissão do legislador tem especial significado, traduzindo, em geral, a vontade de não facultar a instituição de determinados regimes ou sistemas, ou de vedar a adoção de determinadas práticas[27].

E é nesse contexto que Larenz assevera, com razão, que "a lacuna e o silêncio da lei não são, simplesmente, a mesma coisa" (*Lücke und Schweigen des Gesetzes sind also nicht einfach dasselbe*)[28].

O próprio desenvolvimento do controle de constitucionalidade no Brasil parece demonstrar que a norma contida no art. 119, I, *l*, da Constituição Federal de 1967/1969, não parece conter lacuna patente ou oculta.

Tanto é assim que, na Emenda Constitucional n. 16/65, houve por bem o constituinte diferençar o controle de constitucionalidade das leis estaduais e federais daquele relativo às leis municipais (CF de 1946, com a Emenda n. 16, de 1965, arts. 101, I, *k*, e 124, XIII).

E a disposição contida no art. 15, § 3º, *d*, da Constituição de 1967, com a Emenda n. 1/69, que atribui ao Tribunal de Justiça a competência para conhecer da repre-

---

[20] Theodor Maunz, *Deutsches Staatsrecht*: Ein Studienbuch, 17. Aufl., München, C. H. Beck, 1975, p. 50.
[21] Maunz, *Deutsches Staatsrecht*, cit., p. 50; Karl Loewenstein, *Teoria de la Constitución*, trad. Alfredo G. Anabitarte, 2. ed., Barcelona, Ed. Ariel, 1976, p. 170-1.
[22] Karl Larenz, *Methodenlehre der Rechtswissenschaft*, 4. erg. Aufl., Berlin, Heidelberg, 1978, p. 362.
[23] Larenz, *Methodenlehre der Rechtswissenschaft*, cit., p. 362.
[24] Loewenstein, *Teoría*, cit., p. 171; Maunz, *Deutsches Staatsrechts*, cit., p. 50.
[25] Larenz, *Methodenlehre der Rechtswissenschaft*, cit., p. 364; Maunz, *Deutsches Staatsrecht*, cit., p. 50.
[26] Larenz, *Methodenlehre der Rechtswissenschaft*, cit., p. 364.
[27] Larenz, *Methodenlehre der Rechtswissenschaft*, cit., p. 364; *v.*, também, Maunz, *Deutsches Staatsrecht*, cit., p. 56.
[28] Larenz, *Methodenlehre der Rechtswissenschaft*, cit., p. 355.

sentação interventiva proposta pelo chefe do Ministério Público local, ressalta, de forma nítida, tal entendimento.

Tendo em vista a amplitude do controle direto de constitucionalidade de lei estadual e federal, poder-se-ia vislumbrar, na ausência de mecanismo de controle direto de constitucionalidade da lei municipal, uma lacuna de ordem axiológica ou *de lege ferenda*[29], tal como afirmado no preclaro voto proferido pelo Ministro Cunha Peixoto.

Assim, dever-se-ia indagar sobre a legitimidade da ampliação, por via interpretativa, das excepcionais tarefas políticas outorgadas pelo constituinte ao Procurador-Geral da República e ao Supremo Tribunal Federal.

É evidente que a interpretação há de estar vinculada ao texto da lei. E, no tocante à hermenêutica constitucional, não parece haver dúvida quanto à necessária observância da sistemática de distribuição de funções, sendo vedado ao intérprete alterar os mecanismos inerentes à distribuição de poderes. Tem-se aqui o princípio que a doutrina constitucional alemã denomina "correção ou exatidão funcional" (*funcktionelle Richtigkeit*)[30].

Por outro lado, é de acentuar-se que os limites da hermenêutica constitucional admitem a interpretação construtiva ou evolutiva (*Verfassungswandel*), mas excluem, terminantemente, tanto a possibilidade de violação do texto constitucional, por meio de um afastamento ou desvio (*Abweichung*), quanto a hipótese de sua modificação, pela via interpretativa (*Verfassungsänderung durch Interpretation*). Daí ressaltar Hesse que, quando o intérprete se desvincula do texto constitucional, deixa ele de exercer atividade interpretativa, provocando alteração ou violação da norma, o que lhe é vedado ("Wo der Interpret sich über die Verfassung hinwegsetzt, interpretiert er nich mehr, sondern er ändert oder durchbricht die Verfassung. Beides ist ihm durch das geltende Recht verwehrt")[31].

Ora, a síntese da evolução histórica do nosso modelo de controle de constitucionalidade está a demonstrar que o constituinte pretendeu distinguir o sistema de controle, atinente às leis estaduais e federais, daquele aplicável às leis municipais. E a introdução da representação interventiva, na esfera estadual, longe de autorizar uma interpretação ampliada do disposto no art. 119, I, *l*, da Constituição de 1967/1969, parece traduzir, de forma inequívoca, o intento restritivo do legislador constituinte. É que a representação interventiva não caracteriza o modelo de controle abstrato de normas, constituindo mecanismo singular de composição de conflito de interesses entre União e Estado (CF 1967/1969, art. 11, § 1º, *c*, c/c o art. 10, VI, 1ª parte, e VII), ou entre a unidade federada e o ente comunal (CF, art. 15, § 3º, *d*). Assim, não há

---

[29] Rheinhold Zippelius, *Einführung*, cit., p. 74; cf. também Larenz, *Methodenlehre der Rechtswissenschaft*, cit., p. 360-1.
[30] Konrad Hesse, *Grundzüge des Verfassungsrechts der Bundesrepublik Deutschland*, 13. erg. Aufl., Heidelberg, C. F. Müller, 1982, p. 28-9, n. 77-8.
[31] Hesse, *Grundzüge des Verfassungsrechts*, cit., p. 27, n. 73.

como afirmar a competência do Supremo Tribunal Federal para conhecer da ação direta de inconstitucionalidade de lei municipal, sem proporcionar a ampliação do monumental poder político que lhe defere, expressamente, a Carta Magna. Em última instância, tal extensão de competência resultaria na própria alteração da norma constitucional, com a consequente modificação da sistemática da divisão de poderes.

A aparente omissão contida no art. 119, I, *l*, da Constituição de 1967/1969, antes de caracterizar uma lacuna, configura, em verdade, um "silêncio eloquente" (*beredtes Schweigen*)[32]. O silêncio do legislador constituinte há de ser entendido, nesse aspecto, como expressa vontade de restringir o controle de constitucionalidade abstrato ao modelo explicitamente definido no Texto Magno.

SEÇÃO III – O CONTROLE DE CONSTITUCIONALIDADE DA LEI MUNICIPAL E A JURISDIÇÃO CONSTITUCIONAL: CONSIDERAÇÕES À LUZ DO MODELO GERMÂNICO

§ 1º Necessidade de autorização constitucional

A controvérsia sobre a admissibilidade do controle de constitucionalidade da lei municipal suscita, como ressaltado, inevitável indagação quanto à possibilidade de criação, na esfera estadual, de uma autêntica jurisdição constitucional (*Landesverfassungsgerichtsbarkeit*).

Não é preciso dizer que, no estado federativo, a criação de órgãos destinados a exercer a jurisdição constitucional não se há de fundar, exclusivamente, na eventual existência de paradigma no âmbito do Poder Central. Cuidando de uma tarefa peculiar, faz-se mister que o constituinte reconheça aos entes federados o poder para instituir órgãos de defesa da Constituição. É o que ensina, com precisão, Ernst Friesenhahn, na seguinte passagem:

> "Constitui tarefa da jurisdição constitucional garantir, nos diferentes processos, uma defesa institucional autônoma da Constituição. A jurisdição constitucional distingue-se de outros tipos de jurisdição mediante uma peculiar relação com o texto constitucional. E, por isso, ocupa lugar de destaque na organização estatal concebida pela Constituição. Os Tribunais constitucionais são considerados entre os chamados 'órgãos constitucionais' (*Verfassungsorgane*).
>
> No estado federal, somente pode existir jurisdição constitucional no âmbito do Estado-membro, se a Constituição Federal assegura às unidades federadas não só a liberdade para criar, por sua própria deliberação, constituições autônomas, mas também o poder para regular, especificamente, a defesa judicial de sua Constituição"[33].

---

[32] Hesse, *Grundzüge des Verfassungsrechts*, cit., p. 29; *v.*, também, Horst Ehmke, Prinzipien des Verfassungsinterpretation, in Ralf Dreier & Friedrich Schwegmann, *Probleme der Verfassungsinterpretation*, 1. Aufl., Baden-Baden, Nomos Verlagsgesellschaft, 1976, p. 176.

[33] Ernst Friesenhahn, Zur Zuständigkeitsabgrenzung zwischen Bundesverfassungsgerichtsbarkeit und Landesverfassungsgerichtsbarkeit, in Christian Starck (org.), *Bundesverfassungsgericht und Grundgesetz*, 1. Aufl., Tübingen, Mohr, 1976, v. 1, p. 749-50.

A lição do emérito jurista explicita, com clareza, a problemática da jurisdição constitucional, no âmbito da unidade federada. A invocação do paradigma federal não se afigura suficiente para legitimar a criação de Cortes Constitucionais, nos limites do Estado-Membro. Não basta, igualmente, a outorga do poder constituinte decorrente. Faz-se mister que se reconheça o poder de disciplinar a defesa judicial de sua Lei Maior.

A Constituição alemã contempla, expressamente, a possibilidade de se instituir a jurisdição constitucional, no plano estadual, como se depreende da leitura do preceituado nos arts. 93, § 1º, n. 4 e 4b, 99, e 100, § 1º. E o *Bundesverfassungsgericht*, em uma de suas primeiras decisões, afirmou a compatibilidade da jurisdição constitucional estadual com os princípios insculpidos na Lei Fundamental:

> "Em um Estado marcadamente federativo, como a República Federal da Alemanha, os planos constitucionais da União e dos Estados estão, fundamentalmente, situados um ao lado do outro. A Lei Fundamental contém poucas disposições que devem ser incorporadas pelas Cartas estaduais. No mais, podem os Estados emprestar a conformação desejada ao seu Direito Constitucional e, com isso, à sua jurisdição constitucional"[34].

Efetivamente, todos os *Länder*, com exceção de Schleswig-Holstein[35], instituíram a jurisdição constitucional de forma diferenciada[36].

§ 2º Coexistência de jurisdições constitucionais estaduais e federal: diferenciação de parâmetros de controle

A amplitude da jurisdição constitucional no Estado federal suscita inúmeras questões. E a inexistência de regras de colisão – como é o caso da Alemanha – enseja insegurança, em determinadas situações, quanto à competência da jurisdição estadual ou federal[37]. Ademais, como os atos do poder estadual estão submetidos às jurisdições constitucionais estaduais e federal, torna-se evidente, em certos casos, a concorrência de competências[38], afigurando-se possível submeter uma questão tanto à Corte estadual quanto ao *Bundesverfassungsgericht*, nos casos de dupla ofensa.

Todavia, como enunciado, os parâmetros para o exercício do controle de constitucionalidade pelo *Bundesverfassungsgericht* hão de ser, fundamentalmente, a Constituição e as leis federais[39]. Da mesma forma, parâmetro para o controle de constitucio-

---

[34] *BVerfGE*, 4:178(189).
[35] Berlim continua a ter uma situação peculiar, decorrente dos problemas históricos oriundos da Segunda Guerra. Schleswig-Holstein preferiu valer-se da cláusula contida no art. 99 da Lei Fundamental, que defere a apreciação de questões constitucionais, no âmbito da unidade federada, em caráter supletivo, ao *Bundesverfassungsgericht*.
[36] Christian Pestalozza, *Verfassungsprozessrecht*: Die Verfassungsgerichtsbarkeit des Bundes und der Länder, 2. Aufl., München, C. H. Beck, 1982, p. 187-9; Friesenhahn, in Starck, *Bundesverfassungsgericht*, cit., p. 750.
[37] Pestalozza, *Verfassungsprozessrecht*, cit., p. 16-17.
[38] Pestalozza, *Verfassungsprozessrecht*, cit., p. 16.
[39] *BVerfGE*, 6:382; *BVerfGE*, 11:94; Friesenhahn, Zur Zuständigkeitsabgrenzung..., in Starck, *Bundesverfassungsgericht*, cit., p. 752.

nalidade exercido por um *Landesverfassungsgericht* é a Constituição estadual, e não a Lei Fundamental ou as leis federais[40].

Tais afirmações não logram afastar toda a problemática que envolve o tema. Observe-se que a Lei Fundamental outorga uma ampla competência à União (arts. 73, 74, 74a, 75, 104a, 105 e 107). E algumas disposições contidas na Lei Fundamental, como as que disciplinam os direitos fundamentais, integram, obrigatoriamente, o direito estadual[41].

Não obstante a existência de esferas normativas diferenciadas, afigura-se legítima a conclusão de Pestalozza, segundo a qual a existência das jurisdições estaduais e federal outorga ao lesado uma dupla proteção, seja quando o ato se afigure incompatível com disposições federais e estaduais materialmente diversas, seja quando malfira preceitos concordantes da Constituição Federal ou da Carta estadual.

Como observado, a coexistência de jurisdições constitucionais federal e estadual enseja dúplice proteção judicial, independentemente da coincidência ou divergência das disposições contidas na Carta Magna e na Constituição estadual. A ampla autonomia de que gozam os Estados-Membros em alguns modelos federativos milita em favor da concorrência de jurisdições constitucionais.

Assim, uma mesma lei estadual pode ser compatível com a Lei Maior e incompatível com a Carta estadual. Daí abster-se o *Bundesverfassungsgericht* de se pronunciar sobre a validade da lei estadual, limitando-se a declarar a sua compatibilidade com a Lei Fundamental ou com o direito federal[42]. E, às objeções quanto à inexistência de objeto no controle de constitucionalidade em face da Lei Fundamental, no caso de inconstitucionalidade diante da Carta estadual, responde Friesenhahn, com proficiência:

> "Tal restrição não leva em conta que, no Direito Constitucional, há que se distinguir o juízo sobre a validade da competência para apreciar essa validade ou declarar a invalidade". (Dieser Einwand übersieht, dass im Verfassungsrecht zu unterscheiden ist, ob materiell eine Norm ungültig ist und wer befugt ist, die Gültigkeit zu prüfen und die Ungültigkeit geltend zu machen)[43].

Não se deve olvidar, outrossim, que pronunciamento genérico de Corte estadual quanto à inconstitucionalidade de lei ou ato normativo estadual ou municipal, em face do Texto Magno, pareceria totalmente incompatível com o exercício do controle concentrado de constitucionalidade pela Corte Constitucional Federal.

Esta questão foi suscitada, entre nós, pelo eminente Ministro Moreira Alves, no RE 92.169-SP (Rel. Min. Cunha Peixoto), ressaltando que:

---

[40] Friesenhahn, Zur Zuständigkeitsabgrenzung..., in Starck, *Bundesverfassungsgericht*, cit., p. 754.
[41] Pestalozza, *Verfassungsprozessrecht*, cit., p. 17.
[42] Hartmut Söhn, Die abstrakte Normenkontrolle, in Starck, *Bundesverfassungsgericht*, cit., p. 318-19.
[43] Friesenhahn, Zur Zuständigkeitsabgrenzung..., in Starck, *Bundesverfassungsgericht*, cit., p. 752.

> "(...) se fosse possível aos Tribunais de Justiça dos Estados o julgamento de representações dessa natureza, com relação a leis municipais em conflito com a Constituição Federal, poderia ocorrer a seguinte situação esdrúxula. E da índole dessa representação – e isso hoje é matéria pacífica nesta Corte – que ela, transitando em julgado, tem eficácia *erga omnes*, independentemente da participação do Senado Federal, o que só se exige para a declaração *incidenter tantum*. O que implica dizer que, se transitasse em julgado a decisão nela proferida por Tribunal de Justiça, esta Corte Suprema estaria vinculada à declaração de inconstitucionalidade de Tribunal que lhe é inferior; mesmo nos casos concretos futuros que lhe chegassem por via de recurso extraordinário. O absurdo da consequência, que é da índole do instrumento, demonstra o absurdo da premissa"[44].

Também o Ministro Leitão de Abreu dela se ocupou, como se vê na seguinte passagem de seu voto:

> "Gostaria de deduzir, com o desenvolvimento que o alto relevo dessa questão constitucional comportaria, as razões que, a meu sentir, militariam a favor da tese perfilhada pelo acórdão recorrido, se superáveis, em relação ao presente caso, todos os óbices que se levantam acerca do cabimento da representação proposta perante o Tribunal local, para a declaração de inconstitucionalidade da lei municipal, de que na hipótese se trata, por incompatibilidade com a Constituição Federal. Não achei meios jurídicos, todavia, que me habilitassem a vencer o obstáculo, levantado pelo Ministro Moreira Alves, no que diz respeito à situação que se criaria no caso de se declarar, pelo Tribunal de Justiça, inconstitucionalidade de lei municipal, por denotar conflito com a Carta Federal, sem que dessa decisão se manifeste recurso extraordinário. Transitada em julgado decisão dessa natureza, ficaria, na verdade, o Supremo Tribunal vinculado à declaração de inconstitucionalidade pronunciada pelo Tribunal de Justiça e, por via de consequência, impossibilitado de julgar casos concretos futuros que, em recursos extraordinários, se trouxessem à sua apreciação. Como essa consequência, que seria inelutável, se me afigura, também, inadmissível, não há senão concluir, a meu ver malgrado a elegante construção jurídica do Tribunal paulista, pela inconstitucionalidade das expressões 'inconstitucionalidade' do artigo 54, I, *e*, da Constituição do Estado de São Paulo. Conhecendo, pois, do recurso, lhe dou provimento para que a inconstitucionalidade assim fique pronunciada"[45].

As considerações então expendidas faziam referência à instituição de mecanismo de controle de constitucionalidade, no âmbito da unidade federada, tendo em vista as especificidades do Direito Constitucional positivo brasileiro. Todavia, parece lícito enfatizar que a possibilidade de coexistência entre jurisdições constitucionais federal e estadual pressupõe, em uma estrutura federativa, expressa previsão constitucional e uma definição dos "parâmetros de controle" (*Kontrollmassstäbe*). Dessarte, mesmo quando as disposições dos textos constitucionais federal e estadual tiverem idêntico conteúdo, há de se admitir a autonomia dos pronunciamentos jurisdicionais da Corte Federal ou de tribunal estadual.

---

[44] *RTJ*, 103(3):1115.
[45] RE 92.169-SP, Rel. Min. Cunha Peixoto, *RTJ*, 103(3):1116-17.

O *Bundesverfassungsgericht* firmou entendimento no sentido de que a adoção pela Constituição estadual de normas com o conteúdo idêntico a preceitos constitucionais federais dilarga a dúplice garantia jurisdicional, permitindo que as reclamações constitucionais e o controle de normas possam ser instaurados perante o Tribunal Constitucional estadual, nos termos da Constituição estadual, ou perante a Corte Constitucional federal, tendo como parâmetro a Lei Fundamental[46]. E, em caso de dissídio jurisprudencial específico entre o *Bundesverfassungsgericht* e um *Landesverfassungsgericht*, há de prevalecer a orientação consolidada pelo órgão federal[47].

Vê-se, assim, que, dado o caráter vinculativo e a índole genérica inerentes ao modelo concentrado de controle de constitucionalidade, a possibilidade de coexistência entre jurisdições constitucionais federal e estadual, em uma ordem federativa, exige, igualmente, a definição "parâmetros de controle" (*Kontrollmassstäbe*) autônomos e diferenciados. Do contrário, o exercício do controle de constitucionalidade por tribunal federal e estadual, com base em um mesmo "parâmetro de controle", acabaria por ensejar a vinculação da Corte Federal a julgado proferido pelo órgão estadual, tal como apontado pelo Ministro Moreira Alves[48].

E esse absurdo lógico parece incompatível com os princípios informadores do próprio sistema "concentrado", que pressupõe a existência de um monopólio de censura (*Verwerfungsmonopol*) por parte do Tribunal Constitucional.

Por outro lado, impende enfatizar que a competência concorrente de Tribunais constitucionais estaduais e federal envolve algumas cautelas. Evidentemente, a sentença de rejeição de inconstitucionalidade proferida por uma Corte não afeta o outro processo, pendente perante outro tribunal, que há de decidir com fundamento em parâmetro de controle diferenciado[49]. Todavia, declarada a inconstitucionalidade de direito local em face da Constituição estadual, com efeito *erga omnes*, há de se reconhecer a *insubsistência* de qualquer processo eventualmente ajuizado perante a Corte federal, e que tenha por objeto a mesma disposição. Da mesma forma, a declaração de inconstitucionalidade da lei estadual em face da Constituição Federal torna insubsis-

---

[46] B VerfGE, 36:342(368); cf., também, Pestalozza, *Verfassungsprozessrecht*, cit., p. 17. Nesse caso, não seria de aplicar-se o princípio *Bundesrecht bricht Landesrecht*, constante do art. 31, da Lei Fundamental, uma vez que, segundo o *Bundesverfassungsgericht*, "direito constitucional federal não quebra direito constitucional estadual de conteúdo idêntico" [*Bundesverfassungsrecht bricht inhaltsgleiches Landesverfassungsrecht nicht* – B VerfGE, 36:342(343)1]. Ademais, no tocante aos direitos fundamentais, é de admitir-se que o princípio constante do art. 131 sofre restrições decorrentes da aplicação do disposto no art. 142, que admite a subsistência do direito constitucional estadual pertinente às garantias individuais.

[47] B VerfGE, 36:342(368-9). Klaus Stern, *Kommentar zum Grundgesetz (Bonner Kommentar)*, art. 100, n. 268-74, anota que, assim como o *Bundesverfassungsgericht* vê-se compelido a aplicar, incidentemente, direito estadual, devem as Cortes estaduais aplicar, muitas vezes, de forma incidental ou *principaliter*, o direito federal.

[48] RE 92.169-SP, Rel. Min. Cunha Peixoto, *RTJ*, 103(3):1115.

[49] B VerfGE, 34:52(58); Pestalozza, *Verfassungsprozessrecht*, cit., p. 18 e 151; Stern, *Kommentar*, cit., art. 100, n. 49.

tente (*gegenstandslos*) ou sem objeto eventual arguição, pertinente à mesma norma, requerida perante Corte estadual[50].

---

[50] Cf. Pestalozza, *Verfassungsprozessrecht*, cit., p. 151; Stern, *Kommentar*, cit., art. 100, n. 149. A problemática versada neste capítulo ganhou nova dimensão com o advento de texto constitucional, que, no art. 125, § 2º, determina a instituição de representação de inconstitucionalidade de leis ou atos normativos estaduais ou municipais em face da Constituição estadual, sendo vedada a atribuição da legitimação para agir a um único órgão. Tem-se, pois, a inequívoca diferenciação de parâmetros de controle. A Corte federal aprecia a arguição de inconstitucionalidade em face da Constituição Federal. O Tribunal de Justiça procede à aferição da compatibilidade de lei estadual tendo em vista o ordenamento constitucional local. A coexistência desse duplo sistema de controle direto requer determinados cuidados, uma vez que determinada lei estadual poderá ser declarada compatível com a Constituição Federal e vir a ter a sua inconstitucionalidade declarada pelo Tribunal de Justiça, em face do parâmetro constitucional local. A hipótese contrária mostra-se igualmente possível. Por outro lado, afigura-se possível arguir-se, concomitantemente, a inconstitucionalidade da mesma lei estadual perante o Supremo Tribunal Federal e perante a Corte estadual. Nesse caso, a pronúncia de inconstitucionalidade *in abstracto* da lei estadual pelo Supremo Tribunal Federal ou pelo Tribunal de Justiça local torna *insubsistente* ou *sem objeto* eventual arguição, pertinente à mesma norma (formulada também em tese), requerida perante a Corte Suprema federal ou perante Corte de justiça local. A existência desse duplo sistema de controle direto exige, outrossim, novas reflexões quanto aos limites da *coisa julgada* da sentença de rejeição de inconstitucionalidade referente à lei estadual, devendo a Corte federal, nesse caso, limitar-se a declarar a sua compatibilidade com o Texto Magno federal. Deverá abster-se, portanto, de reconhecer a validade da lei estadual, uma vez que esta poderá vir a ser declarada inconstitucional, *in abstracto*, em face do ordenamento estadual.

CONCLUSÃO

I

Constitucionalidade e inconstitucionalidade designam conceitos de relação, isto é, "a relação que se estabelece entre uma coisa – a Constituição – e outra coisa – um comportamento – que lhe está ou não conforme, que com ela é ou não compatível, que cabe ou não no seu sentido". Não se cuida, porém, de uma relação lógica ou intelectiva, mas de uma relação de caráter normativo.

II

Embora não se possa negar que o conceito de inconstitucionalidade se afigura indissociável da ideia de sanção, é evidente que a redução da inconstitucionalidade à nulidade prepara obstáculos aparentemente intransponíveis no plano dogmático. Nem se há de pretender que tal relação seja apreciada, exclusivamente, à luz de pressupostos técnicos e de deduções lógicas. O simples cotejo das diferentes fórmulas dogmáticas adotadas está a indicar que a nulidade não é uma consequência lógica da inconstitucionalidade.

III

A doutrina constitucional inspirada no Direito americano não admite, aparentemente, a existência de uma situação intermediária entre os estados de plena constitucionalidade e os de absoluta inconstitucionalidade. Há de se reconhecer, porém, que eventual evolução normativa do texto constitucional, radical mudança do conteúdo da lei, através de nova exegese da norma ou de efetiva alteração da realidade social, podem deflagrar o processo de inconstitucionalização. E, não raras vezes, o Tribunal Constitucional é compelido a apreciar a controvérsia na fase intermediária da transição, quando ainda não existem evidências da consolidação do processo.

IV

Costuma-se proceder à distinção entre inconstitucionalidade material e formal, tendo em vista a origem do defeito que macula o ato questionado. Os vícios formais afetam o ato normativo singularmente considerado, independentemente de seu conteúdo, referindo-se, fundamentalmente, a pressupostos e procedimentos relativos à sua formação. Os vícios materiais dizem respeito ao próprio conteúdo do ato, originando-se de um conflito com princípios estabelecidos na Constituição. E, evidentemente, a inconstitucionalidade material envolve não só o contraste direto do ato legislativo com o parâmetro constitucional, mas também a aferição do desvio de poder ou do excesso de poder legislativo.

V

É possível que o vício de inconstitucionalidade substancial decorrente do excesso de poder legislativo constitua um dos mais tormentosos temas de controle de constitucionalidade hodierno. Cuida-se de aferir a compatibilidade da lei com os fins constitucionalmente previstos ou de constatar a observância do princípio da proporcionalidade (*Verhältnismässigkeitsprinzips*), isto é, de se proceder à censura sobre a adequação (*Geeignetheit*) e a exigibilidade (*Erforderlichkeit*) do ato legislativo. O excesso de poder como manifestação de inconstitucionalidade configura afirmação da censura judicial no âmbito da discricionariedade legislativa ou, como assente na doutrina alemã, na esfera de liberdade de conformação do legislador (*gesetzgeberische Gestaltungsfreiheit*).

VI

O conceito de discricionariedade no âmbito da legislação traduz, a um só tempo, ideia de liberdade e de limitação. Reconhece-se ao legislador o poder de conformação dentro de limites estabelecidos pela Constituição. E, dentro desses limites, diferentes condutas podem ser consideradas legítimas. Veda-se, porém, o excesso de poder em qualquer de suas formas. Por outro lado, o poder discricionário de legislar contempla, igualmente, o dever de legislar. A omissão legislativa parece equiparável, nesse passo, ao excesso de poder legislativo. Tais observações estão a revelar o caráter ambivalente das normas constitucionais, mormente em países que adotam o controle judicial de constitucionalidade. "Para os órgãos estatais ativos – diz Schlaich – a norma é norma de ação (*Handlungsnorm*), ou seja, ordem de ação (*Handlungsanweisung*) e limite de ação (*Handlungsgrenze*). Para o Tribunal Constitucional, a mesma norma é norma de controle (*Kontrollnorm*), na qual se afere a ação ou a omissão dos órgãos estatais."

VII

Somente a perquirição da compatibilidade da lei com os fins constitucionalmente prescritos poderá fornecer, em muitos casos, a resposta adequada ao juízo de constitucionalidade. Por outro lado, não se deve olvidar que o princípio da proporcionalidade, enquanto postulado que expressa a ideia de limites ao exercício dos poderes, e o próprio conceito de Estado de Direito democrático, encontra pleno arrimo no ordenamento constitucional brasileiro (CF 1967/1969, arts. 1º, § 1º, 6º e 153 e seus diversos parágrafos, especialmente os §§ 1º, 2º, 3º, 4º e 36). Não se afigurassem suficientes tais fundamentos para demonstrar a integral compatibilidade do princípio da proibição de excesso (*Übermassverbot*) com o nosso ordenamento constitucional, a lição contida no preclaro voto do Ministro Orozimbo Nonato haveria de fornecer o argumento decisivo nesse sentido (RE 18.331, *RF*, *145*:165). É que não só o poder de tributar, mas também o exercício de qualquer atividade pública somente poderão realizar-se, validamente, dentro de limites que não os tornem incompatíveis com as suas próprias finalidades.

VIII

A verificação da inconstitucionalidade da omissão pressupõe um dever constitucional de legislar. Mas não se afigura suficiente a caracterização dessa exigência constitucional (*Verfassungsauftrag*). Há que se distinguir o dever constitucional de legislar, suscetível de complementação ou suprimento (*vertretbarer Auftrag*), daquela exigência insuprível (*unvertretbarer Auftrag*) na via judicial. A distinção parece centrar-se na possibilidade de os tribunais, pelo processo de concretização (*Konkretisierung*), emprestarem eficácia a preceito constitucional que, expressa, ou implicitamente, reclama regulamentação. Se se pode atribuir razoável eficácia à norma constitucional sem a intervenção do legislador, devem os tribunais aplicá-la ao fundamento de que o órgão legislativo não honrou o encargo que lhe foi imposto. O "*Bundesverfassungsgericht* equipara os órgãos jurisdicionais, nesses casos, à categoria de representante do legislador".

IX

A construção desenvolvida pelo *Bundesverfassungsgericht* apresenta virtudes notórias. Supera-se a concepção estreita, que reduz a omissão inconstitucional à integração normativa expressamente requerida pelo constituinte. A apreciação dos casos da exclusão de benefício incompatível com o princípio da igualdade (*gleichheitswidriger Begünstigungsausschluss*) ensejou a conclusão, aparentemente inconfutável, de que, nessas hipóteses, não se cuida, propriamente, de inconstitucionalidade da regulamentação, mas, ao revés, de inconstitucionalidade de uma lacuna (*verfassungswidrige Lücke*). Também nos casos de integração normativa satisfeita pelo legislador, afigura-se possível identificar falha na execução (*Schlechterfüllung*), ensejando a verificação da omissão inconstitucional. Tal como concebida pelo *Bundesverfassungsgericht*, a omissão inconstitucional configura questão jurídica, passível de ser solvida no âmbito do controle de constitucionalidade.

X

Deve-se advertir, porém, que a técnica utilizada pelo Tribunal Constitucional alemão está balizada, de um lado, pelo monopólio da censura constitucional (*Verwerfungsmonopol*) e, de outro, por uma gama de ações e recursos especiais. Nesse sentido, destaca Friesenhahn que a omissão do legislador não pode ser, do prisma conceitual, objeto do controle de normas, seja *in abstracto*, seja *in concreto*. A omissão do legislador pode ser arrostada, excepcionalmente, por via da *Verfassungsbeschwerde* (*recurso constitucional*). Não obstante, tal questão aflora, em regra, nos processos entre União e Estado, ou na controvérsia entre órgãos.

XI

Não parece subsistir qualquer dúvida, entre nós, quanto à possibilidade de se declarar a inconstitucionalidade de uma lei que complemente dispositivo constitucional de forma deficiente ou incompleta. E, nesse caso, ainda que atinja toda a regulamentação, a pronúncia da inconstitucionalidade decorre da omissão do legislador. Não se questiona, outrossim, que, nessa hipótese, a declaração poderá ser proferida em ação direta ou em julgamento *incidenter tantum*. Nesse caso, embora a ilegitimidade decorra da omissão ou da lacuna, procede-se à declaração de inconstitucionalidade do complexo normativo viciado. Todavia, em decisão singular, na Rp. 749, relativa à Constituição do Estado do Rio Grande do Sul, o Supremo Tribunal entendeu que, na espécie, a declaração de inconstitucionalidade da omissão equivaleria a supri-la, colmatando a lacuna com a norma constitucional preterida.

XII

Não se afigura infensa ao nosso sistema a adoção do chamado *processo de concretização*, nos casos em que as normas constitucionais contenham os elementos mínimos necessários à sua aplicação sem a interveniência do legislador.

XIII

Outro tema que deve merecer a reflexão do jurista brasileiro é aquele atinente à identificação, no juízo da constitucionalidade, da exclusão de benefício incompatível com o princípio da igualdade (*willkürlicher gleichheitswidriger Begünstigungsausschluss*). O desprezo votado ao princípio da igualdade, na elaboração das leis, o deferimento de vantagens exclusivas a determinados segmentos da sociedade ou do funcionalismo, a concessão de tratamento tributários diferenciado a pessoas e entidades parecem estar a exigir o estudo mais atento dessa omissão parcial.

XIV

Não se advoga a adoção, pura e simples, da técnica alemã da declaração de inconstitucionalidade sem a consequência da nulidade (*Unvereinbarkeit*). Até porque não se afigura possível conciliar tal prática com o sistema difuso vigente entre nós. Nem se concebe que o juiz singular possa convocar o legislador a empreender as medidas necessárias à colmatação de lacuna inconstitucional. Todavia, tais vícios podem ser reparados com base na "técnica da divisibilidade das leis", reconhecendo-se o direito dos segmentos eventualmente discriminados.

XV

Tendo em vista a amplitude emprestada pelo constituinte de 1988 ao controle abstrato de normas e as novas indagações propiciadas pelo mandado de injunção, seria temerário fazer projeções razoavelmente seguras sobre a evolução da técnica de declaração de inconstitucionalidade entre nós. Não obstante, parece evidente que a conversão do Supremo Tribunal Federal, sob muitos aspectos, em autêntica Corte Constitucional deverá provocar significativas mudanças, inclusive no tocante à declaração de inconstitucionalidade. Assim, o Supremo Tribunal Federal pode vir a adotar, em casos peculiares, recursos como a *Unvereinbarkeit* (declaração de inconstitucionalidade sem a consequência da nulidade), reclamando a cooperação do legislador na reparação da ilegitimidade (*obligatorische Entscheidung*). Tanto mais plausível há de afigurar-se essa hipótese se se considera que muitos casos de omissão parcial do legislador poderão ser apreciados pelo Tribunal por meio de controle abstrato de normas, requerido por qualquer dos entes constitucionalmente legitimados (CF/88, art. 103, *caput*), ou mediante mandado de injunção, impetrado por eventual lesado diretamente contra a *lacuna* ou a *omissão parcial* (CF/88, art. 5º, LXXI). Eventual reunião de processos poderá permitir que a Corte profira, tão somente, a *declaração de incompatibilidade*, conclamando o legislador a colmatar a omissão parcial. Constatar-se-iam aqui, a um só tempo, típica *declaração de inconstitucionalidade sem a consequência da nulidade*, proferida no controle abstrato de normas, e a *pronúncia da inconstitucionalidade da omissão parcial*, proferida no mandado de injunção.

XVI

Procede-se à distinção entre inconstitucionalidade originária e inconstitucionalidade superveniente, tendo em vista os diversos momentos da edição das normas constitucionais. Considera-se, igualmente, que lei editada em compatibilidade com a ordem constitucional pode vir a tornar-se com ela incompatível em virtude de mudanças ocorridas nas relações fáticas (*Änderung der tatsächlichen Verhältnisse*) ou na interpretação constitucional (*Wandlung im Verfassungsverständnis*).

XVII

A distinção entre inconstitucionalidade originária e superveniente depende, fundamentalmente, do próprio sistema adotado, podendo entender-se que a superveniência de norma constitucional importa na derrogação do direito anterior com ela incompatível. E, nesse caso, a questão deixa de ser matéria de controle de constitucionalidade e passa a ser considerada, com todas as suas implicações, no âmbito de direito intertemporal.

XVIII

Impõe-se admitir que a contradição entre normas de mesma hierarquia apresenta contornos significativamente diferenciados do conflito entre lei e Constituição. Como a norma constitucional contém, apenas, princípios gerais que, normalmente, necessitam de concretização, a constatação de que uma lei foi revogada pela Constituição não permite ao juiz aplicar, sem problemas, a norma constitucional derrogatória, tendo em vista a ausência de disciplina ampla da matéria. Daí observar Ipsen que, "enquanto a colisão da lei posterior pressupõe duas leis com idêntica normatividade (*Regelungsdicht*), a contradição entre lei e Constituição produz típico déficit normativo: a Lei superior não preenche as lacunas surgidas com a derrogação da lei ordinária".

XIX

Não obstante as boas razões que informam esse entendimento e o respeito de que gozam as autoridades que lhe emprestam suporte, há de se reconhecer que essa orientação doutrinária parece excessivamente influenciada pelos diferentes mecanismos de aferição de inconstitucionalidade ou de ab-rogação da lei. E, nesse sentido, são elucidativas as observações de García de Enterría, quando reconhece ter advogado a adesão da Espanha ao modelo italiano, "especialmente por una razón práctica, por entender que atribuir al Tribunal Constitucional el monopolio del problema prometia una valoración más apurada de la constitucionalidad de los textos legales pre-constitucionales que lo que cabria esperar del enjuiciamiento disperso por todos los órganos de la jurisdicción ordinaria como una cuestión de simple derogación".

XX

Entre nós, parece predominar a concepção que trata a matéria no âmbito do direito intertemporal. Em escólio ao art. 83 da Constituição de 1891, anotou Barbalho que "semelhante determinação vale por um aviso e instrução aos executores da Constituição – aos legisladores, às autoridades judiciárias e às da administração; pois mesmo sem ela ficaria revogada toda a legislação avessa aos princípios e preceitos da Constituição (...) pelo simples fato da promulgação desta".

No Supremo Tribunal Federal há registros de manifestações no sentido de se apreciar a questão à luz dos pressupostos da constitucionalidade. Todavia, a orientação jurisprudencial hodierna da Excelsa Corte não deixa dúvida de que a compatibilidade do direito anterior com norma constitucional superveniente há de ser aferida no âmbito do direito intertemporal. Assim, na Rp. 946, o Supremo Tribunal reconheceu que o art. 902, § 1º, da Consolidação das Leis do Trabalho havia sido revogado pela Carta Magna de 1946. Também na Rp. 969, constatou a Excelsa Corte a derrogação dos arts. 75, § 1º, da Lei n. 1.341, de 30 de janeiro de 1951, e 27, § 1º, da Lei n. 4.737, de 15 de julho de 1965, pelo art. 125 da Constituição Federal de 1967. E, na Rp. 1.012, não se conheceu da arguição de inconstitucionalidade relativa à Lei n. 5.048, de 22 de dezembro de 1958, do Estado de São Paulo, tendo o Ministro Moreira Alves ressaltado que "a lei ordinária anterior, ainda que em choque com a Constituição vigorante quando de sua promulgação, ou está em conformidade com a Constituição atual, e, portanto, não está em desarmonia com a ordem jurídica vigente, ou se encontra revogada pela Constituição em vigor, se com ela incompatível".

XXI

Predomina, atualmente, no Supremo Tribunal Federal o entendimento de que "a representação de inconstitucionalidade, por sua própria natureza, se destina tão somente à defesa da Constituição vigente", não constituindo parâmetro idôneo à aferição da constitucionalidade da lei anterior. E, na Rp. 1.016, esse juízo tornou-se, ainda, mais explícito, assentando-se que, em relação a leis anteriores, "não há que se cogitar – como tem entendido esta Corte – de inconstitucionalidade, mas sim – e se for o caso – de revogação, matéria estranha à representação de inconstitucionalidade". Dessarte, já não se logra obter a afirmação da incompatibilidade e, por conseguinte, da derrogação de norma anterior no juízo abstrato de inconstitucionalidade. E há de se reconhecer que a ausência de um instrumento expedito para a definição da compatibilidade ou incompatibilidade da norma ordinária anterior com o direito constitucional superveniente suscitaria sérios embaraços de ordem prática, ensejando pronunciamentos contraditórios e tumultuários sobre as mais relevantes questões. Todavia, a representação interpretativa, introduzida pela Emenda n. 7/77, parecia adequada a suprir, satisfatoriamente, essa deficiência, permitindo que o Supremo Tribunal Federal apreciasse, como preliminar, a questão da compatibilidade ou incompatibilidade entre a lei ordinária e a norma constitucional posterior.

XXII

Se a controvérsia relativa aos aspectos materiais do ato assume o caráter de uma autêntica *vexata quaestio*, parece dominar maior uniformidade, na doutrina, no que tange aos aspectos formais. Assenta-se que, no tocante aos pressupostos de índole formal, há de prevalecer o princípio do *tempus regit actum*. "L'illegittimità formale – observa Pierandrei – può essere chè 'originaria', perchè un atto, dovendo essere elaborato e formato attraverso il procedimento previsto dalle regole vigenti al momento della sua creazione, non può essere giudicato, quanto alla sua validità, se non, con riferimento alle stesse regole." Da mesma forma, a matéria parece isenta de maiores controvérsias entre nós. O Dr. Sepúlveda Pertence, Procurador-Geral da República, enfatizava, em parecer de 10 de março de 1987, que a aferição originária do vício formal "é verdade tão axiomática que poucos autores se preocupam em explicitá-la".

XXIII

Não deixa, todavia, de provocar dúvida a caracterização da incompetência superveniente do órgão legiferante, mormente nos regimes de índole federativa. Cuidar-se-ia aqui de defeito formal ou material? Evidentemente, não há cogitar de uma federalização de normas estaduais ou municipais, por força de alteração na regra de competência. Nesse caso, há de se reconhecer eficácia derrogatória à norma constitucional que tornou de competência legislativa federal matéria anteriormente afeta ao âmbito estadual ou municipal. Todavia, se havia legislação federal, e a matéria passou à esfera de competência estadual ou municipal, o complexo normativo promulgado pela União subsiste estadualizado ou municipalizado, até que se proceda à sua derrogação por lei estadual ou municipal. É o que parece autorizar o próprio princípio da continuidade do ordenamento jurídico.

XXIV

A doutrina constitucional admite a caracterização da inconstitucionalidade da lei tendo em vista significativa alteração das relações fáticas (*tatsächliche Verhältnisse*). Assim, a norma legal que não podia ser acoimada de inconstitucional, ao tempo de sua edição, torna-se suscetível da censura judicial em virtude de uma profunda mudança nas *relações fáticas*, configurando *der Prozess des Verfassungs widrigwerdens* ou *processo de inconstitucionalização*.

XXV

O *processo de inconstitucionalização da lei* como decorrência de mudanças nas relações fáticas está a demonstrar a inevitabilidade de se apreciar, no juízo de constitucionalidade, o chamado *fato* legislativo. Infirma-se, assim, a concepção que restringe o controle de constitucionalidade a um pretenso contraste entre regras de diferentes hierarquias, reconhecendo que *a norma traduz uma determinada concepção da realidade, ou contém fragmentos dessa realidade*. E, evidentemente, uma significativa mudança na situação apreendida pela proposição normativa pode deflagrar o processo de inconstitucionalização.

XXVI

É fácil de ver que a Constituição, enquanto complexo normativo, pode sofrer mudanças mediante interpretação, configurando o que a doutrina denomina *mutação normativa*. Não se trata, propriamente, de uma mudança da Constituição, mas de uma alteração no significado, até porque, como ressalta Häberle, "a norma jurídica somente existe como norma jurídica interpretada" (*Es gibt keine Rechtsnormen, es gibt nur interpretierte Rechtsnormen*). "Interpretar uma norma – diz Häberle, com exatidão – significa colocá-la no tempo, isto é, na realidade pública, a fim de que se lhe outorgue eficácia" (*Einen Rechtssatz "ausiegen" bedeutet, ihn in die Zeit, d. h. in die öffentliche Wirklichkeit stellen — um seinerWirksamkeit willer*). É, exatamente, essa realidade que permite a Loewenstein afirmar que "una constitución no es jamás idéntica consigo misma, y está sometida constantemente al *panta rhei* heraclitiano de todo lo vivente".

XXVII

A relevância da evolução interpretativa no âmbito do controle de constitucionalidade está a demonstrar que o tema comporta inevitáveis desdobramentos. A eventual mudança no significado de parâmetro normativo (*Kontrollmassstab*) pode acarretar a censurabilidade de preceitos até então considerados compatíveis com a ordem constitucional. Introduz-se, assim, a discussão sobre os efeitos da declaração de inconstitucionalidade, na espécie. Não se é de excluir, igualmente, a possibilidade de que uma norma declarada constitucional pelo Judiciário venha a ter a sua validade infirmada em virtude da evolução hermenêutica. E, nesse caso, lícito será indagar sobre os efeitos e os limites da coisa julgada (*Rechtskraft*) no juízo de constitucionalidade.

XXVIII

O controle de constitucionalidade contempla o próprio direito de revisão reconhecido ao poder constituinte derivado. Parece axiomático que as Constituições rígidas somente podem ser revistas com a observância dos ritos nelas prescritos. São exigências quanto ao *quorum*, à forma de votação, à imposição de *referendum* popular, ou de ratificação. Não raras vezes, impõe o constituinte limites materiais expressos à eventual reforma da Lei Maior. Cuida-se das chamadas cláusulas pétreas ou das garantias de eternidade (*Ewigkeitsgarantien*), que limitam o poder de reforma sobre determinados objetos. Assim, a Constituição de 1891 vedava projetos tendentes a abolir a forma republicana federativa ou a igualdade de representação dos Estados no Senado (art. 90, § 4º). A Constituição de 1934 consagrava a imutabilidade do regime republicano (art. 178, § 5º), e a Carta Magna de 1946 reproduziu a cláusula pétrea adotada pelo constituinte de 1891 (art. 217, § 6º). O texto de 1967/1969 não inovou na matéria (art. 47, § 1º).

XXIX

Tais *cláusulas de garantia* traduzem, em verdade, um esforço do constituinte para assegurar a integridade da Constituição, obstando a que eventuais reformas provoquem a destruição, o enfraquecimento, ou impliquem profunda mudança de identidade. É que, como ensina Hesse, a Constituição contribui para a continuidade da ordem jurídica fundamental, na medida em que impede *a efetivação de um suicídio do Estado de Direito democrático sob a forma da legalidade*. Nesse sentido, pronunciou-se o Tribunal Constitucional alemão asseverando que o constituinte não dispõe de poderes para suspender ou suprimir a Constituição. É bem verdade que as cláusulas pétreas ou as garantias de eternidade (*Ewigkeisgarantien*) não produzem efeitos miríficos. "À evidência, não se logra preservar a ordem constitucional com fulcro, tão somente, em cláusulas de intangibilidade, na medida em que a Constituição deixa de ter eficácia normativa (*normative Kraft*)." Ademais, não se há de perder de vista que a experiência histórica confirma a eficácia relativa de tais princípios nos delicados momentos de crise.

XXX

No Direito brasileiro não parece existir qualquer reserva ao controle de constitucionalidade de norma constitucional. Na ampla reforma constitucional de 1925/1926, suscitou-se dúvida quanto a constitucionalidade do processo de revisão, em torno do art. 90 da Constituição de 1891, questionando-se "se esta podia se fazer pendente estado de sítio; se as proposições seriam aprovadas por dois terços dos presentes (Carlos Maximiliano) ou da totalidade dos membros de cada Câmara (Barbalho) e, enfim, se o rito exigido pelo artigo 90 se referia só ao Projeto em globo ou às emendas que lhe fossem apresentadas". O Supremo Tribunal Federal, por maioria de votos, declarou a constitucionalidade da revisão, reconhecendo, assim, a sua competência para aferir a compatibilidade da lei de revisão com o Texto Magno. Na oportunidade, o eminente Viveiros de Castro anotou que nenhuma das emendas "foi aprovada pela maioria exigida pelo art. 90 da Constituição Federal: nenhuma delas poderá incorporar-se à Constituição".

XXXI

Sem dúvida, muito mais complexa se afigura a questão dos limites imanentes ao poder constituinte. Ninguém ignora que o constitucionalismo moderno caracteriza-se, dentre outros aspectos, pelo esforço desenvolvido no sentido de positivar o Direito Natural. A ideia de princípios superiores ou naturais, a concepção de direitos inatos, é antiga. Todavia, a consolidação desses postulados em um documento escrito (*Urkunde*) de índole duradoura ou permanente e, por isso mesmo, superior às providências ordinárias, marcadas pela transitoriedade, constitui traço característico do conceito de Constituição, inaugurado com a Carta Magna americana, de 1787.

XXXII

Embora a teoria das limitações implícitas tenha encontrado excepcional desenvolvimento doutrinário e jurisprudencial nos Estados Unidos, conforme comprovam os escritos de Cooley e Story, e, a despeito de se reconhecer a base jusnaturalista dos direitos fundamentais, a sua aplicação ao poder constituinte não parece ter merecido grande acolhida da doutrina e da jurisprudência americanas. Nesse sentido, assevera Loewenstein que a doutrina da posição preferencial (*preferred opinion*) dos quatro direitos fundamentais contidos na 1ª Emenda (liberdade de confissão, de opinião e imprensa, de reunião e de petição) vem-se consolidando na jurisprudência da Suprema Corte. Não obstante, a controvérsia sobre a inconstitucionalidade de normas constitucionais não foi arrostada pela Suprema Corte. E, segundo o eminente jurista, isso se deve não só ao fato de as alterações constitucionais se mostrarem raras, mas também por se considerar estranha ao pensamento jurídico americano a ideia de uma limitação imposta ao legislador constituinte.

XXXIII

Ao revés em decisão proferida no segundo semestre de 1954, o Tribunal Constitucional alemão admitiu a existência de postulados de direito suprapositivo incorporados ao direito positivo, cuja observância se afigurava imperativa, inclusive para o legislador constituinte. O *Bundesverfassungsgericht* reconheceu, outrossim, a sua competência para aferir a compatibilidade do direito positivo com os postulados do direito suprapositivo. (*Das Bundesverfassungsgericht erkennt die Existenz überpositiven, auch den Verfassungsgesetzgeber bindenden Rechtes an und ist zuständig, das gesetze Recht daran zu messen.*)

XXXIV

É de se ressaltar que, embora tenha admitido a existência de princípios constitucionais suprapositivos e afirmado a sua competência para aferir a compatibilidade dos princípios constitucionais positivados com aqueles postulados "inatos", o *Bundesverfassungsgericht* acabou por nulificar o significado desse controle, ao afirmar que a probabilidade de que o constituinte liberal-democrático ultrapassasse esses limites afigurava-se tão reduzida que se poderia equiparar a possibilidade teórica da promulgação originária de norma constitucional inconstitucional a uma impossibilidade prática.

XXXV

O Tribunal Constitucional afastou, praticamente, a possibilidade de se infirmar a validade de norma constitucional com fulcro em determinada concepção jurídico-filosófica, o que levaria, na opinião de Nawiasky, à perda de toda a segurança jurídica. Tal entendimento não desautoriza a distinção entre normas constitucionais, em diferentes categorias, tendo em vista a sua natureza substancial (*materielle Rechtssätze*), o seu caráter procedimental (*Revisionorm*) e organizatório (*organizatorische Vorschrift*). As normas materiais constituiriam princípios fundamentais, não apenas como norma de criação de direito (*Erzeugungsnorm*), mas também como postulado material. Diversamente do modelo kelseniano, anota Nawiasky que aqui "não se trata apenas de norma fundamental pressuposta, mas de norma positivada (...)". Nawiasky supõe ter logrado compatibilizar, assim, a distinção entre normas constitucionais (*Zweistufigkeit*), sem recorrer à antinomia entre direito positivo e direito suprapositivo: "a diferenciação entre normas constitucionais (*die Doppelstufigkeit*), enquanto tal, não constitui, em hipótese alguma, um argumento, para a suposição de um direito suprapositivo".

XXXVI

O controle de constitucionalidade concreto ou incidental, tal como desenvolvido no Direito brasileiro, é exercido por qualquer órgão judicial, no curso de processo de sua competência. A decisão, "que não é feita sobre o objeto principal da lide, mas sim sobre questão prévia, indispensável ao julgamento do mérito", tem o condão, apenas, de afastar a incidência da norma viciada.

XXXVII

A exigência de maioria absoluta dos votos para a declaração de inconstitucionalidade de leis pelos tribunais, introduzida pela Carta de 1934 (art. 179), e reproduzida nos Textos subsequentes (CF de 1937, art. 96; CF de 1946, art. 200; CF de 1967/1969, art. 116), deu ensejo a acesa polêmica sobre a possibilidade de o juiz singular pronunciar-se sobre a inconstitucionalidade. Prevaleceu, todavia, o entendimento que afirmava a competência do juiz singular para apreciar a controvérsia constitucional.

XXXVIII

A *suspensão* pelo Senado Federal configura *ato político* que retira a lei do ordenamento jurídico, de forma definitiva e com efeitos retroativos.

XXXIX

O Senado Federal não está obrigado a proceder à suspensão do ato declarado inconstitucional. Efetuada a suspensão do ato que teve a inconstitucionalidade pronunciada pelo Supremo Tribunal Federal, não pode a Alta Casa do Congresso revogar o ato anterior. Da mesma forma, a resolução do Senado deve-se ater à "extensão do julgado do Supremo Tribunal", não tendo "competência para examinar o mérito da decisão (...), para interpretá-la, para ampliá-la ou restringi-la".

XL

A inércia do Senado não afeta a relação entre os poderes, não se podendo vislumbrar qualquer violação constitucional na eventual recusa à pretendida extensão de efeitos. Ressalte-se que, assim como o Senado Federal não está compelido a suspender imediatamente o ato declarado inconstitucional, nada obsta a que o Supremo Tribunal reveja a orientação anteriormente firmada. Nesse caso, a suspensão superveniente não deverá produzir consequência juridicamente relevante.

XLI

O Supremo Tribunal fixou, desde o início, que a decisão, na ação interventiva, configurava um "aresto, um acórdão", que punha termo ao contencioso da inconstitucionalidade.

XLII

Não se tem, na representação interventiva, um processo *objetivo*, mas a jurisdicionalização de conflito federativo atinente à observância de deveres jurídicos especiais, impostos pelo ordenamento federal ao Estado-Membro.

XLIII

A despeito das peculiaridades processuais que envolvem essa modalidade de controle de constitucionalidade no Direito brasileiro, parece inequívoco que o Procurador-Geral da República não veicula, na representação interventiva, um interesse da coletividade na preservação da ordem constitucional, mas o interesse substancial da União, como guardiã dos postulados federativos, na observância dos princípios constitucionais sensíveis.

XLIV

Não obstante a natureza diversa da representação interventiva e do controle abstrato de normas, a ausência de um tratamento dogmático diferenciado acabou por aproximar os dois institutos de tal forma que, atualmente, o único elemento distintivo parece residir na decisão de acolhimento (RISTF, art. 175, parágrafo único).

XLV

Deve-se reconhecer que, por ser mais ampla, tanto no que concerne ao parâmetro de controle quanto no que respeita à eficácia do julgado, a representação de inconstitucionalidade, prevista no art. 119, I, *l*, da Constituição de 1967/1969, assinala em muitos aspectos a quase absorção da ação direta, para fins de intervenção.

XLVI

Não se cuida, na representação interventiva, de aferir a constitucionalidade *in abstracto* da norma estadual, mas de verificar, para fins de intervenção, se determinado ato, editado pelo ente federado, afronta princípios basilares da ordem federativa, ou se determinada ação ou omissão do Poder Público estadual impede a execução da lei federal. Não se declara a nulidade ou a ineficácia do ato questionado, limitando-se a afirmar a violação do texto constitucional.

XLVII

A declaração de inconstitucionalidade pronunciada *in abstracto* importa no reconhecimento da nulidade da lei. A decisão proferida na representação interventiva, concebida como um *accertamento giudiziale dell'illecito*, para fins interventivos, limita-se a constatar a configuração da ofensa constitucional. A suspensão do ato pelo Presidente da República, com a consequente outorga de eficácia *erga omnes* ao julgado, somente se dará se o Estado-Membro não empreender, *motu proprio*, a suspensão ou a revogação do ato declarado incompatível com a ordem federativa.

XLVIII

Diferentemente da representação interventiva, que pressupõe a existência de eventual lesão a princípios basilares da ordem federativa, a representação de inconstitucionalidade, consagrada no art. 119, I, *l*, da Constituição de 1967/1969, parece inteiramente desvinculada de qualquer situação subjetiva ou de outro evento peculiar. A propositura da ação traduz, apenas, o interesse genérico na defesa da ordem jurídica, ou, como formulado por Celso Bastos, "é a preocupação de defesa do sistema jurídico, de direito objetivo, com o propósito único e exclusivo de preservar o ordenamento jurídico da intromissão de leis com ele inconviventes".

XLIX

A Constituição outorgou ao Procurador-Geral da República a legitimidade exclusiva para instaurar o processo de controle abstrato de normas. Acentue-se que, sem embargo das relevantes opiniões em contrário, deve-se reconhecer que, ao confiar esse elevado mister ao chefe do Ministério Público Federal, o legislador constituinte não concebeu fórmula artificiosa ou cerebrina. Ao revés, reservou-se a iniciativa do processo de fiscalização da constitucionalidade a órgão incumbido de exercer, genericamente, a fiscalização da legalidade.

L

Menos que o de agente público do Governo Federal, cabia ao Procurador-Geral da República exercer o elevado mister de fiscal da Constituição, uma espécie de *custos constitutionis*, tal como vislumbrado por Kelsen.

LI

A representação de inconstitucionalidade, consagrada no art. 119, I, *l*, da Constituição de 1967/1969, constitui processo que não tem outro escopo senão o de defesa da ordem fundamental contra atos com ela incompatíveis. Não se destina, pela sua própria índole, a proteção de situações individuais ou de relações subjetivadas, mas visa, precipuamente, à defesa da ordem jurídica. E a outorga de competência exclusiva para desencadear o processo de controle abstrato de normas ao chefe do Ministério Público parece reformar esse entendimento, uma vez que tal prerrogativa foi deferida, "não na qualidade de alguém que defenda interesse próprio, pessoal, mas, sim, na condição da função de defender o interesse coletivo, traduzido na preservação do ordenamento constitucional".

LII

Tem-se aqui, pois, o que a jurisprudência dos Tribunais Constitucionais costuma chamar de relação processual objetiva (*objektives Verfahren*), isto é, um processo sem sujeitos, destinado, pura e simplesmente, à defesa da Constituição (*Verfassungsrechtsbewahrungsverfahrers*).

LIII

Essa orientação mereceu expresso referendo do Supremo Tribunal Federal, na Rp. 1.016 (Rel. Min. Moreira Alves, de 20-9-1979), tendo-se enfatizado que a representação de inconstitucionalidade "não é (...) uma simples ação declaratória de nulidade, como qualquer outra, mas, ao contrário, um instrumento especialíssimo de defesa da ordem jurídica vigente estruturada com base no respeito aos princípios constitucionais vigentes".

LIV

Não se cuida, pois, do julgamento de uma relação concreta, mas, sim, da validade de uma lei em tese. O Procurador-Geral da República não é o *dominus litis*, no sentido clássico do termo, mas o órgão político incumbido pela Constituição de desencadear o processo de fiscalização. O chefe do Ministério Público Federal, diz o Supremo Tribunal Federal, "é o titular dessa representação, apenas para efeito de provocar, ou não, o Tribunal (...)" (AR 878, Rel. Min. Rafael Mayer).

LV

Acentue-se que, entre nós, o controle abstrato de normas revela, pela amplitude e eficácia, uma clara tendência de absorção de modelo concebido com finalidade interventiva.

LVI

O controle abstrato de normas, previsto no art. 119, I, *l*, da Constituição de 1967/1969, pode, em princípio, ter por objeto lei ou ato normativo federal ou estadual. Pela própria índole, e como está a indicar o seu desenvolvimento histórico, o controle abstrato há de se referir a normas, não devendo contemplar, por isso, os atos de efeito concreto.

LVII

O Direito brasileiro contempla, de forma ampla, o modelo difuso de controle de constitucionalidade, podendo o juiz singular deixar de aplicar, no caso concreto, norma incompatível com preceito constitucional. Todavia, os tribunais somente poderão reconhecer a inconstitucionalidade, caso nesse sentido se pronuncie a maioria absoluta de seus membros ou de órgão especial (CF 1967/1969, art. 116 c/c o art. 144, V). Tais decisões têm, porém, eficácia limitada ao caso concreto.

LVIII

Diferentemente, a questão constitucional pode ser apreciada pelo Supremo Tribunal, nos processos de sua competência originária, recursal, ou mediante ação direta, formulada pelo Procurador-Geral da República, para fins de intervenção (CF 1967/1969, art. 11, § 1º, *c*, c/c o art. 10. VII e VI, 1ª parte), ou para a instauração do controle abstrato de normas (CF 1967/1969, art. 119, I, *l*). A decisão proferida *incidenter tantum* tem eficácia restrita ao caso julgado pelo Supremo Tribunal Federal. Não obstante, em caso de pronúncia da inconstitucionalidade, deverá o Tribunal comunicar ao Senado Federal, para que se proceda à suspensão do ato, atribuindo-se eficácia *erga omnes*, com caráter retroativo, à decisão proferida *inter partes* (CF 1967/1969, art. 42, VII).

LIX

A declaração de inconstitucionalidade, para fins de intervenção federal, parece conter, fundamentalmente, *sentença declaratória (Feststellungsurteil)*, atinente à violação de princípios constitucionais. Não se declara diretamente a ineficácia ou a nulidade do ato normativo impugnado, cingindo-se a constatar que o ato estadual afronta determinado preceito da Constituição. A ineficácia do ato depende, assim, da suspensão de sua execução pelo Presidente da República (CF 1967/1969, art. 11, § 2º). Em verdade, reconhece-se, tão somente, a existência inequívoca do ilícito, que poderá ensejar a intervenção, caso se mostre ineficaz a suspensão do ato (CF de 1946, arts. 7º, VII, 8º e 13; CF de 1967/1969, arts. 10, VI, 1ª parte, VII, e 11, §§ 1º, *c*, e 2º). É o que Kelsen houve por bem denominar "accertamento giudiziale dell'illecito (…), che condiziona l'esecuzione".

LX

A declaração de inconstitucionalidade pronunciada no processo de controle abstrato de normas acarreta, segundo a jurisprudência assente do Supremo Tribunal, a nulidade *ipso jure* e *ex tunc* do ato questionado.

LXI

Na técnica brasileira de controle de constitucionalidade, juízes e tribunais limitam-se a afirmar a constitucionalidade ou a inconstitucionalidade total, ou parcial, do preceito ou ato impugnado. O desenvolvimento do controle abstrato de normas parece sinalizar com a perspectiva de que a chamada *interpretação conforme à Constituição* logre obter tratamento dogmático diferenciado pelo reconhecimento de que também, entre nós, se cuida de uma declaração parcial de inconstitucionalidade sem redução do texto (*Teilnichtigerklärung ohne Normtextreduzierung*).

LXII

Ressalte-se, ainda, que, admitido, entre nós, o *processo de inconstitucionalização da lei*, há de se contemplar, igualmente, o estabelecimento de limites quanto à eficácia retroativa, não se afigurando possível afirmar, nessa hipótese, a nulidade *ex tunc*.

LXIII

Adota-se, entre nós, a teoria da divisibilidade das leis, de modo que não se vislumbra dificuldade na pronúncia parcial de inconstitucionalidade de uma lei ou disposição, com a subsistência das partes isentas de vício, desde que não estejam indissociavelmente vinculadas às prescrições defeituosas e possam subsistir de forma autônoma. "Ainda que as prescrições inconstitucionais se encontrem num mesmo artigo em que se achem outras consideradas compatíveis com a Constituição – ensina Lúcio Bittencourt –, a regra pode prevalecer, julgando-se estas últimas plenamente eficazes, desde que possam permanecer por si próprias, separadas e distintas, sem que se considerem afetadas pela ineficácia das outras."

LXIV

A interpretação conforme o texto constitucional é uma expressão do princípio da unidade da ordem jurídica (*Einheit der Rechsordnung*), que pressupõe a exegese da lei de forma congruente com a Constituição. Perceberam os publicistas alemães, notadamente o *Bundesverfassungsgericht*, que a aplicação desse princípio, no juízo de constitucionalidade, envolvia não apenas a simples conservação do texto legal. A afirmação da constitucionalidade da lei, com uma determinada interpretação, equivaleria, em outros termos, à declaração de inconstitucionalidade de outras possibilidades de interpretação (*Auslegungsmöglichkeiten*).

LXV

Evidentemente, a interpretação conforme à Constituição encontra limites na própria expressão literal do texto (*Gesetzeswortlaut*) e no escopo visado pelo legislador

(*Zweck*). Há de se respeitar o significado possível da proposição normativa, não se admitindo uma interpretação que violente a estrutura verbal do preceito. Da mesma forma, não se afigura possível emprestar significação ao texto normativo que adultere a decisão fundamental do legislador (*gesetzgeberische Grundentscheidungen*), ou que implique radical alteração nos objetivos visados pelo legislador. "A vontade subjetiva do legislador – adverte Hesse – não é decisiva; trata-se, fundamentalmente, de preservar o máximo do pretendido por ele." Do contrário, para não usurpar a atribuição do legislador, parece mais adequada a declaração total de nulidade.

LXVI

Não obstante as diferentes finalidades dos institutos, os elementos comuns existentes – iniciativa do Procurador-Geral da República, competência do Supremo Tribunal Federal, possibilidade de pronúncia de interpretação conforme à Constituição – parecem roborar a relativa fungibilidade entre a representação interpretativa e o controle abstrato de normas. Nada impede, aparentemente, que o Procurador-Geral da República, em vez de arguir a inconstitucionalidade de determinado diploma, ofereça ao Supremo Tribunal Federal representação interpretativa, propugnando por uma interpretação conforme à Constituição. E, nesse caso, acolhido o entendimento perfilhado pelo representante, ter-se-á a fixação, com força vinculante, da interpretação adotada, com eficácia *ex nunc*.

LXVII

É pacífico, entre nós, que a declaração de inconstitucionalidade, proferida no controle abstrato de normas, acarreta a nulidade *ipso jure* e *ex tunc* da norma. Inexiste qualquer referência sobre o tema na Constituição. A legislação processual civil e o Regimento do Supremo Tribunal Federal também não cuidam. Todavia, essa concepção já se encontrava bastante arraigada no Direito Constitucional brasileiro, mesmo antes do advento da Emenda n. 16/65, assumindo hoje foros de uma verdade quase axiomática. "Se toda a doutrina da inconstitucionalidade se funda na antinomia entre a lei e a Constituição – ensina Buzaid – e se a solução se baseia no princípio da supremacia da Constituição sobre a lei ordinária, atribuir a esta uma eficácia transitória, enquanto não fulminada pela sentença judicial, equivale a negar durante esse tempo a autoridade da Constituição". As tentativas esboçadas na doutrina e jurisprudência no sentido de reconhecer eficácia ao ato legislativo, ou de atenuar o alcance dos efeitos retroativos não lograram maior aceitação.

LXVIII

Vale observar que exigências de ordem prática provocam a atenuação da doutrina da nulidade *ex tunc*. Assim, o Supremo Tribunal Federal não infirma, em regra, a validade do ato praticado por agente investido em função pública, com fundamento em lei inconstitucional. É o que se depreende do RE 78.594 (Rel. Min. Bilac Pinto), no qual se assentou, invocando a teoria do funcionário de fato, que, "apesar de proclamada a ilegalidade da investidura do funcionário público na função de Oficial de Justiça, em razão da declaração de inconstitucionalidade da lei estadual que autorizou tal designação, o ato por ele praticado é válido".

LXIX

O sistema de controle de constitucionalidade brasileiro parece contemplar uma ressalva expressa a essa rigorosa doutrina da retroatividade: a coisa julgada. Embora a doutrina não se refira a essa peculiaridade, tem-se por certo que a pronúncia da inconstitucionalidade não faz tábula rasa da coisa julgada, erigida pelo constituinte em garantia constitucional (CF 1967/1969, art. 153, § 3º). Ainda que se não possa cogitar de direito adquirido ou de ato jurídico perfeito, fundado em lei constitucional, afigura-se evidente que a nulidade *ex tunc* não afeta a norma concreta contida na sentença ou no acórdão. Não se conhece qualquer manifestação específica do Supremo Tribunal Federal sobre o assunto, no que se refere ao controle abstrato de normas. Todavia, ao apreciar a situação análoga, relativa à sentença transitada em julgado, com fundamento em lei posteriormente declarada inconstitucional pela Excelsa Corte e que teve a execução suspensa pelo Senado Federal, a Corte deixou assente que, "embora a suspensão da vigência da lei por inconstitucionalidade tornasse sem efeito todos os atos praticados sob o império da lei inconstitucional, a nulidade da decisão somente poderia ser declarada por via de ação rescisória".

LXX

A Constituição brasileira de 1967/1969 estabelece em seu art. 116 que "somente pelo voto da maioria absoluta de seus membros ou dos membros do respectivo órgão especial (art. 144, V), poderão os Tribunais declarar a inconstitucionalidade de lei ou ato normativo do Poder Público". Não há qualquer referência constitucional à pronúncia de rejeição.

Não obstante, o Supremo Tribunal Federal consagrou, no seu Regimento, que, "efetuado o julgamento com o *quorum* do art. 143, parágrafo único (8 ministros), proclamar-se-á a inconstitucionalidade ou a constitucionalidade do preceito ou do ato impugnado, se num ou noutro sentido se tiverem manifestado seis ministros" (art. 173). Em outros termos, o Tribunal não se limita a declarar a inconstitucionalidade da lei, manifestando-se, igualmente, de forma qualificada, sobre a constitucionalidade do ato normativo impugnado.

A fórmula adotada assegura maior estabilidade às decisões proferidas no juízo de constitucionalidade. Não se pode entender, porém, que a declaração de constitucionalidade proferida pelo Supremo Tribunal seja imutável. Tal como em outros sistemas, a *decisão confirmatória* de validade não parece obstar à reapreciação da matéria do juízo de constitucionalidade, desde que se configurem significativas alterações quanto ao parâmetro de controle (*Massstabnorm*) ou/e ao objeto do controle (*Prüfungsnorm*).

LXXI

A evolução histórica do nosso modelo de controle de constitucionalidade está a demonstrar que o constituinte pretendeu distinguir o sistema de controle, atinente às leis estaduais e federais, daquele aplicável às leis municipais. E a introdução da representação interventiva, na esfera estadual, longe de autorizar uma interpretação ampliada do disposto no art. 119, I, *l*, da Constituição de 1967/1969, parece traduzir, de forma inequívoca, o intento restritivo do legislador constituinte. É que a representação interventiva não caracteriza o modelo abstrato de normas, constituindo mecanismo singular de composição de conflito de interesses entre União e Estado (CF 1967/1969, art. 11, § 1º, *c*, c/c o art. 10, VI, 1ª parte, e VII), ou entre a unidade federada e o ente comunal (art. 15, § 3º, *d*).

LXXII

Não há como afirmar a competência do Supremo Tribunal Federal para conhecer da ação direta de inconstitucionalidade de lei municipal, sem proporcionar a ampliação do monumental poder político que lhe defere, expressamente, a Carta Magna. A aparente omissão contida no art. 119, I, *l*, da Constituição de 1967/1969, antes de caracterizar uma lacuna, configura, em verdade, um "silêncio eloquente" (*beredtes Schweigen*). O silêncio do legislador constituinte há de ser entendido, nesse aspecto, como expressa vontade de restringir o controle de constitucionalidade abstrato ao modelo explicitamente definido no Texto Magno.

LXXIII

No estado federativo, a criação de órgãos destinados a exercer a jurisdição constitucional não se há de fundar, exclusivamente, na eventual existência de paradigma no âmbito do Poder Central. Cuidando-se de uma tarefa peculiar, faz-se mister que o constituinte reconheça aos entes federados o poder para instituir órgãos de defesa da Constituição.

LXXIV

Parece lícito enfatizar que a possibilidade de coexistência entre jurisdições constitucionais federal e estadual pressupõe, em uma estrutura federativa, expressa previsão constitucional e uma definição dos "parâmetros de controle".

Referências

ALENCAR, Ana Valderez Ayres Neves de. A competência do Senado Federal para suspender a execução dos atos declarados inconstitucionais. *Revista de Informação Legislativa*, 15(57):223-8, jan./mar. 1978.

ALMEIDA, Fernanda Dias Menezes de. O controle de constitucionalidade de leis municipais. *Revista de Informação Legislativa*, 19(76):125-34, out./dez. 1982.

ANDRADE, José Carlos Vieira de. *Os Direitos Fundamentais na Constituição Portuguesa de 1976*. Coimbra, Almedina, 2022.

ARRETCHE, Marta. Trinta Anos da Constituição de 1988: razões para comemorar? *Novos Estudos*, São Paulo, Cebrap, v. 37, n. 3, set./dez. 2018.

BACHOF, Otto. *Normas constitucionais inconstitucionais?* Trad. José Manuel M. Cardoso da Costa. Coimbra, Atlântida, 1977. 92 p.

BALEEIRO, Aliomar. *O Supremo Tribunal Federal, esse outro desconhecido*. Rio de Janeiro, Forense, 1968. 216 p.

BARBI, Celso Agrícola. Evolução do controle da constitucionalidade das leis no Brasil. *RDP*, 1(4):34-43, abr./jun. 1968.

BARBOSA, Rui. Os atos inconstitucionais do Congresso e do Executivo. In: *Trabalhos jurídicos*. Rio de Janeiro, Casa de Rui Barbosa, 1962. p. 1-177 (Obras seletas; 11).

BARBOSA, Rui. *O direito do Amazonas ao Acre septentrional*. Rio de Janeiro, Jornal do Commercio, 1910. 2 v.

BARBOSA, Rui. *Comentários à Constituição Federal brasileira*. Coligidos e ordenados por Homero Pires. São Paulo, Saraiva, 1932-1934. v. 4.

BARROSO, Luís Roberto. *Curso de Direito Constitucional Contemporâneo*: os conceitos fundamentais e a construção do novo modelo. 11. ed. São Paulo, Saraiva, 2023.

BASTOS, Celso Ribeiro. O controle judicial da constitucionalidade das leis e atos normativos municipais. In: São Paulo (Estado). Procuradoria-Geral. *Ação direta de controle da constitucionalidade de leis municipais, em tese*. São Paulo, Centro de Estudos da Procuradoria-Geral do Estado, 1979. p. 67-77.

BASTOS, Celso Ribeiro. *Curso de direito constitucional*. 5. ed. atual. São Paulo, Saraiva, 1982. 244 p.

BEALE, Joseph H. The proximate consequences of an act. *Harvard Law Review*, 33(5):633-58, 1919-1920.

BISCARETTI DI RUFFIA, Paolo. *Derecho constitucional*. Trad. Pablo Lucas Verdu. 2. ed. Madrid, Technos, 1984.

BITAR, Orlando. A lei e a Constituição. In: *Obras completas de Orlando Bitar*. Brasília, Conselho Federal de Cultura, 1978. v. 2. p. 13-209.

BITTENCOURT, Carlos Alberto Lúcio. *O controle jurisdicional da constitucionalidade das leis*. 2. ed. Rio de Janeiro, Forense, 1968. 164 p.

BLOCH, Ernst. *Naturrecht und menschliche Würde*. 2. Aufl. Frankfurt am Main, Suhrkamp, 1980. 367 p. (Suhrkamp-Tashenbuch Wissenschaft; 250.)

BONAVIDES, Paulo. *Direito constitucional*. 2. ed. Rio de Janeiro, Forense, 1986. 361 p.

BRASIL. Assembleia Constituinte (1891). *Annaes do Congresso Constituinte da República*. 2. ed. Rio de Janeiro. Imprensa Nacional, 1924. v. 1. p. 431-3.

BRASIL. Congresso. Senado Federal. Declaração de inconstitucionalidade de lei ou decreto. Suspensão de execução do ato inconstitucional pelo Senado Federal. Extensão da competência. Efeitos. Parecer n. 154, de 1971, Rel. Senador Accioly Filho. *Revista de Informação Legislativa*, 12(48):265-70, out./dez. 1975.

BRASIL. *Constituição* (1946): Emendas. Emendas à Constituição de 1946, n. 16: reforma do Poder Judiciário. Brasília, Câmara dos Deputados, 1968. 189 p.

BRASIL. Procuradoria-Geral da República. Proc. PGR n. 08100.002813/86 e 08100.002881/86. *DJ*, Brasília, 10 mar. 1987, p. 3521-4.

BRASIL. Rp. 1.417-7 (Distrito Federal). Parecer do Procurador-Geral da República José Paulo Sepúlveda Pertence. DJ, 4 set. 1987, p. 18302-6.

BRASIL. Supremo Tribunal Federal. AR 878-SP, de 19-3-1980. Rel. Min. Rafael Mayer. *RTJ*, 94(1):49-60, out. 1980.

BRASIL. HC 18.178, Rel. Min. Hermenegildo de Barros. *RF*, 47:748-827, jul./dez. 1926.

BRASIL. HC 30.355, de 21-7-1948. Rel. Min. Castro Nunes. *RDA*, 21:134-9, jul./set. 1950.

BRASIL. MS 767-DF, de 9-7-1947. Rel. Min. Hahnemann Guimarães. *RT*, 179:972-92, maio/jun. 1949.

BRASIL. MS 10.806-SP, de 26-9-1962. Rel. Min. Vilas Boas, *DJ*, Brasília, 18 abr. 1963, p. 951.

BRASIL. MS 16.512-DF, de 25-5-1966. Rel. Min. Oswaldo Trigueiro. *RTJ*, 38(1):5-28, out. 1966.

BRASIL. MS 20.257-DF, de 8-10-1980. Rel. Min. Moreira Alves. *RTJ*, 99(3):1031-41, mar. 1982.

BRASIL. MS 20.471-DF, de 19-12-1984. Rel. Min. Francisco Rezek. *RTJ*, 112(3):1023-27, jun. 1985

BRASIL. Recl. 121-RJ, de 3-12-1980. Rel. Min. Djaci Falcão. *RTJ*, 100(3):954-62, jun. 1982.

BRASIL. Recl. 128-DF, de 29-4-1981. Rel. Min. Cordeiro Guerra, *RTJ*, 98(1):3-5, out. 1981.

BRASIL. Recl. 152-SP, de 11-5-1983. Rel. Min. Djaci Falcão. *DJ*, 11 maio 1983, p. 6292.

BRASIL. Recl. 849-DF, de 10-3-1971. Rel. Min. Adalício Nogueira. *RTJ*, 59(2):333-50, fev. 1972.

BRASIL. RE 17.961-SP. Rel. Min. Orozimbo Nonato. DJ, Brasília, 11 dez. 1952, p. 14029.

BRASIL. RE 18.331, de 21-9-1951. Rel. Min. Orozimbo Nonato. *RF*, 145:164-9, jan./fev. 1953.

BRASIL. RE 74.836-CE, de 7-6-1973. Rel. Min. Rodrigues Alckmin. *RTJ*, 69:475-82.

BRASIL. RE 76.629, de 29-3-1974. Rel. Min. Aliomar Baleeiro. *RTJ*, 71(2):477-9, fev. 1975.

BRASIL. RE 78.486-DF, de 22-8-1975. Rel. Min. Rodrigues Alckmin, *RTJ*, Brasília, STF, 76(2):538-44, maio 1976.

BRASIL. RE 78.594-SP, de 7-7-1974. Rel. Min. Bilac Pinto. *RT*, 71(2):570-2, fev. 1975.

BRASIL. RE 78.984-RJ, de 9-10-1974. Rel. Min. Cordeiro Guerra. *RTJ*, Brasília, STF, 71 (1):289-93, jan. 1975.

BRASIL. RE 79.343-BA, de 31-5-1977. Rel. Min. Leitão de Abreu. *RTJ*, 82(3):791-6, dez. 1977.

BRASIL. RE 91.740-RS, de 12-3-1980. Rel. Min. Xavier de Albuquerque. *RTJ*, 93(1):455-63, jul. 1980.

BRASIL. RE 92.169-SP. Rel. Min. Cunha Peixoto. *RTJ*, 103(3): 1085-117, mar. 1983.

BRASIL. RE 93.356-MT, de 24-3-1981. Rel. Min. Leitão de Abreu. *RTJ*, 97(3):1369-72, set. 1981.

BRASIL. RE 94.039-SP, de 2-6-1981. Rel. Min. Moreira Alves. *RTJ*, 102(2) :749-57, nov. 1982.

BRASIL. RE 95.604-BA, de 9-12-1981. Rel. Min. Néri da Silveira. *RTJ*, Brasília, STF, 112(2):652-62, maio 1985.

BRASIL. RE 100.596-DF, de 23-11-1983. Rel. Min. Rafael Mayer. *RTJ*, Brasília, STF, 109(3): 1220-28, set. 1984.

BRASIL. *Regimento Interno do Supremo Tribunal Federal*. Organizado e datilografado por Nazir Martins de Sá. Brasília, Supremo Tribunal Federal, 1986. 145 p.

BRASIL. RMS 17.976, de 13-9-1968. Rel. Min. Amaral Santos. *RDA*, 105:111-13, jul./set. 1971.

BRASIL. Rp. 93-DF, de 16-7-1947. Rel. Min. Annibal Freire. *AJ*, 85:1-29, jan./mar. 1948.

BRASIL. Rp. 94-DF, de 17-7-1947. Rel. Min. Castro Nunes. *AJ*, 85:31-54, jan./mar. 1948.

BRASIL. Rp. 95-DF, de 30-7-1947. Rel. Min. Orozimbo Nonato. *AJ*, 85:55-75, jan./mar. 1948.

BRASIL. Rp. 96-DF, de 3-10-1947. Rel. Min. Goulart de Oliveira. *AJ*, 85:77-146, jan./mar. 1948.

BRASIL. Rp. 287-RN. Rel. Min. Nélson Hungria. *DJ*, 28 jul. 1958.

BRASIL. Rp. 466-GB, de 22-1-1962. Rel. Min. Ary Franco. *RTJ*, 23:1-46, jan. 1963.

BRASIL. Rp. 700-SP, de 3-5-1967, Rel. Min. Victor Nunes Leal, *RTJ*, 41:571-90.

BRASIL. Rp. 700-SP (AgRg), de 8-11-1967. Rel. Min. Amaral Santos. *RTJ*, 45(3):690-719, set. 1968.

BRASIL. Rp. 765-CE. Rel. Min. Soares Muñoz. *RTJ*, 98(3):952-63, dez. 1981.

BRASIL. Rp. 876-BA. Rel. Min. Bilac Pinto. *DJ*, 15 jun. 1973, p. 4326.

BRASIL. Rp. 890-GB, de 27-3-1974. Rel. Min. Oswaldo Trigueiro. *DJ*, 7 jun. 1974, p. 3932.

BRASIL. Rp. 930-DF, de 10-3-1976. Rel. Min. Rodrigues Alckmin. *DJ*, 2 set. 1977.

BRASIL. Rp. 940-RJ. Rel. Min. Moreira Alves. *RTJ*, 92(3):1000.

BRASIL. Rp. 946-DF, de 12-5-1977. Rel. Min. Xavier de Albuquerque. *RTJ*, 82(l):44-51, out. 1977.

BRASIL. Rp. 948-SE, de 27-10-1976. Rel. Min. Moreira Alves. *RTJ*, 82(1):51-6, out. 1977.

BRASIL. Rp. 969-DF, de 21-5-1981. Rel. Min. Antonio Neder. *RTJ*, 99(2):544-52, fev. 1982.

BRASIL. Rp. 971-RJ, de 3-11-1977. Rel. Min. Djaci Falcão. *RTJ*, 87(3):758-68, mar. 1979.

BRASIL. Rp. 974-RJ, de 1º-9-1977. Rel. Min. Cordeiro Guerra. *RTJ*, 84(1):39-41, abr. 1978.

BRASIL. Rp. 1.012-SP, de 27-9-1979. Rel. Min. Moreira Alves. *RTJ*, 95(3):980-92, mar. 1981.

BRASIL. Rp. 1.016-SP, de 20-9-1979. Rel. Min. Moreira Alves. *RTJ*, 95(3):993-1000, maio 1981.

BRASIL. Rp. 1.051-GO, de 2-4-1981. Rel. Min. Moreira Alves. *DJ*, Brasília, 15 maio 1981.

BRASIL. Rp. 1.054-DF, de 4-4-1984. Rel. Min. Moreira Alves. *RTJ*, 110:937-76.

BRASIL. Rp. 1.068-GO, de 21-10-1981. Rel. Min. Cunha Peixoto. *DJ*, 13 nov. 1981, p. 11413.

BRASIL. Rp. 1.077-RJ (liminar), de 26-2-1981. Rel. Min. Moreira Alves. *RTJ*, 101(2):499-503, ago. 1982.

BRASIL. Rp. 1.077-RJ, de 28-3-1984. Rel. Min. Moreira Alves. *RTJ*, 112(1):34-66.

BRASIL. Rp. 1.100-AM, de 15-3-1984. Rel. Min. Francisco Rezek. *RTJ*, 115(3):980-98, mar. 1986.

BRASIL. Rp. 1.110-RS, de 29.9.1982. Rel. Min. Néri da Silveira. *RTJ*, 105(2):477-82.

BRASIL. Rp. 1.120-GO, de 21-9-1983. Rel. Min. Décio Miranda. *RTJ*, 107(3):928-30, mar. 1984.

BRASIL. Rp. 1.134-SP, de 13-4-1983. Rel. Min. Soares Muñoz. *RTJ*, 111(2):546-56, fev. 1985.

BRASIL. Rp. 1.160-SP, de 5-10-1983. Rel. Min. Décio Miranda. *RTJ*, 108(2):505-16, maio 1984.

BRASIL. Rp. 1.161-GO, de 14-6-1984. Rel. Min. Néri da Silveira. *DJ*, 26 out. 1984, p. 17995.

BRASIL. Rp. 1.163-PI. de 21-11-1984. Rel. Min. Francisco Rezek. *RTJ*, 117(2):466-85, ago. 1986.

BRASIL. Rp. 1.199. Rel. Min. Néri da Silveira. *DJ*, 8 ago. 1985, p. 2598.

BRASIL. Rp. 1.266-DF. Rel. Min. Carlos Madeira. *DJ*, 26 jun. 1987, p. 13241.

BRASIL. Rp. 1.305-CE. Rel. Min. Sydney Sanches. *DJ*, 18 set. 1987, p. 19669.

BRASIL. Rp. 1.379-MG. Rel. Min. Moreira Alves. *DJ*, 11 set. 1987.

BRASIL. Rp. 1.417-DF. Rel. Min. Moreira Alves, *DJ*, 15 abr. 1988.

BRASIL. Rp. 1.454-DF. Rel. Min. Octavio Gallotti. *DJ*, 20 maio 1988, p. 12093.

BRASIL. Súmula 293. In: *Referências da súmula do Supremo Tribunal Federal*, Brasília, 1969, v. 14, p. 336-78.

BRASIL. Súmula 513. *DJ*, 11 dez. 1969.

BROSSARD, Paulo. O Senado e as leis inconstitucionais. *Revista de Informação Legislativa*, 13(50):55-64, abr./jun. 1976.

BRYDE, Brun-Otto. *Sicherheitspolitik zwischen Regierung und Parlament*, JURA, 1976, p. 363-9.

BUZAID, Alfredo. *Da ação direta de declaração de inconstitucionalidade no direito brasileiro*. São Paulo, Saraiva, 1958. 141 p.

BUZAID, Alfredo. "Juicio de amparo" e mandado de segurança: contrastes e confrontos. *Revista de Direito Processual Civil*, São Paulo, Saraiva, 5:30-78, jan./jun. 1962.

CALAMANDREI, Piero. La illegittimità costituzionale delle leggi nel processo civile. In: *Opere giuridiche*. A cura de Mauro Cappelletti. Napoli, Morano, 1968. v. 3. p. 337-412.

CALMON, Pedro. *Intervenção federal*: o art. 12 da Constituição de 1934. Rio de Janeiro, Freitas Bastos, 1936. 124 p.

CAMPOS, Francisco Luiz da Silva. *Direito constitucional*. Rio de Janeiro, Freitas Bastos, 1956. 2 v.

CAMPOS, Francisco Luiz da Silva. Diretrizes constitucionais do novo Estado brasileiro. *RF*, 73:246-9.

CANOTILHO, José Joaquim Gomes. *Direito constitucional*. 4. ed. totalmente refundida e aumentada. Coimbra, Almedina, 1986. 913 p.

CAPPELLETTI, Mauro. *O controle judicial de constitucionalidade das leis no direito comparado*. Trad. Aroldo Plínio Gonçalves. Porto Alegre, Sérgio A. Fabris, Editor, 1984. 142 p.

CAPPELLETTI, Mauro & RITTERSPACH, Theo. Die gerichtliche Kontrolle der Verfassungsmässigkeit der Gesetze in rechtsvergleichender Betrachtung, *Jahrbuch des Öffentlichen Rechts der Gegenwart*, neue Folge, n. 20, p. 65-109, 1971.

CAPPELLETTI, Mauro. *La pregiudizialità costituzionale nel processo civile*. 2. ed. Milano, Giuffrè, 1972. 242 p.

CASTRO, Araújo. *A nova Constituição brasileira*. Rio de Janeiro, Freitas Bastos, 1935. 622 p.

CAVALCANTI, João Barbalho Uchoa. *Constituição Federal brasileira*: comentários. Rio de Janeiro, Typ. da Companhia Litho-Typographia, 1902. 411 p.

CAVALCANTI, Themístocles Brandão. *Do controle da constitucionalidade*. Rio de Janeiro, Forense, 1966. 197 p.

COOLEY, Thomas M. *A treatise on the constitutional limitations*: which rest upon the legislative power of the States of the American Union. 4. ed. Boston, Little, Brown, 1878. 883 p.

CORRÊA, Oscar Dias. O 160º aniversário do STF e o novo texto constitucional. *Arquivos do Ministério da Justiça*, Brasília, Ministério da Justiça, n. 173, 1988.

CORWIN, Edward S. *A Constituição norte-americana e seu significado atual*. Prefácio, tradução e notas de Leda Boechat Rodrigues. Rio de Janeiro, Zahar, 1986. 390 p.

CORWIN, Edward S. The *"Higher Law"* background of American constitutional law. *Harvard Law Review*, 42(2): 149-85; 365-409, 1928-1929.

DALLARI, Dalmo de Abreu. Lei municipal inconstitucional. In: São Paulo (Estado). Procuradoria-Geral. *Ação direta de controle da constitucionalidade de leis municipais*, *em tese*. São Paulo, Centro de Estudos da Procuradoria-Geral do Estado, 1979, p. 113-26.

EHMKE, Horst. Prinzipien der Verfassungsinterpretation. In: DREIER, Ralf & SCHWEGMANN, Friedrich. *Probleme der Verfassungsinterpretation*: Dokumentation einer Kontroverse. 1. Aufl. Baden-Baden, Nomos Verlagsgesellschaft, 1976.

EISENMANN, Charles. *La justice constitutionnelle et la haute cour constitutionnelle D'Autriche*. Paris, LGDJ, 1928. 363 p.

ENTSCHEIDUNGEN des *Bundesverfassungsgerichts*. Tübingen, J. C. B. Mohr, 1952-1979. 50 v.

ERICHSEN, Hans-Uwe & MARTENS, Wolfgang (org.). *Allgemeines Verwaltungsrecht*. 6. Neubearb. Aufl. Berlin-New York, De Gruyter, 1983. 611 p.

ERICHSEN, Hans-Uwe. Zu den Grenzen von Verfassungsänderungen nach dem Grundgesetz, *Verwaltungsarchiv*, 62:291-301, 1971.

ESSER, Josef. *Vorverständnis und Methodenwahl in der Rechtsfindung*. Frankfurt, Athenäum, 1972. 220 p.

FAGUNDES, Miguel Seabra. Prêmio Teixeira de Freitas – discurso de agradecimento. *RF*, 151:545-9, jan./fev. 1954.

FERRAZ, Anna Cândida da Cunha. *Processos informais de mudança da Constituição*: mutações constitucionais e mutações institucionais. São Paulo, Max Limonad, 1986. 269 p.

FERRAZ JUNIOR, Tércio Sampaio. *A ciência do direito*. São Paulo, Atlas, 1977. 111 p.

FERREIRA FILHO, Manoel Gonçalves. *Curso de direito constitucional*. 7. ed. São Paulo, Saraiva, 1978. 334 p.

FERREYRA, Raúl Gustavo. *Esboço sobre a Constituição*. Trad. Carolina Cyrillo, Rio de Janeiro, NIDH, 2023.

FIX-ZAMUDIO, Hector. Das Problem der Verfassungskontrolle, *Jahrbuch des Öffentlichen Rechts der Gegenwart*, neue Folge, n. 25, p. 649-93, 1976.

FORSTHOFF, Ernst. Die Umbildung des Verfassungsgesetzes. In: DREIER, Ralf & SCHWEGMANN, Friedrich. *Probleme der Verfassungsinterpretation*: Dokumentation einer Kontroverse. 1. Aufl. Baden-Baden, Nomos Verlagsgesellschaft, 1976. p. 51-79.

FORTES, Bonifácio. Delegação legislativa. *RDA*, 62:353-87, out./dez. 1960.

FRANCO, Afonso Arinos de Melo. *Direito constitucional* – Teoria da Constituição: as Constituições do Brasil. Rio de Janeiro, Forense, 1976. 186 p.

FREITAS, Herculano. Intervenção federal nos Estados. *RT*, 47: 65-94, jul. 1923.

FRIERSON, William L. Amending the Constitution of the United States: a reply to Mr. Marbury. *Harvard Law Review*, 33(5): 659-66, 1919-1920.

FRIESENHAHN, Ernst. *La giurisdizione costituzionale nella Repubblica Federale tedesca*. Trad. Angelo Antonio Cervate. Milano, Giuffrè, 1973. 150 p.

FRIESENHAHN, Ernst. Zur Zuständigkeitsabgrenzung zwischen Bundesverfassungsgerichtsbarkeit und Landesverfassungsgerichtsbarkeit. In: STARCK, Christian (org.). *Bundesverfassungsgericht und Grundgesetz*. 1. Aufl. Tübingen, Mohr, 1976. v. 1. p. 748-99.

FRIESENHAHN, Ernst. *Die Verfassungsgerichtsbarkeit in der Bundesrepublik*. Köln-Berlin--Bonn-München, Carl Heymanns Verlag K G, 1963. 113 p.

GARCÍA DE ENTERRÍA, Eduardo. *La Constitución como norma y el Tribunal Constitucional*. Madrid, Ed. Civitas, 1981. 257 p.

GRIMM, Dieter. Direito ou Política? A controvérsia Kelsen-Schmitt sobre a jurisdição constitucional e a situação atual. In: *Jurisdição Constitucional e Democracia*: ensaios escolhidos. Trad. Gilmar Ferreira Mendes e Paulo Sávio Peixoto Maia. São Paulo, Contracorrente, 2023.

GRIMM, Dieter. Zum Verhältnis von Interpretationslehre Verfassungsgerichtsbarkeit und Demokratieprinzip bei Kelsen. In: *Rechtstheorie*. 1982. p. 149-57 (Beiheft; 4).

GRIMM, Dieter. Verfassungsgerichtsbarkeit Funktion und Funktionsgrenzen im demokratischen Staat. In: HOFFMANN-RIEM, Wolfgang (org.). *Sozialwissenschaften im Studium des Rechts München*. C. H. Beck, 1977. p. 83-108 (Jus-Didaktik Heft; 4).

GRINOVER, Ada Pellegrini. A ação direta de controle da constitucionalidade na Constituição paulista. In: São Paulo (Estado). Procuradoria-Geral. *Ação direta de controle da constitucionalidade de leis municipais, em tese*. São Paulo. Centro de Estudos da Procuradoria-Geral do Estado, 1979. p. 51-66.

GUNTHER, Gerald. *Cases and materials on constitutional law*. 10. ed. New York, The Foundation Press, 1980.

HÄBERLE, Peter. Zeit und Verfassung. In: DREIER, Ralf & SCHWEGMANN, Friedrich. *Probleme der Verfassungsinterpretation*: Dokumentation einer Kontroverse. 1. Aufl. Baden-Baden, Nomos Verfassungsgesellschaft, 1976. p. 293-326.

HÄBERLE, Peter. Die Abhörentscheidung des Bundesverfassungsgerichts vom 15.12.1970, *Juristenzeitung* (5/6):145-56, mar. 1971.

HÄBERLE, Peter. Verfassungsprozeßrecht als konkretisiertes Verfassungsrecht – Im Spiegel der Judikatur des BVerfG. *JuristenZeitung*, v. 31, n. 13, Tübingen, Mohr Siebeck, 1976.

HAINES, Charles Grove. *The American doctrine of judicial supremacy*. New York, MacMillan, 1914. 365 p.

HALLER, Herbert. *Die Prüfung von Gesetzen*. Wien-New York, Springer-Verlag, 1979. 300 p.

HESSE, Konrad. *A força normativa da Constituição*. Trad. Gilmar Ferreira Mendes. Porto Alegre, Sergio Fabris, 1991.

HESSE, Konrad. *Grundzüge des Verfassungsrechts der Bundesrepublik Deutschland*. 13. erg. Aufl. Heidelberg, C. F. Müller, 1982. 306 p.

IPSEN, Jörn. *Rechtsfolgen der Verfassungswidrigkeit von Norm und Einzelakt*. 1. Aufl. Baden-Baden. Nomos Verlagsgesellschaft, 1980. 4932 p.

JAFFIN, George H. Evolução do controle jurisdicional da constitucionalidade das leis nos Estados Unidos. *RF*, 86:279.92, abr./jun. 1941.

JIMENEZ ARECHAGA, Eduardo. A ação declaratória de inconstitucionalidade na Constituição uruguaia de 1934. *RF*, 86:293-300, abr./jun. 1941.

JOBIM, Nelson. A constituinte vista por dentro: vicissitudes, superação e efetividade de uma história real. In: SAMPAIO, José Adércio Leite (org.). *15 Anos de Constituição*: história e vicissitudes. Belo Horizonte, Del Rey, 2004.

KELSEN, Hans. *La giustizia costituzionale*. A cura de Carmelo Geraci. Milano, Giuffrè, 1981. 313 p.

KELSEN, Hans. *Teoría general del Estado*. Trad. direta del alemán por Luiz Legaz Lacambra. Barcelona, Labor, 1934. 544 p.

KELSEN, Hans. *Teoria pura do direito*. Trad. Dr. João Batista Machado. 3. ed. Coimbra, A. Amado Ed., 1974. 484 p.

KELSEN, Hans. *Wesen und Entwicklung der Staatsgerichtsbarkeit*: Veröffentlichung der Vereinigung der Deutschen Staatsrechtslehrer. Heft 5, Berlin-Leipzig, Walter de Gruyter & Co., 1929, p. 31-88.

KELSEN, Hans. Die Bundesexekution: ein Beitrag zur Theorie und Praxis des Bundesstaates unter besonderer Berücksichtigung der deutschen Reichs – und der österreichischen Bundesverfassung. In: *Festgabe für Fritz Fleiner*, Tübingen, 1929, J. C. B. Mohr (Paul Siebeck), p. 127-87.

KLEIN, Eckart. Verfassungsprozessrecht: Versuch einer Systematik and Hand der Rechtsprechung des Bundesverfassungsgerichts. *Archiv des Öffentlichen Rechts*, 108(3):411-44, Sept. 1983.

KLEIN, Eckart. Verfassungsprozessrecht: Versuch einer Systematik and Hand der Rechtsprechung des Bundesverfassungsgerichts. *Archiv des Öffentlichen Rechts*, Tübingen, Mohr, 108(4):560-24, dez. 1983.

KRAUSE-PALFNER, Thilo. *Das Verfassungswidrigwerden von Gesetzen. Diss.*, Frankfurt, 1973. 131 p.

LAMBERT, Edouard. *Le gouvernement des juges et la lutte contre la législation sociale aux Etats-Unis*; l'expérience américaine du controle judiciaire de la constitutionnalité des lois. Paris, M. Giard, 1921. 276 p.

LANDFRIED, Christine. *Bundesverfassungsgericht und Gesetzgeber*: Wirkungen der Verfassungsrechtsprechung auf parlamentarische Willensbildung und soziale Realität. 1. Aufl. Baden-Baden, Nomos Verlagsgesellschaft, 1984. 186 p.

LARENZ, Karl. *Methodenlehre der Rechtswissenschaft*. 4. erg. Aufl. Berlin, Heidelberg--New York, Springer, 1978. 525 p.

LARENZ, Karl. *Metodologia da ciência do direito*. Trad. José de Sousa e Brito e José Antônio Veloso. Lisboa, Fundação Calouste Gulbenkian, 1978. 647 p.

LAVAGNA, Carlo. *Istituzioni di diritto pubblico*. Torino, UTET, 1970. 2 v.

LEAL, Victor Nunes. Delegações legislativas. *Arquivos do Ministério da Justiça*, 4(20):1-11, dez. 1946.

LEAL, Victor Nunes. Leis complementares da Constituição. *RDA*, 7:379.94, jan./mar. 1947.

LEISNER, Walter. Der Bund-Länder-Streit vor dem Bundesverfassungsgericht. In: STARCK, Christian (org.). *Bundesverfassungsgericht und Grundgesetz*. 1. Aufl. Tübingen, Mohr, 1976. v. 1, p. 260-91.

LEME, Ernesto. *A intervenção federal nos Estados*. 2. ed. São Paulo, Revista dos Tribunais, 1930. 243 p.

LESSA, Renato. A Constituição de 1988 como experimento de filosofia pública: um ensaio. In: OLIVEN, Ruben et al. (org.). *A Constituição de 1988 na vida brasileira*. São Paulo, Hucitec, 2008.

LIMA, Alcides de Mendonça. Competência para declarar a inconstitucionalidade das leis. *RF*, 123:347-55, maio 1949.

LINARES QUINTANA, Segundo V. *Tratado de la ciencia del derecho constitucional argentino y comparado*. Buenos Aires. Ed. Alta, 1953. 2 v.

LOEWENSTEIN, Karl. *Teoría de la Constitución*. Trad. y estudio sobre la obra por Alfredo Gallego Anabitarte. 2. ed. Barcelona, Ed. Ariel, 1976. 619 p.

LORENZ, Dieter. Der Organstreit vor dem Bundesverfassungsgericht. In: STARCK, Christian (org.). *Bundesverfassungsgericht und Grundgesetz*. 1. Aufl. Tübingen, Mohr, 1976. v. 1, p. 225-59.

LÜBBE-WOLFF, Gertrude. *Beratungskulturen*: Wie Verfassungsgerichte arbeiten, und wovon es abhängt, ob sie integrieren oder polarisieren. Berlin, Konrad Adenauer Stiftung, 2022.

MANGABEIRA, João. *Em torno da Constituição*. São Paulo, Ed. Nacional, 1934. 333 p.

MARBURY, William. The limitations upon the amending power. *Harvard Law Review*, 33(1-8):223-35, Nov. 1919/June 1920.

MARINHO, Josaphat. O art. 64 da Constituição e o papel do Senado. *Revista de Informação Legislativa*, 1(2):5-17, jun. 1964.

MARINHO, Josaphat. *Constituição e poder de fiscalização e controle.* Conferência proferida no Tribunal de Contas da Bahia, em 9-4-1985. Tribunal de Contas, Salvador. 12 p.

MAUNZ, Theodor. *Deutsches Staatsrecht*: ein Studienbuch. 17. Aufl. München, C. H. Beck, 1975. 432 p.

MAUNZ. Theodor et al. *Bundesverfassungsgerichtsgesetz*: kommentar. München. C. H. Beck. Okt. 1985. 1 v.

MAUNZ. Theodor & ZIPPELIUS, Reinhold. *Deutsches Staatsrecht*. 26. neubearb. Aufl. München, C. H. Beck, 1985. 483 p.

MAURER, Harmut. *Direito do Estado*: fundamentos, órgãos constitucionais, funções estatais. 6. ed. Trad. Luís Afonso Heck. Porto Alegre, Sergio Antonio Fabris, 2018.

MAXIMILIANO, Carlos. *Comentários à Constituição brasileira.* 4. ed. atual. Rio de Janeiro, Freitas Bastos, 1948. 3 v.

MAXIMILIANO, Carlos. *Comentários à Constituição brasileira.* 5. ed. atual. Rio de Janeiro, Freitas Bastos, 1954. 3 v.

MELLO, José Luiz de Anhaia. *Da separação de poderes à guarda da Constituição*: as cortes constitucionais. São Paulo, Revista dos Tribunais, 1968. 252 p.

MELLO, Oswaldo Aranha Bandeira de. *Teoria das constituições rígidas.* 2. ed. São Paulo, Bushatsky, 1980. 248 p.

MENDES, Gilmar Ferreira. A evolução do direito constitucional brasileiro e o controle de constitucionalidade da lei. *Revista de Informação Legislativa*, v. 32, n. 126, Brasília, Senado Federal, abr./jun. 1995.

MENDES, Gilmar Ferreira. Parecer: Lei Municipal: Controle de constitucionalidade. *RDP*, 19(80):79-85, out./dez. 1986.

MENDES, Gilmar Ferreira & BRANCO, Paulo Gustavo Gonet. *Curso de Direito Constitucional.* 18. ed. São Paulo, Saraiva, 2023.

MIRANDA, Jorge. *Manual de direito constitucional.* 2. ed. rev. Coimbra, Coimbra Ed., 1981. 2 v.

MIRANDA, Pontes de. *Comentários à Constituição da República dos Estados Unidos do Brasil.* Rio de Janeiro, Ed. Guanabara, 1936-1937. 2 v.

MIRANDA, Pontes de. *Comentários à Constituição federal de 10 de novembro de 1937.* Rio de Janeiro, Irmãos Pongetti Editores, 1938. t. III.

MIRANDA, Pontes de. *Comentários à Constituição de 1946.* 4. ed. rev. e aum. Rio de Janeiro, Borsoi, 1963. v. 2.

MIRANDA, Pontes de. *Comentários à Constituição de 1967*: com a Emenda n. 1, de 1969. 2. ed. rev. São Paulo, Revista dos Tribunais, 1970. 6 v.

MIRANDA, Pontes de. *Comentários ao Código de Processo Civil*: arts. 476-95. Rio de Janeiro, Forense, 1975. v. 6.

MIRANDA, Vicente Chermont. Inconstitucionalidade e incompetência do juiz singular. Art. 96 da Constituição. *RF*, 92:582-8, out. 1942.

MIRKINE-GUETZÉVITCH, Boris. As novas tendências do direito constitucional. Trad. Cândido Motta Filho. São Paulo, Ed. Nacional, 1933. 330 p.

MOENCH, Christoph. *Verfassungswidriges Gesetz und Normenkontrolle*. Baden-Baden. Nomos Verlagsgesellschaft, 1977. 200 p.

MOREIRA, José Carlos Barbosa. *Comentários ao Código de Processo Civil*. Rio de Janeiro, Forense, 1973. v. 5.

MOREIRA, José Carlos Barbosa. As partes na ação declaratória de inconstitucionalidade. *Revista de Direito da Procuradoria-Geral do Estado da Guanabara*, 13:67-80, 1964.

MOTTA FILHO, Cândido. A evolução do controle da constitucionalidade das leis no Brasil. *RF*, 86:273-9, abr./jun. 1941.

MOURA, Genésio de Almeida. Inconstitucionalidade das leis, *Revista da Faculdade de Direito da Universidade de São Paulo*, 37:156-63, 1942.

NAWIASKY, Hans. Positives und überpositives Recht. *Juristenzeitung*. (23/24):717-9, dez. 1954.

NUNES, José de Castro. *Teoria e prática do Poder Judiciário*. Rio de Janeiro, Forense, 1943. 698 p.

OBERNDORFER, Peter. Die Verfassungsrechtsprecking im Rahmen der staatlichen Funktionen. VII Conferência dos Tribunais Constitucionais Europeus (Landesbericht österreich), *Europäische Grundrechte Zeitschrift*, Heft 8/9, maio 1988, p. 193-207.

ORFIELD, Lester Bernhardt. *The amending of the Federal Constitution*. Foreword by Henry M. Bates. Chicago, Callaghan, 1942. 242 p.

OSSENBÜHL, Fritz. Die Kontrolle von Tatsachenfeststellungen und Prognoseentscheidungen durch das Bundesverfassungsgericht. In: STARCK, Christian (org.). *Bundesverfassungsgericht und Grundgesetz*. 1. Aufl. Tübingen, Mohr, 1976. v. 1, p. 458-518.

PACHECO, Cláudio. *Tratado das Constituições brasileiras*. Rio de Janeiro, Freitas Bastos, 1965. v. 3.

PATROCÍNIO (Minas Gerais). Juízo de Direito da Comarca. Inconstitucionalidade das leis..., por Martins de Oliveira. *RF*, 65:170-1, jul./set. 1935.

PEREIRA, Caio Mário da Silva et al. A competência do Procurador Geral da República no encaminhamento de ação direta ao Supremo Tribunal Federal. *Arquivos do Ministério da Justiça*, 29 (118):23-59, jun. 1971.

PESTALOZZA, Christian. Noch verfassungsmässige und bloss verfassungswidrige Rechtslagen. In: STARCK, Christian (org.). *Bundesverfassungsgericht und Grundgesetz.* 1. Aufl. Tübingen, Mohr, 1976. v. 1. p. 519-67.

PESTALOZZA, Christian. *Verfassungsprozessrecht*: Die verfassungsgerichtsbarkeit des Bundes und der Länder. 2. Aufl. München, C. H. Beck, 1982. 442 p.

PHILIPPI, Klaus Jürgen. *Tatsachenfeststellungen des Bundesverfassungsgerichts.* Köln, C. H. Verlag, 1971. 205 p.

PIERANDREI, Franco. Corte costituzionale. In: *Enciclopedia del Diritto.* Milano, Giuffrè, 1962. v. 10, p. 874-1036.

PIEROTH, Bodo & SCHLINK, Bernhard. *Grundrechte.* 3. überarb. Aufl. Heidelberg, Müller, Juristischer Verlag, 1987. 320 p.

PIMENTA BUENO, José Antonio. *Direito público brasileiro e análise da Constituição do Império.* Prefácio do Ministro Seabra Fagundes. Brasília, Senado Federal, 1978. 572 p.

PINTO, Bilac. Parecer: inconstitucionalidade do Decreto-lei n. 8.946, de 1946. *RF*, 120:37-72, nov. 1948.

POLETTI, Ronaldo Rebello de Brito. *Controle da constitucionalidade das leis.* Rio de Janeiro, Forense, 1985. 239 p.

REALE, Miguel. Parecer; representação; declaração de inconstitucionalidade. *RF*, 185:79-84, set./out. 1959.

REZEK, José Francisco. *Direito dos tratados.* Rio de Janeiro, Forense, 1984. 628 p.

RIBEIRO, Gilberto Quintanilha. Manifestação do Ministério Público. Preliminares de ilegitimidade ativa e de incompetência do Tribunal de Justiça. In: São Paulo (Estado). Procuradoria-Geral. *Ação direta de controle da constitucionalidade de leis municipais, em tese.* São Paulo, Centro de Estudos da Procuradoria-Geral do Estado, 1979. p. 37-42.

RITTERSPACH, Theo. *Legge sul Tribunale Costituzionale della Repubblica Federale di Germania.* Firenze, CEDEUR, 1982. 165 p.

SÃO PAULO (Estado). Procuradoria-Geral. *Ação direta de controle da constitucionalidade de leis municipais, em tese.* São Paulo, Centro de Estudos da Procuradoria-Geral do Estado, 1979. 278 p.

SCHLAICH, Klaus. *Das Bundesverfassungsgericht*: Stellung Verfahren, Entscheidungen. 1. Aufl. München, C. H. Beck, 1985. 260 p.

SCHLINK, Bernhard & PIEROTH, Bodo. *Direitos Fundamentais.* Trad. António Francisco de Sousa e António Franco. 2. ed., São Paulo, Saraiva, 2019.

SCHMITTAT. Karl-Oskar. *Einführung in das Öffentliche Recht.* Hagen, Fernuniversität, 1981. 87 p. (Kurseinheit; 4.)

SCHNEIDER. Hans. Zur Verhältnismässigkeits – Kontrolle insbesondere bei Gesetzen. In: STARCK, Christian (org.). *Bundesverfassungsgericht und Grundgesetz*. 1. Aufl. Tübingen, Mohr, 1976. v. 2. p. 390-404.

SCHWARTZ, Bernard. *Direito constitucional americano*, Trad. Carlos Nayfeld. Rio de Janeiro, Forense, 1966. 424 p.

SEIFERT, Karl-Heinz & HÖMIG, Dieter (org.). *Grundgesetz für die Bundesrepublik Deutschland*. 2. Aufl. Baden-Baden, Nomos Verlagsgesellschaft, 1985. 634 p.

SILVA, José Afonso. Ação direta de declaração de inconstitucionalidade de lei municipal. In: São Paulo (Estado). Procuradoria Geral. *Ação direta de controle da constitucionalidade de leis municipais, em tese*. São Paulo, Centro de Estudos da Procuradoria-Geral do Estado, 1979. p. 79-114.

SILVA, José Afonso. *Ação popular constitucional*: doutrina e processo. São Paulo, Revista dos Tribunais, 1968. 306 p.

SILVA, José Afonso. *Aplicabilidade das normas constitucionais*. 2. ed. São Paulo, Revista dos Tribunais, 1982. 258 p.

SILVA, José Afonso da. *Um pouco de Direito Constitucional Comparado*. São Paulo, Malheiros, 2009.

SKOURIS, Wassilios. Teilnichtigkeit von Gesetzen. 1. Aufl. Berlin, Duncker & Humblot, 1973. 128 p.

SÖHN, Hartmut. Die abstrakte Normenkontrolle. In: STARCK, Christian (org.). *Bundesverfassungsgericht und Grundgesetz*. 1. Aufl. Tübingen, Mohr, 1976. v. 1. p. 292-322.

SÖHN, Hartmut. *Anwendungspflicht oder Aussetzungspflicht bei festgestellter Verfassungswidrigkeit von Gesetzen?* Frankfurt am Main, Athenäum Verlag. 1974. 110 p.

SPANNER, Hans. Die verfassungskonforme Auslegung in der Rechtsprechung des Bundesverfassungsgerichts. *Archiv des Öffentlichen Rechts*, n. 91, 1966.

STARCK, Christian (org.). *Bundesverfassungsgericht und Grundgesetz*. 1. Aufl. Tübingen, Mohr, 1976. 2 v.

STARCK, Christian. *Das Bundesverfassungsgericht im politischen Prozess der Bundesrepublik*. Tübingen, Mohr, 1976. 35 p.

STEPHAN, Bodo. *Das Rechtsschutzbedürfnis*. Berlin, Walter de Gruyter & Co., 1967. 186 p.

STERN, Klaus. *Das Staatsrecht der Bundesrepublik Deutschland*. Band I. München, C. H. Beck. 1977. 861 p.

STERN, Klaus. *Kommentar zum Grundgesetz (Zweitbearbeitung)*. Art. 100.

TÁCITO, Caio. Anulação de leis inconstitucionais; comentário. *RDA*, 59:339-51, jan./mar. 1960.

TEMER, Michel. *Elementos de direito constitucional*. São Paulo, Revista dos Tribunais, 1982. 249 p.

TRIEPEL, Heinrich. *Streitigkeiten zwischen Reich und Ländern*; Beiträge zur Auslegung des Artikels 19 der Weimarer Verfassung. Bad Homburg von der Höhe, Hermann Gentner Verlag, 1965. 118 p.

VELLOSO, Carlos Mário da Silva. Do poder regulamentar. *RDP*, 16(65):39-50, jan./mar. 1983.

VESTING, Thomas. *Teoria do Estado*: a transformação do Estado na modernidade. Trad. Gercélia Mendes. São Paulo, Saraiva, 2022.

VIANNA, Luiz Werneck & BURGOS, Marcelo. Revolução processual do direito e democracia progressiva. In: VIANA, Luiz Werneck (org.). *A democracia e os três poderes no Brasil*. Belo Horizonte, UFMG, 2002.

VOGEL, Klaus. Rechtskraft und Gesetzeskraft der Entscheidungen des Bundesverfassungsgerichts. In: STARCK, Christian (org.). *Bundesverfassungsgericht und Grundgesetz*. 1. Aufl. Tübingen, Mohr, 1976. v. 1, p. 568-627.

WERNER, Fritz. Verwaltungsrecht als konkretisiertes Verfassungsrechts, *Deutsches Verwaltungsblatt*, Colônia, Heymann, n. 64, 1959.

WILLOUGHBY, Westel Woodbury. *The constitutional law of the United States*. New York, Baker, Voorhis, 1910. 2 v.

ZAGREBELSKY, Gustavo. *La giustizia costituzionale*. Bologna, Mulino, 1979. 392 p.

ZAGREBELSKY, Gustavo & MARCENÒ, Valeria. *Giustizia Costituzionale*. Bolonha, Il Mulino, 2012.

ZEIDLER, Wolfgang. Die Verfassungsrechtsprechung im Rahmen der staatlichen Funktionen. VII Conferência de Tribunais Constitucionais Europeus *(Landesbericht Bundesrepublik Deutschland). Europäische Grundrechte Zeitschrift*. Heft 8/9, maio 1988, p. 207-17.

ZIPPELIUS, Reinhold. *Einführung in die juristiche Methodenlehre*. 3. Aufl. München. C. H. Beck, 1980. 143 p.

ZIPPELIUS, Reinhold. Verfassungskonforme Auslegung von Gesetzen. In: STARCK, Christian (org.). *Bundesverfassungsgericht und Grundgesetz*. 1. Auft. Tubingen, Mohr. 1976. v. 1. p. 108-24.